智能时代的银行知识管理

张凌　著

Bank Knowledge Management in the Intelligent Era

WUHAN UNIVERSITY PRESS
武汉大学出版社

图书在版编目(CIP)数据

智能时代的银行知识管理/张凌著．—武汉：武汉大学出版社，2018.5

ISBN 978-7-307-20179-8

Ⅰ.智…　Ⅱ.张…　Ⅲ.银行管理—知识管理—研究　Ⅳ.F830.22

中国版本图书馆 CIP 数据核字(2018)第 097930 号

责任编辑:聂勇军　　责任校对:汪欣怡　　版式设计:韩闻锦

出版发行：**武汉大学出版社**　(430072　武昌　珞珈山)

(电子邮件：cbs22@whu.edu.cn　网址：www.wdp.com.cn)

印刷:虎彩印艺股份有限公司

开本:720×1000　1/16　印张:23.25　字数:332 千字　插页:1

版次:2018 年 5 月第 1 版　2018 年 5 月第 1 次印刷

ISBN 978-7-307-20179-8　定价:56.00 元

序

张凌博士的新作《智能时代的银行知识管理》付梓之际索序于我。说实在的，我对银行业并不熟悉，担心写不出意见，有些犯难。好在我们一直没有离开知识管理领域，目前正好与金融领域的学者合作，承担了国家自然科学基金重大研究计划中的一个重点项目“基于知识关联的金融大数据价值分析、发现及协同创造机制”，与张凌博士的著作不谋而合，都涉及金融行业数据及金融知识的产生、分布和流转问题。我们的项目着眼于金融知识的关联揭示，张凌的著作则关注金融知识的管理，内容有天然的联系，自然我对本书产生了浓厚的兴趣，认真读完了，也有一些心得。

银行是知识密集型行业，知识管理应用于银行既能优化银行对拥有的智力资源进行有效的开发和管理，又能加速银行管理流程的知识化变革与创新。知识管理可以促进银行业的进步与长远发展，是各大银行战略的重要组成部分，一旦知识管理被纳入银行战略或使命，将发挥巨大的作用和价值。知识管理在国内银行业的深入应用正处于发轫阶段，抓住先机，不仅是银行信息化的使命，也是银行自我完善、提升内功的必然趋势。我国较早启动知识管理战略的一些银行保持了一贯的信息化创新先锋的风格，在知识管理系统建立之初，就提出了通过知识管理系统构建客户服务体系的脑库、构建服务型知识库的目标。本书的写作就是萌芽于作者参与的民生银行相关知识管理系统项目。

随着技术的日益进步和时代的飞速发展，各行各业在夯实“互联网+”成果的基础上，不断投入“智能+”的浪潮之中。正如同书中所言，“在智能时代，商业银行的知识管理必须摆脱以往静态知识管理、面向知识库存的知识管理以及基于组织制度的知识管理的陈窠，实现向动态知识管理、面向客户的知识管理以及基于应用场景的知识管理的转变”。本书以智能时代的知识管理理论及关键技术为出发点，探讨了银行知识管理实施框架，继而从银行知识管理流程重构、银行知识发现、银行知识建模、银行知识库构建这几个章节探讨了智能时代银行知识管理的四大方面，然后基于客户关系管理场景和客户响应场景进行了银行知识管理实证研究，最后总结归纳了智能时代的银行知识管理发展趋势。

读后感到本书有以下特色：

一、作者对金融行业知识管理领域做出了积极探索。如今企业知识管理的书籍卷帙浩繁，然而，具体到行业特征特别是金融业的知识管理则是鲜见，作者从银行业出发，站在智能时代的视角研究其知识管理的理论和应用实践，研究的体系性和全面性体现了作者对于知识管理的研究深度和行业实践的敏感度。

二、为智能新时代浪潮下的企业知识管理提供新的建议。关于下一代企业知识管理的发展方向，一直都是行业、学术界不断思考探索的问题，在“互联网+”知识管理已逐渐成熟的基础上，智能知识管理时代正悄悄来临。本书正是全面围绕智能时代的知识管理视角、技术、方法和工具而展开，形成了一系列新颖的研究思路和结论。

三、注重实证研究，紧跟行业实践。在商业银行看来，知识管理的目标就是最大限度地将银行内部知识转化为利润。本书即是着眼于银行业的知识管理实践，用诸多流程化、场景化的实例研究探讨了智能时代银行知识管理的思路。本书的可贵之处就在于坚持实证视角，以期启发行业知识管理变革。

张凌从硕士阶段就开始接触和研究知识管理，博士论文又以知识管理为题，博士后阶段在中国科技信息研究所专门研究行业知识管理，并参与了民生银行知识管理系统项目，对知识管理领域有深入的了解和研究。作为张凌博士的导师，读完她的新作，分享其在行业知识管理研究领域多年耕耘的成果，颇感欣慰。以此为序，希望她在知识管理的研究领域里不断获取新知，持续攀登高峰。

马费成

2018年2月18日于珞珈山

前　言

21世纪是充满竞争的知识经济时代，“知识”已经取代资本成为企业第一推动力。银行业作为高互动、高知识密集型企业，相对于其他行业较早地引入了知识管理战略、思想和方法。在知识社会中，银行业需要管理知识来控制风险、管理市场和管理客户关系借以获得利润。随着金融业务与信息化的不断发展和深度融合，全球银行业的知识含量越来越高，知识管理能力日渐成为决定银行核心竞争力水准的重要因素之一。

近年来，在客户需求不断变化以及移动互联网、云计算、大数据、人工智能等新技术的冲击下，银行也大力发展智能服务，步入智慧银行时代。除了推出各类新型“智能”技术，提供智能的产品与服务外，银行更加注重基于其核心业务场景的知识管理，逐渐形成了智能知识管理雏形。本书即由此展开，主要章节内容包括智能时代的知识管理理论及关键技术、银行知识管理实施框架、银行知识管理流程重构、银行知识发现、银行知识建模、银行知识库构建、基于客户关系管理场景和客户响应场景的银行知识管理实证以及智能时代的银行知识管理发展趋势。

感谢武汉大学马费成教授为本书作序，同时为本书提出的宝贵意见。感谢中国科学技术信息研究所朱礼军研究员为本书的撰写给予的帮助与指点。感谢中国科学技术信息研究所的研究生时晨同学参与了本书第六章第三节的撰写。感谢我的研究生罗曼曼、谭毅、魏洁、李德帮助查找资料及校对文稿。本书在撰写的过程中，参考和借鉴了大量国内外有关银行知识管理方面的著作、论文等，吸收了前人的研究成果，在此深表谢意。由于著者水平有限，另外智能时代下的银行业发展迅速，新技术、新的商业模式和新的管理问题层出不穷，本书不足之处，恳请广大读者批评指正。

本书受国家社会科学青年基金项目“动态社交网络中的信息扩散优化机理研究”（项目编号：15CTQ029）资助，特此致谢！

目　录

第1章　绪　论

1.1　智能时代的知识管理视角

1.1.1　从数据到智能行为

在信息技术和互联网应用日益广泛的今天，人们在获取知识时，需要面对如何从海量的知识中找到所需知识，即知识过载问题。数据挖掘获得的规则知识多数是无用的，人们需要花费大量的时间和精力来浏览这些知识以确定哪些是自己所需的。人们在从事业务活动时，如何快速有效地获取与业务相对应的知识是高效完成业务活动的关键因素之一。

目前以数据驱动的挖掘往往针对某一商业目标进行，从数据集的选取到得到的知识都局限在部门级应用或特定业务范围。而事物之间是普遍联系的，一个部门的问题可能是由其他部门某一环节的问题造成的，因此，需要加强知识与知识之间在业务过程、用途、时间、使用人员等诸方面存在的内在联系，提高知识的使用价值。另外，通过知识的集成，借助知识具有的智能特点，人们获得的知识不再是孤立的，可以把某一知识与其他知识相互关联起来，理解它们之间的关系，从更大的视野来理解与运用知识，从而有利于促进产生新的知识，增强创新能力。从数据到智能行为的路径关系如图1-1所示①。

---

① 李杰，倪军，王安正，等．从大数据到智能制造［M］．上海交通大学出版社，2016.

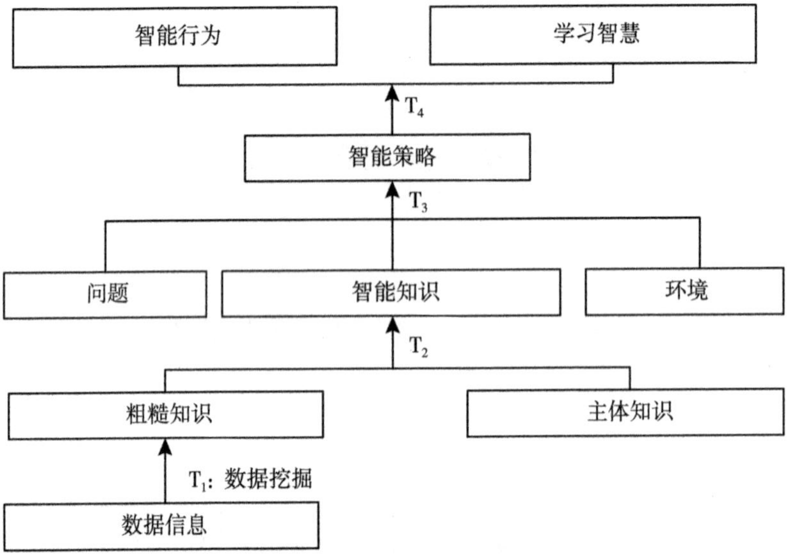

图1-1　从数据到智能行为的路径关系图

由图1-1可以看出，数据挖掘的目的是获得新颖、有价值的知识，从而辅助决策实施，智能知识的产生目的是为企业智能策略和智能行为提供主要输入和支撑；智能知识产生过程中充分结合了企业情境、专家经验、领导意图等规范知识，并利用相关数学算法，体现了人机结合、以人为主的原则①。

现有的企业知识管理研究集中于知识分享上，缺乏将知识用于管理中；而数据挖掘的研究集中在挖掘算法上，挖掘出结果就是数据挖掘项目的结束，对在业务过程中如何利用数据挖掘获取知识并有效利用挖掘出的大量知识没有引起足够的重视。同样，知识管理（Knowledge Management，KM）一旦独立于业务过程，往往被看做是额外的工作负担，不易取得良好效果。因此，将数据挖掘、知识

① Targowski A. The Cognitive Informatics Approach towards Wisdom [J]. *Cognitive Informatics & Wisdom Development Interdisciplinary Approaches*, 2010, 20 (9): 51-82.

管理与业务过程集成，使业务过程与知识的产生创造、组织存储和智能应用等过程有机结合，为业务活动提供一个知识支持环境，支持业务过程中的推理、决策，提升业务效果，使数据挖掘和知识管理真正服务于业务决策，就显得尤为重要①。

1.1.2 智能时代知识管理的理论框架

钟义信教授的“信息—知识—智能”统一理论认为：一个高级的智能系统必然要面对两个基本问题：怎样把外部世界存在的客体信息转变成为知识（认知）；怎样在此基础上面向目标由知识生成智能策略（再生）②。其中，“信息认知与再生”系统（对应人类思维器官）直接承担“把信息提炼成为知识，把知识激活成为智能”的任务。一个是“知识的生成”，一个是“知识的激活”，它们构成了整个智能系统的核心，也是“知识论”的核心。另外，完整的智能系统还应包括信息的执行（施效），以及根据反馈（获取）的效果进一步改进策略，直到满意地达到目的的过程，如图 1-2 所示③。

要实现智能知识管理（Intelligent Knowledge Management，IKM）的应用目标，还需要有一定的支撑条件以及有相应的方法实现知识与智能特性的结合，而智能知识管理的方法是建立在有关技术支持基础之上的。为此有关专家建立了包括应用层、方法层、技术层和支撑条件层的 IKM 四层研究框架，如图 1-3 所示。

1.1.2.1 支撑条件层

支撑条件层为其他三个层次的研究开发提供条件和支撑。包括如下内容：

①数据预备与预分析系统。即为可能的商业目标准备挖掘分析

---

① 徐宝祥，叶培华．面向业务流程的知识管理研究［J］．情报杂志，2007，26（6）：38-40.

② 钟义信．知识论：核心问题——信息—知识—智能的统一理论［J］．电子学报，2001，29（4）：526-530.

③ 王正兴．信息—知识—智能转换知识生态系统中图书馆职业能力研究［J］．图书馆学研究，2017（21）：15-22.

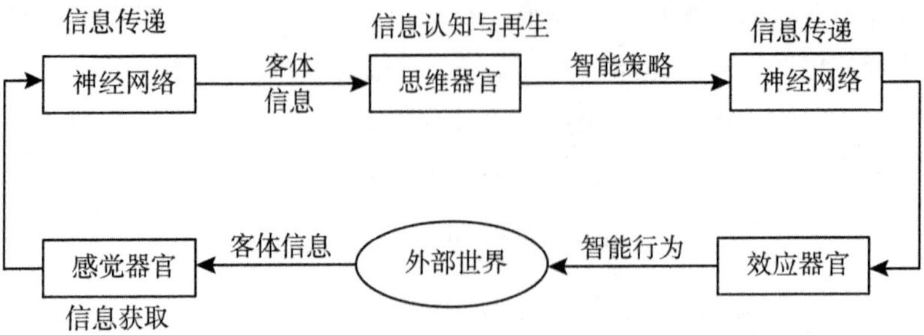

图1-2　信息—知识—智能：智能系统的理论框架

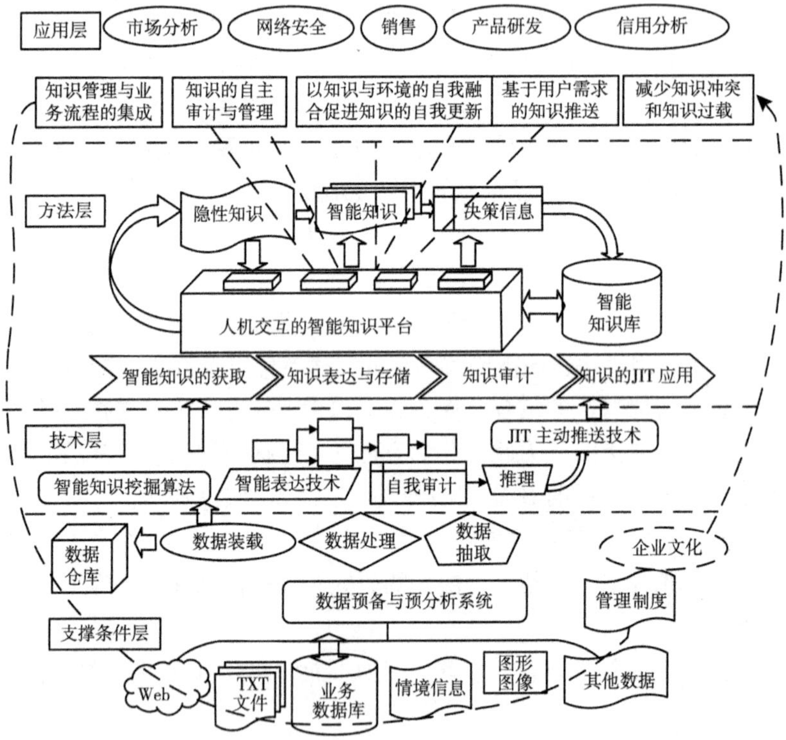

图1-3　智能知识管理模式研究的理论框架图①

① 张玲玲，石勇，朱正祥．智能知识管理：基本理论及其拓展［M］．科学出版社，2015.

所需的数据，并对数据质量、分布等进行初步分析，包括 OLAP 分析，对数据仓库的数据或信息进行全方位的多维分析，对用户进行目标关联性的探索性分析等，为后续的数据挖掘准备数据集。数据集的来源可以是业务数据库、文本书件、互联网、情景信息、图形图像以及其他相关数据。

②数据抽取、处理和装载。即从数据源中抽取数据，进行数据的集成、清洗、格式化处理等，装载成可挖掘的数据集。同时生成数据仓库的数据立方体，供数据预分析系统使用。

③企业文化。建立在通过数据获取知识、分享知识和利用知识基础上的企业文化对智能知识的管理具有良好的促进作用。企业文化贯穿整个智能知识管理的过程之中，对管理制度也有辅助执行的作用。

④管理制度。为保障智能知识管理系统的顺利实施和良好运行，一套与业务集成相关的管理制度是不可或缺的，可通过制度保障各环节、各流程的良好状态，并及时发现问题，同时激励最佳实践，促进智能知识管理系统进入良性循环。

1.1.2.2 技术层

技术层为智能知识管理模式的实现提供技术组件支持，主要包括以下技术：

①智能知识挖掘算法。通过改进现有的数据挖掘算法，包括决策树、多目标线性规划方法（MCLP）等，获取智能性更高的知识。

②智能知识的表达技术。即研究如何表达知识使其具备智能能力。

③智能知识的自我审计技术。即研究如何从数据挖掘的结果中整理判别和提升智能知识的系统方法。

④智能知识的推理机制。即研究如何使知识融合产生新的更有价值的知识。

⑤智能知识的有效应用技术。即研究如何使知识在合适的时间主动提供给合适的使用者，提高知识利用效率。

1.1.2.3　方法层

方法层参照以人为主、人机结合的综合集成体系理论，利用技术层实现的模块，组装完成智能知识管理的关键流程，包括智能知识的获取、知识的表达与存储、知识的审计、知识的主动推送应用等。在此基础上，搭建人机交互的智能知识管理平台系统，建立智能知识库存储知识，并实现专家隐性知识和智能知识的集成，提供智能知识和决策信息为应用层服务。

1.1.2.4　应用层

智能的知识管理方案靠平台的智能实现对知识的智能化管理，知识本身是非智能的，一旦知识的数量急剧增长超出管理极限或者平台设定的规则没有及时更新，则平台的智能性容易崩溃。而智能知识的管理方案则弱化平台的智能，将更多智能特性赋予知识本身，这样就减轻了平台的压力，使智能知识相互之间进行交流活动，实现半自主的管理①。智能知识的数量越多，智能性就越强，如图 1-4 所示。

利用方法层的智能知识管理平台及流程体系，可实现智能知识管理与业务流程的集成等目标，将方案应用到市场分析、网络安全、销售管理、产品研发、金融信用分析等领域，同时通过实践应用发现新问题，不断改进智能知识管理模式。

1.2　智能时代的银行知识管理背景

1.2.1　银行业的挑战

金融服务行业在过去的两年里受到了太多的冲击，银行的性质和结构发生了根本性转变，这要求整个银行业重新思考它们与客户的关系、基础成本以及平台的灵活性，以便实现有机增长，恢复盈利能力。

---

①　姜永常．国内外知识构建智能化研究的对比分析与方法选择［J］．情报理论与实践，2015，38（6）：49-56.

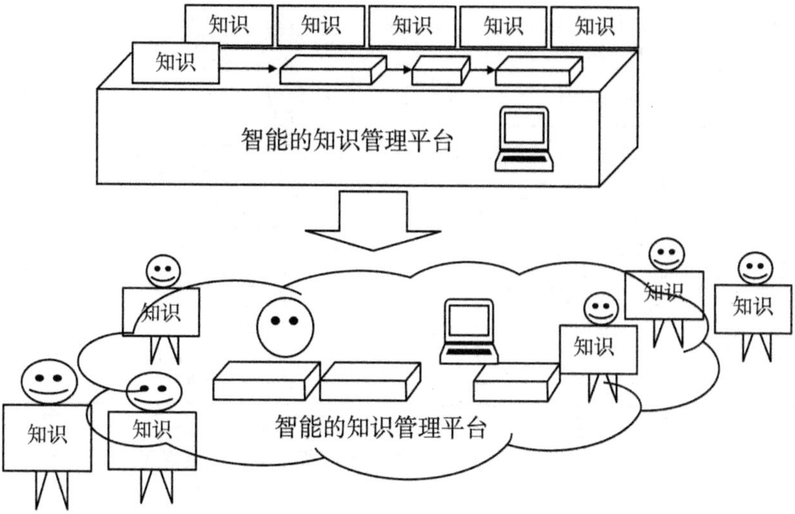

图 1-4 智能知识管理方案对比

为了更好地了解银行业的现状，我们需要回顾银行在过去 20 年中的战略和经营行为。IBM 商业价值研究院统计了全球金融业在特定阶段的行为和策略，如图 1-5 所示，通过这些阶段来了解当前状态是非常重要的。

银行业的具体战略导致特定经营行为的不断发生，各个阶段中不断变化的银行战略，驱动银行业通过多种途径来实现整合和确立投资优先选择途径。现简述如下：

（1）1990—2000 年：规模扩张阶段

这是大规模兼并和收购的时代。许多银行收购了在金融服务价值链上的竞争对手和其他组织，它们的规模得到扩大并进一步提高了市场份额。伴随着这些兼并，银行已不靠赚取利息作为其主要的收益来源，而是通过证券转移从可预知风险中获取收益。

这种经营行为导致了分散经营、分布式处理、高复杂性以及系统和流程的冗余。在此期间，对特定客户的重点关注并不是主要任务，因为此时的银行只想变得更大，更具有普遍性，却没有意识到互联网革命已经来临。

（2）2000—2004 年：管理股东权益阶段

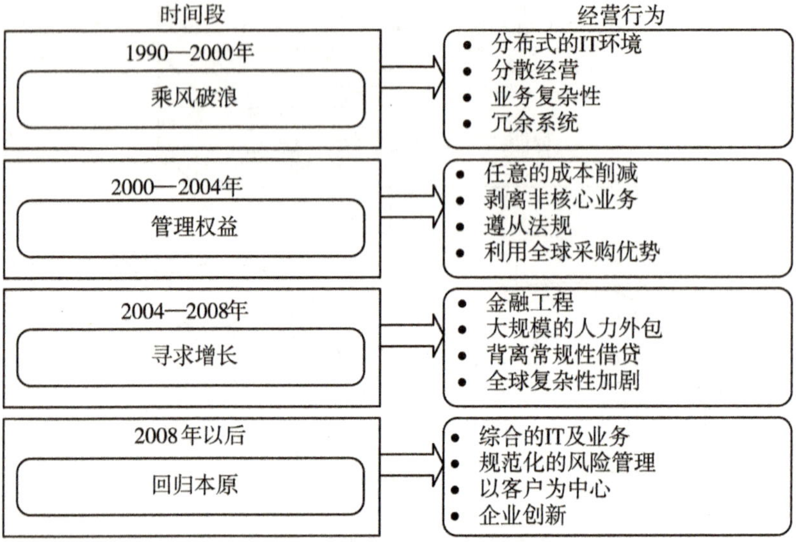

图 1-5　银行业的不同发展阶段

这一时期的特点是大幅度降低成本。银行试图通过利用全球采购的优势和削减非核心业务来提高效率。同样的，以客户为中心和对复杂性的有效管理也没有成为核心。

（3）2004—2008 年：寻求增长阶段

金融工程是这一时期的特点，外来衍生产品和贸易手段日益增加，并因此加剧了金融复杂性，加快了金融全球化。银行利用这些工具和手段向公司和个人大量放贷，推动了以信用为基础的国家经济增长和房地产市场的繁荣。可以说，金融市场在这一时期背离了原本的借贷规则。许多有零售业务部门的全球性银行都只顾高利润的衍生产品市场，而忽视了传统的零售银行业务。

（4）2008 年以后

在经济危机之后，大量放贷形势得到了扭转，银行开始回归本原，零售业务大量增长，商业银行业务经营权再投资的愿望得以恢复。这种转变，迫切需要产品和服务的创新。目前的需求是重新回到关注客户和关注商业模式的变化及创新等方面来，特别是银行必须提供更加完整的用户体验，而这又要求银行业务流程进行更多的横向整合。很显然，所有类型的银行都正面临着经营的困难时期，并且必须面对新的经营环境和新的战略需求谋求自身改变。

在云计算、大数据、互联网金融快速发展的环境下，商业银行传统营销与风险管控能力不足日益凸显。在营销方面，信息不对称、广撒网的营销成本太高；营销方式与产品也不是以客户为中心；营销决策依赖于经验，而不是数据；对市场商机反应不敏锐。在风险防范方面，随着客户范围的不断扩大，传统以人工干预、现场检查为核心的风险防范和应对模式，无论是成本还是反应速度，已无法适应现在新的变化和需求①。

1.2.2 银行业新的迫切需求

虽然当今世界越来越扁平化，面临的风险也越来越大，但是它也更加智能。而企业和经济体制之间的关系更加复杂深入，开放的贸易和新兴经济体正在改变传统的经济格局。随着信息传播速度的加快，系统复杂性正在不断增加，一个更加难以操控的高风险环境也即将出现，同时信息获取与信息管理及横向整合之间的差距也在不断扩大②。新兴技术的进步为人们展现出一个更具感知力、更加互联和智能的世界。图 1-6 展示了智能时代银行业务框架的参考架构，它将解决方案领域映射到一个参考架构中，从中可以更好地理解银行框架及其提供的功能，它们和架构中的各个功能领域相对应。

该参考架构是基于面向服务的方法，每个组件提供了一系列银行服务。该体系结构的主要组件包括：

（1）银行业务集成平台

银行业务集成平台是基于银行框架的解决方案的核心。它是一

① 陈荣贵．“智能时代”银行服务业面临的机遇和挑战——以我国商业银行为例［J］．财经问题研究，2014（s1）：53-55.

② 黄林，李长银．智能化对银行业的影响及应对策略［J］．经济纵横，2017（10）：108-113.

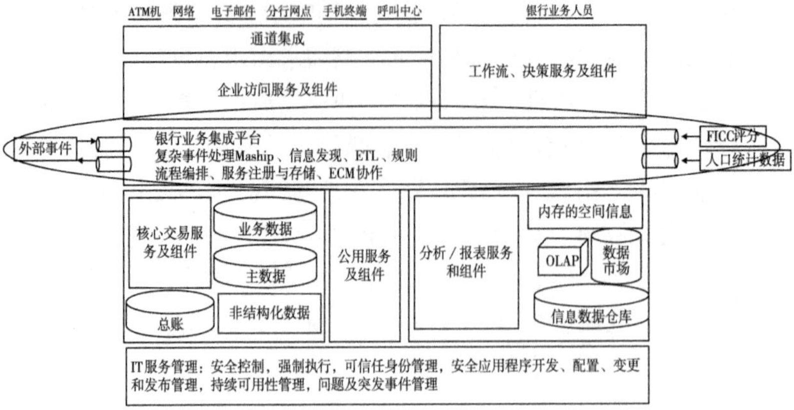

图 1-6　智能时代银行业务框架的参考架构

系列可以以高效和一致的方式来集成其他组件的技术。这些技术包括流程编排、调解和信息发现、复杂事件处理，以及具有 Web 2.0 风格的 Mashup。

（2）核心交易服务及组件

这类组件提供交易服务，以支持核心银行业务操作，主要有以下三类：一是业务数据。业务数据通常和交易执行组件在同一平台上，例如 CICS① 的核心银行应用程序通常管理它们自己在 DB2 中的业务数据存储。二是主数据。与此相反，主数据与业务系统是分离的，主数据在整个企业内部被统一管理。主数据管理组件用来管理与产品、客户及合同相关的数据。这个组件对外提供创建、读取和修改主数据的服务。三是非结构化数据。即所有其他具有非结构化特性的数据。

为了让银行重新恢复增长，我们需要在战略、技术和操作流程上实现更大的灵活性。世界的运作方式正在发生改变，银行也必须做出相应的改变。在 IBM 最近的一项研究中，90%的银行高级管

① CICS 是 IBM 公司的强大主机交易服务器、集成平台，在全球 C、C++、COBOL 等交易中间件市场上占有绝大多数客户。

理人员认为过去的银行业高回报率时代已经结束，其中67%的人更是认为它们在业务和技术上的灵活性很差。当前大型银行将面临更加残酷的竞争，如果它们不愿意接受变化，就将威胁到它们的业务和利润。

为了迎接这些挑战，并提高后危机时代的竞争力，IBM公司认为，银行必须解决三个新的迫切需求，如图1-7所示。

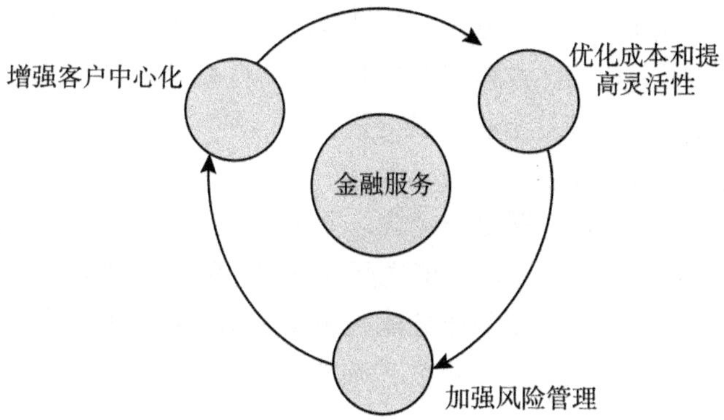

图1-7 银行业务的迫切需求

（1）增强客户中心化

银行业当前的首要工作就是在客户关系方面重新建立信任关系。IBM最近的分析表明，客户并不相信银行提供的产品能实现他们的最佳利益，而且真正的客户需求与银行眼中的客户需求存在明显的差异①。

为了弥补这一信任断层和推动收入增长，银行必须更深入地了解客户。当今的客户更加主动、更加强势并更愿意去寻找好的金融产品和服务。智慧银行必须投资新的解决方案，以便更深入地了解现有客户的需求，因此需要更好地整合银行的现有系统。客户需要多种不同价位的产品和多渠道的产品发布机制，而银行必须了解和

① 唐杰，王万峰．银行产品的需求偏好分析［J］．经济论坛，2005（8）：87-88.

利用这种多样性。

除了更好地了解客户，银行还必须改善对现有客户的服务方式，以确保紧紧抓住最有价值的客户。银行需要真正理解一个终生客户所带来的收益和相应投资的关系。IBM 的观点是，欲在零售银行业务和企业银行业务上实现有机增长，就需要专注于吸引客户，而传统的增长模式只专注于规模、定价、收费、成本控制和效率。

IBM 认为，银行必须更加关怀客户，开发更多能成为其拥护者的客户。通过采用一个更加注重以客户为中心的方法，即更多地投资客户洞察力和关怀方案，以及更多地关注客户，银行就可以弥补“信任差距”，并获取有机增长的机会。

（2）优化成本和提高灵活性

当今的银行业务既复杂又缺乏灵活性，系统和应用往往相互牵扯，也就是说，即使不同功能之间的一次性的直接交互，也都需要通过整个后端数据存储和业务流程来实现。这种方式的代价很高，并且十分不灵活，即一个系统或流程的改变需要修改整个业务流程。客户信息分散在各处，并且可以驻留在不同的系统中，这使得客户信息的收集和分析变得非常困难。

在这种环境下实施新的解决方案是非常有风险和耗时的。所产生的后果是，由于不能迅速改变以适应新的市场条件，银行很可能失去大好机会。银行必须重新思考它们的业务模型，从根本上简化核心系统的体系结构，通过提高业务灵活性来适应急速变化的环境，同时确保能够有效地压缩成本，并解决整个企业效率低下的问题。

由于目前的收入有所下降，银行必将关注新的收入增长来源。银行必须提高其灵活性，以把握新的销售机会。智慧银行必须精简业务并更新传统基础设施和程序，以缩短时间周期，能够以较低成本将新产品快速投入市场。银行必须更好地整合前端和后端的功能，尤其是在代收和收回、贷款流程、事务处理、核心银行系统转型、银行开户和客户数据管理等领域业务中。

（3）加强风险管理

2008 年的金融危机使人们知道，所有银行，无论是复杂的全球性银行的零售银行业务部门，还是规模较小的区域性零售银行机构，都必须重新思考它们用于衡量、跟踪和控制信贷风险的方式。银行必须制定更智能，更完善的风险管理系统，以优化其流程、系统和信贷风险。特别是，银行必须改善风险模型和风险分析的方法，包括更及时地报告整个行业的业务风险，以及在风险报告和资本充足率方面保持更高的透明度。

确保风险信息能够准确地、一致地、透明地在业务部门之间传播，这样才能够防止意外的损失，适当降低资产的高需求和减少民事或刑事处罚。综合风险管理不仅可以主动识别和管理新出现的风险，还可以消除冗余，提高风险数据质量和跨部门的传播速度，这极大地缩短了复杂风险计算的周期，消除了基础设施对信息共享的抑制，提高了给企业高级决策者提供的信息的及时性和质量。

1.3 智能时代的银行知识管理应用场景

在银行业务框架中，核心银行业务转型重点关注成熟应用的革新和现代化，使得支持银行核心业务职能的应用能够配合和支持不断变化的业务需求即应用场景。我们可以通过一系列的场景逐步介绍智能时代下银行知识管理的关键技术和实施方案。虽然这些场景并不完备，但是却可以给那些准备使用智慧银行的金融公司提供一定的参考和借鉴。

为描述一个主要业务场景或具体业务处理过程，我们引入“事件”这一概念——一个事件代表某件事发生了（或者没有发生），一个业务事件则表示发生的任何对业务有关的事情。从 IT 的角度而言，它通常有一个名字和一段数据，并且是异步生成和进行异步响应的。典型的业务事件步骤如下：①对服务台的一次呼叫；②一次销售；③对个人身份识别号码的更改；④一次交货。

1.3.1 产品及成本应用场景

所谓产品及成本应用场景，其商业案例是关于如何将现有金融产品进行打包。一个典型的打包产品包括一个支票账户、信用卡、网上银行，也许还会有手机银行。这样的打包产品都是作为一个整体单元进行推广和销售的。从银行的角度看，采用打包产品的好处是增加销售额和降低运营成本。从客户的角度看，打包产品的价值在于易用性，以及预先整合的打包产品有利于满足潜在的需求。差别定价的推出大大增加了对客户的吸引力，因为优化产品套件定价可以有助于推动销售和引领客户的行为。

在银行业务架构中，支付和证券领域特别关注支付操作方式。支付和证券业务通常是个混合的领域，在这个领域里，传统的支付和证券交易被大规模地商品化，现金管理产品和复杂的衍生产品是决定竞争力的主要因素。支付和证券交易的收益大部分是基于费用的，这意味着规模和成本效益是至关重要的赢利因素。

站在智能时代下银行知识管理的视角，欲跨越多个独立的核心业务系统产品，需要端到端的可见性，因为这些独立的产品通常都是处在不同的解决方案之中。将独立的产品集成到一起需要具备足够的灵活性和非侵入性，这样随着时间的推移，打包产品才能不断发展。一个好的横向集成解决方案是：在打包产品这一级别上，应使每个独立的产品系统能自动发出重要事件通知并接受外部端到端的业务流程的统一调度。从客户的角度来看，打包产品必须作为一个单元使用，这通常需要重新修改相关的用户界面。在这种情况下，其有效的解决方案是：从独立的产品系统中提供数据源，然后为一个集成产品套件做多种数据源的有机集成，只有当支持金融产品的现有系统公开它们的资源，并将其作为可聚合资源，这种做法才是可行的①。

此外，对于那些需要按分钟提供实时信息来控制公司现金流和流动资产的特殊客户，需要通过安全的方式将事件发送到移动设备上，银行可以为这些客户提供差别化的支付服务。使用这样的解决方案可以提供非侵入性，避免对应用程序的修改，而满足这样的需

① 克里斯·马滕．银行资本管理：资本配置与绩效测评［M］．机械工业出版社，2004.

求并不需要使用基于事件的架构。

1.3.2　客户服务应用场景

所谓客户服务应用场景，旨在解决这一问题——现在有种趋势是客户拥有多个不同银行的账户，我们怎么做才能使客户能在一个统一的视图下面看到他所有的银行账户呢？从金融公司的角度来看，他们有两个感兴趣的原因：第一，如果多账户解决方案流行，某个银行若是不参与这种多账户的集成，这个银行将处于竞争劣势。第二，在今天的市场已被充分分割的环境下，各大银行都在不断竞争，力争成为客户的首选银行。在同一视图中集成多个账户信息显然是吸引客户的一个好方法。

银行正在努力改善和客户的关系——一方面银行必须提升客户的信任度，另一方面银行必须充分了解客户的需求，这样才能给客户提供合适的，并且有价值的产品。在银行业务架构中，客户服务和客户洞察领域关注如何建立单一客户视图的基础和提供更为有效的销售和服务，这两方面是专业客户管理的关键动力因素。比如，如何在适当的时间，针对客户的需求给客户提供合适的产品，通常多半客户并不知道所有适合他们的可用金融产品。因此，客户一般都使用非最优产品。如果我们能够提供合适的产品来满足当前客户的需求，不但会提高竞争力，而且还会使客户更加满意，也会增加销售额。

站在智能时代下银行知识管理的视角，金融公司必须既是账户信息提供商，也是多账户视图的基础集成商。从技术的角度来看，一个好的方案是公开账户信息，作为可被集成的 Web 2.0 feed，然后，或者通过其他人的多账户视图解决方案，或者是银行自己开发的多账户视图解决方案来处理 feed。

同时，更好地理解和预测客户需求的一个方法是，发出业务事件来横向收集和关联看上去并不相关的客户行为（通过非侵入的方式）。此外，可用事件处理系统来建立发出事件的过滤器和规则，这种方式，相对于在传统的 IT 交易系统中实现这些逻辑，能给商业组织更大的独立性和灵活性。例如，当获得了客户的事件模式后，银行可以安排电话代理中心给客户打电话，基于双方的交流，给客户的旅游提出最佳建议。

1.3.3　综合风险管理应用场景

金融产品和交易变得越来越复杂，越来越需要全面和综合的风险管理。所谓综合风险管理应用场景，即是指在银行业务架构中，采取整体分析来管理金融风险、金融犯罪、运作风险和 IT 风险等。

比如，关于如何更快或者更好地检测信用卡欺骗，从金融公司的角度来看，好处是显而易见的，即可以减少欺骗带来的损失。从用户的角度来看，可以提升用户的安全感，并且欺诈案件可以得到更快的处理。信用卡欺诈检测并不是个新需求，已有很多解决方案，然而越来越多复杂多样的信用卡欺诈的形式给银行带来了很多损失。又比如，市场风险控制系统已经存在几十年了，而且随着时间的推移，运作一直保持良好。而从 2008 年开始出现了信用风险，各种金融担保品关联性越来越大，三种主要类型的风险（一般而言为市场风险、信用风险以及操作风险）越来越难以区分。

处于智能时代下银行知识管理的视角，银行面临双重挑战：第一，响应需要更加迅速；第二，随着新的欺诈形式出现速度的加快，欺诈检测规则中的动态性也需要不断提高。要满足以上两个需求，一种好的方法是采用基于事件的欺诈检测，而不是典型的基于交易的方法。基于事件的解决方案的好处是：我们可以从多处实时地收集事件，然后在业务事件处理系统中，使用适当的过滤器和规则进行实时关联。无须 IT 的参与，业务逻辑就可以改变这些过滤器和规则。

同时，通过横向集成三种经典的风险类型：金融风险、操作风险和犯罪风险来提供一个风险仪表盘是非常必要的。场内交易人借助整合的、更好的风险信息，可以设定更为精准的产权价值并避免风险过大的交易，从而获得更为准确的赢利增长信息。要做到这点，需要整合的，与风险相关的数据源并有机地集成到风险仪表盘中。

从商业的角度来看，上述所列举的场景阐明了智慧银行涉及的范围。成功完成其中任何一个，都会为一个通往智慧银行的金融公司带来价值。我们可以发现所有这些场景从根本上均依赖于一个或者两个智慧银行的主要功能，包括端到端的可见性、优化和完整的用户体验。从技术的角度来看，这些场景阐释了业务事件处理和 Web2.0 feed 分别是实现端到端的可见性和完整用户体验的关键推动者。因此在传统主机向现代过程感知平台转化的过程中，这些技术成为关键的部件并不是偶然的。

1.4 本章小结

本章认为，智能时代数据会遵循“数据—信息—知识—智能”(Data-Information-Knowlegdge-Wisdom，DIKW）的路径形成智能行为。本章归纳建立了包括应用层、方法层、技术层和支持条件层的智能知识管理（Intelligent Knowledge Management，IKM）四层研究框架。具体到银行业这一智能知识管理的研究情境，我们认为银行业面临着传统营销与风险管控能力不足的挑战，同时提出了优化成本和提高灵活性、增强客户中心化以及加强风险管理这些新的迫切需求。与此对应的智能时代的银行知识管理应用场景表现为三大方面：一是产品及成本应用场景，二是客户服务应用场景，三是综合风险管理应用场景，此为本书逐层展开论述的前提和基础。

第 2 章　智能时代的知识管理理论及关键技术

在智能时代，商业银行的知识管理必须摆脱以往静态知识管理、面向知识库存的知识管理以及基于组织制度的知识管理的陈窠，实现向动态知识管理、面向客户的知识管理以及基于应用场景的知识管理的转变。本章将从相关概念、基础理论、关键技术及方法基础等方面梳理智能时代的知识管理的研究及应用基础。

2.1　相关概念及理论

企业知识管理是一项非常复杂、系统的工作，没有全面地了解企业知识管理内容就贸然开展彻底的“知识管理”将会是组织的一场浩劫。下文将简介智能时代下的银行知识管理的相关概念及理论。

2.1.1　知识管理的“6P-1B”模型

企业需要的知识不是单纯知识的数量多少，更多的是希望能将知识有效地进行发现、发明及传播，达到人力资本与企业实际事项最大程度的匹配，发挥组织最大潜力。陈国权教授提出由“发现”、“发明”、“选择”、“执行”、“推广”、“反馈”这 6 个“阶段”（6P：6Processes），以及 1 个“库”（1B：1Knowledge Base）组成的组织学习模型，简称为“6P-1B”模型，如图 2-1 所示①。

① 陈国权，马萌．组织学习的过程模型研究［J］．管理科学学报，2000，3（3）：15-23.

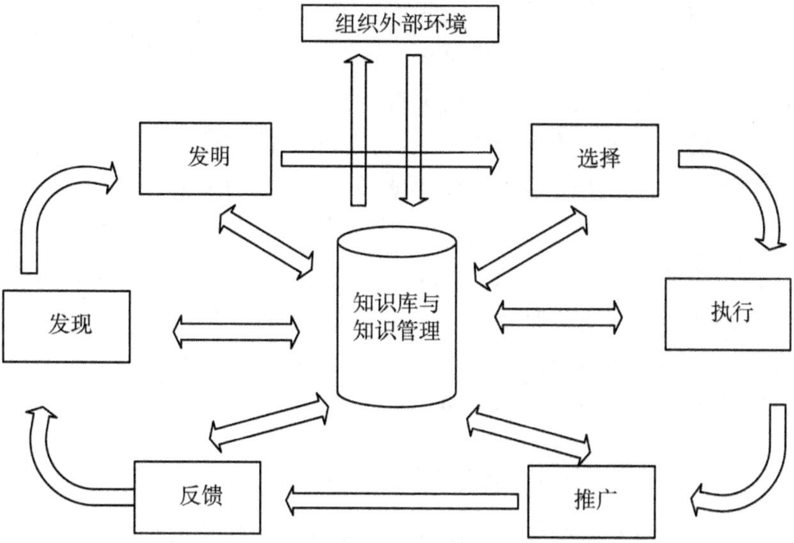

图 2-1 知识管理的“6P-1B”模型

①发现。组织存在的目的和意义根据内外部环境的变化而变化。然而，现实世界中真实发生的变化被组织所认识并不总能自动实现，它必须建立必要的流程、系统和能力来监测各种变化，尤其是发现各种对组织发展带来重要的预警或微弱的信号。

②发明。对于组织而言，光识别出组织内外部环境变化远远不够，还需要根据环境变化提出新思路和方案。

③选择。组织创新知识是发散的，同样的场景，不同的人会给出不同的解决方案，这就需要有与之配套的“选择”让其从众多备选中选择最优方案以供组织使用。只有筛选，才能让最优秀的“发明”脱颖而出，成为下一次创新的高起点。

④执行。与“发现”类似，“执行”也不是自动的。再优秀的“发明”，如果没有良好的执行，也将是夜空中划亮的一根火柴，一闪即逝。组织必须建立一套完善的、可持续性的机制以保持组织创新火种不灭。

⑤推广。以上四个阶段同样适应于个人学习，但组织学习与个

人学习最大的不同在于推广。没有良好的推广支持，好的知识只停留在发明知识的个体手中，无法将知识迅速在组织内部扩散。其他成员碰到同样场景时，只能再次进行知识创新。推广是知识传播的精髓所在，是迅速提高效率的关键步骤。

⑥反馈。除上述五步外，组织仍需对实施整体进行跟踪及发现问题以便更好地推动知识传播。没有反馈的学习是盲目的。

⑦知识库。由于上述六个过程是个闭合环路。在此环路中，各阶段不停地循环产生知识。因此，单纯通过人脑或简单的文档搜集是无法适应知识增长速度的，需要将各阶段产生的知识统一存储到知识库（Knowledge Base）中。另外，知识库也作用于各阶段，除内部知识外，还应包括外部知识的产生。

2.1.2　基于业务流程的知识管理

为达到组织所需知识与团队成员掌握知识的完美匹配，需要贴合组织知识学习特点和规律。首先，知识是动态的、变化的，因此对知识进行分类应该是持续的、动态的并且与组织内外部环境紧密结合。其次，脱离人的知识对组织而言是无意义的。知识管理视角中如果没有人员对知识的掌握情况的考量，必然导致知识库沦为信息库和资料库，不能有效地将组织带入组织知识学习的良性循环中。所以，针对现代企业知识管理实施方式，我们增加了人员对知识点的掌握情况。最后，组织知识学习是持续的，不是一次性行为。需要在组织内部形成组织知识学习环路，以发现知识为出发点，以实践知识、反馈知识对知识进行再次发现为目的①。综合两个专项应对策略以及知识管理相关理论，笔者提出现代企业实施知识管理总体策略，参见图 2-2。

业务流程管理（Business Process Management，BPM）是从相关的业务流程变革领域如业务流程改进（BPI）、业务流程重组（BPR）、业务流程革新中发展起来的，也是 20 世纪 90 年代工作流

---

① Holsapple C W, Joshi K D. Organizational Knowledge Resources [J]. *Decision Support Systems*, 2001, 31 (1): 39-54.

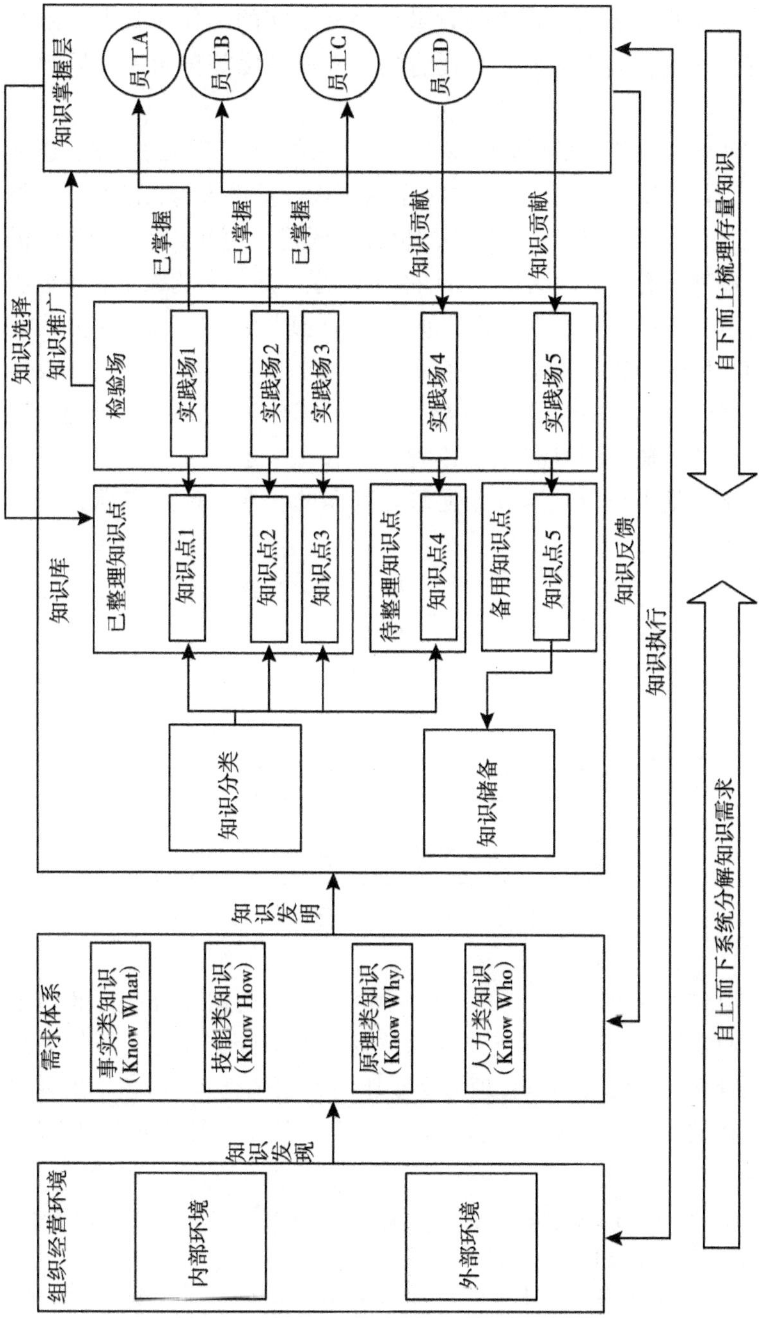

图2-2 现代企业知识管理总体流程图

管理系统的扩展。流程管理技术也是从早期的工作流管理、EAI、流程自动化、流程集成、流程建模、流程优化等技术中发展起来的①。

业务流程管理试图以流程为中心，根据业务环境的变化，通过优化企业的组织结构、灵活易变的流程设计推进人与人之间、人与系统之间以及系统与系统之间的整合及调整。其重点在于透过流程建立模型，有效管理组织内部的企业流程，是一套达成企业各种业务环节整合的全面管理模式。业务流程管理通常以 Internet 方式实现信息传递、数据同步、业务监控和企业业务流程的持续升级优化。显而易见，BPM 不但涵盖了传统“工作流”的流程传递、流程监控的范畴，而且突破了传统“工作流”技术的瓶颈②。BPM 的推出，是工作流技术和企业管理理念的一次划时代飞跃，见图 2-3。

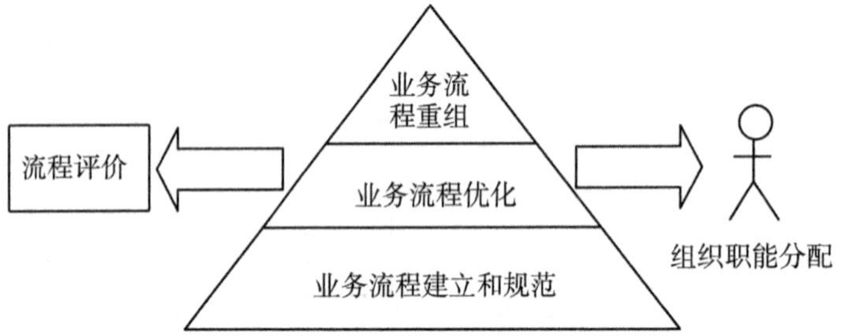

图 2-3　业务流程管理层次

由《IT 经理世界》和微软（中国）有限公司联合进行的“中国企业知识管理现状调查”显示：我国大部分企业已经开始关注知识管理，但实现知识管理的企业还不到被调查者的 2%。出现这种现状的一个很重要原因就是企业员工参与知识管理的动力不足。

① 谭伟，范玉顺．业务过程管理框架与关键技术研究［J］. 计算机集成制造系统，2004，10（7）：737-743.

② 成红，郑家祥．业务流程再造与 IT 技术的关系［J］. 电子科技大学学报：社科版，2000（1）：69-72.

通过进一步调研发现，75%的员工认为知识管理应该是公司层面的事情，自己最关心的是做好本职工作；80%的员工认为知识管理与自己从事的业务关联不是很紧密，知识管理对个人具体业务的支持作用有限①。

通过以上调查可以发现，虽然有很多企业已经认识到知识管理在战略层面对于组织发展的重要性，并实施了相应的知识管理系统，但是效果却不明显，一个最大的原因就是知识管理并没有切实帮助员工提高其业务工作效率，这种情况影响了知识管理在企业中的实践和应用。因此，需要将知识管理与业务流程紧密地结合在一起，才能充分发挥知识管理的作用。需要注意的是，在组织的流程管理中引入知识管理有一个重要的前提，那就是组织的流程管理水平至少到达了流程管理层次的第一阶段，即已经建立了基本的业务流程和规范②。在这个基础上，才能将知识应用到具体的业务流程中去，并在业务执行过程中获取新的知识，进一步优化组织业务流程。因为，在没有任何流程管理的基础上来实施知识管理是不可行的。

流程管理在知识管理中的切入点或者说业务流程与知识管理的关系体现在以下几个方面：

（1）业务流程本身属于知识的范畴

在社会实践中，无论是个人还是组织要实现目标必须具备三类知识：做什么、如何做以及为什么这么做的知识。业务流程就是属于“做什么的知识”。高效的工作流程都是在前人实践基础上不断积累，不断改良得到的。从知识管理的角度而言，标准的工作流程就是对前人“最佳实践”知识的重复利用③。

（2）业务流程是产生知识的主要场所

---

① 汤姆·奈特，特雷弗·豪斯．知识管理：有效实施的蓝图［M］．清华大学出版社，2005.

② 杨文祥，贝弗莉·P. 林奇．知识管理的层次与层次结构系统［J］．中国图书馆学报，2007，33（2）：96-98.

③ 黄艾舟，梅绍祖．超越BPR——流程管理的管理思想研究［J］．科学学与科学技术管理，2002，23（12）：105-107.

业务流程是组织工作的基本活动，企业的每个流程都需要涉及知识或利用知识来完成流程。例如，在贷后监管过程中，客户经理每天都要处理借贷人的财务信息、授信信息，对相关的数据进行分析；风险经理要不断地监控可能发生的信贷风险；而科研人员则绞尽脑汁设计、开发和测试新的产品。如此种种业务活动都有一定的流程，所以业务流程就是组织的实际活动，最能体现组织的生产效率，也是产生知识和需要运用知识最多的主战场①。因此，以知识为导向的管理者应该检查每个流程，以确定它可以反映出企业中知识的必要性。

（3）知识管理本质上是服务于业务流程的

知识管理可以提高业务流程的柔性。业务流程是需要动态管理的，完全固化的业务流程已经无法适应变化越来越快的市场环境和客户需求。现有流程管理的缺陷就在于没有明确方法来指导流程的不断改进，不恰当的、僵化的业务过程很难真正从知识管理中获得支持，所以需要对传统的业务过程进行重新考虑，在此基础上再对业务过程中的知识应用情况进行分析才是合适的②。而知识管理的不断积累、改进和创新的理念正好与动态的业务流程管理相吻合，这正是知识管理最大限度地发挥其作用的地方。

（4）知识管理本身也是有其流程的

知识管理同样涉及如何规范知识过程的问题，包括知识的获取创造、组织分类、编码存储、传播共享、反馈更新和价值应用。所以，在知识管理体系建设中，很多工作就是要做业务过程分析，尤其是业务过程中的知识状况分析。

（5）面向流程的管理技术已经非常成熟

在相对成熟和确定的技术体系上，比较容易引入并运用新的管理思想，见到成效的可能性也大大增加。目前，面向流程的管理技

---

① 李玲鞠，郭焘，蔡年贵．基于业务流程的工业设计知识管理系统模型构建［J］．科技管理研究，2013，33（14）：156-159.

② 廖良才，张建勋．基于业务流的知识管理策略研究［J］．现代管理科学，2007（9）：98-100.

术已经非常成熟，从风险和收益的角度来看，在知识管理中引入流程管理的思想，是合理可行的。

综上所述，笔者建议的知识管理总体流程由四部分内容组成：

①组织经营环境。组织经营环境又分为组织内部环境及外部环境。组织经营环境是知识的具体使用范围。

②需求体系。可按事实、原理、技能和人力知识四类对需求进行划分。

③知识库。可用于存贮组织运行过程中产生的知识。在知识传播转换过程中，实践是检查知识是否被掌握的重要工具。在现代企业知识管理过程中，知识学习者可以通过实际或虚拟的知识检验场所，对知识进行实践，以检验知识的正确性及对知识进行综合化及内在化①。

④知识掌握层。知识与信息本质的不同是有人的因素参与。没有人掌握的知识是不存在的。

通过四层次的知识管理体系划分，明确各层次主要功能及范围，可为配套的组织流程改革提供依据的方向。将知识管理体系划为四个层次后，还需要科学地将知识在知识管理体系四层次中按知识变化规律进行流动。依托知识优化团队，以知识视角对组织经营环境的知识需求进行全面梳理，这一过程主要实现对知识的发现。由知识优化团队组织人员以满足知识需求所需知识及知识检验场为基础，在知识库层对知识点及知识点对应知识分类进行关联，这一过程主要实现知识创新②。在形成可靠全面的基础知识库后，通过技术手段以知识库为源泉向组织成员提供知识选择途径。由知识优化团队发起，组织对员工掌握的知识进行梳理，根据知识点被掌握的不同情况实施不同的策略。知识优化团队通过对组织成员的实际

① 谭伟，范玉顺．业务过程管理框架与关键技术研究［J］．计算机集成制造系统，2004，10（7）：737-743.

② Chen C J. Strategic Human Resource Practices and Innovation Performance: the Mediating Role of Knowledge Management Capacity [J]. *Journal of Business Research*, 2009, 62 (1): 104-114.

工作场景（知识使用）进行分析，从而检验知识库的全面性如何①。

组织内各阶层人群根据实际工作开展情况及知识库使用情况，向知识优化团队提出知识需求，即知识反馈。或知识优化团队主动组织人员对组织经营环境进行梳理，及时发现未纳入知识管理体系中的知识需求。该过程以知识管理需求（发现知识）为起点，在最后知识反馈阶段又提出了新的知识管理需求，将知识管理体系建立成为一个闭合环路，使得组织掌握知识与组织经营环境所需知识达到动态平衡成为可能②。

2.1.3　基于场景设计的知识管理

"场景"（scenarios）一词常应用于戏剧领域中，指在一定的时间、空间内发生的一定的任务行动或生活画面③。在交互设计领域，基于场景设计（scenario-based design）的思想最早由 Carroll 提出，强调将设计工作的焦点从定义系统的操作转变到描述为由哪些人使用该系统去完成其任务④。交互设计改变了设计中以物为对象的传统，直接把人类的行为作为设计对象。人使用产品必须有一定的行为，这种行为是在一定场景下进行的，行为的完成需要一定技术的支持，因而人、行为、场景和技术四个要素构成了所谓的交互系统⑤。场景是交互系统中极其重要的要素，研究在一定场景下的用户行为，对用户行为逻辑针对相应的场景进行规划和设计，是交互设计的重要目标。

---

① 戴伟辉，陈鸣麒，周瑛．高层管理团队优化配置的知识管理系统［J］. 科技进步与对策，2008，25（2）：154-157.

② 杜跃平，路璇．个人知识组织化的约束因素及动态模型［J］. 西安电子科技大学学报，2008，18（2）：36-39.

③ 沈贻炜．影视剧创作［M］. 浙江大学出版社，2012.

④ Carroll J M. Five Reasons for Scenario-based Design［J］. *Interacting with Computers*，2000（13）：43-60.

⑤ 李世国，费钎．和谐视野中的产品交互设计［J］. 包装工程，2009（01）：137-140.

同软件设计从面向过程的设计到面向对象的设计的思路转变一样，在互联网产品设计过程中，同样需要一种转变，那就是从面向功能的设计，到面向用户业务场景的设计的转变。首先，面向用户业务场景的核心要求是，在产品设计中，“我们的产品为用户解决哪些问题或提升哪方面的效率”，而不是单纯的“我们的产品为用户提供了哪些功能”。面向用户业务场景，需要我们了解用户业务场景，不断的面对面的访谈、合理的数据统计分析是必不可少的途径。在产品面向用户的展现模式上，我们的产品从命名到使用，都需要明确告诉用户“这件事是怎么做的”而不是“这是什么”。因为，用户从了解“这是什么”再到“这件事是怎么做的”，无形中增加了一个“教育”环节，这是产品设计中的败笔。更多的时候，用户无需理解“这是什么”，而只要知道“这件事是怎么做的”就可以了。面向用户的业务在解决了用户体验的“确定性”和“效率性”的同时，可以将用户的核心需求采用最简化的方式表现出来。因为，我们已经砍掉了很多“错误的”栏目和功能。而且，面向用户业务的产品设计思路，迫使我们不断地接触用户，了解用户的业务，再结合创新的工具，就能使我们持续不断地进行改进。

现在，越来越多的现代企业认识到，知识管理是企业未来快速发展和扩张的必经之路。比如，龙湖地产总结出了一套“产品标准模块”，并固化在系统上，成为实现其快速区域扩张的“密码”；万科集团内部推行了一套“组织学习”的机制，并搭建知识共享平台，鼓励个人将头脑中的隐性知识沉淀为组织智慧……更多的公司也都开始或已经搭建了自己的知识库，将企业的文档统一到库里管理。这些公司的知识管理实践，都可以称之为“图书馆”模式：企业建立一些文档库——如同图书馆的分馆，以及分馆内各个类别的书架——将企业的显性或隐性知识分门别类地放到这些库中，员工遇到问题的时候，再到各个库中去搜索和查询相关的资料（如图 2-4 所示）。

“图书馆”式实施模式的好处是，实现技术比较成熟，平台搭建比较快速轻松，能在短期内见到一定成效。然而，对于每天忙于日常工作的企业员工而言，如果没有强大的搜索引擎的帮助，他们

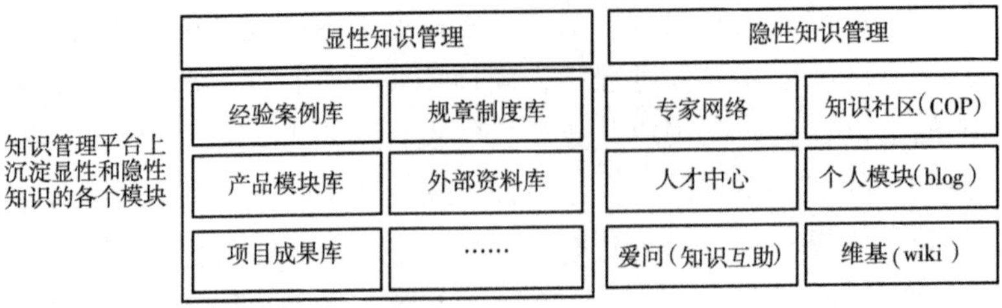

图 2-4　传统知识管理系统功能模块

是不愿意去这样浩如烟海的知识管理平台中去找知识——对各知识库的分类逻辑不熟悉，查找的命中率低，翻找平台上堆积的大量文档和信息让他们迅速失去耐心。事实上，我们也发现，很多企业花了大量时间精力建立的知识库，可能仅仅只起到了存储的作用，知识的点击率和再利用率是比较低的。而且，随着对知识库的关注度降低，知识的积累量也呈日益递减的趋势。因此，我们有必要思考另一种知识管理应用模式，即员工不需花大量时间就能得到自己所需的知识，这样就能大大提高知识的利用率。

如何才能达到这样的效果？员工每天都在处理自己的日常工作，都会面对一些比较固定的工作场景。设想，员工在各个工作场景中处理事务时，与该工作场景紧密相关的各类知识会自动呈现，随时可用，使得合适的人在合适的场景获取并利用到合适的知识。这样的知识管理平台，对于员工而言才是最有实用价值的，这样与工作场景密切关联的知识，利用率才是最高的。当然，这些知识都是以同样的规则存储在企业的知识仓库中。

根据这样的思路，我们设想如下的场景式知识管理模型，如图 2-5 所示。

从企业角度来看，将员工面临的所有场景串起来，就是运作的一条条工作流程，因此模型以流程为线索建立①。对于现代企业而

① Hipp C. *Information Flows and Knowledge Creation in Knowledge-intensive Business Services: Scheme for a Conceptualization* [M] // Innovation Systems in the Service Economy. Springer US, 2000: 149-167.

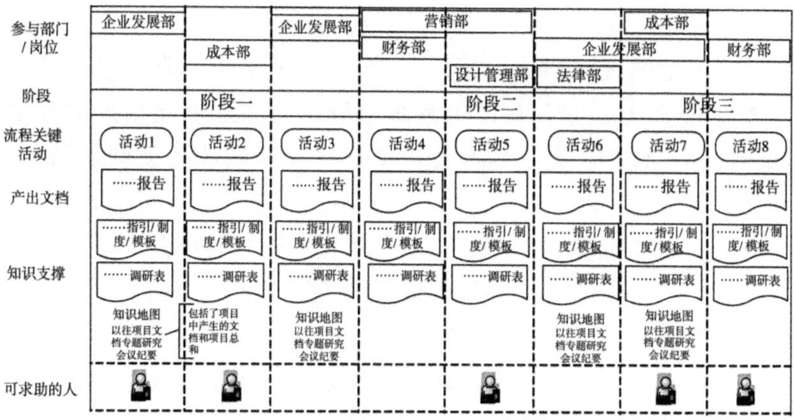

图 2-5　场景式知识管理模型

言，最为核心和典型的流程就是项目开发流程。我们可以把项目开发过程分解为几个阶段，继续细化分解为关键的活动，如撰写《项目定位报告》这个活动，然后围绕这个"关键活动"，梳理以下几个方面的知识：①这个活动需要产出的关键文档（知识产出），如《项目定位报告》。②实施这个活动可以参考的知识支撑（显性知识输入）。包括已经标准化的相关制度、指引、表格模板、知识地图等，以及之前类似活动的产出成果和经验总结，如《项目定位报告指引》《住宅/商业项目市场调研模板及指引》《某某项目市场调研表》《某某项目定位报告》等。③这个活动相关专业领域的专家（隐性知识输入）。如该报告会涉及营销、成本、设计等专业的专家。

梳理出这样的业务场景知识模型，可以有几个方面的应用：

（1）形成各种业务场景的知识地图

相对于大而全的知识仓库而言，我们可以建立更具指导性的知识地图——流程导向的知识地图，如项目开发流程知识地图、设计过程知识地图、新项目公司成立地图等；以及岗位知识地图，如设计岗、营销策划岗的知识地图等①。这些知识地图可以是静态的，也可以是动态的。

这些地图设计出来，可以不依托于 IT 系统，直接供业务人员查看和学习。也可以在 IT 系统中展示，添加链接指向具体的知识文档。比如，某房地产公司项目开发知识地图示例如图 2-6 所示。

（2）基于现有 IT 系统的业务场景，关联相关知识

员工经常使用的 IT 系统承载了很多业务场景——比如，OA 系统中的流程审批任务分配、工作沟通等，是企业员工经常遇到的工作场景；还有 ERP——项目计划管理系统、成本管理系统、客户关系管理系统等，运转着企业的业务流程和业务数据，支撑了绝大部分业务场景；而门户则可以按照岗位角色配置相关的功能和内容。

对于 OA 和 ERP 中典型工作场景，我们可以采用一些知识集成的技术如知识插件、知识整合等方式，在启动这个工作场景时，将关联的制度、流程、模板、以往的类似任务、相关专家等自动关联在同一个页面上；或者在不同的场景页面，根据我们梳理的逻辑，自动从知识仓库中搜索相关知识，推送到操作界面②。这样，员工在处理日常工作时，相关知识就在业务场景操作的同一个界面出现，不用另外再进入知识管理系统去寻求答案了。这样的知识最大限度地实现了其价值。

在门户页面，可以根据不同岗位员工的需要，将他们使用频率最频繁及最有可能参考的知识配置在个人门户上，如对于高管门户，可以配置他们最关心的知识——业务指标图表，如图 2-7 所示。

---

① Von Krogh G, Nonaka I, Aben M. Making the Most of Your Company's Knowledge: A Strategic Framework [J]. *Long Range Planning*, 2001, 34 (4): 421-439.

② 李龙一，杨祺．基于云创新的 IT 企业知识共享［J］．科技管理研究，2016，36（23）：173-179.

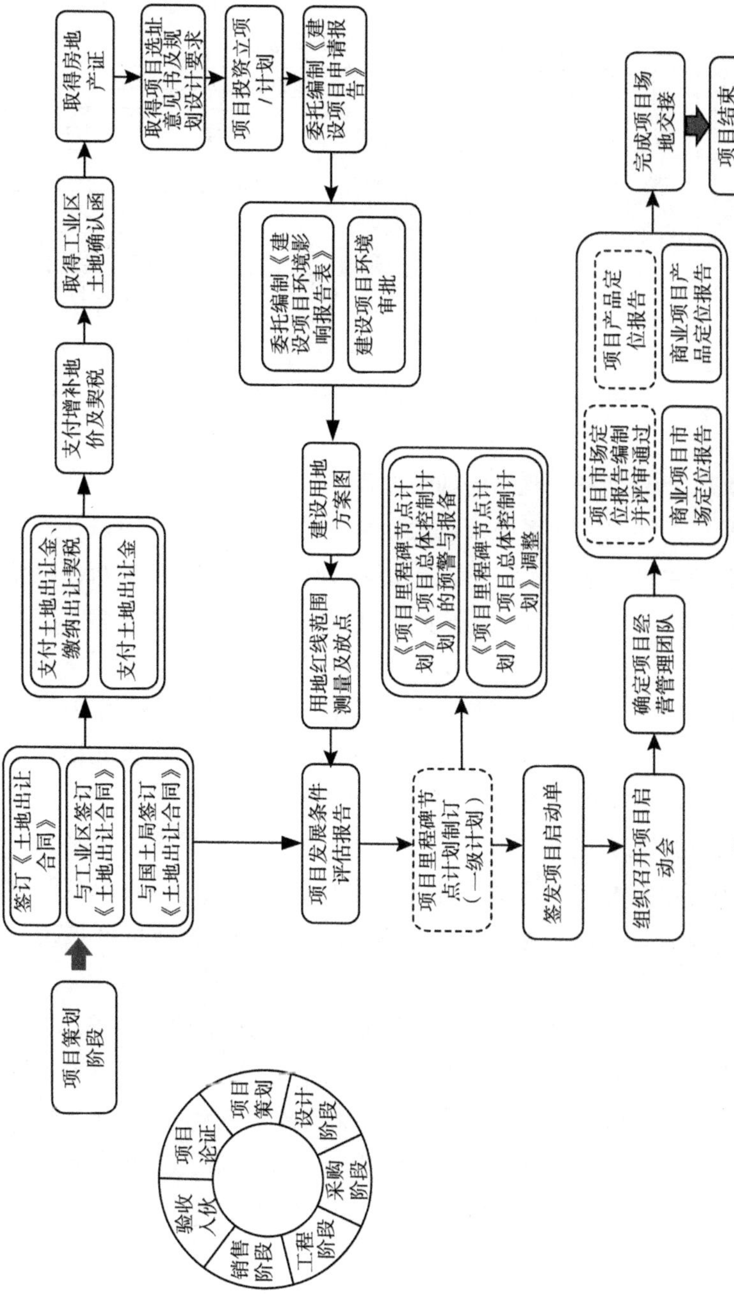

注：虚线框 会产生阶段性关键成果，通过必填选项控制

图2-6 项目开发知识地图示例

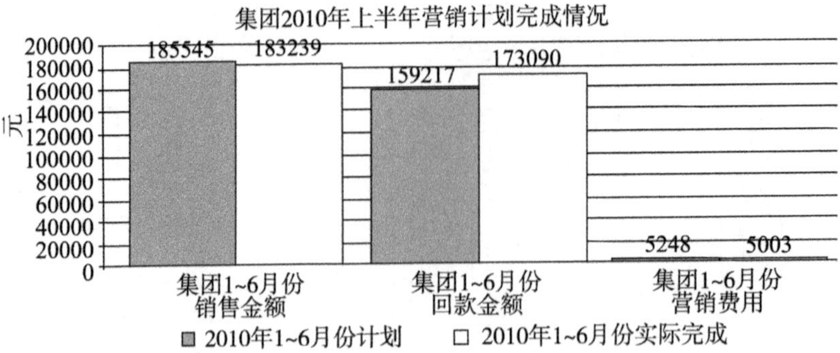

图 2-7　高管门户中可配置业务指标相关图表

（3）构建业务流程导向的知识管理平台

传统的知识管理系统，以大而全的“图书馆”式知识仓库为主。我们也可以考虑从业务场景角度构建流程导向的知识沉淀、分享、学习的平台，如地产开发企业的项目阶段成果管理平台，如图 2-8 所示。

通过项目阶段成果管理平台，我们可以管理并且指导项目在何时输出什么样的文档，输出文档的同时可以参考什么文档，请教什么专家，同时，能够看到单个项目的文档输出情况，对单项目进展和成果沉淀情况做到一目了然。项目阶段成果管理平台上的知识可以是知识仓库的一部分，它们来自知识仓库，也沉淀到知识仓库，只是以企业员工更为熟悉的业务场景来沉淀和展现知识。

总而言之，企业实施知识管理的目的不是存储收藏知识，而是让知识能帮助员工更高效率地工作，从而降低成本，提高效益。因此，随着对知识管理要求的提高，以及技术的进步，跟日常工作紧密关联的场景式知识管理模式，将作为“图书馆”式知识仓库的重要补充，成为企业实施知识管理的主流模式之一。

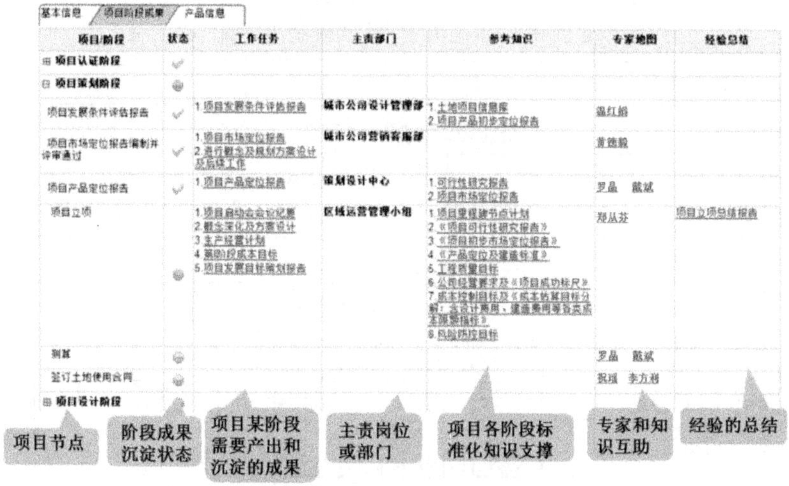

图 2-8　项目阶段成果管理平台界面示例

2.2　关键技术及方法基础

2.2.1　基于领域本体的知识建模技术

2.2.1.1　企业知识领域本体构建流程

已有的本体构建方法不仅对细节的描述较少，而且对于怎么对知识进行形式化表达，对前期知识进行收集、分析以及企业员工、领域专家怎么发挥作用等问题的表述不够详细，而在实际构建过程中又不得不面临这样的问题。本书综合了现有研究的企业知识领域特点，提出一种操作性强、符合企业实际的企业知识建模过程(见图 2-9)。具体步骤分析如下：

①确定领域本体的应用需求与专业概念范围。分析企业知识管理体系中领域本体构建目标与应用场景，确定本体的专业领域范畴以及本体概念描述粒度。

②企业知识领域本体定义。根据上述的对领域本体的需求分

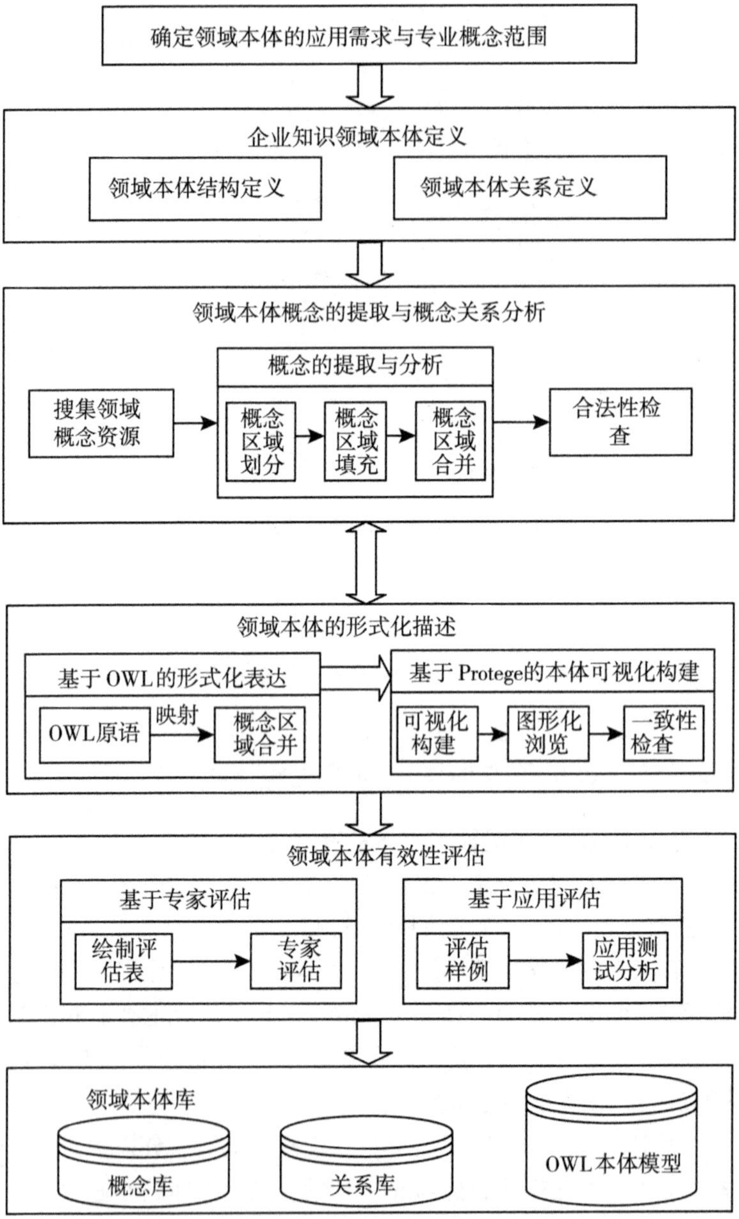

图 2-9　企业知识建模流程图

析，确定其结构和关系集。

③领域本体概念的提取与概念关系分析。根据领域本体需求分析与定义，收集构建企业知识领域本体所需的概念资源，提取企业知识相关的专业概念，并分析概念之间的关系。此阶段是构建领域本体的关键环节，直接影响到所建本体的质量。

④领域本体的形式化描述。根据已分析好的概念及其之间的关系并利用本体描述语言进行形式化描述，利用本体构建工具形成初步本体，并进行语法检查。

⑤领域本体有效性评估。通过专家评估与基于应用的评估两种方式对本体概念覆盖度、本体概念正确性、本体概念关系准确性进行评估。若不符合要求，则需要对前几个步骤进行迭代，使本体趋于完善①。若达到要求就将其存储于知识库中，否则与专家及领域本体工程师沟通，重新返回进行完善。

基于上文对企业知识的结构特点分析，一条具体的企业知识应该是以问题求解策略为中心，涵盖求解相关的管理规范、管理原理、管理思路、经验技巧以及求解后的决策结果，所以企业知识可以总结成包含管理问题求解策略、管理方法、原理思路、经验和背景等的索引知识，以及作为企业知识载体的决策结果和描述管理领域的规范术语三部分组成②。本书提出具有“领域本体—索引知识—数据资源”三层映射结构的企业知识组织体系对系统中的企业知识进行组织和建模，如图 2-10 所示。

①领域本体层领域本体是领域内的概念及概念间语义关系的形式化表达，实现术语标准化及知识规范化是其目标。

②索引知识层索引知识库是借助领域本体中的规范术语，对 PDM 中的每一份数据资源进行知识标注形成的带有统一语义信息的知识库，索引知识是从可理解、可重用的角度对某一企业管理问

① 李军锋，吕学强，李卓，等．专利领域本体概念语义层次获取［J］．情报学报，2014（9）：986-993.

② 李景，孟宪学，苏晓路，等．领域本体中的概念及其领域属性研究［J］．现代图书情报技术，2007，2（4）：5-7.

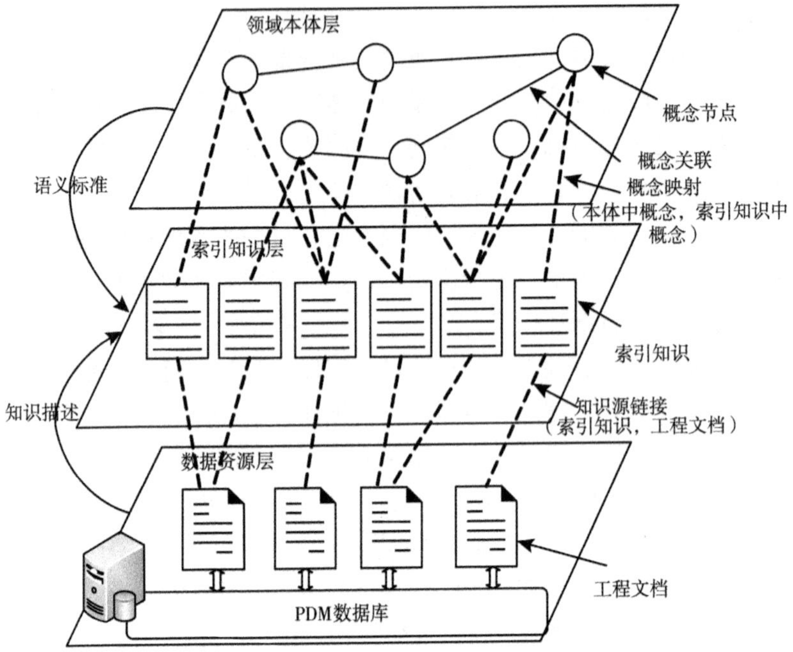

图 2-10　企业知识组织体系

题进行的总结归纳，并关联着决策结果以及各种相关决策文件，是对决策结果的结构化和轻量化。企业员工通过对索引知识的理解和引导，可进一步获取相关数据资源。

③数据资源层指 PDM 中的管理文档及产品模型等。由于企业知识是利用本体概念进行描述的，因此领域本体和企业知识具有统一的术语和概念，使得基于知识的意图匹配成为可能。

索引知识作为企业知识组织体系中间层，是连接 PDM 数据与领域本体的纽带。首先，以领域本体中已规范化的术语为基础，对 PDM 数据进行知识抽取和描述，形成结构化的索引知识，并通过“知识源链接<索引知识，管理文档>”建立映射关系；其次，利用领域本体的概念对索引知识进行语义标注，并通过“概念映射<领域本体概念，索引知识概念>”建立关联。因此，PDM 数据最终映射成带有语义信息的索引知识。领域本体可以看做是对索引知识的一种细粒度分类。可以看出，通过领域本体，最终可以形成一个将概念、知识、数据关联管理的网状知识组织体系。

由于索引知识是利用本体概念进行描述和标注的，因此，领域本体和索引知识具有统一的术语和概念，使得基于检索意图的知识语义匹配成为可能。企业管理问题通过领域本体转换成对应的概念集，在本体概念映射下，从索引知识库中匹配出符合条件的知识，进而获取包含该索引知识的数据资源（如管理文档等）。企业管理问题经过“领域本体—索引知识—数据资源”的映射，实现以索引知识为引导的数据资源搜索，可以很大程度上满足企业员工快速检索知识的需求。因此，企业知识组织体系实现以有限的本体概念及概念间的语义关系，来组织 PDM 中无限更新的领域企业知识，实现企业知识间的多重网络化关联关系，进而实现数据资源间的关联，从根本上解决企业知识相对散乱和关联性差等问题，为企业知识获取、积累、共享与重用等奠定基础。

2.2.1.2 基于模板的文档索引知识表达

索引知识是利用领域本体中的规范术语对 PDM 中的文档数据进行描述而形成的元知识，其目的是对文档知识源进行过滤、总结和关联。

索引知识为能够反映某一管理文档或产品模型的内容且具有一定知识信息量的元知识，是对管理文档和产品模型（知识源）的知识预处理，可用如下三元组来描述索引知识：

$$IK = \langle AD, KD, URL \rangle$$

其中：IK 为索引知识，AD 为知识属性描述；KD 为知识描述，即相关企业知识；URL 指知识源地址。

索引知识的表示应适应企业知识载体类型的多样性要求，提供可自行定制的索引知识描述框架，即索引知识模板。其中，知识标题、特征词集以及知识源地址为固定项。特征词集是能反映索引知识特征的关键词元，特征词元应是领域本体中所规范的术语。知识源地址是知识载体在 PDM 中的链接地址。其他描述项可根据企业具体需求以及知识类型的不同来自定义所需字段。通过对索引知识内容和结构的定义，实现对数据资源内容的规范化、结构化和轻量化，从而表达蕴涵在数据资源中的知识点，使文档数据中的知识具有可读性。

索引知识可以表述为企业经营管理过程中一个个决策问题的求解过程记录。索引知识库是对企业知识特征和内容进行管理，提供知识源链接，并不对数据资源本身内容和结构进行管理。因此，可以在不改变 PDM 系统结构的基础上，无缝存取各种类型的知识源。企业员工通过对索引知识的理解，进而确定是否需要通过知识源链接进一步打开相应的数据资源。

根据对索引知识的定义，针对 PDM 中管理文档类型以及知识类型的不同，应提供不同形式的知识模板。知识模板是对某一类型索引知识的抽象化，通过对知识模板的实例化得到具体的索引知识。因此，知识模板的建模过程就是对知识类型进行分类并确定其知识描述项的过程。

2.2.1.3　基于领域本体的企业知识检索模型

为解决传统检索在语义匹配上的不足，且企业员工难以表达真实检索意图等问题，有必要对 PDM 中数据的组织和检索方式有所改变。本小节提出的基于领域本体的企业知识检索模型如图 2-11 所示。其基本思路是：①利用多策略企业知识应用方式，企业员工通过知识检索直接输入检索问题以及通过知识推送服务（任务描述和知识定制）产生主题词等知识应用方式形成检索式，利用领域术语词典和通用词典对检索式进行词条提取，获取由领域术语关键词（存在于领域本体中的术语）及一般关键词组合成的多关键词，获得企业员工的最初检索意图。②对解析后的领域术语关键词应用领域本体进行语义扩展，获取与各个关键词具有语义关系的扩展词及其权重，由此将企业员工的管理问题转化为计算机可理解的本体概念集，本体概念集与一般关键词形成检索需求，捕捉企业员工真实检索意图①。③计算检索词集和索引知识的相关度，得到检索的初步结果；利用管理任务描述对得到的初步结果进行二次匹

① 何超，张玉峰．融合领域本体的中文文本语义特征提取算法研究[J]．情报理论与实践，2013，36（9）：96-99.

配，获得符合检索意图的索引知识。④根据索引知识和数据资源之间的映射关系，企业员工可以进一步获得以往管理问题的解决结果。

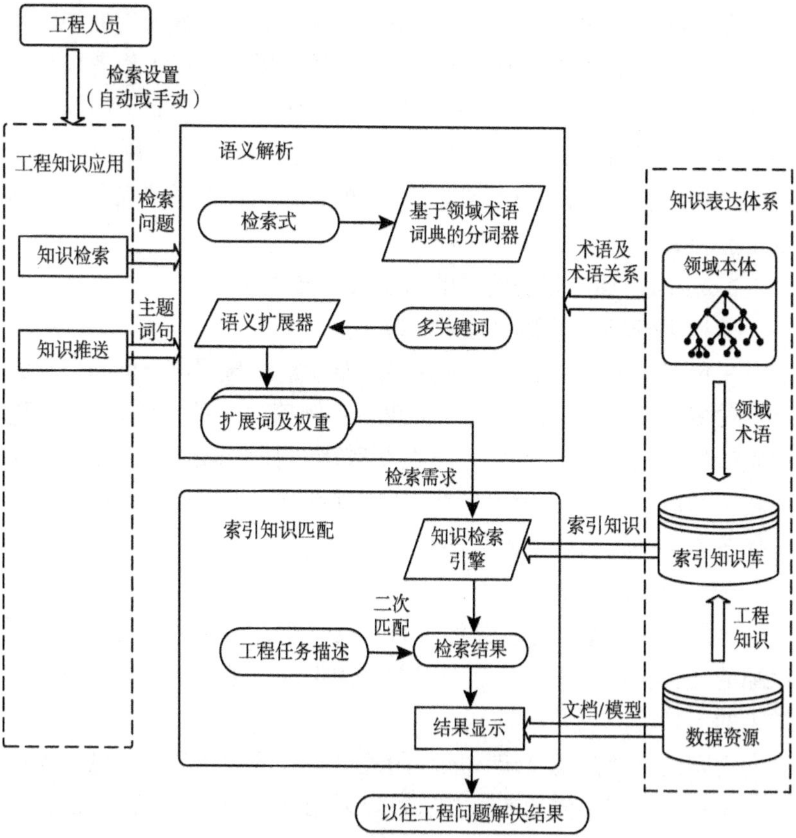

图 2-11　基于领域本体的企业知识检索模型图

由图 2-11 可知，本书中基于领域本体的企业知识检索模型关键技术包括两个方面：①管理问题的语义解析。确定管理问题与本体概念及关系的对应，形成符合企业员工检索意图的检索需求。②索引知识匹配。计算管理需求与索引知识的相似度，匹配符合意图的企业知识，实现知识的应用。

2.2.2　面向任务的知识应用技术

随着信息化建设的加深，企业知识管理系统中已积累数量众多的管理资源信息，用拉取的方式获取知识很容易出现“信息过剩”的现象。在以知识为核心的知识型组织中，如何依据人们的知识需求，主动将合适的知识推送给需求者，从而提高知识工作者知识应用和创新能力，已经成为学术界和企业界研究的一个重要课题。而知识推送正好可以克服“知识过剩”问题，并可减少用户获取知识的工作量，因此，知识推送已成为提高知识管理系统服务效率的重要途径。

2.2.2.1　面向任务需求的知识获取技术

（1）基于语义的知识检索模型

采用基于本体的语义检索方式，能检索出与用户查询语句中所表达的概念具有同义、继承、属性和实例等语义关系的知识信息。检索流程如图 2-12 所示，系统在获取用户任务描述后，提取与任务相关的属性，进行分词处理，并通过本体扩展实现知识检索，将与任务相关的知识资源检索出来。

（2）知识评估过滤

对知识检索结果进行过滤，将与任务主题关系密切的及用户感兴趣的知识推送给用户，是知识推送的重点，也直接影响知识推送结果的有效性。

现有的信息过滤系统一般利用关键词、规则或分类信息来表达用户需求，对于不同的表示方法可以采用不同的匹配算法。信息过滤研究的一个显著趋势是增加信息过滤系统的自动化，以便自动地修改模型和自动地进行相关的过滤操作。一般的信息过滤方法分为三种：协同过滤方法、基于关联规则的过滤方法和基于内容的过滤方法：

①协同过滤方法。即通过分析历史数据，将相似用户集的用户感兴趣的知识作为当前用户的推荐结果。与基于内容的过滤不同，协同过滤并不比较信息与用户兴趣模型的相似性，而是通过比较用户之间的相似性来推荐信息，所以其核心问题是寻找 k 个最相似的

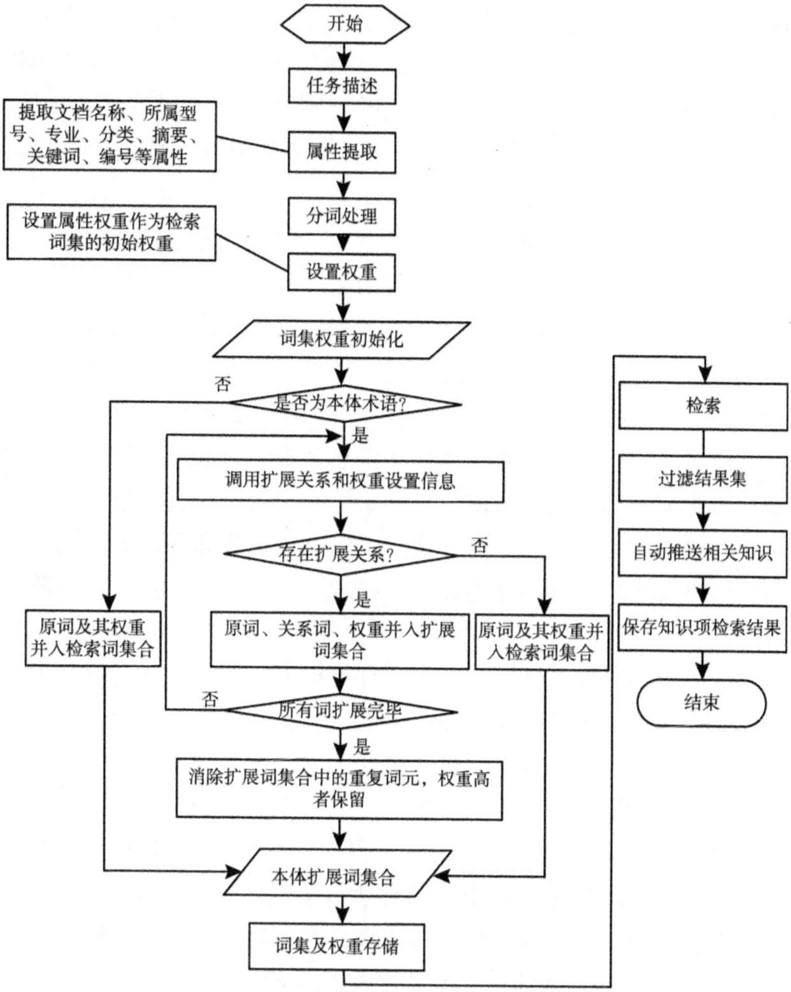

图 2-12　基于语义的检索流程图

邻居用户来预测当前用户的兴趣①。

②基于关联规则的过滤方法。基于关联规则的过滤方法是根据事先就生成了的规则向用户推荐信息。首先以当前用户感兴趣的企

① 颜端武，成晓，甘利人．基于领域本体和概念向量的中文文本相似性测度研究［J］．中国图书馆学报，2007，33（6）：51-57.

业知识为依据通过规则推算出用户还没有评价的但感兴趣的企业知识，然后根据规则的重要程度（或支持程度），对这些信息项排序并推荐给该用户。例如，事先生成的规则是“如果用户买了钢笔，就会同时购买墨水”，那么当用户浏览钢笔的时候，那么系统也会向该用户推荐墨水有关的信息。

采用基于关联规则的过滤简单直接，但不足之处是规则的数量增多会导致对过滤系统的管理难度增加。

③基于内容的过滤方法。基于内容的过滤方法是信息过滤中最基本的一种方法，也是较早提出的一种推荐技术。主要思想是：通过对信息集内的信息进行分词、标引、词频统计加权等过程来生成一个文本向量，然后把每个用户的信息需求表示成一个用户兴趣模型，而这个模型再表示成向量空间中的一个用户向量，最后把用户向量和文本向量进行相似度计算，主动把相似度高的前 n 个信息推荐给用户，用户对收到的信息进行反馈，以便完善用户的兴趣模型①。

本书的知识评估基于对知识的评价结果，评估方法包括知识项有效性、知识项得分、知识项关联度三个指标，支持用户自定义配置评估指标，包括个人关注度、密切度。其中关注度是表示用户对知识资源的关注程度，密切度指人与人之间的密切程度。

通过用户对知识的关注度筛选知识项，通过密切度筛选知识项，并合并两次筛选的知识项，再通过关联度扩展合并的知识项，通过计算知识项有效性与评分的成绩得到评估得分，根据得分进行排序筛选输出知识项列表，具体如图 2-13 所示。

知识评价类型包括：用户参与度、用户贡献度、用户关注度、知识有效性、个人密切度。用户参与度指根据用户行为评价用户个人参与知识管理系统的积极程度；用户贡献度指根据用户行为评价用户对知识管理系统的贡献程度；用户关注度指根据用户的操作历史获取用户可能关注的资源对象；知识有效性指通过用户对知识的

---

① 杨武，唐瑞，卢玲．基于内容的推荐与协同过滤融合的新闻推荐方法[J]．计算机应用，2016，36（2）：414-418.

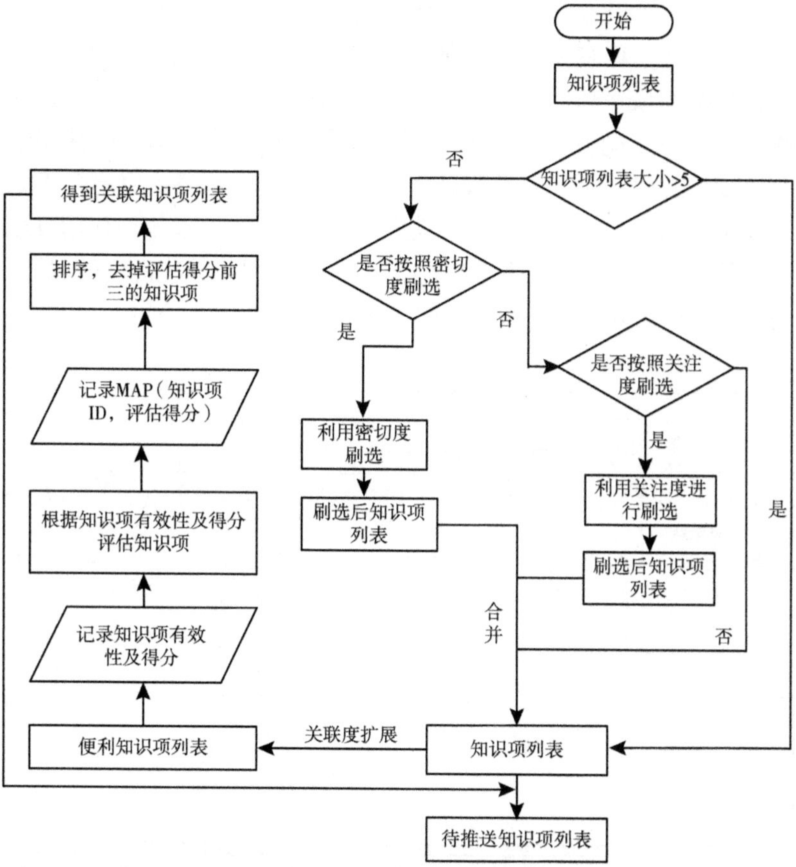

图 2-13　知识评估过滤流程

使用操作评价知识的价值；个人密切度指通过人与人之间的操作历史获取人与人之间的密切程度①。

2.2.2.2　面向任务的知识主动推送服务框架

面向任务的知识推送服务的主要目标是根据任务需求向用户推送知识，既要求所有对用户具有启发意义的知识都应该传递给用

① 苏新宁．面向知识服务的知识组织理论与方法［M］．科学出版社，2014.

户，同时又不能传递过量无关知识。因此需要明确，对于每个用户而言，什么知识是其需要的，如何将这些知识推送给用户。

在信息化环境下，企业业务系统中（如 PDM 系统、SDM 系统、TDM 系统、质量管理系统等）积累了大量知识使用日志，这些日志记录了企业员工在完成管理任务的过程中对知识的使用情况。知识的“主题”和管理任务要求之间的映射关系便隐含于知识使用日志中，通过对企业知识的充分建模，对企业知识使用日志进行数据挖掘分析，能有效提取出推送规则，以支持面向任务的主动推送。产品知识推送服务框架如图 2-14 所示。

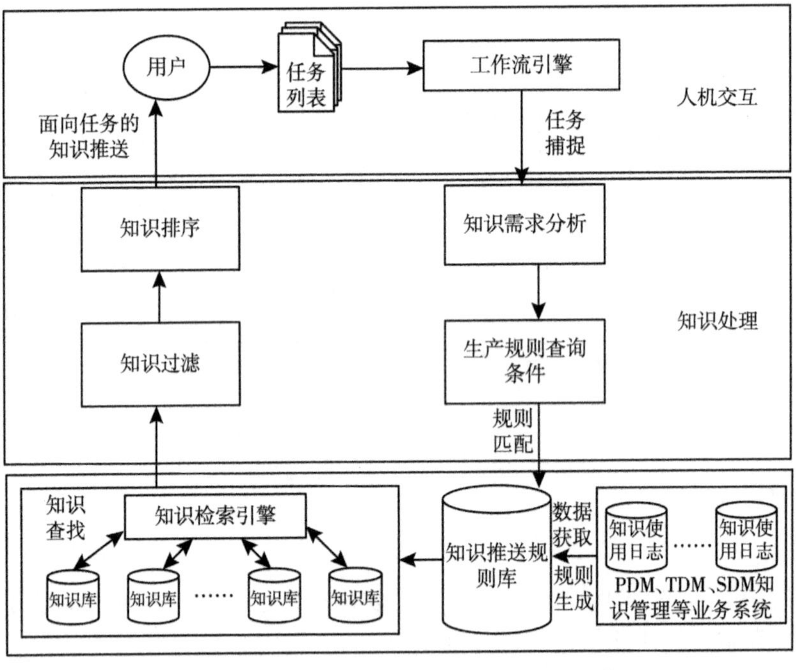

图 2-14　面向任务的知识主动推送服务框架

知识库中的知识资源通过统一的本体模型为知识推送提供了统一的视角，它们使知识库中异构的企业知识、使用日志具备了一致及充足的语义信息，为规则生成模块提供了定义良好的数据，为知识推送奠定了基础①。在规则生成阶段，通过从企业知识使用日志中获取数据，并对其进行处理，完成推荐规则的抽取；在知识推送阶段，任务捕获模块时刻监听工作流引擎，当有新的任务分配给企业员工时，立即搜索推送目标，将任务相关知识主动推送给该企业员工。

2.2.2.3 基于工作流程的知识主动推送技术

建立合理的基于工作流程的知识推送系统对于制造型企业构建有效的企业知识管理体系，提升企业核心竞争力具有深远的意义。本节重点讨论基于工作流程的知识推送模式的整体结构设计，以及为企业更好地实施知识推送系统，在组织结构和制度上做出的相应调整。要建立一个基于工作流程的知识推送系统，工作流程和知识流程两方面信息的提取与整理以及建立二者之间的关联关系是重点要做前期准备工作，具体的准备流程如图 2-15 所示。

（1）生成工作流

本书中所述工作流程，是指企业员工具体有序工作的集合。提取出企业的工作流程是构建基于工作流程的知识系统的第一步，只有提取出合理的工作流程，并对其中的集成到系统的部分进行分析鉴别，才能真正建立满足企业需要的知识推送系统②。在提取出企业业务流程后，可以整理出业务流程图，然后分析业务节点的知识需求。银行业作为传统企业，其工作流程一般都比较直观，也比较成熟，已经形成了比较完备的流程体系。在后续的知识推送过程中，大多可以基于现有的业务流程进行。

（2）构建知识库

企业管理的知识库是知识推送系统最核心的部分，对于企业而言，企业知识库一般包括工艺库、规则库、经验库、案例库等子

---

① Ding Z, Liu W, School B, et al. Customer Knowledge Management in the Process of New Product Development Based on User Innovation Community [J]. *Science & Technology Progress & Policy*, 2016.

② Sadiq S, Sadiq W, Orlowska M. *Pockets of Flexibility in Workflow Specification* [C] // International Conference on Conceptual Modeling: Conceptual Modeling. Springer-Verlag, 2001: 513-526.

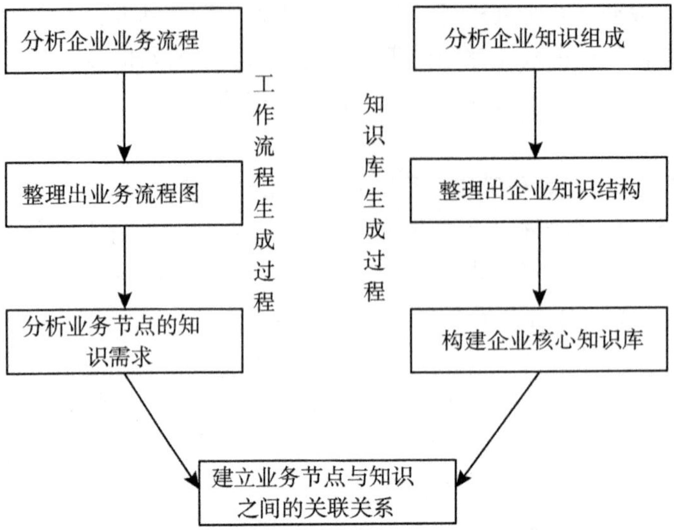

图 2-15　企业工作流程与知识关联过程

库，但每个库中具体内容根据具体企业而有所差异。知识库的构建过程主要有以下三个步骤：

第一步，分析企业管理的知识组成。这一过程其实是对企业内部知识定位的一个过程，是依据企业具体业务范围，确定企业所需知识的范围。此处企业知识既包括可以用文字、图形、影像等形式表示的显性知识，也包括企业员工个人内在的隐性知识。企业知识组成分析过程需要专业人员的参与，因为只有专业人员参与到知识分析的过程中来，所分析确定的知识才能更加贴近实际应用，所生成的知识库才能更好地满足实际需求。

第二步，整理出企业知识结构。上一步可以得出企业的知识组成，在此基础之上，再对知识组成进行加工和整理，进一步将独立的知识元串联起来，组成能够满足一定业务需求的知识，并建立知识与知识之间的相互关系。建立企业的知识结构的过程也是知识网络与知识地图的建立过程，可以形成知识流，而知识的流动会加强企业员工之间的交流，促进知识的交流与共享①。这一步中要完成的另一项任务是在众多表现形式中明确知识的表现形式，即知识以何种方式传达给员工，且能够更容易被员工接受。

第三步，构建企业知识库。在前两步的基础之上，应按合理的原则和规范，建立企业的知识库。企业知识库的构建可以采取自下而上的方式，先构建若干只存放一种类型的企业知识的小知识库，再将这些小知识库组合在一起构建成企业知识库。企业知识库的构建是一个动态的过程，需要周期较长，而且企业知识是日益更新的，这就要求企业的知识库具有良好的可扩展性，方便存储新的知识。

(3) 建立工作流与知识的关联关系

在工作流及知识库都生成后，第三步就是将工作流业务节点的知识与知识库中的知识联系在一起。之所以不在工作流程生成过程中完成与知识库的关联这一步，是为了降低业务流程与知识库知识点之间的耦合度。耦合度是模块之间依赖关系的度量标准，耦合度的大小表示模块间依赖关系的强弱，耦合度越大，依赖关系越强，反之独立性越强。而因为企业的工作流程会随着发展而变化，并且企业知识也要不断更新，所以需要降低工作流程与知识之间的耦合度。

①企业知识活动分析。为了提高知识推送的精度，需要分析企业活动的过程，以了解企业员工在企业管理运营中的知识活动。比如，在制造型企业中对于工程任务通常采取协同工作的方式，将整个工程任务分解成不同的子任务，利用工作流引擎（或其他方式）将子任务分发给具有专长的企业员工，由企业员工各自完成具体的工程任务。企业员工在接到工程任务后，从企业知识库中查阅得到工程问题解决手册、工程标准和工程规范等文档，然后利用自身的技能和工程经验，形成满足工程条件的方

① Cuzzocrea A, Bellas F. *Distributed Knowledge Networks: Towards a New Paradigm for Delivering Knowledge* [C]. International Conference on Information Technology: Coding and Computing, 2004.

案。企业知识作为制造型企业的主要智力资产，始终贯穿于整个产品研发流程之中。图 2-16 表示的是制造型企业管理过程中的知识活动模型。

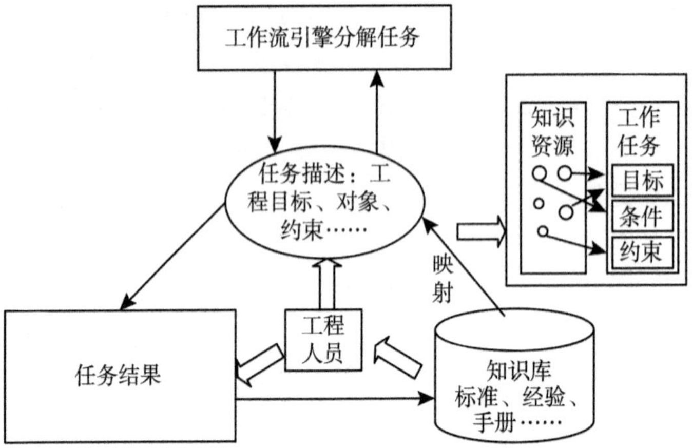

图 2-16　制造型企业管理过程中的知识活动模型

在知识资源的支持下，企业员工为满足管理运营任务的要求，对企业管理问题进行求解，进而得到决策结果。企业知识资源包括管理经验、管理标准、管理手册以及学术专著等多方面的内容。作为企业知识的使用者，企业员工也是企业知识推送的接受者。管理任务描述了管理目标、管理约束以及所涉及的管理对象等信息，管理结果以多种形式展示，包括示意图、管理解决方案等，同时决策结果也可作为已有决策问题解决结果存入现代企业的企业知识库中，以供以后参考。

②集成知识管理系统与 PDM 系统。在分析企业管理过程知识活动模型的基础上，可建立工作流与知识资源的关联关系，映射知识资源与业务流程。建立工作流与知识的关联关系的常用方式是采用系统集成的办法，将业务流程与知识之间的关联过程集成到系统中去，当需要为业务活动提供知识支持时，系统自动寻找到所需的

知识点，并按照特定的形式显示给员工①。

如图2-17所示，用户在PDM系统创建文档的过程中，可以调用知识管理系统的知识推送服务，即知识管理系统在接收到用户创建文档任务的同时，将与任务相关的知识资源主动推送给用户，包括内容模板、技术文档等及其他知识资源。同时知识管理系统存储在PDM系统中所创建的知识资源，提供一个统一的界面和接口，使得企业员工在管理活动中能方便地检索、查看、下载各种企业知识资源。用户可以选择是否进行知识推送，如果选择知识推送，则系统自动提取文档创建属性，并进行分词处理和语义扩展，检索与文档属性相关的知识资源，根据知识有效性、知识关联度和时间进行知识资源的评估过滤，并对结果进行排序，推送给用户。

2.2.3 知识图谱的构建方法

2.2.3.1 基于维基百科

从维基百科中可以通过以下方式来获取内容：在维基百科的文章页面抽取实体；在重定向页面获取实体的同义词；在概念页面获取概念以及概念之间的关系等。对于构建开放领域的知识图谱，直接从在线百科中获取信息比从结构化、非结构化的文本等信息来源中获取要更全面更权威。Hoehndorf等开发了一种基于网络的系统的生物核心本体BOWiki②。BOWiki是基于Media Wiki软件的语义维基，它为用户提供一个界面，使用户可以输入结构化数据并对数据集进行查询。BOWiki扩展了Media Wiki的能力范围，它允许用户在不超出本体的范畴下，通过定性维基页面来指定实体并定义实体间的新关系。此外还有包含有3900万个实体和18亿条事实的大

---

① 汤姆·奈特，奈特，Knight，等．知识管理：有效实施的蓝图［M］．清华大学出版社，2005.

② Rebholz-Schuhmann D，Oellrich A，Hoehndorf R. Text-mining Solutions for Biomedical Research：Enabling Integrative Biology［J］. *Nature Reviews Genetics*，2012，13（12）：829.

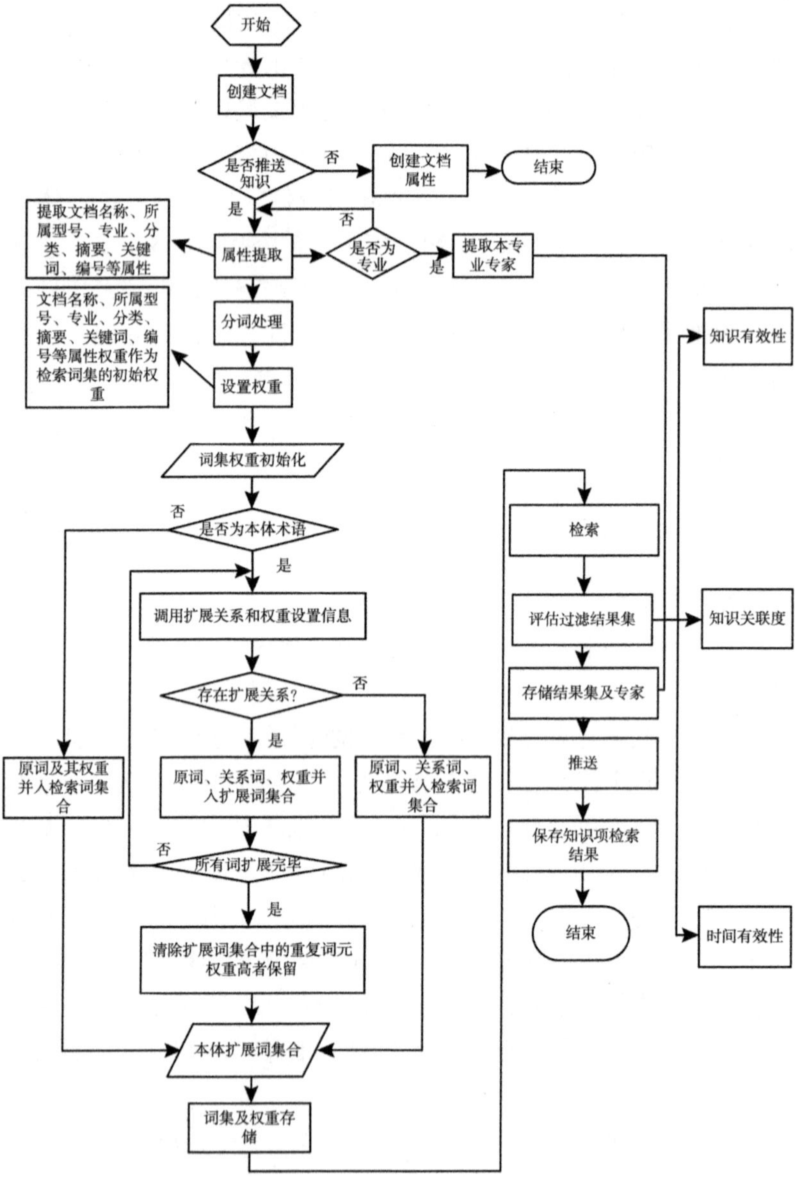

图2-17 面向任务的知识推送流程

规模百科数据源 Freebase，谷歌的知识图谱的数据就来源于 Freebase。中文的百度百科、互动百科也可以从中抽取中文内容来构建知识图谱。

2.2.3.2 基于结构化数据

除了各类百科数据，还可以利用已经结构化好了的数据。比如，Yago 由 Max-Planck 研究所开发，已经拥有超过 1000 万的实体和 120 多万的事实，是一个可以自动从维基百科和其他来源抽取数据的结构化知识库。其数据源于维基百科的类别页面、重定向页面到同义词页面以及信息框、Wordnet 的同义词集等①。与 Yago 类似的还有 Dbpedia，Dbpedia 作为世界上最大的多领域知识本体，正是通过维基百科获取结构化信息，建立起了语义网络。除了这些已经整合好的开放领域的知识库外，还可以着眼于通过爬取领域结构化数据来构建领域知识图谱。某个领域中的结构化数据大量存在于垂直分类网站中，例如电商网站、新闻门户网站等，这些网站将大量结构化的数据以 HTML 表单或者表格的形式呈现给客户。一般获取该类型的结构化的数据的途径有向这些公司购买数据，或者通过爬虫技术来获取数据，但可能会遇到反爬虫系统，或数据量过大，爬虫效率低下等问题。

2.2.3.3 基于半结构化数据

半结构化的数据主要指数据源中存在一部分结构化数据，但仍有一部分数据处于非结构化的状态，这种类型的数据源主要体现为网页数据，针对这种数据，需要优先处理容易处理的结构化数据部分，然后再考虑从非结构化的数据中抽取信息。Pedro Szekely 等提出了一种通过从实时抓取的网页数据中提取三元组的语义方法来构建知识图谱和数据的交互查询②。作者抓取了指定网页的内容，并

① YAGO：A High-Quality Knowledge Base [EB/OL]. [2017-12-31]. https：//www.mpi-inf.mpg.de/departments/databases-and-information-systems/research/yago-naga/yago/.

② Szekely P，Luo P，Neches R. *Beyond Interface Builders：Model-based Interface Tools* [M] // Readings in Intelligent User Interfaces. Morgan Kaufmann Publishers Inc，1993：383-390.

通过一个可以识别半结构化的内容的提取器 Karma 识别网页中的特定元素，例如对于网页中的 URL 链接，Karma 可以学习用户自定义的语义标签类型，不断优化识别效果，最后由 Karma 生成三元组映射到本体 Dig 中，构成由节点和节点间的关系组成的网络。Patrick Ernst 等提出了一种基于远程监督的模式抽取方法来构建生物知识图谱。所谓远程监督的方法指的是通过收集少量的实体对种子集 R（e1，e2）进行扫描，对每一个出现在知识库的属于某个关系的实体对，匹配文本资料库中同时包含这个实体对中的两个实体的句子，并从这些句子中抽取特征用来构造分类器，这样就能以少量的数据集，完成信息自动抽取，并且避免了人工标注训练。Patrick Ernst 等搜集了大量来源于不同网页的资源，同时还有出版物、健康门户网站和社区评论中的文本资源，收集 UMLS 词典并定义常见的语义关系，随后基于 UMLS 词典识别每一句话中的命名实体，最后使用逻辑一致性约束消除错误的模式，保留正确的模式①。

2.2.3.4　基于非结构化数据

非结构化的数据，即数据不存在固定格式，主要指文本数据。网络中存在着大量的，仍未被仔细分析挖掘的文本资源，但这些文本资源多数情况下只能被人类所理解，而网络信息爆炸时代非常容易产生信息冗杂，这就为人们从纷杂的文本数据中识别出最有价值的信息带来困难。为了解决这一问题，我们需要让计算机来理解文本语义，这个信息抽取过程，通常要经历一系列分词、词性标注、命名实体识别、实体关系识别等自然语言处理步骤，方法上可以采用基于规则的方法，也可采用基于统计的方法，最好是选择两者相结合的方法。

Shanshan Huang 等提出了一种信息抽取系统 AKMiner，可以从特定领域的学术文章中自动挖掘出有用的知识，然后将知识图谱可

---

① Ernst P, Meng C, Siu A, et al. *KnowLife: A Knowledge Graph for Health and Life Sciences* [C] // IEEE, International Conference on Data Engineering. IEEE, 2014: 1254-1257.

视化呈献给用户①。AKMiner 系统主要由两个主要部分组成：第一部分为基于马尔可夫逻辑网络的学术概念和关系抽取，第二部分为学术知识图谱的生成，包括概念图和概念关系图。可视化部分利用 PageRank 算法计算领域概念的重要程度，分值越高其重要程度也越高，该概念在知识图谱中也就越大。AKMiner 系统的核心就是利用基于统计和规则结合的信息抽取技术，从无结构的文本中抽取学术领域的命名实体以及实体之间的关系。其实体识别部分运用了马尔可夫逻辑网络模型来抽取指定的学术方法和学术任务概念，关系识别部分采取了预先定义实体关系，然后将实体关系抽取转换为分类问题的方法。

2.3 本章小结

本章认为，智能时代的知识管理理论要求我们处理好三大关系：一是知识库与知识管理的关系，二是流程管理与知识管理的关系，三是知识应用场景与知识管理的关系。基于此，本章梳理了知识管理的“6P-1B”模型、基于业务流程的知识管理以及基于场景设计的知识管理这三大理论基础。继而在智能时代的知识管理关键技术及方法基础上，本章介绍了基于领域本体的知识建模技术、面向任务的知识应用技术以及知识图谱的构建方法，以期在面向客户的前提下解决现代知识管理向动态性、应用性跃迁的问题。

① Huang S, Wan X. AKMiner: Domain-specific Knowledge Graph Mining from Academic Literatures [M] // Web Information Systems Engineering - WISE 2013. Springer Berlin Heidelberg, 2013: 241-255.

第3章　智能时代的银行知识管理实施框架

智慧银行是一个很有价值的研究课题，但是我们都很清楚实现智慧的银行还有很长的路要走。这条路将从哪里开始呢？答案就是，从银行最迫切的需求开始。为实现有的放矢的知识管理，本章将致力于厘清智能时代下的商业银行知识管理框架。首先，基于DIKW模型，我们要搭建商业银行数据治理体系框架，此为银行知识管理的前提；其次，要明确银行知识资源的存在形态和特征，此为银行知识管理的客体；最后，要明确银行知识管理平台的应用类型和形态，此为银行知识管理的工具。

3.1　银行知识管理的前提——数据治理体系框架

在信息管理、信息系统和知识管理学科中，最基本的模型是DIKW（Data，Information，Knowledge，Wisdom）层次模型。DIKW层次模型将数据、信息、知识、智慧纳入到一种金字塔形的层次体系，每一层比下一层都被赋予了一些特质。简而言之，人们通过原始观察及量度获得了数据，分析数据间的关系获得了信息，在行动上应用信息产生了知识。因此，知识管理的前提是数据治理，知识管理的有效性取决于数据治理的标准化。

目前，数据治理及其相关标准体系的研究是国内外学者的研究热点之一。中国一些专家在分析国际上主流组织机构提出的数据治理方法论和模型的同时，进一步调研中国的企业实践，于2014年11月在SC40/WG1（IT治理工作组）第二次工作组会议上出台了《数据治理白皮书》，阐述了适用于当前中国企业的数据治理体系框架。《数据治理白皮书》（以下简称《白皮书》）将中国数据治理特色分为体制层面、管理对象层面和技术平台层面三个层面。

在体制层面，开展数据治理的企业一般采用依系统、依业务条线的集团—分公司的纵向管理方式；在管理对象层面，中国数据治理体系框架将数据标准建设和指标管理从国外数据治理体系中的主数据管理和业务元数据管理中单独列出，强调其在企业实践中的重要地位；在技术平台层面，中国数据治理体系框架在实践中一般将主数据、数据标准、数据质量、元数据等几部分功能统一形成数据资源管理平台，并作定制化开发和一站式数据管理。中国数据治理体系框架以目标和战略为导向，考虑重要的关注域及其组成要素，通过具体的活动和流程形成自上而下的业务逻辑，如图 3-1 所示。

图 3-1　数据治理体系框架的业务逻辑

《白皮书》中提出的数据治理体系框架如图 3-2 所示。框架由三方面构成：原则（框架顶面）、范围（框架正面）、实施和评估（框架侧面）。框架以四大原则作为工作开展的指导方针，以范围（即关键域）内的九项具体内容将数据治理工作拆解，通过实施和评估执行相关治理工作。

我国商业银行采用总—分行的管理模式，各部门依照具体业务条线进行职能划分，依照业务需求建立相关系统应用。从目前已实施数据治理的商业银行情况来看，制定科学的数据标准流程是大部分银行的首要任务，随后再依据规划逐步开展数据质量管理、元数据管理、数据安全管理等，最终建立相关数据管理平台，实现数据的一站式综合管理。因此，我国商业银行完全符合中国数据治理的特点，可以良好适应中国数据治理体系框架。

从目前的实践经验来看，我国主要商业银行大部分都采用了 IBM 数据治理统一流程或 Teradata 数据治理体系框架作为各自数据

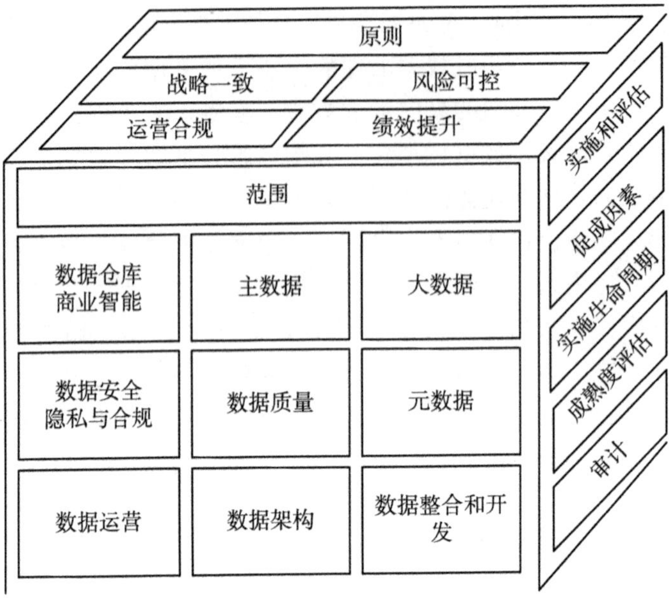

图3-2　数据治理体系框架

治理工作开展的指导方针。其中，由于Teradata数据库在我国商业银行间的广泛应用，配合使用Teradata数据治理体系框架成为了我国商业银行的首要选择。Teradata数据治理体系框架在商业银行间的应用已有近十年的时间，相对稳定、完整，并且由于Teradata数据库的广泛应用，使得框架在技术层面的实施进展得更加顺利。通过对比Teradata数据治理体系框架和中国数据治理体系框架，可以看出，两者的业务逻辑基本一致。为了更加适应中国商业银行的数据治理工作需求，Teradata数据治理框架将“主数据管理”专题调整为“数据标准”专题，并在“实现”模块中添加了数据管控平台，使得我国商业银行的数据治理体系建设工作更加具有中国特色。

从整体上看，我国商业银行数据治理体系框架分为战略、机制、专题与实现这四大方面。

3.1.1 数据治理战略与机制

为了使数据治理得以顺利执行以及各项相关工作能够正常开展，在数据治理管理工作的起步阶段，商业银行首先需要成立责权明确的工作班子，确立相关的管理制度，从组织上和制度上为后续的数据标准管理工作提供保障。

（1）数据治理管理制度

确立管理制度应首先明确数据治理的体系框架，这是未来循序渐进开展数据治理工作的重要依据，是对数据治理工作自身的规范和约束。管理制度同样规定了进行数据治理工作时必须遵循的一些原则，这些原则对后续的数据治理工作提出了指导方针。数据治理管理制度通常会规定数据治理工作开展的组织方式，即负责进行数据治理的人员构成、如何开展日常工作、组织当中的各类关系人分别承担的职责任务。制度同时还对数据治理工作中的重要事项进行详细的规定，如在数据标准制定、评审、发布、执行、变更等各个环节中对不同的关系人分别承担的职责任务做出明确的规定、确定数据归口管理部门等①。

（2）数据治理组织

国内商业银行目前主要有三种数据治理组织形式——联邦式、集中式、分布式，如图 3-3 所示。联邦式要求银行设立强有力的数据治理工作委员会，并下设专门的归口管理部门，负责牵头数据治理各环节的组织协调工作。每个业务单元指定专人参与全行数据治理工作。集中式强调设立专门的部门集中管理全行数据治理工作，所有数据治理职责都由该部门承担。相对于前面两种组织形式，分布式不设立专门的企业级组织行使数据治理的管理职责，由各业务单元负责本业务区域的数据治理工作②。

---

① 张宁，袁勤俭．数据治理研究述评［J］．情报杂志，2017，36（5）：129-134.

② 张迎．浅谈大数据时代下商业银行的数据治理体系建设［J］．通讯世界，2016（8）：69-70.

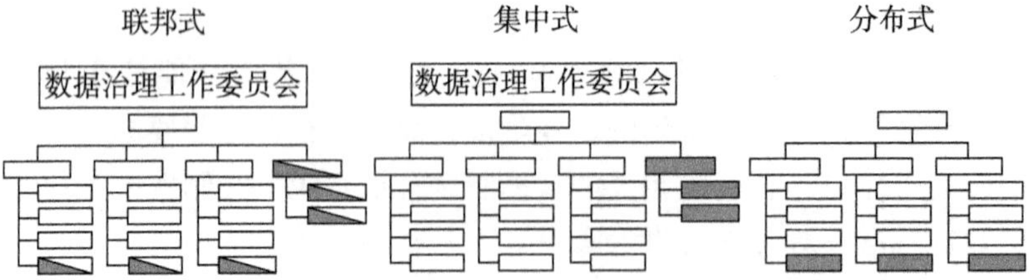

图 3-3　国内商业银行数据治理组织形式

3.1.2　数据治理专题与实现

数据治理专题是数据治理的工作内容，包括数据标准、数据治理、元数据、主数据、数据生命周期等方面①。

（1）数据标准

治理工作，标准先行。银行进行数据治理的首要目的就是要创造条件，使信息资源共享由可能变为现实。若无可供遵循的标准和规范，就无法形成信息资源的共知，更无法进行信息资源的共享，这便造成大量信息孤岛的产生。信息孤岛的危害在于会造成严重的资源浪费，系统之间无法实现资源共享，使大量信息资源不能充分发挥作用，效率低下，更谈不上整个系统的协调。而信息资源共享要求系统具有开放性，没有标准化，信息资源共享就失去了保障。

切实有效的数据标准管理可以使信息的获取、转换、组织、存储、检索、开发、传递直到用户的利用等环节紧密有效地衔接起来，从而有利于深层次地开发和利用信息资源，从根本上消除信息孤岛，扩大信息共享的范围和效率，提高信息共享的价值②。

反之，缺少数据标准则会制约着信息资源的规划，制约着海量数据的整合运用，并影响业务流程的改变，造成银行各部门各自为政、客户资源割裂、业务创新严重滞后的弊端。通过最近 10 年的

---

① 高亮．数据治理：让数据质量更好［J］．中国教育网络，2014（12）：64-66.

② 桑尼尔·索雷斯．大数据治理［M］．清华大学出版社，2014.

系统建设，国内商业银行在 IT 层面上大多已经具有了可操作的强大平台，但是由于信息资源缺乏有效规划，也没有标准和规范的约束，很多系统相对独立，各应用系统间缺乏信息沟通与协调，因而系统间信息难以共享，存在大量的潜在数据质量问题，不能对数据资源进行有效集成管理和再利用，也无从对数据资源进行深度挖掘和分析，数据的最大价值不能充分发挥出来。

因此，数据标准管理是推进信息化战略的基础性工作，数据标准的实质就是将银行的业务实体及其属性标准化、规范化，从而成为规划信息环境、运营信息资源、建立数据治理体系的基础。具体而言，数据标准化工作将为银行建立标准的数据定义和标准口径，为更灵活的数据分析以及各种数据在跨部门间的运用和分享提供可能性①。

商业银行数据标准管理工作内容主要包括两方面：数据业务标准和数据技术标准。数据业务标准是对数据业务含义的统一解释及要求，它包括数据的业务含义解释、数据产生过程中所要遵循的业务规则等。数据的技术标准是银行业务在应用环境中对数据的统一技术要求，它包括对数据表示的定义，即为确保对数据标准的管理，商业银行同样对数据标准的管理属性进行统一的定义，它包括每个信息项数据标准的管理部门、数据标准的创设日期、更新日期、标准版本、失效原因以及失效日期②。

（2）其他数据治理专题

①数据架构与模型。应用系统是为银行经营活动提供支撑服务的。面对经营活动中涌现的庞大信息，如何把要收集的信息整理、组织为可记录、方便处理的数据，是数据架构要解决的问题。商业银行的数据架构规划一般包含四个方面的内容：数据字典、数据组织、数据封装库和数据冗余。数据字典就是把信息转换为规范的数

① 刘桂锋，钱锦琳，卢章平．国内外数据治理研究进展：内涵、要素、模型与框架［J］．图书情报工作，2017，61（21）：137-144.

② 王亚沙，赵俊峰．大数据技术标准建设需求与规划探讨［J］．信息技术与标准化，2015（9）：24-26.

据，该字典最主要的内容是对整个应用系统所有程序和数据库里的基础数据项（即元数据）进行定义。应用系统间的交流需要靠数据字典来传递，只有所有的程序、数据库都遵循数据字典的规范，所有相同的信息均以相同的方式表现，程序与程序之间、程序与数据库之间才能进行无歧义的信息交流①。通过数据字典，可以把信息转为数据。之后，再给数据分类，把相互关系密切的数据组织成一个个数据库表。最后，通过数据冗余设计，完成对应用系统数据的完全封装。

②主数据管理。主数据用来描述银行核心业务实体，是在整个银行范围内的各个操作型应用系统和分析型应用系统中需要共享的数据，也是银行内部能够跨业务、跨系统重复使用的具有高价值的数据，其特点是基于业务、长生命周期、跨系统使用。主数据管理可以帮助银行从分散的业务系统中整合最核心的、最需要共享的数据（主数据），集中进行数据的清洗和丰富，然后以服务的方式把统一的、完整的、准确的、具有权威性的主数据分发给全行范围内需要使用这些数据的系统或应用。主数据管理也可以作为一个银行的数据标准，强化对各业务系统的共性数据实体和模型的管理，避免出现大的业务概念不一致，降低应用孤岛、数据孤岛出现的几率，从根本上保证系统之间能较好地实现数据共享，增强各系统在银行层面的互动，从而提高银行的运营效率，提高数据质量，更好地为银行信息集成做好铺垫②。

③数据质量管理。数据质量管理也是数据治理中的一个重要环节。当前各行数据质量管理基本都处于初级阶段，数据质量的问题大多由数据治理项目组自行协调解决，在组织架构、制度流程以及技术平台方面还未建立企业级的数据质量管理体系。数据质量管理包括数据质量管理团队建设、数据质量管理制度建设、数据质量管

① Abraham Silberschatz, Henry F. Korth, S. Sudarshan, 等. 数据库系统概念［M］. 机械工业出版社，2008.

② 刘锦淼，刘巍. 银行数据管理实践之核心对象［J］. 金融电子化，2015（2）：56-58.

理流程建设以及数据质量管理平台建设。要将数据质量管理嵌入系统开发周期的全过程，就要确保在系统开发阶段做到数据质量问题的预防，这样一来，企业级的数据质量管理平台建设就显得至关重要，它是数据质量问题发现和解决的日常工作平台①。在此平台上，可以设定数据质量检核规则以及数据质量统计指标，识别和统计数据质量问题。

④元数据管理。元数据是关于数据含义和处理数据过程的描述信息，其主要目标是提供数据资源的全部指南。元数据是银行业务系统的基础，对元数据的规范设计能有效控制银行业务系统重要信息数据的组成和转换，更好地管理数据仓库。通过元数据管理，银行可以实现元数据浏览查询和元数据分析两大功能，从而为业务的发展提供便利。元数据浏览查询功能为系统用户提供包括元数据添加、删除、修改、发布等维护性服务，可以让用户直观地了解已有元数据的相关信息、使用情况、变更追溯，以及生命周期管理等内容，帮助用户认识和理解已有的数据元素。元数据分析功能是类似于数据字典与数据地图的功能，可以实现对元数据的基本功能分析，包括血缘分析、影响性分析、实体关联分析、指标一致性分析等②。其中，使用最广泛的是血缘分析功能和影响性分析功能。

(3) 各专题间的协同关系

数据标准工作包括数据标准体系框架的搭建和总体规划，数据标准的制定、评审与发布，数据标准的执行与落地，同时还包括了数据标准生命周期管理，工具建设和维护。数据治理工作除数据标准外，还应包括数据质量和元数据等专题，数据标准要发挥其价值，必须与数据治理其他专题工作有机结合起来，协同开展工作③。数据标准与数据治理其他专题的协同关系如图 3-4 所示。

---

① 谷斌．信息系统建设中的数据质量管理体系研究［J］．情报杂志，2007，26（5）：65-67.

② 谢福成，王备战，史亮，等．基于银行数据仓库的元数据管理系统［J］．计算机工程，2009，35（9）：79-81.

③ 司莉，贾欢．科学数据的标准规范体系框架研究［J］．图书馆，2016（5）：5-9.

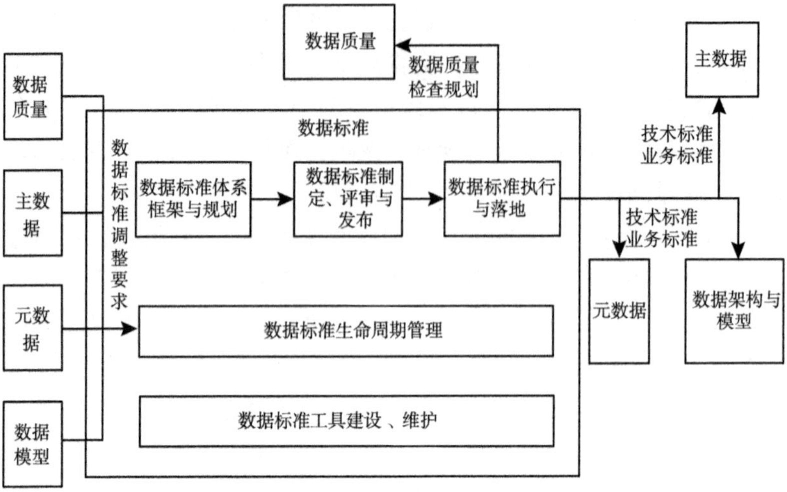

图 3-4　数据标准与数据治理其他专题的协同关系

一方面，数据标准制定出来后，可作为其他数据治理专题的重要标准和输入。数据标准是制定数据质量检查规则的重要依据，在标准的基础上形成数据质量检查规则库，通过定期的质量检查，可监控数据标准的贯彻执行情况。数据标准也是主数据管理、元数据管理以及数据架构与模型设计的重要输入①。

另一方面，在进行数据质量检查、主数据管理、元数据管理以及数据模型管理时，应当依据数据管理情况，提出数据标准的新增和修订需求，有效地推动数据标准的改进和完善。

3.1.3　数据标准体系框架

按照数据的加工程度和面向应用场景可以将数据标准分类为：基础类数据标准和统计类数据标准（即指标数据标准）。基础数据是业务生产系统直接产生的最原始的数据，指标数据是在基础数据

① 王绍平，郑巧英，孙华，等．信息资源基础管理性元数据框架的数据模型［J］．情报杂志，2008，27（3）：93-95.

上经过加工衍生而产生的数据，两类数据具有不同的属性，其数据管理的特征、方式、方法也有很大的区别①。某商业银行数据标准项目组将数据标准划分为基础类数据标准和统计类数据标准，如图 3-5 所示。

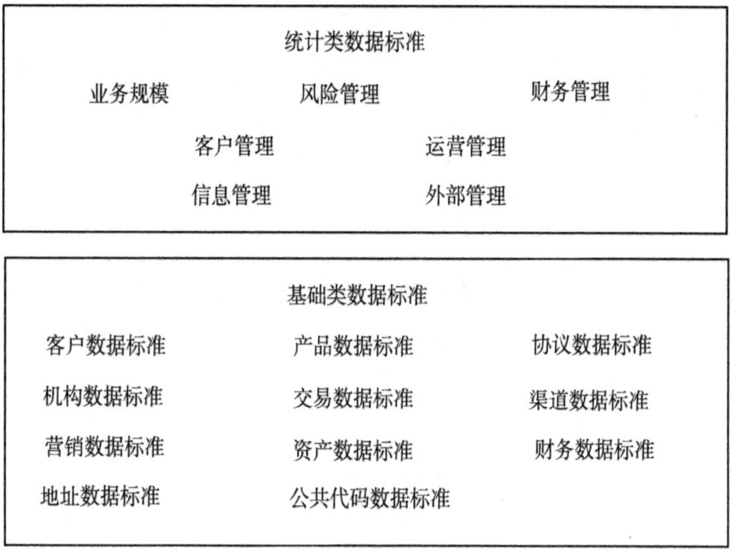

图 3-5　某商业银行数据标准分类体系

客户是指银行作为一个金融机构所服务的各种对象，是具有金融需求的主体，通过交互的过程购买、使用银行能够满足其需求的产品和服务，如个人、企业、机构等，包括现有客户和潜在客户，如图 3-6 所示。

统计类数据标准内容包括指标标准的定义框架、指标定义和统计通用规则。定义框架的内容包括：指标分类、指标名称、业务定义、计算方法、指标口径、指标单位、数据类型、取值范围、应用场景等；指标定义是指根据指标标准定义框架，对每项关键指标进行定义；统计通用规则分为：通用维度说明（如时间、币种、期

① 邢立强．数据标准化框架研究［J］．标准科学，2007（12）：37-39.

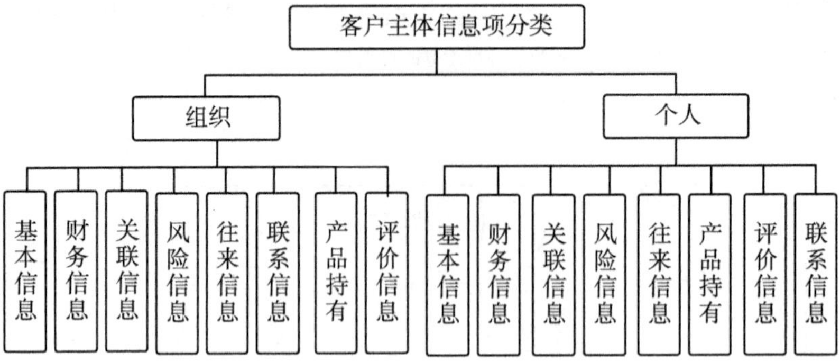

图 3-6　某商业银行客户主体数据标准分类框架

限、机构、产品、客户等维度)，通用计算规则（如：币种折算、取舍规则)，通用技术规则（如：长度、精度、单位、周期等)，如图 3-7 所示。

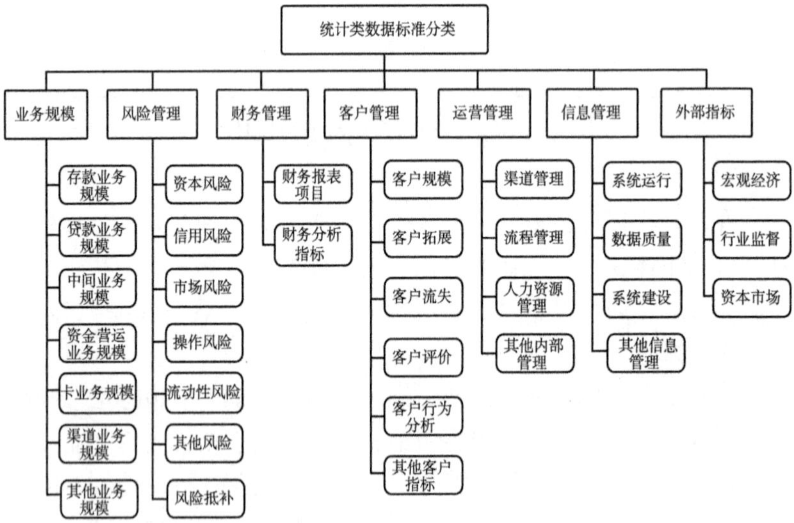

图 3-7　统计类数据标准分类体系框架

数据标准落地工作主要是对已制定的数据标准进行源系统和数

据平台映射，对数据现状与标准的实际差异进行满足度分析，并制定实际可操作的落地建议。同时，根据需要同步提出落地优先级和取数优先级建议①。总体而言，整个数据标准落地建议工作，可以划分为以下五个阶段：数据映射、满足度分析、落地建议、落地优先级（选用）、取数优先级（选用）②。

（1）数据映射

数据映射工作主要是识别数据标准信息项与源系统、数据平台相关字段的对应关系。整个数据映射工作分为两大块：源系统映射和数据平台映射。以数据标准文档、模型组简要映射以及源系统调研情况为基础，按以下三个步骤进行映射工作：确定映射源系统、制定数据映射原则和对逐条数据标准分系统进行映射③。

确定映射源系统是通过对各个系统支持的业务种类、系统信息模块、数据字典、数据流等进行初步了解后，确定标准项涉及的业务系统和涉及的数据表，主要映射对标准信息项进行收集或变更的系统。如果系统中与数据标准信息项相关的数据来自其他系统，则没有必要对该系统进行映射。数据映射必须遵循以下两个原则：①字段含义与标准业务定义一致；②产生或修改标准项的系统字段，对于只引用数据的表则无须进行映射④。

之后，按照数据标准项，在映射源系统范围内，逐个系统、逐个表、逐个字段进行映射匹配，找出业务定义一致的，产生或修改标准项数据的所有字段。

（2）满足度分析

满足度分析工作主要是基于数据映射的结果，对源系统信息项

---

① 徐涛．浅谈银行业数据标准管理框架体系［J］．金融经济，2017（9）：129-130.

② 朱磊．数据标准化的强音符与快应对——对2017《银行业金融机构监管数据标准化规范》的解读［J］．银行家，2017（6）：112-113.

③ 刘进，郭立鹏，雷建坤，等．业务流程即服务中的数据映射问题研究［J］．计算机集成制造系统，2017，23（5）：1000-1006.

④ 许文，徐明圣．风险映射与商业银行操作风险控制［J］．银行家，2008（7）：54-56.

与数据标准之间的差异度进行分析。首先，对满足度进行分类，确定满足度分析的方法和原则；其次结合映射结果，分析标准和源系统的差异，从而选择合适的满足度选项。

（3）落地建议

落地建议工作以满足度分析的结果为基础，对于不满足数据标准的情况进行业务层面和 IT 层面执行的指引，可分为以下几个工作步骤：首先确定落地建议方法和落地选项，再根据满足度分析结果，结合业务经验以及数据流等确定具体落地建议选项。此外，对于没有映射的标准项，需要确定具体的落地系统。

（4）落地优先级（选用）

落地优先级工作的主要内容是根据业务应用缓急程度以及落地可行性等因素确定落地先后顺序。首先确定落地优先级制定的原则，再根据原则对需要落地的数据标准制定“高、中、低”优先级。

（5）取数优先级（选用）

对于有唯一性要求且有多个来源系统的数据项需要进行取数先后顺序设置，具体工作步骤如下：首先定义有取数优先级需求的数据范围，再确定取数优先级的制定原则，最后根据原则提出取数优先级建议。

综上所述，这 5 个工作阶段各有重点，但又相互依赖，后面阶段的工作以前面阶段的工作结果为基础，如满足度分析、取数优先级以数据映射为基础，落地建议又以满足度分析为基础，落地优先级则以落地建议为基础。

在数据标准的制定过程中，应该根据商业银行实际的业务对象和信息内容，建设以当事人、产品、协议、机构、事件、地址、营销、渠道、资产、财务等主体作为基本的数据标准框架，并在此基础上按照“口径统一、定义统一、参考统一、名称统一”四个统一原则构建商业银行基本信息标准和指标标准，建立统一的数据标准，最终形成全面的、有前瞻性的数据标准执行框架①。以银行信

① 杨兵兵．商业银行数据治理与应用——以光大银行为例［J］．银行家，2012（1）：114-115.

贷业务中的担保种类为例，表 3-1 所示的是中华人民共和国金融行业标准：商业银行数据标准定义规范（JR/T 0105—2014）。

表 3-1　　**商业银行数据标准定义框架**

<table>
<tr><th>属性名称</th><th colspan="3">属性内容</th><th>是否必须</th></tr>
<tr><td>中文名称</td><td colspan="3">担保种类</td><td>必选</td></tr>
<tr><td>英文名称</td><td colspan="3">Guarantee Category</td><td>可选</td></tr>
<tr><td>业务定义</td><td colspan="3">产品可接受的信贷担保种类，如，保证、抵押、质押</td><td>必选</td></tr>
<tr><td>业务规则</td><td colspan="3">在产品定义时，可以选择不同的担保种类进行组合，代码采用 1 为数字顺序编码。</td><td>必选</td></tr>
<tr><td rowspan="4">值 域</td><td>代码值</td><td>代码名称</td><td>代码定义</td><td rowspan="4">必选</td></tr>
<tr><td>1</td><td>抵押</td><td>抵押指的是债务人或第三人不转移对拥有所有权、处分权的财产占有，并把财产当做对银行债权的担保。</td></tr>
<tr><td>2</td><td>质押</td><td>质押指的是债务人或第三人把财产转移给银行，并把财产作为对银行债权的担保。当债务人不履行债务时，银行有权以该财产折价或者以拍卖、变动该动产、权利的价款优先受偿。</td></tr>
<tr><td>3</td><td>保证</td><td>保证是指保证人和银行约定，如果债务人不履行债务，保证人就要按照合同约定代替债务人履行债务或者承担赔偿责任的行为。</td></tr>
<tr><td>标准依据</td><td colspan="3">《中华人民共和国担保法》《信贷业务手册——信贷担保》</td><td>可选</td></tr>
<tr><td>敏感度</td><td colspan="3">内部使用级</td><td>可选</td></tr>
<tr><td>相关数据</td><td colspan="3">担保形式</td><td>可选</td></tr>
<tr><td>与相关数据关系</td><td colspan="3">组合</td><td>条件选</td></tr>
<tr><td>数据类型</td><td colspan="3">代码类</td><td>必选</td></tr>
</table>

续表

属性名称	属性内容	是否必须
数据定义者	风险管理部	必选
数据管理者	信息中心、公司部、房贷部	可选
数据使用者	授信管理部、集团部、小企业部	可选
业务应用领域	产品管理、客户关系管理、信贷、贸易融资、信用卡、资产保全、运营管理、风险管理、财务管理、资产负债管理	可选
使用系统	贷款流程系统、账务系统、风险管理系统、评级系统	可选

最后要参照银行数据标准的定义规范、银行业的经验分享和商业银行数据仓库模型，最终形成银行数据标准体系，如表 3-2 所示。

表 3-2　**银行数据标准体系**

标准类型	标准细化
基础类数据标准	客户数据标准
	机构数据标准
	员工数据标准
	位置数据标准
	合约数据标准
	财务数据标准
	产品数据标准
	交易数据标准
	营销数据标准
	资源数据标准
	渠道数据标准
	代码数据标准

续表

标准类型	标准细化
分析类数据标准	分析类指标定义框架
	分析类指标定义体系
	分析类指标维度体系
专有类数据标准	浦发银行数据标准

3.2 银行知识管理的客体——银行知识资源

一般而言，知识密集型企业应最先重视知识管理的实施，一般企业知识主要包括内部知识和外部知识，内部知识由企业员工、业务流程、产品信息和服务理念等组成；外部知识则是市场竞争环境和市场份额等。不同企业类型知识构成会存在一定差异，银行是典型的知识型行业，不存在具体的实物产品，其中银行的基本业务操作知识、管理模式和信息传递都是知识管理的组成部分，都能反映银行的价值①。银行业的知识管理同样与传统知识管理一样，可以分为知识传递、知识转化和知识共享三种形式。在知识传递中，知识主体是银行机构中的员工、管理人员、职能单位或业务单位；知识转化是指知识资本从一种形态向另一种形态的变迁；知识共享是指银行的组织和个人对某类知识资本的共同占用②。

具体到银行知识管理的客体即银行知识资源，一般包括框架知识资源、容度知识资源以及环境知识资源③，详述如下：

① 徐红梅，张同建．基于Basel协议的国有商业银行知识资本体系研究[J]．财会通讯，2010（32）：56-57.

② 陈洪澜．论知识分类的十大方式[J]．科学学研究，2007，25（1）：26-31.

③ Alavi M，Leidner D E. Review：Knowledge Management and Knowledge Management Systems：Conceptual Foundations and Research Issues [J]. *Mis Quarterly*，2001，25（1）：107-136.

3.2.1　框架知识资源

框架知识资源包括商业银行整体的经营目标、战略定位、企业文化和基本的规章制度，并贯穿于银行的日常运作中。

①目的知识资源：揭示了一个组织的任务、构想和目标。

②战略知识资源：界定组织的工作任务，以使组织通过有效的方式实现组织的目的。战略是一个包括了组织的基本规章制度、文化、知识技能等集合体。

③文化知识资源：文化知识资源会影响银行成员的行为，例如知识分享或知识隐秘。Leonard Barton 曾经指出："价值观起着知识屏蔽和控制的作用。"① 这也就是说，文化知识资源是一种超知识。这意味着，文化知识资源强烈地影响着其他三类框架知识。

④基本规章制度：它是组织文化知识资源的一个正式对应物。从根本上讲，知识决定了参与者所遵从的规则，决定了参与者所扮演的角色。就如 Holsapple 指出的那样，基本规章制度不仅仅控制着银行的日常运作，而且还设计、促使、监控、评价、增强和修正着规章制度本身②。

3.2.2　容度知识资源

(1) 参与者知识

参与者包括领导者、员工、顾客、合作伙伴、顾问和计算机系统（专业咨询数据库和 CRM）等。组织参与者知识资源受到参与者的进入和离开、参与性学习、进入组织运作的每个参与者之间的比重以及框架知识所允许的参与者之间的相互关联等因素的影响。

参与者可以是一个个人，也可以是个人组成的组织，或者是拥有知识运作技能（如决策知识系统）的计算机网络。这就是说，

---

① Leonard Barton. *Wellspring of Knwledge*: *Building and Sustaining the Sources of Innovation* [M]. Boston, MA: Harvard Business School Press, 1995.

② Holsapple C W, Whinston A B. Decision Support Systems: A Knowledge-based Approach [J]. *West Pub. co*, 1996, 54 (3): 1-8.

参与者可以是人力资源，也可以是实物资源。实物资源主要指基于计算机的参与者知识，包括储存在计算机系统里的那些能够应用于组织知识运作行动的知识。

（2）知识技能

知识技能是指能够传递或持有知识表征的方式方法，体现于知识技能的知识可以是明确的、意会的或者是模糊的。具体而言，银行的知识技能包括专业书籍、操作手册以及金融产品等。

3.2.3 环境知识资源

除了组织自身拥有的知识资源外，银行所处的环境也包含着潜在的知识资源。通过与其环境发生各种联系，银行能拓展和补充其知识资源。银行可以将其特殊的知识（如专利、技能等）通过外溢输入到环境中，从而扩大整个环境知识资源的容量，也可以通过吸收环境知识资源来丰富和扩充自身知识资源①。环境知识资源既不属于一个组织，也不被组织所控制，然而，一旦组织从环境资源中获取知识，这种知识就会成为组织自身知识资源的一部分②。

对于商业银行而言，银监会下达的各种文件就是时刻要关注、接受并执行的环境知识资源，银行通过消化吸收这些文件，领会其中的精神，从而在业务上有所规范或创新，并通过产品及服务表现出来。同样，银行的先进管理理念与产品技术优势也是环境知识资源中的一部分，同样应该学习并吸收消化。

综上所述，由于商业银行服务范围的扩大、产品结构的不断调整，很多涉及业务、产品、服务以及管理等方面的问题就不断呈现出来。总体而言，主要表现在产品知识的快速获取、咨询经验知识的沉淀共享、业务规范和过程（知识）的快速传递、专家头脑经

① Bloodgood J M, Salisbury W D. Understanding the Influence of Organizational Change Strategies on Information Technology and Knowledge Management Strategies [J]. *Decision Support Systems*, 2001, 31 (1): 55-69.

② 王铮．面向创新的开放知识资源管理若干理论问题研究［J］．图书情报工作，2015（5）：31-39.

验的知识挖掘、岗位工作知识提升为最佳实践这几个方面。可以说，解决商业银行的经营管理问题，其实质是应用知识管理解决上述细节问题。

3.3 银行知识管理的工具——银行知识管理平台

实现对商业银行管理信息系统数据平台的构建，就需要重新规划原有信息系统的流程、数据结构和模块划分，建立银行的数据仓库，并且建立相关的模型库、方法库和知识库，逐步形成分析决策支持平台。数据服务平台及数据仓库模型如图 3-8 所示。

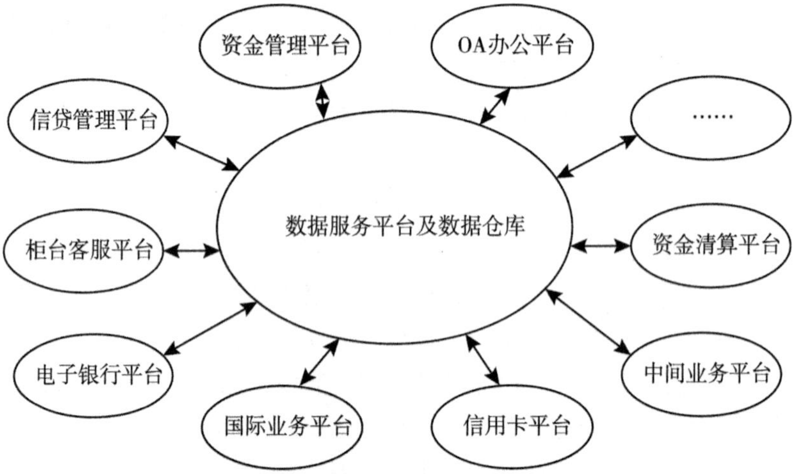

图 3-8　商业银行数据服务平台及数据仓库模型

一般而言，基于上述数据服务平台，企业的知识管理系统可归纳为以下三种应用：

3.3.1 业务协同的知识管理平台

这类系统适合知识密集型或者知识服务型组织，如咨询服务部门、研发部门、以项目方式运作的业务组织等，其典型特征是业务流和知识流是同步的，知识内容主要以非结构化知识为主。相应的信息系统既是业务系统——支持工作流程的流转，同时也是知识管理系统——在工作流转的同时可以和相关的知识资源关联起来①。

业务协同的知识管理平台实施的前提是进行相应业务流程的标准化知识的梳理，如项目型组织的知识管理，需先梳理建立各类型项目标准化工作任务和流程，明确各任务节点的知识交付物、参考文档等，最后通过信息系统固化其运作过程。其对系统的功能点有以下要求：

①项目标准化模板的积累与应用。根据已实施的项目，可以自动导入到组织经验知识库中进行提炼、完善与改进，从而形成新的项目标准化模板。项目建立时，系统会根据项目的类型和项目的重要级别，选取对应的项目标准化模板自动初始化项目，实现项目标准化流程知识的再次应用。

②项目任务、工作流程、知识文档的三位一体。项目人员需在该平台上完成对项目的计划和工作汇报，以及相应流程的审批；根据项目标准化模板所定义的每个任务节点可参考的输入文档，当执行该任务节点的工作任务时，可通过页面的知识链接自动找到对应的知识文档，帮助项目成员在正确的时间获取最需要的帮助；根据每个任务节点对知识交付物的要求，可通过系统要求上传对应的知识文档才能关闭该节点的工作任务，规范项目成员在正确的时间提交正确的文档，从而使知识积累得到强制执行，实现项目计划任务、工作流程、项目文档管理的统一。

③项目动态知识地图的生成。当项目任务、工作流程、知识文档三者同步时，可按照项目、项目阶段、项目类型等提取相关的知识资料生成知识地图，以进行项目知识的聚类展示，如对某个项目形成阶段交付物的完整知识地图，或者对项目的设计阶段形成所有设计文档的知识地图，并根据不同岗位的知识需求，进行定向的知识推送，从而简化知识检索过程，提高知识获取的便利性和知识推广复用率。

---

① Kebede G. Knowledge Management: An Information Science Perspective [J]. *International Journal of Information Management*, 2010, 30 (5): 416-424.

3.3.2　互动学习的知识交流平台

随着 Web2.0 技术、移动互联网等新的 IT 技术的出现，交互式学习、社区化学习、移动式学习模式随之兴起，学习已经无处不在；员工已经不满足于传统的知识管理系统，新一代知识交流平台成为一种新的需求。在这种情况下，从最初的 BBS 论坛到专家库、问题库、知识社区、知识维基、博客/微博等应用层出不穷，如表 3-3 所示。

表 3-3　　　　**互动学习的知识交流平台的类型**

类型	解释说明
专家库	建立企业各领域的专家黄页，使员工可以随时找到合适的专家资源进行沟通求助，使专家资源价值能够最大化
问题库	旨在帮助员工遇到问题时，可以方便地进行求助，为员工提供了一个实时求助平台
知识社区	围绕某一特定领域和主题进行交流分享，使企业中某一领域的从业者或者对该领域感兴趣的人可以建立一个虚拟的社区交流圈，促进领域/主题的经验交流共享和积累
知识维基	通过协同写作技术，使具有共同兴趣的一群人为同一个目标展开知识协作，共同创建维基百科全书
博客/微博	员工可以即时分享自己的感想和经验，为隐性知识的显性化提供了一种良好的途径

知识交流平台的各种应用层出不穷，令人眼花缭乱，然而无论是哪一种应用，其生命力都值得商榷。很多企业做的互动交流平台或者门庭冷落无人问津，或者主题偏离了初衷，不得不进行整改或者暂停。作为这一新时代知识管理的应用，如何保持其持久的生命力，需要解决下面几个问题：

首先，知识交流平台上各栏目的设置一定要从工作/绩效目标出发，围绕核心的业务需求，实用化地解决业务过程中所遇到的问题，如此才能激发起员工参与的兴趣，这也是让知识交流平台体现其商业价值的重要途径。因此，在知识交流平台规划之前，需要调研哪一类知识是员工在业务处理过程中所重点关注和需求的，同时通过知识交流平台可以达到其他线下渠道交流不能替代的效果。

其次，用户体验第一。无论哪一种应用，都必须要满足“方便、即时性”的用户体验要求。用户体验一方面体现在操作的便捷性和界面的人性化上，另一方面适度增加娱乐性，使学习交流成为一项随时随地的服务以及让人愉悦甚至上瘾的事情。

最后，必须要有人负责持续的维护和组织规则的引导。企业内部的这些知识交流网络，作为一种非正式组织，必须要受到企业组织规则的约束和引导，这是企业内部的知识交流网络与互联网上自发形成的社会网络的区别。如何既保持参与者的自发和积极性，同时又使交流不偏离企业的经营和管理目标，为此我们必须要处理好网络的自发性与组织的约束性之间的矛盾，从而塑造出符合期望的知识交流网络。

3.3.3 集成统一的知识共享平台

企业已经实施了 ERP、PDM、CRM、OA 等多个系统，有些知识已经在各个不同的信息系统中存储起来了，有些知识还散落在不同的地方；最关键的是，需要获取知识的时候，不知道到哪里去找，或者要从多个不同的渠道去找，费时费力，找到的也可能不是最新的版本。据研究显示，大部分研发人员做的 90%的“创新工作”是重复工作，因为这些知识已经存在于组织内部或组织外部；知识工作者 1/3 的时间用在了寻找某些他们一直没有找到的信息上①。因此，建设一个集成统一的知识共享平台已经成为企业的必由之路。

统一的知识共享平台建设必须要考虑以下关键问题：

（1）在多个系统间的信息/知识集成

① 郑文晖．Web2.0 环境下的个人知识管理研究［J］．现代情报，2008，28（8）：213-215.

知识共享平台需要将散落在不同地方的知识集成起来，实现知识由分散化到集中化管理，必须识别各领域知识特征和关联，设计结构化的“知识分类体系”，其中包含有知识目录、知识多维分类属性及文档命名规范，使多源的知识能够被重新系统地规划和整理。

同时，在考虑多个系统的集成策略时也要考虑不同的知识存储策略，一般集成的知识共享平台只是加入业务系统中的知识链接，知识源文件还是存放在原有的业务系统中，从而保证知识能够“单一创建、多处引用”，避免版本的不一致；不过这样也会带来另一个问题，即系统间的权限要求不兼容以及不同的系统界面造成读者体验差等问题。

（2）在保证信息安全的前提下共享

当系统集成实现“把所有鸡蛋放在一个篮子里”时，不可避免地就会加大安全风险。当所有的知识文档集成共享，如何实现安全的共享，即“合适的人、在合适的时间、获取合适的知识”，就必须要有良好的信息共享安全机制保障，要求集成平台能够提供多种类型的权限管理方式①。

（3）良好的信息获取和推送机制

当知识成为企业的重要资产被管理起来，这种无形资产相当于企业的财务资产，应做到保值、增值。所谓保值，就是能准确地清点我们的知识资产；增值实际上就是知识的再次利用。知识资产的特征为：创造一个知识资产的成本很高，资产的重用性越高，带来的增值越大，要想办法最大程度地重用，是我们知识资产增值的重点。当集成的知识共享平台包含大量的知识内容时，保证知识在需要时能有效地被获取，是知识资产增值的重要环节。知识的获取可以分为检索和推送两种方式。

知识内容检索除了按照传统的目录方式外，其次就是通过强大的搜索方式进行；然而，这些依然不能满足企业级的用户知识应用

① 陈燕，李桃迎．信息系统集成技术与方法教程［M］．大连海事大学出版社，2015.

需求。企业级知识应用区别于互联网上知识的查找，其更要求知识的质量和深度，要求能够根据与业务活动和岗位的相关度进行系统和关联的知识呈现，由此派生出对知识地图的应用需求。所谓知识地图，即关于某一主题知识的聚类显示，能使学习者对于所查询领域的知识有系统的了解。

在知识地图之外，能够根据岗位权限和定制内容进行知识内容的定向推送则可以大大提高知识的复用率，这些最终都通过员工个人的个性化门户进行呈现，是知识共享平台获得良好口碑和应用效果的基础。

3.4 智能时代银行知识管理的思路

基于上述对数据治理体系框架、银行知识资源以及银行知识管理平台的梳理，继而要具体地针对产品知识、工作经验、专家经验、最佳实践等各类知识的特点和形态，具体地完成知识管理过程。

3.4.1 梳理银行的业务流程体系

商业银行的工作知识一部分来源于银行的业务工作过程及环节，另一部分配置在业务工作过程及环节之中，还有一部分是在业务工作过程中传递的。所以，对业务工作过程及每个环节，都要找到三部分知识的具体知识点及形态，并以产品体系和业务体系为导向，理清所有工作知识的关系和来源，进而形成商业银行的工作知识体系①。综上所述，只有搞清楚商业银行的业务工作内容及过程，才可能成功实施知识管理。在现实工作中，将商业银行的各项业务及其关系梳理清楚，进而形成银行的工作业务体系，同时理清商业银行的业务及关系，这对于找到或明确知识内容是非常重要的。

---

① 胡冉华．基于本体的商业银行知识管理系统的研究与开发［D］．湖南大学，2013.

从本质上看，流程梳理的全称是“流程层级内控梳理”，其实质属于“内控梳理”的一部分。内控梳理是指对商业银行各级机构、各业务板块及条线内部控制相关要素进行整理及分析，完善各项控制措施，具体包括“公司层级内控梳理”、“板块层级内控梳理”和“流程层级内控梳理”三项主要内容。

公司层级内控梳理是指通过梳理商业银行公司层面的内部控制要素，主要包括治理架构、发展战略、风险评估、内部信息传递、内部监督、社会责任、企业文化、业务连续性、新产品新业务、业务外包、反洗钱等内容，建立并维护与外部监管要求相对应的《公司层级控制字典库》的过程；板块层级内控梳理是指将银行具有相同或类似业务管理内容的条线（部门）进行归类，形成若干板块类别，建立并维护与各业务板块的内部控制要求相对应的《板块层级控制字典库》的过程；流程层级内控梳理是在公司和板块层级内控梳理工作的基础上，总、分行相关部门依据职责分工，对相关业务及管理流程进行端对端的盘点分析，梳理各项业务及管理活动的环节、步骤、风险点、控制措施及执行岗位，实现流程、风险、控制、岗位等内控要求的有机整合，编制总行各项业务及管理流程标准模板流程分析表和分行本地化流程分析表的过程。

3.4.2　规划设计应用模式和形式

不同的应用模式有特定的需求，旨在解决特定的问题，所以在推进知识管理应用的时候首先要思考应用模式，然后再思考功能上的解决方案，并配套以管理机制、知识梳理方法等。通过对已开发的现有知识管理体系结构的分析，主要有以下五种知识管理的应用模式：

①建设专用的小型系统。其重点在于建设一个独立的知识库，把显性的知识有序化、体系化；建立一个专家库，把隐性的专家资源建设起来；同时建设 CKO 评价工具箱，帮助知识主管、知识管理部门评价和激励员工。

②在建设传统信息管理系统过程中引进知识管理。有一些企业是在办公自动化建设过程当中引入知识管理的一些观念和方法；有

些则是在关键性的业务系统中引入了知识管理的观念，从而改进某一关键特殊业务系统的设计理念、设计方式。

③建设知识门户。这个模式目前得到了越来越多企业的关注。它有两种不同的做法，一个是不整合：没有对企业已有的系统进行整合，只是关注非结构化的知识，每个部门都建立自己的部门知识频道，通过知识频道改进部门与部门之间的知识传播模式；另一种是深度整合，不仅仅关注非结构化的知识本身，还关注与业务系统数据的深度整合。

④以信息系统知识化（建立知识化应用开发平台）为目标的统一规划，分步实施，用全面的角度考虑未来信息系统的知识化。这样的平台还可根据组织业务和管理的不断变化提供灵活的二次开发空间，满足业务和管理发展的需求。在知识化应用开发平台中封装了很多知识管理的应用机制和模式，方便企业更灵活地去做自主开发的工作。

⑤构建跨部门、跨地域的知识社区。国外企业由于有先进的管理理念及技术支撑，多采用这种模式，并且有许多成功案例。国内一些企业也在开始引进这种模式，尤其是一些大型的集团企业有很多分支公司、分支机构，他们希望针对某个专业知识领域，能够建立跨部门、跨地域的知识交流互动平台。

银行业的知识管理必须与核心业务结合，融入银行运营的全过程。这个技术平台应以实用为主，真正能够帮助银行业解决日常知识管理的困境。应采用成熟的、有成功案例并有全程跟踪实施经验的软件系统。鉴于我国大部分商业银行在近几年的金融信息化发展过程中都已先后开发实施了一系列的业务功能系统，但由于信息化构建之初在认识和技术方面的局限性，各业务系统之间是相互独立的，而且数据也是分散管理的这一特点，对于多数的中小型商业银行而言，适宜选择在建设传统信息管理系统过程中引进知识管理，并集成现有系统的应用模式，这样在成本和周期上是大部分商业银行所能接受的。而对于大型的、分支机构遍布全国的资金雄厚、人员庞大的商业银行，从银行的未来及其发展战略来看，更适合选择第四种甚至第五种的知识管理应用模式。

从实施知识管理过程来看，总的知识管理过程是产生、沉淀、规范、应用、创新。但到了具体阶段，是要根据梳理出来的知识具体类型来设计具体管理过程。一般来说，要设计的内容如下：①每一类知识的表达形式；②每一类知识的表达过程；③业务工作中相关类知识获取或沉淀过程；④业务工作中相关类知识配置过程。明确了工作知识管理的形式和方式，就为建立知识管理工作平台（IT 实现系统）的功能或功能模块设计与选择打下了基础。

众所周知，落实知识管理的最有效手段是 IT 系统，一旦明确了工作知识内容及管理的形式和方式，就要采用 IT 系统作为商业银行的知识管理工作平台的支撑。一般而言，规划建设商业银行知识管理 IT 系统，主要包括：①功能的底层机制设计与实现；②功能块的角色及角色操作内容和过程的设计与实现；③功能块分类及体系关联和门户设计与实现；④功能块中知识和信息的安全设计与实现；⑤支持功能块的相关信息系统设计与实现。完成了上述知识管理工作平台，就为建立银行知识管理建立了 IT 工具基础。

3.4.3　落实平台内容和制度建设

企业中，只有知识管理工作平台（IT 系统），而没有实际且具体的知识体系地图、专家地图、知识处理流程、知识访问权限的设置，以及具体知识（文档）的配置，平台是支撑不起来的。因此，平台必须进行内容建设。知识管理平台内容建设，其主要工作包括：①工作知识库及工作知识体系地图；②工作知识的提交、配置、传递的处理流程；③专家地图；④工作知识文档的访问权限；⑤工作知识和专家在商业银行工作业务过程及环节上的关联①。完成了知识管理平台内容建设，商业银行知识管理才能够成功运行。

举例说明，产品级知识管理系统提供商深蓝海域公司以自主研发的“人获取知识的 5 种模型”、“知识的全生命周期”、“多渠道知识库”、“云搜索”、“多维分类与矩阵式定位”等为核心理念，

① 田志刚．知识库建设五步走［J］．中国经济和信息化，2009（Z1）：29-30.

指导深蓝海域知识管理的咨询、系统研发、软件实施多项业务的开展。深蓝海域公司帮助用户在整合知识资源、员工发展、客户服务响应时间、内外部知识共享等方面得到提升。其研发的 KMPRO 知识库系统如图 3-9 所示。

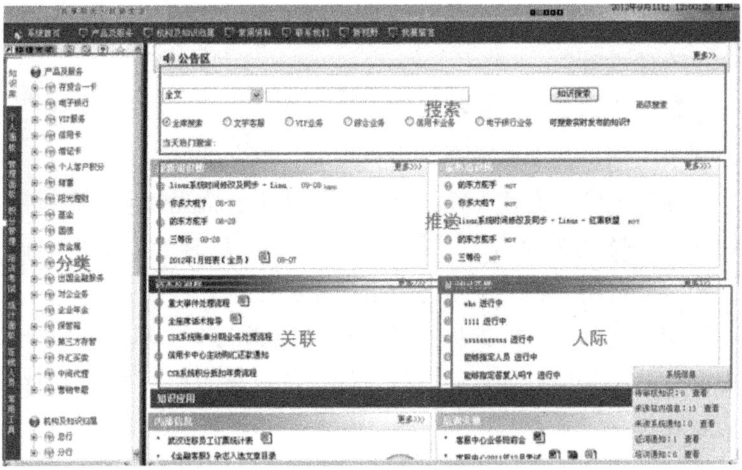

图 3-9 深蓝海域 KMPRO 知识库系统

深蓝海域知识库系统功能涵盖知识管理的全生命周期，包括知识需求、知识生产、知识共享、知识审核、知识获取、知识互动、知识激励、知识转移、知识审计等各个节点。

①知识地图：知识内容的分类体系，通过树形结构展示，可无限级延展，根据用户的浏览权限进行组合展示，完全没有阅读权限的知识架构将不予展示。

②版本管理：用户编辑知识不会覆盖原有版本，而是新增版本，历史版本仍然保留，可通过版本记录追溯。在浏览和搜索时，获取到的是最新版本，可以进行两个版本的对比。

③知识采集：通过设定采集站点、列表地址、文章规格等信息，系统可以采集指定目标的知识内容，纳入知识库。

④权限管理及角色分配：能够自由地为员工分配角色，同时可

以为角色分配权限，支持查阅、复制、下载、删除、点评、版本查阅、审核等多种权限分类。

⑤知识关联：支持相同属性或者内容相似的知识点相互关联，使所有知识能够有效地被利用。

⑥知识录入与审核：支持单条知识录入与知识批量录入，知识需要经过审核后方能进入知识库，支持添加附件，并且可以根据需要进行附件排重。

⑦知识互动交流：支持对知识的点评、收藏、推荐等操作，实现内部员工知识互动，提高员工积极性，挖掘隐性知识。

⑧知识搜索：支持属性过滤、分类搜索、快速搜索、高级搜索等功能。支持全文检索、正文内容检索和附件检索。支持模糊查询、相似度分析、相关度排序或点击率排序。

⑨知识统计：支持根据组织架构、所属维度、知识资产分布、知识阅读数、知识点评数等进行统计，有权限的管理员可以对统计知识进行导出。

⑩知识培训：支持从知识库中选取知识，对某一类用户进行培训。

然而，要将商业银行知识管理运行好，仅仅有平台还不够。因为各种习惯势力和行为会阻碍知识管理的实施，如果没有激励制度和督促制度，员工很难保持积极性。所以，知识管理制度的建立是商业银行知识管理有效运行的重要保障。规划设计商业银行知识管理制度，主要内容包括：①工作知识的格式规范；②知识贡献、学习、应用与创新的激励制度；③知识管理的组织制度；④系统知识管理功能模块的使用管理制度。通过制度的总结与建立，以令行禁止的形式规范知识管理的整个体系，构建知识管理的学习氛围。

3.5　本章小结

本章认为，银行知识管理的前提是数据治理体系框架，包括数据治理战略与机制、数据治理专题与实现以及数据标准体系框架。具体到银行知识管理的客体——银行知识资源，其分为框架知识资源、容度知识资源及环境知识资源。进一步地，基于知识应用的生命周期，银行知识管理平台可以被分为业务协同的知识管理平台、互动学习的知识交流平台以及集成统一的知识共享平台。

为将智能时代的银行知识管理实施落地，本书提出了三步走策略，一是梳理商业银行的工作业务体系，二是规划设计知识管理的形式和方式，三是实施知识管理平台内容和制度建设。

第4章 智能时代的银行知识管理流程重构

迈克尔·哈默（Michael Hammer）与詹姆斯·钱皮（James A. Champy）认为，业务流程是共同为顾客创造价值而又相互联系的有组织的一系列活动①。由于每个现代企业都是通过业务流程来运作的，企业要实现绩效，关键在于其业务流程价值增值，原有商业银行业务流程的彻底变革是流程价值增值的途径。随着金融市场环境不断发生变化，市场主体间的竞争日益激烈，流程重构是当今银行在市场上获得可持续的竞争优势的重要手段，同时流程重构也是基于业务流程的知识管理的基本前提和重要基础。

4.1 银行核心业务流程分析

商业银行业务流程是银行为了实现效益最大化，为客户创造价值而进行的一系列逻辑相关的有序的集合。商业银行现有的业务流程包括前台营销业务流程、中台研发支持流程和后台综合管理流程三部分，如图4-1所示。

迈克尔·波特的价值链理论指出，一个企业的活动可以分为基本活动与辅助活动两种，基本活动主要指一般的生产经营环节，包括涉及产品的物质创造及其销售、储运和售后服务等各项活动；辅

① 迈克尔·哈默，詹姆斯·钱皮．企业再造：企业革命的宣言书［M］．上海译文出版社，2007.

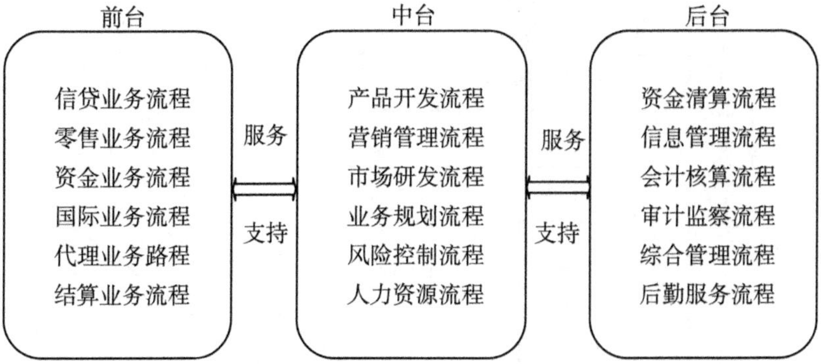

图 4-1 前、中、后台流程关系图

助活动主要指企业的组织建设、人事管理、技术开发和采购管理等①，以上各项活动因企业或行业不同而具体形式各异。如果一个企业内部的各部门活动能成为链状结构，产品的价值将会大大提升，进而形成企业核心竞争力。然而，并非价值链上的每个环节都能创造价值，真正创造价值的经营活动只有那些价值链上的“战略核心环节”。因为商业银行的业务流程由前台营销业务流程、中台研发支持流程和后台综合管理流程三部分构成，银行流程环节多，构成较复杂，商业银行需要紧紧抓住银行价值链上的战略核心环节进行流程再造，这样才能确保银行再造的成功，进而保持银行竞争优势。因此，根据波特价值链分析理论，为了更好地把握银行的核心流程，商业银行在业务流程再造时应构建自身的新价值链图，如图 4-2 所示。

一般来说，前台的零售业务流程和信贷业务流程、中台的产品开发流程和营销管理流程、后台的资金清算流程和信息管理流程是商业银行流程价值链中最重要的战略核心业务流程。因此，商业银行进行业务流程再造时需要对前、中、后台的战略核心流程进行分

① 迈克尔·波特．迈克尔·波特竞争圣经（竞争战略+竞争优势）[M]．华夏出版社，2005.

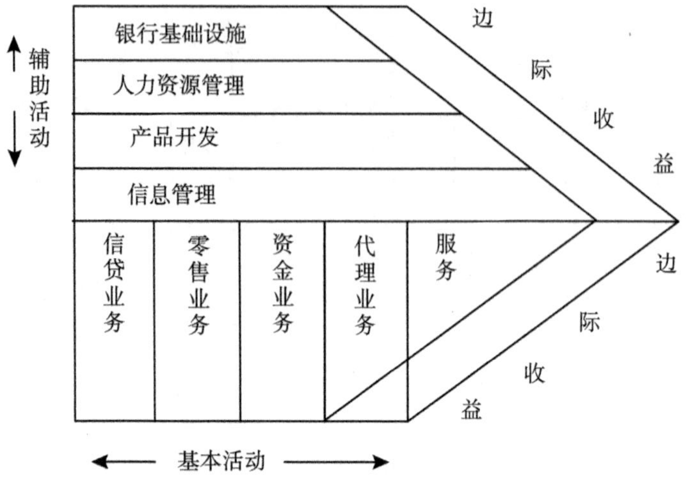

图 4-2　商业银行的新价值链

析。商业银行在进行核心业务流程再造分析时，需要先对原有的流程模式进行现状调查，通过选择银行访谈对象、设计访谈问题、记录访谈回答结果，来收集较多的调查资料，之后通过访谈调查结果来分析和辨别目前银行业务流程的不足，最后了解银行工作人员对原有流程的改进意见，将其作为银行流程再造方案设计的重要依据①。

4.1.1　前台核心业务流程分析

商业银行的前台是银行生存和发展的龙头。它主要是直接面对市场和客户，发掘和培养优质客户，为客户提供完善高效的全方位金融服务，承担了包括信息收集、产品介绍、业务洽谈、公共关系等职责，对银行实现扩张性战略非常重要，因此，需要对其核心业务流程包括信贷业务流程和零售业务流程进行分析。

① 佩帕德·罗兰. 业务流程再造精要［M］. 高俊山，译. 中信出版社，2003.

4.1.1.1 信贷业务流程分析

在对原有的信贷业务流程进行诊断的过程中，银行管理者们归纳发现信贷业务流程普遍存在管理环节过多、流程单一、未能为客户提供方便服务等问题，分析如下：

（1）信贷业务流程环节过多

商业银行在原有的信贷业务流程中，一笔贷款从客户向银行提出贷款申请到贷款的发放要经历多个环节，如图 4-3 所示。

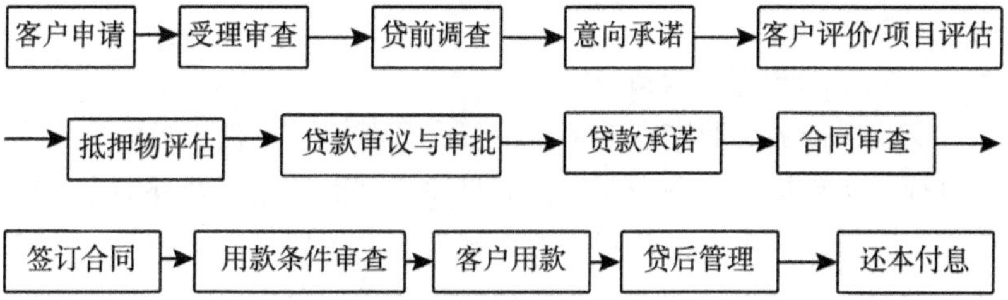

图 4-3 信贷业务流程

从银行的信贷业务流程中可见流程存在着众多的重复环节，流程的环节彼此也不协调。特别是在对客户的资信进行审查的内容上，有受理审查、贷前调查、客户评价、贷款审议与审批、用款条件审查等五个环节都是重复着资信审查的内容。由于各个审查环节都要写评估报告，不仅是劳动重复，效率低下，而且一笔贷款一旦出现问题很难追究到底是谁的责任导致的。

（2）信贷业务流程单一

商业银行的信贷业务流程单一，无论是大客户还是一般客户都采用相同的流程，并不是以客户为中心设计的，考虑更多的是银行自身管理的需要和便利。信贷业务被人为地分割成不同条块，按条块安排流程，造成流程过长，带来不必要的人力和时间浪费。在商业银行一级法人的经营管理体制下，对于贷款的发放，上级行要对下级行实行授权管理。总行、分行和支行对贷款的审批金额权限是不相同的。由于基层支行的权限低，无法对一笔大额的贷款做出自主的决定，需要由下级行向上级行进行层层上报，再由上级行对贷款进行层层审核，导致大额贷款业务办理拖延时间过长，需要大额贷款的优质大客户比一般客户往往面临更繁琐的贷款流程。这种僵化的业务流程无法为客户提供方便的服务，在市场竞争的冲击下，商业银行将会逐步失去这些优质客户。

4.1.1.2　零售业务流程分析

商业银行在开展金融零售业务时，大多需要向客户提供面对面的金融服务。银行管理者们通过对原有的零售业务流程进行分析，发现流程存在着柜台设置不合理和“双人临柜”模式的不足等问题。

(1) 柜台设置不合理

商业银行的营业网点的柜台设置合理与否，不仅直接影响到商业银行为客户提供服务的质量，而且关系到商业银行对外的企业形象和在同行业竞争中的位置。商业银行柜台设置模式主要是按业务种类设置人民币对公业务、人民币储蓄业务、公积金业务、外币对公业务、外币储蓄业务等柜台，如图 4-4 所示。

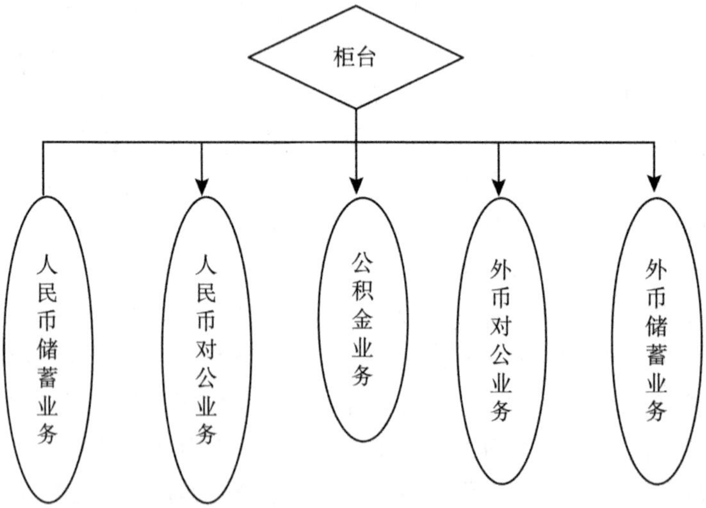

图 4-4　传统银行的柜台设置

这种专业化、分散式的柜台设置是商业银行不断进行业务扩张的结果，但却给客户带来极大的不便。由于商业银行的同一营业网点的工作岗位被人为地分割成缺乏联系、缺乏协调的几部分，业务分工过细，客户即使在同一营业网点办理不同的业务，也需要在不同的业务柜台完成。这种业务模式容易导致办理同样业务的顾客排队等候，而办理其他业务的柜台没有顾客办理业务的矛盾，从而增加了客户的等候时间，引起客户的抱怨，也挤占了银行的网点资源，成为客户和银行难以互动通畅的瓶颈。随着商业银行之间的竞争日趋激烈，这种模式已越来越难以适应当前及今后业务发展的需要。

（2）“双人临柜”模式的不足

商业银行在零售业务流程中采用“双人临柜”模式。“双人临柜”模式是指由两个以上的人办理同一笔金融业务，如图 4-5 所示。

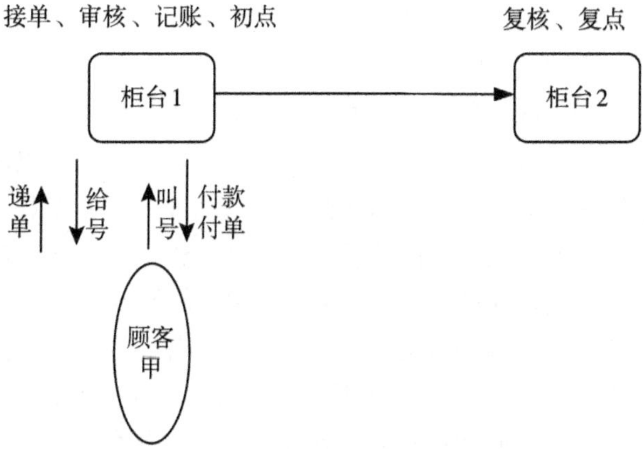

图 4-5 “双人临柜”模式

在“双人临柜”模式下，整个流程有两个工作环节，工作顺序是从柜台 1 至柜台 2。首先，顾客甲向柜台 1 的工作人员递单，柜台 1 的工作人员负责接单、审核、记账、初点，打印出一个账单，交给柜台 2 的工作人员对钱和账单进行复核、复点，如果每个柜台需要 2 分钟，则顾客甲在这种模式下需要 4 分钟才能办完业务。若乙是第10位顾客则需等待36分钟。

“双人临柜”模式增加了顾客的排队等待时间，导致顾客对商业银行提供服务的不满，银行为此容易丧失优质客户。对商业银行本身而言，这种模式使得柜台工作人员的工作量加大，劳动效率降低。每个柜台工作量都不饱满，由于各柜台业务不同而忙闲不均，在收入与劳动付出不等价的情况下，极易挫伤员工的工作积极性。同时“双人临柜”模式要求至少有两人对同一笔业务的质量和效果负责，共担风险，容易产生相互依赖情绪，最终导致无人负责，这并不利于商业银行经营管理水平的提高。

4.1.2 中台核心业务流程分析

商业银行中台业务流程是银行的生命线，要确定差异化的市场定位战略，实现银行的经营目标，关键是要对相关产品进行开发和对市场进行规划，因此需要对中台的核心业务流程包括产品开发流程和营销管理流程进行分析。

4.1.2.1 产品开发流程分析

商业银行在同业的竞争中要占据优势，主要取决于产品的差异化战略。如何通过有效的产品开发流程体系研发新产品以满足顾客的需求是每个商业银行共同努力的目标。商业银行在原有的产品开发流程中是按照不同的产品设置不同的产品部门，由各个产品部门自行负责本部门产品的开发和创新，如图4-6所示。

由于商业银行内部缺乏统一的产品研发部门，每个产品部门各自为政都可以开发新产品，导致整个产品开发处于分散、混乱状态，因此将会出现商业银行开发的业务品种虽然众多，但是产品品质并不高，功能陈旧，科技含量低，未能综合考虑客户需求变化的局面。这不仅耗费了银行大量的人力、财力和物力，而且新产品亦未能在市场上打开新局面。同时开发的新产品在定价时，各产品部门没有进行充分的市场调研，没有根据客户的性质、业务量、信用状况等因素来确定某一种产品的价格，导致定价不准。创新的金融产品定价高低不仅影响银行利润的形成，而且关系到对客户的吸引和锁定，不合理的新产品的价格会令客户难以接受，最终银行将会

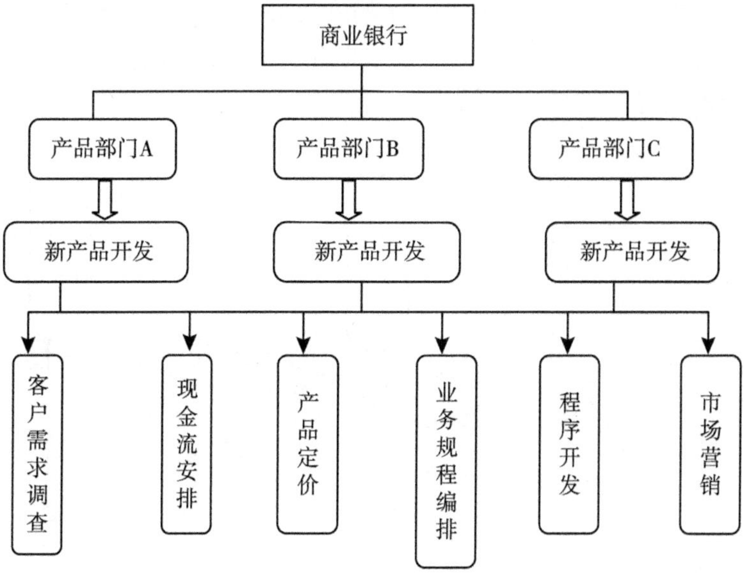

图 4-6　商业银行原有的产品开发流程图

失去大量的客户，银行也可能因为定价的失误而导致经营出现亏损。

4.1.2.2　营销管理流程分析

银行市场营销是银行以金融市场为导向，通过创新把银行产品和服务推销给客户，以满足客户的需求并实现银行盈利目标的一系列管理活动。银行只有通过恰当的营销管理流程，实现创新的金融产品在市场上的有效销售，才能在未来的竞争中争取主动和保持竞争优势。

商业银行在原有的营销管理流程中并未注意客户的需要，仅仅从银行的实际出发简单地按产品设置不同的产品部门，导致客户在办理综合性业务时往往要穿梭于不同的产品部门之间，给客户带来了极大的不便。各产品部门在完成对客户的服务后，需要将情况逐一向后台各部门进行反馈和协商，反馈的环节多，耗时长，加大了各产品部门的工作量。如果情况反馈不及时，将会导致前台销售和后台业务处理之间的脱节，也不能对客户的信息进行及时处理。因此该种流程模式无法发挥银行的营销管理效能，不仅导致银行管理效率低下，对市场的反应迟钝，也损害了客户的利益，严重影响了银行的信誉，如图 4-7 所示。

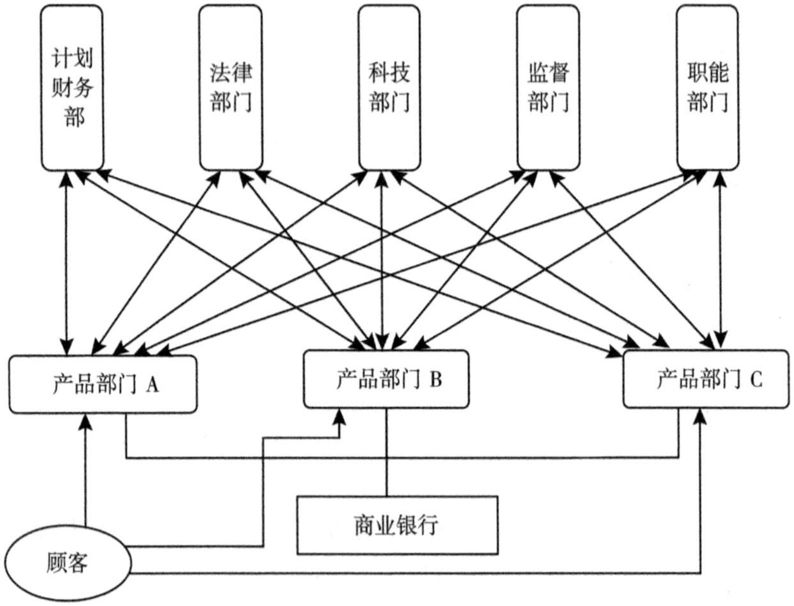

图 4-7　商业银行传统的营销管理流程图

4.1.3　后台核心业务流程分析

商业银行的后台主要负责信息的处理、经营策略决策、系统维护、安全监管以及向前台进行信息反馈。为了使后台业务流程能为前、中台提供有力的保障，需要对其核心业务流程包括资金清算流程和信息管理流程进行分析。

4.1.3.1　资金清算流程分析

商业银行在进行各项业务时会产生单证的处理问题，需要通过资金清算流程来完成。由于商业银行的行政管理体制，导致银行在清算流程设计上采用的是多级处理模式，如图 4-8 所示。

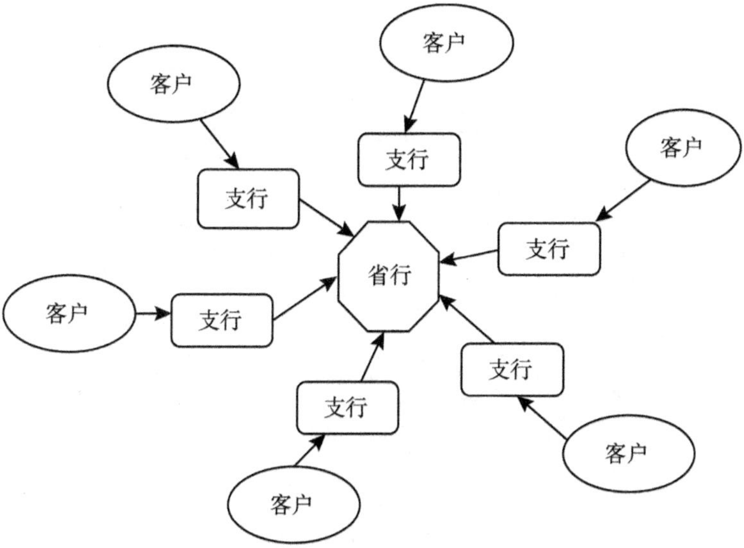

图 4-8 资金清算多级处理模式

在多级处理模式下，支行负责受理客户业务，对单据进行实质审核，为确保无误，再提交给省分行重新审核，经确认后，才进行划款。由于存在多级管理，单证处理周期长，业务量大，资源浪费严重，难以产生规模效益。

4.1.3.2 信息管理流程分析

以计算机技术、通信技术和互联网技术为核心的信息技术深刻地影响了银行业的经营环境，信息技术成为银行变革和创新的重要推动力。信息技术从多个方面改变银行的业务操作，使银行的自动化处理程度明显提高，也为客户提供更优质的服务。

信息技术带来的便利使商业银行的效能得到一定程度的提高，但部分商业银行在经营管理中设置的信息管理系统没有统一的信息流程，前台、中台和后台分别根据自身业务管理需要设置了业务信息系统、风险信息系统和会计信息系统。由于各信息系统流程获取的信息数据口径不一，无法比较，信息资料不能共享，部门之间出现信息重复输入现象，导致信息资源系统内耗严重，如图 4-9 所示①。

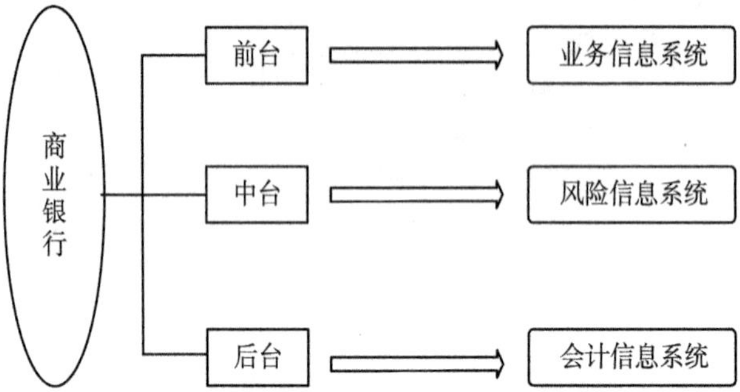

图 4-9　商业银行传统的信息系统模式

通过对商业银行的前、中、后台核心业务流程进行诊断、分析和评价，发现其业务流程设计仅从银行自身出发，未能从客户需要的角度去思考流程，存在着环节多、周期长、流程结构不合理、流程过于僵化等问题，未能为客户提供最方便的服务，无法实现银行的经营效益。由于商业银行的核心业务流程是银行能够正常运作的生命线，合理有效的核心业务流程能让商业银行节约经营成本，控制运作风险，提高营运效率，真正实现价值的增值，因此商业银行迫切要求对自身的核心业务流程进行再造，提出有效的再造方案。

4.2　银行核心业务流程再造方案

为了能够提升银行核心竞争力，商业银行在完成其组织架构再造后，根据业务流程再造原则，对银行前台、中台和后台的核心业务流程进行彻底再造，以实现价值增值和经营绩效提升，不断适应变化的金融市场的需要。

① 屈延文，南相浩，林鹏．银行行为控制——银行信息化与安全［M］．电子工业出版社，2004.

4.2.1 核心业务流程再造原则

商业银行在核心业务流程再造方案制定时，只有全面把握核心业务流程再造中“以客户为中心”和“以价值为导向”的两大原则，才能使再造的方案更合理，更容易取得再造的成功。

4.2.1.1 “以客户为中心”的原则

客户是银行利润的源泉，假如丧失客户，银行犹如无水之源，无本之木。商业银行在重新设计业务流程时应遵循“以客户为中心”的原则，注重市场中客户的真正需求，为客户提供最方便和最优质的服务，只有这样，才能吸引更多的客户。但传统的商业银行的流程模式过多，从银行自身角度出发去思考问题，忽视了客户的需要。如：银行在设置“双人临柜”模式时，主要是为了降低银行业务的风险，由两个以上的人对一笔业务进行处理，但却令客户在不同柜台间奔波和等待，客户怨声载道，最终导致出现了问题无法界定责任、客源流失现象严重的问题。因此，银行要以“前台为客户服务，中、后台为前台服务”的理念，根据流程活动对客户价值贡献的大小对流程实施再造，将客户的需要和银行自身价值的实现更好地融合在一起，从根本上提高银行的服务水平和营运能力。

4.2.1.2 “以价值为导向”的原则

并非所有的银行经营活动都能为银行带来实质的价值增值。商业银行是个庞大的功能主体，在传统银行模式选择上无论规模大小，都希望其功能齐全，业务范围包罗万象。然而，一些不必要的非增值流程如员工培训、后勤服务等占据了大量的人力、物力和财力，造成资源浪费，质量也难以保证，在同业竞争中无法突围而出。因此，商业银行重新设计业务流程时要将“以价值为导向”作为原则，在经营活动中有明确的市场定位，选择和保留最关键、最具有价值的活动，其他的非增值活动则通过外包的方式由外部的专业服务企业来完成。这样做有利于商业银行集中注意力于最核心的业务，从而避免其经营精力和财力上的分散，增强银行竞争力。

4.2.2　前台核心业务流程再造方案

4.2.2.1　信贷业务流程再造方案

商业银行的生存和发展，必须以利润的取得和积累为前提。贷款的利息收入成为银行利润的最重要的构成部分。信贷规模的大小一定程度上取决于信贷业务流程设置的合理与否①。通过对原有的信贷业务流程进行分析研究，我们主张从重复环节调整、审查环节重建等方面着手对信贷业务流程进行再造。

(1) 重复环节调整

由于商业银行传统的信贷环节多，程序重复，流程单一，在信贷业务流程再造时，应注意将重复的多道工序合并。在客户提出贷款申请后，应根据不同的客户类型执行不同的流程：属于有信贷额度的老客户类型，在信贷额度内，不走审批程序，客户可以直接用款；属于无信贷额度的老客户类型，用款前需要进行额度审批，虽然额度审批是较为复杂的过程，但一旦取得额度，可以简化以后信贷需求的操作；属于新客户类型，在信贷流程设计上对于重复的资信审查环节，如受理审查、贷前调查、项目评估等环节可以采用客户评价进行代替，与传统的信贷流程相比，这大大简化了流程，银行在信贷业务开展时效率得到进一步提高，如图 4-10 所示。

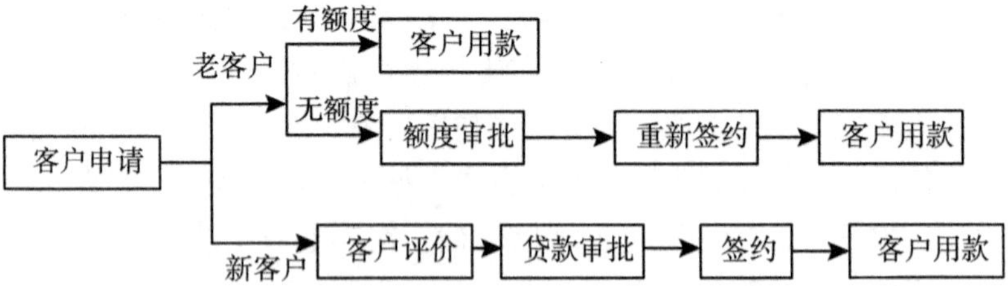

图 4-10　商业银行信贷业务流程再造简图

① 马克·卡灵顿，菲利普·兰古斯．银行革命［M］. 经济管理出版社，2003.

（2）审查环节重建

商业银行传统信贷流程因银行行政管理体制所限设置了多级审批放贷的制度，其目的是为了降低信贷风险。一笔大额贷款需要经支行、二级分行、一级分行和总行层层审核才能发放，给客户带来极大的不便。重建审查环节，可以考虑构建专家决策型的信贷风险控制模式，如图 4-11 所示。

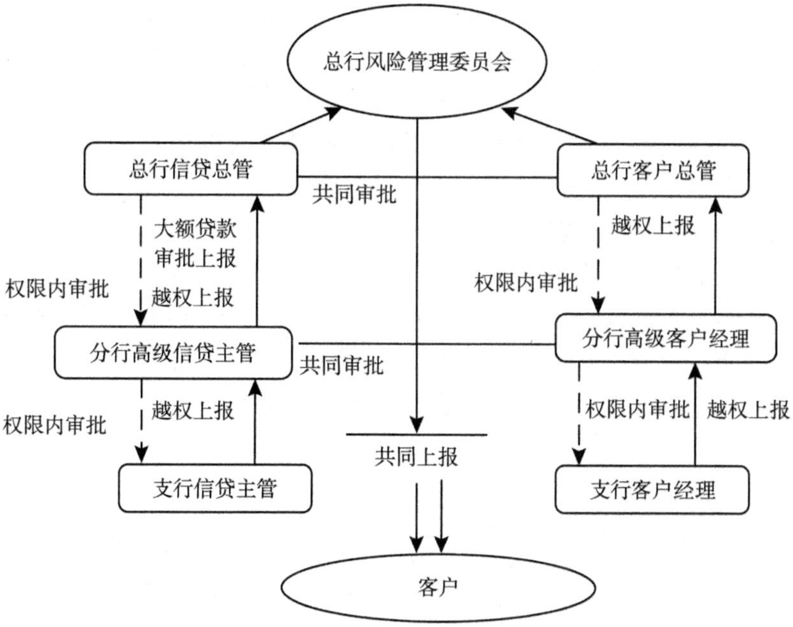

图 4-11 专家决策型的信贷风险控制模式

专家决策模式具有如下特点：①总行设置风险管理委员会，全权负责全行的风险控制；②总行设置风险管理部（信贷管理部），其负责人为信贷总管，分支行的信贷主管由总行信贷部派出，其资格认定及业绩考评也由总行的信贷部门执行，信贷决策体系实行垂直管理，总行信贷总管向总行管理层报告，但分、支行信贷主管人员则独立于行政领导；③贷款审批实行信贷主管与客户经理的双签制度，不同级别的信贷主管与同级的客户经理共同审批客户的贷款申请，超过权限的直接上报上一级主管（经理）审批，对于大额贷款则要求提交到总行风险管理委员会进行决策。这种专家决策的模式是一种一级审批模式，它可以避免层层重复审批的麻烦，也可以缩短决策时间，降低决策风险，提高决策的效率，从而使商业银行的整体实力得以增强。

4.2.2.2　零售业务流程再造方案

经济迅速发展带来了人们生活的富裕，对个人的金融服务、理财、投资就成为银行拓展业务的重点，也构成现代商业银行收入的重要来源。银行零售业务正在形成规模，并有逐渐成为现代商业银行主营业务的趋势。为了进一步拓展银行的零售业务，一些商业银行针对传统零售业务流程存在的问题构建了全新的“单人临柜”模式和客户经理制模式。

(1)“单人临柜”模式

商业银行在传统的零售业务流程中采用“双人临柜”模式，给银行一线网点正常的柜面业务带来了很大压力，导致客户排队现象严重，银行资源浪费。因此，商业银行在零售业务柜台模式再造时设计出以客户为中心的“单人临柜”新流程模式，如图 4-12 所示。

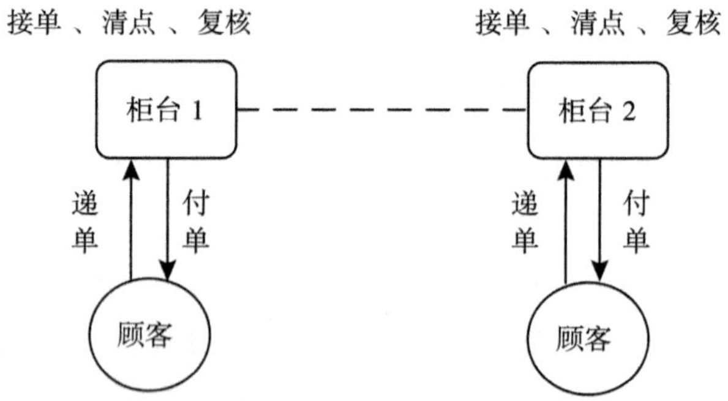

图 4-12　“单人临柜”模式

在“单人临柜”模式中，由柜台工作人员一人独自负责接单、清点、复核、付单的工作。如果每个工作人员要完成一笔服务需要

2分钟，乙是第10位到来的顾客，则只需等待18分钟就可以获得服务。这比“双人临柜”模式大大减少了客户的等候时间，客户可以随意选择柜台办理所需业务。由于中间处理环节的减少，商业银行能节约人力资源，压缩成本开支，资源得以优化配置，能为客户提供更有效的全方位服务。这种模式下经营责任明确，如果出现差错，完全由柜台工作人员个人负责，强化了个人的责任，个人进行业务处理时会更加小心谨慎，从而使出错的几率减少，更加符合商业银行竞争和自身发展的要求。

（2）客户经理制模式

在传统的商业银行零售业务流程模式下，由于对市场缺少敏感、分析和策划，银行并未定位于一个市场服务部门。银行过于以自我为中心，要求客户围着银行转，客户需要根据银行现有的金融产品到银行选择服务。在办理综合业务时客户需要直接和银行多个产品部门接触，到不同的柜台办理业务，由于银行服务层次繁杂，效率低下，客户等待时间过长，不胜其烦，最终会流失优质客源。为了提供让客户感到方便和快捷的业务，商业银行有必要在再造流程时构建“客户经理制模式”，如图4-13所示。

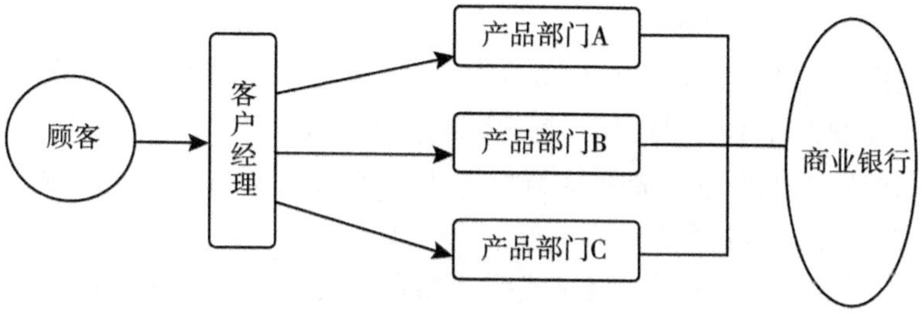

图4-13　客户经理制模式

客户经理制是指商业银行委派高素质人员充当客户经理，代表银行与客户建立一个全面、明确、稳定的服务对应关系，了解客户需求，及时协调银行内部资源，推销银行产品与服务，为客户提供一体化、全方位优质服务和个性化“定制服务”的经营管理模式。

客户经理作为银行的全权代表，与客户发生直接的联系。客户在办理综合业务时不必亲自到银行各个部门去办理，一切业务需求和遇到的问题只需要找客户经理即可解决。客户经理负责了解情况，协调行内各部门的关系，并向客户负责。客户经理制改变了商业银行坐等客户的局面，由客户经理主动上门营销，为客户提供的不是单一的产品服务，而是为客户提供满足其需要的产品组合和一体化服务。

商业银行在流程再造时只有构建“以客户金融需求为中心、以客户经理为连接点、以银行各产品部门和其他职能部门为支持”的客户经理制运作模式，才能使现有银行从传统的产品经营转变为现代商业银行的金融服务经营，才能不断扩大市场份额，确立银行的竞争优势。

4.2.3　中台核心业务流程再造方案

4.2.3.1　产品开发流程再造方案

好的产品是银行实现效益的根本。如果商业银行没有优质的产品，即使有再好的服务也无法吸引客户。不断创新金融产品是银行得以持续发展的动力。银行应根据目标市场客户的特定需要进行特色产品开发，才能在竞争中胜出。商业银行传统的产品开发流程是按照不同的产品部门自行负责本部门产品的开发和创新，导致在产品开发设计中出现混乱，流程设置存在弊端。因此，商业银行在产品开发流程再造时需要重新设计“新产品开发生态设计流程”模式，如图4-14所示。

如图4-14所示，该模式要求商业银行必须配备统一的产品研发管理部门来开发新产品。由于环境因素对银行产品生态设计是很重要的，因此在进行银行产品设计时，除了要考虑内部环境因素包括战略、利益相关者、银行业绩标准、资源、并行设计和团队协作的影响外，还要考虑外部环境因素包括政府政策法规、市场需求和非政府组织标准对生态设计流程的影响，并在现有产品的基础上，加大产品的资金和科技含量投入，开发出与经营环境相吻合的业务产品。

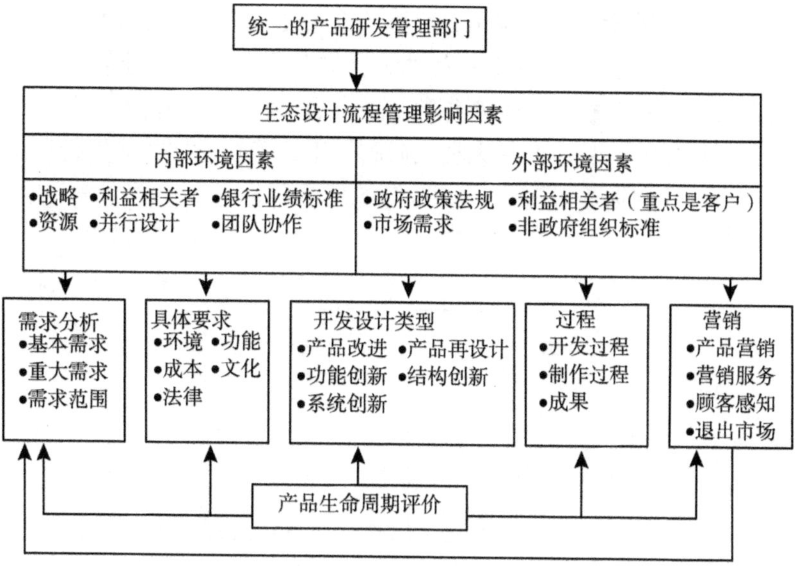

图 4-14 “新产品开发生态设计流程”模式

新产品的开发生命周期有产品市场需求、产品设计具体要求、产品开发设计类型、产品设计过程和产品营销五个阶段。为了能开发满足市场需求的新产品，在产品设计完成后应根据产品生命周期的发展变化对各产品进行评价，详细分析每一产品项目的类型以及它在各自市场上所处的地位，产品研发部门再根据以客户为中心的原则有针对性地进行金融产品决策。

波士顿矩阵理论指出金融产品可以分为四个类型：①明星类金融产品。它是市场占有率和业务增长率都较高的产品，因而所需要和产生的现金数量都很大，是银行产品中占有支配地位的新产品，代表着最高的利润和最佳的投资机会，对于这类产品，银行应在人、财、物方面给予支持和巩固，以维护其现有的地位，保证将来的发展。②金牛类金融产品。它是市场占有率高、业务增长率低的产品，能为银行带来很大利润，是银行主要收入来源，但未来的增长前景有限，对于这类产品应努力改造，寻找新的市场机会。③幼童类金融产品。它是市场占有率低、业务增长率高的产品，一般为刚开发的且可能很有前途的金融产品，由于产品未定型，因此具有很大的经营风险。银行应作的选择是投入必要的资金以提高市场份额，扩大销售量从而将其转为“明星类”产品，若不能转为明星类产品时应及时放弃。④瘦狗类金融产品。它是市场占有率和业务增长率均低的产品，产品无利或微利，正处于衰退期，应实行退出战略，有计划地逐步淘汰，如图 4-15 所示。

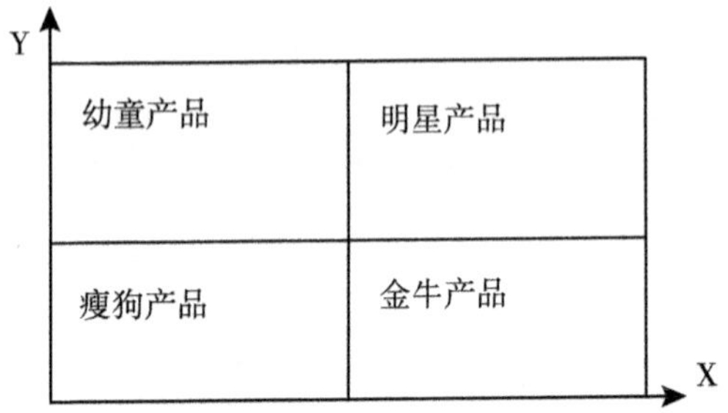

X——市场占有率的变化　　Y——业务增长率的变化

图 4-15　波士顿矩阵

商业银行的产品研发部门通过对金融产品进行生态设计后，根据不同的金融产品类型进行选择，以实现创新金融产品的最优组合，为客户提供更多的附加值服务，并根据客户从银行提供的服务中所获得的利益以及客户满意程度来合理定价，以吸引更多的客户，提高产品的竞争力，使其更符合银行的发展目标。

4.2.3.2　营销管理流程再造方案

良好的营销理念、合理的营销管理流程是商业银行综合实力得以提高的重要途径。随着金融市场竞争的加剧，银行应构建以市场为导向、以客户为中心的营销理念和有效的营销管理流程才能在竞争中胜出。但商业银行传统的营销管理流程设计中由众多的产品业务部门向后台反馈客户信息，环节过多，交错复杂，容易导致信息收集难度大，失真情况严重。为了加强前后台的衔接，在营销管理流程再造方案中需要构建“营销管理渠道整合”模式，如图 4-16 所示。

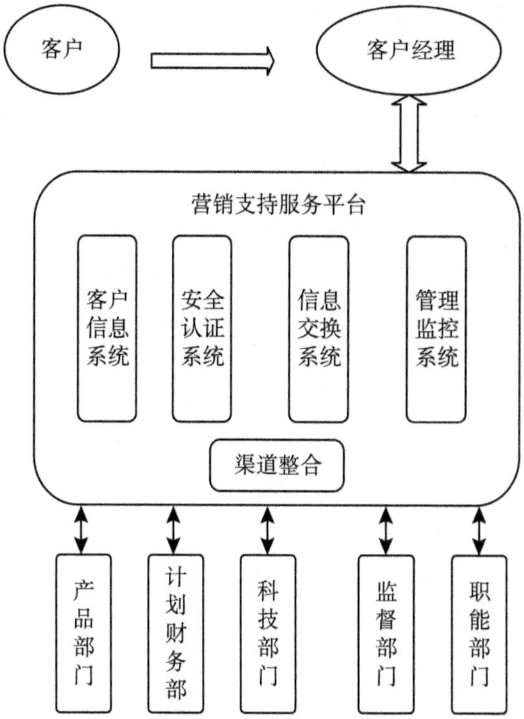

图 4-16 "营销管理渠道整合"模式

"营销管理渠道整合"模式包括三大部分：①客户交互层，前端接收客户提出的综合性需求。②营销支持服务平台，作为前后台衔接的中间环节，能提供统一的信息接收和信息交换。其中客户信息系统利用平台上集成的完整的客户信息和业务数据，有效整合并分析客户行为，管理监控系统实现远程管理监控功能，安全认证系统实现所有渠道的客户身份认证并确保交易的安全实现和数据的完整性，信息交换系统负责对交易完整性的控制。③后端集成层，对前端收集的信息进行整合和处理，并向后台系统反馈相关信息。

通过"营销管理渠道整合"模式，银行可以全面及时了解各个服务渠道中客户的不同需求、购买行为、与银行的业务交互往来以及其他需求的数据，同时，全部的信息在营销支持服务平台都可以共享。营销支持服务平台成为商业银行联系前、后台的重要桥梁。通过营销管理渠道整合、优化，银行可以降低各项成本，为客户提供满意的服务。

4.2.4　后台核心业务流程再造方案

4.2.4.1　资金清算流程再造方案

商业银行在传统的资金清算流程中对各项单证的清算采用的是多级处理模式，即由支行、分行分别对单证进行层层审核，导致资金清算未能进行集约管理，无法实现资源共享。因此，商业银行可通过采用“集中处理”模式进行资金清算流程再造，如图 4-17 所示。

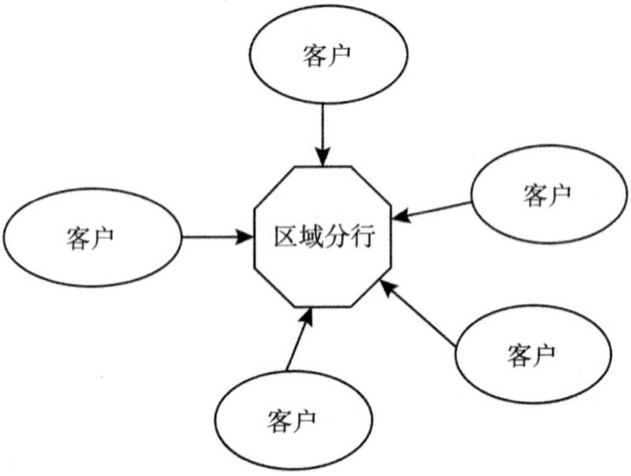

图 4-17　“集中处理”模式

在“集中处理”模式下，实行的是单证清算的一级处理，单证由区域分行单证处理中心集中清算，包括审单和资金的划拨。支行不再对客户提交的单证进行实质审核，仅负责与客户接触的前台操作，并将客户递交的单证资料通过系统传输到区域分行单证处理中心集中进行批量处理，这样可以使商业银行节约大量的银行资源，工作效率得到极大提高。

4.2.4.2 信息管理流程再造方案

科学技术的迅速发展给银行业带来极大挑战，银行必须实现信息管理的科学化，才能适应信息技术革命变化的要求。但目前商业银行没有统一的信息流程，由前、中、后台分别设置业务信息部门，导致彼此之间无法协调相互关系，资源无法共享。为了适应不断变化的金融市场和银行客户的需求，商业银行应通过构建信息集成模式对信息管理流程进行再造，如图 4-18 所示。

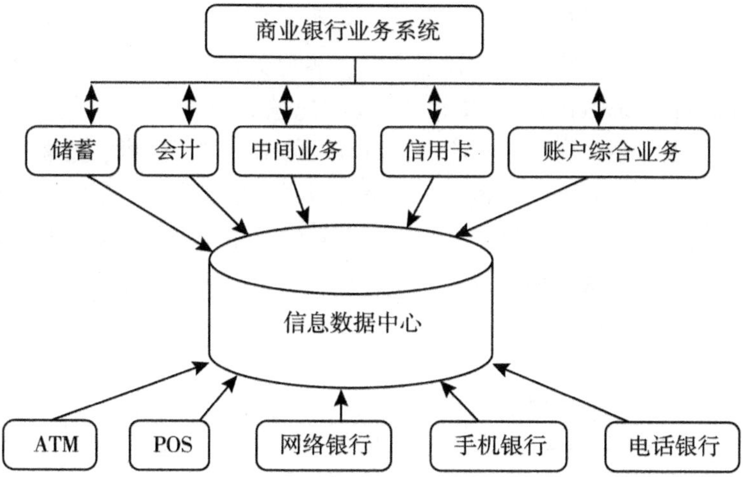

图 4-18　信息集成模式

信息集成要求商业银行各业务系统和虚拟银行的电子数据进行大集中。在金融电子化进程中，商业银行不管是利用计算机代替手工操作对银行业务进行自动化处理，还是开展 ATM、POS、电话银行、手机银行、网络银行等新型的虚拟银行业务和已成为客户消费的重要方式的借记卡、贷记卡业务都对信息系统提出了更高的要求。

有效的信息管理流程是通过信息集成方式将零散的数据和客户信息按统一的规范进行采集、处理和存储在规定的数据库中，并应用必要的分析手段对所传递的金融信息进行分析，同时面向层次不同的金融管理机构和业务部门提供标准化的和统一格式的金融信息。信息集成模式使数据信息更加集中和系统，增强了数据信息的一致性和实效性，改善了数据信息的安全性。不同的业务部门不再需要就业务信息进行多次输入，从而避免了因信息来源不同而产生的矛盾，有利于降低银行经营成本，实现信息资源的共享和集约化经营，并为商业银行的经营活动和管理决策提供信息支持。

商业银行业务流程的信息再造不光限于技术层面，还可以采用信息密集策略，运用大量的信息，采用统计的方法去预测顾客的选择行为，对银行与客户之间可能的关系加以管理，这就产生了全新的管理机制——客户关系管理方式。客户关系管理（Customer Relationship Management，CRM）是借助先进的信息技术，通过再造企业组织体系和优化业务流程，对客户的信息进行搜集、整理、分类和跟踪，并对不同的客户群体进行市场定位，形成共享的客户信息资源，为客户提供经济、快捷、周到的产品和服务，从而改善客户满意度、忠诚度和贡献度，提高经营效率和利润收益的一种新型的管理模式，如图 4-19 所示。

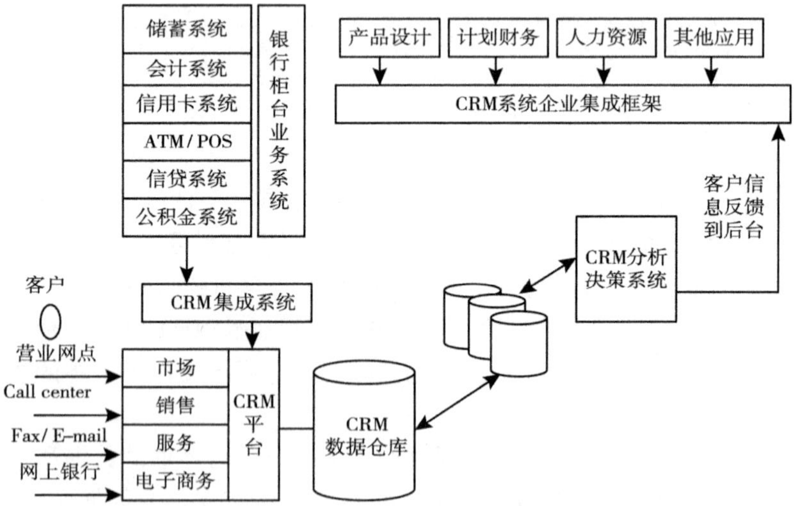

图 4-19　CRM 管理系统模型

商业银行的CRM系统由业务处理子系统、客户联系子系统和客户关系分析中心三大模块组成。业务处理子系统是由储蓄、会计、信用卡、ATM、POS、房改和信贷等柜面业务组成的综合处理系统。客户联系子系统通过营业网点、呼叫中心（call center)、网上银行等与客户直接发生联系。客户关系分析中心由CRM数据仓库和CRM分析决策系统组成。在商业银行业务处理和客户联系中，CRM数据仓库收集大量的现有客户和潜在客户的信息，由CRM分析决策系统对信息进行挖掘和分析，了解每位客户的个性、特点及需求，对客户进行细分，以确定客户价值和风险度，并对不同价值和风险的客户进行等级管理，及时向前、后台反馈客户信息，以实现在不同的部门间资源共享，积极以客户为中心不断对金融产品进行研究开发，努力创造差异，以满足客户差异化的需求。

经过对前、中、后台的核心业务流程进行再造后，商业银行再造方案设计已经取得一定的进展，但在价值链条中还有一些低效的非核心业务环节，银行应该积极通过外包的方式进行解决。

4.3 面向KM流程的银行贷后监管系统实证

4.3.1 面向KM流程的贷后监管系统架构设计

面向流程的知识管理架构需要从两个方面来研究：一方面要从理论的角度，分析业务流程与知识管理是如何结合的；另一方面要从技术应用的角度来研究其体系结构。

4.3.1.1 面向流程的知识管理活动模型

根据知识管理的流程，本书提出了一个面向流程的知识管理活动模型，如图4-20所示，显示了面向流程的知识管理活动的各个环节及其相互关系。将流程管理引入知识管理的活动中，一方面要应用和提取业务流程中产生的业务知识，另一方面要将业务流程本身转化为用于流程优化设计的流程知识，并将这两类知识存储到知识管理系统的重要组成部分——知识库中去，使得知识库可以直接与流程管理结合起来，处理与业务流程相关的知识，为企业创造“流程的效益”①。

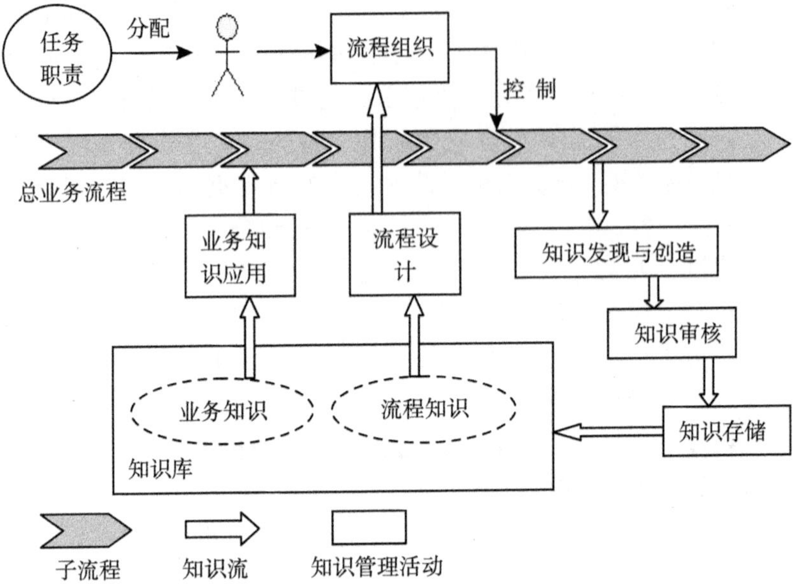

图 4-20　面向流程的知识管理活动模型

该模型主要由三个部分组成：

①业务流程。为了完成任务所要执行的总的业务流程是由多个更加具体化的子流程组成的。业务流程的分解既可以提高流程的柔性，同时也是从流程中提取知识以及将知识应用到流程中的基础。

②知识与知识流。面向流程的知识管理包含两类知识，一类是用于业务流程设计的流程知识，一类是用于完成任务的业务知识②。知识流的流向有两个方向，一方面是从业务流程流向知识

① 崔树银，任浩．流程导向知识管理的策略研究［J］．科学管理研究，2006，24（5）：76-79.

② 冯楠，解晶．面向流程知识管理体系架构研究［J］．计算机工程与设计，2008，29（9）：2246-2249.

库，这是一个从流程中提取出完成流程所需的隐性知识和离散的显性知识的过程，并通过一定的编码方式，将其转化为标准化和规范化的显性知识同时存储到知识库中的过程；另一方面也是从知识库流向业务流程的过程，及知识的价值应用过程①。

③知识管理活动。该模型中有四个主要的知识管理活动。分别是业务知识应用、知识发现与创造、知识审核和知识存储。

需要明确的是，在该活动模型中，知识的管理是围绕着贷后监管业务流程同时进行的，它们之间是一种重叠的关系，如图4-21所示。

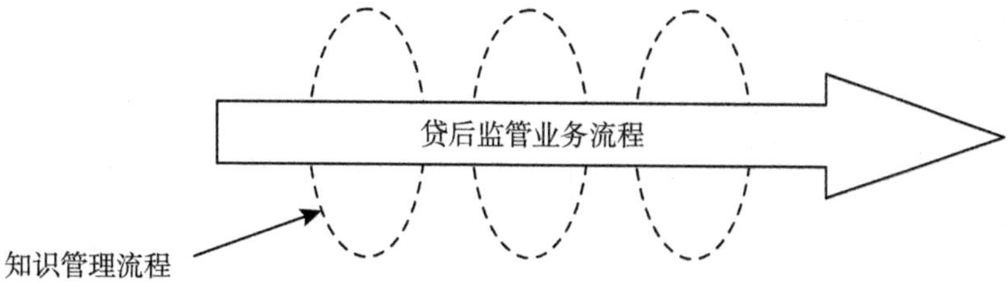

图4-21　知识管理流程与业务流程的关系

4.3.1.2　流程中的知识发现与组织

在知识管理的核心流程中，知识的获取创造以及组织分类是起点也是基础。组织在引入知识管理的初期，会更加重视知识的“获取”，这是一个长期的组织知识资产的积累过程。为确认与业务过程及经营目标相关的重要信息和内容，获取知识后，有必要对知识进行分析、整理，而且对知识进行良好组织分类是知识管理进一步发展的关键。为了能够实现上述面向流程的知识管理活动模型，我们只能从业务过程出发，分析融入其中的知识内容，以真正达到知识管理创造业务价值的目的。

① 马爱萍，刘玉照．从制造业看基于业务流程的知识流分析方法［J］．情报杂志，2005，24（1）：93-95．

在面向流程的知识管理活动模型中，知识是从动态的业务流程中提取出来的，这样的知识是连接知识内容和组织目标之间的桥梁，可以有效防止把知识内容看成是一种组织的独立、分离活动。这种基于流程的知识发现步骤如表 4-1 所示。

表 4-1　**流程中的知识发现步骤**

阶段	内容	行动步骤
第一阶段	确定业务循环	确定任务目标、业务循环的起点和终点
第二阶段	寻找关键事件点	将流程逐级分解为多个具体的子流程
第三阶段	确定知识内容	确定完成每个关键事件点所需的知识

（1）确定业务循环

确定为了实现某一项工作任务目标，所需要执行的业务流程，即确定流程的起点和终点。

（2）寻找关键事件点

将所要执行的业务流程分解为需要采取行动的一个个关键事件点。即采用层次分析的方法，将业务流程逐级分解，并且需要将每一个流程的具体内容描述出来。

（3）确定知识内容

对于在第二步中细分的每个流程，需要找出用于完成该流程所需要的具体知识。最有效的一个方法就是直接与曾经完成该流程的人员交谈，或者设计一些调查问卷来协助确认知识点。

在这种知识发现过程中，知识是与流程紧密相连的，可以使用流程来对知识进行分类，可以通过流程之间的层次关系和合作关系（即流程知识）自发地建立起知识之间的层次关系和关联关系，也就是将流程作为知识的一个组织“维度”，或者说是知识的一个属性。

4.3.1.3　贷后监管总体业务流程层次分析

从知识管理的角度确定了系统的功能结构、体系结构以及使用系统的人员组织结构及职责，并根据面向流程的知识管理策略，以流程为主要维度，从流程中提取出所需的知识并分类后，就要建立和规范贷后监管工作的业务流程了。

贷后监管是信贷管理的最后一个环节，对于贷后监管工作的总体业务流程的建模要从信贷管理的总体流程中来进行分析。通过对银行进行实际的调查分析后，根据流程建模思想得到如图4-22所示的包含了细化了的具体贷后监管业务流程的信贷管理业务流程图。

贷后监管工作始于信贷管理整体业务流程中的贷款发放流程。一旦贷款客户的贷款审批通过并签订了合同，开始发放贷款，那么信贷人员对该笔信贷业务的监管工作就开始了。整个贷后监管工作的具体流程包括：资产监控流程、台账管理流程、财务报表手工收集更新流程、经营管理跟踪调查流程、担保管理流程、额度管理流程、其他重大事项变动管理流程，以及在这些基础业务流程完成的基础上进行的风险分析、报告生成和预警流程。直到整个贷款合同到期终止，才算完成整个贷后工作业务流程的循环①。

对于复杂的业务流程，为了建立业务流程网络，还要进行进一步的系统化、层次化的流程建模分析。根据前面提到的业务流程设计方法，首先就要辨别出关键的业务流程和非关键业务流程，然后建立起流程间的层次关系。这一步骤的完成需要实际的业务执行者、知识管理人员和系统构建的需求分析人员共同来完成，如此才能从知识管理的角度对业务流程进行合理的定义和优化。表4-2是经过对贷后监管总体流程进行分析后得到的关键流程的三级层次表。

---

① 谢清河．大数据时代小微企业智能审贷问题研究［J］．现代经济探讨，2016（12）：39-43.

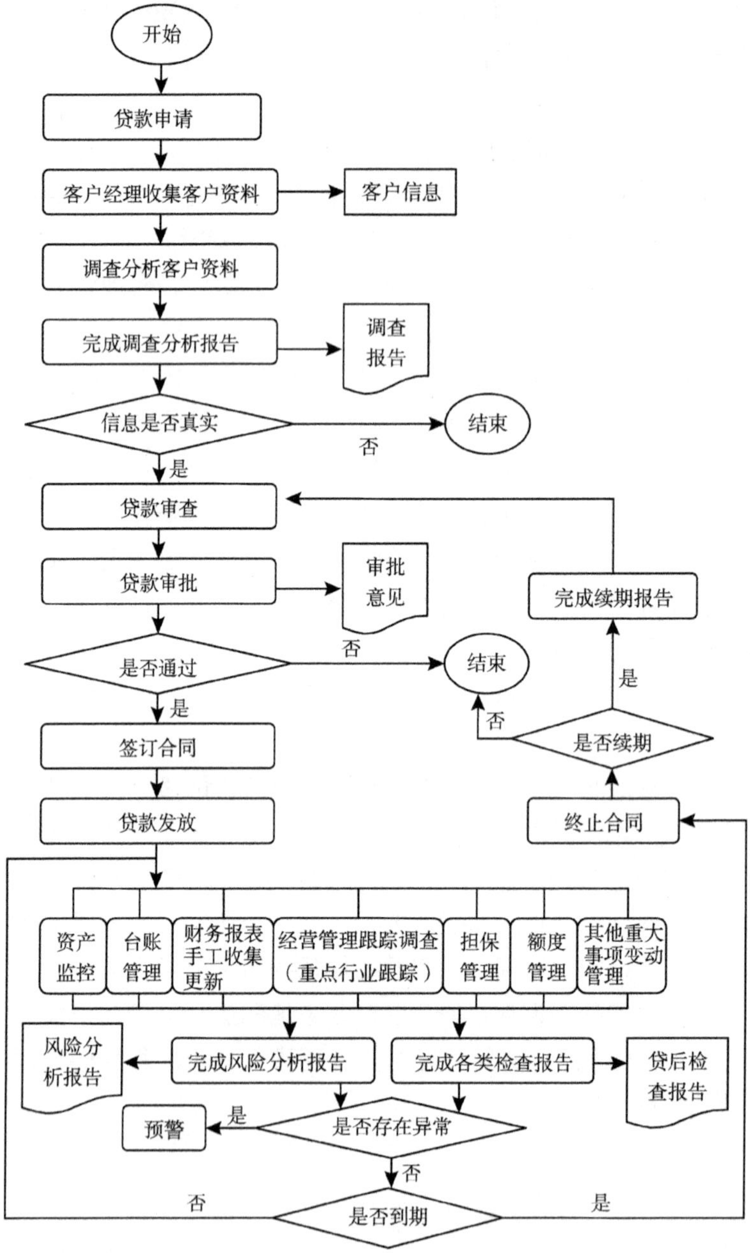

图 4-22　信贷管理业务流程图

表4-2 **贷后监管系统业务流程三级层次表**

一级流程	二级流程	三级流程
贷后监管系统流程	1. 额度管理流程	1-1 额度使用情况监管流程
		1-2 贷款审批意见管理流程
	2. 企业经营管理流程	2-1 股权结构变动管理流程
		2-2 核心高管变动管理流程
		2-3 客户信息变动管理流程
		2-4 经营信息变动管理流程
		2-5 核心资产变动管理流程
		2-6 经营模式变动管理流程
	3. 企业财务分析流程	3-1 偿债能力指标分析流程
		3-2 营运能力指标分析流程
		3-3 盈利能力指标分析流程
		3-4 发展趋势指标分析流程
	4. 资产监控流程	4-1 回款监控流程
		4-2 用款监控流程
	5. 担保管理流程	5-1 抵押物管理流程
		5-2 质押物管理流程
		5-3 担保方管理流程
	6. 非财务指标分析流程	6-1 企业经营能力指标分析
		6-2 个人因素分析
		6-3 回/用款来源去向分析
		6-4 外部经济环境变动分析
	7. 预警管理流程	7-1 预警触发流程
		7-2 预警处理流程
	8. 报告管理流程	8-1 报告生成流程
		8-2 报告提交流程
		8-3 报告批复流程

三级层次并不是业务流程层次分析的终极目标，根据流程的复杂度，及流程中可能蕴含的知识构成的复杂度，可以采取自上而下的方法构建更为细化的子过程，直到该级流程层次涉及的知识元素不可再分为止。

为了对流程进行定义管理，应该在系统中建立记录流程基本属性的流程属性表，如表 4-3 所示，该表包括的内容有流程编号、流程名、流程的具体内容描述以及流程的层次关系。通过流程属性表的逐步积累，构建起一个标准过程库。

表 4-3　**流程属性表**

流程编号	流程名	内容描述	上层流程
3-1	偿债能力指标分析	通过资产负债表和现金流量表分析短期偿债和长期偿债能力	3

层次关系是流程间的纵向关系，是可以固化定义的，而流程间的横向合作关系则比较灵活。在现代信息技术的支持下，业务执行者根据实际工作需要，可以构建定制的、个性化的流程组合关系，例如一位客户经理在月底要完成一个重点客户的月度检查报告时，可以构建如图 4-23 所示的业务流程网。

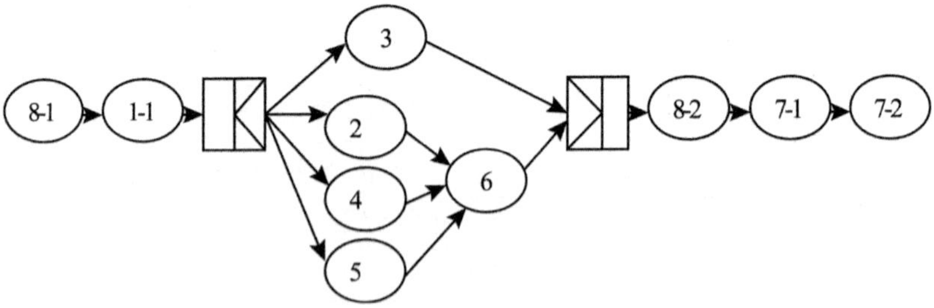

图 4-23　银行客户经理月度检查报告业务工作流程

业务流程网络中的每一个节点表示的就是一个流程，从每一个流程中抽取出要完成该流程的知识，一经综合就构成了完成该流程所需的整体知识集合。为了能将知识管理的概念引入贷后监管系统，并且在银行信息化发展的过程中运用合适的技术来实现知识管理系统，我们需要根据银行现有贷后监管系统的建设和应用情况来选择知识管理在系统中的应用模式。

4.3.1.4　知识管理系统架构设计

根据以上对于流程管理与知识管理的关系的分析，图 4-24 建立了一个面向流程的知识管理的系统框架。

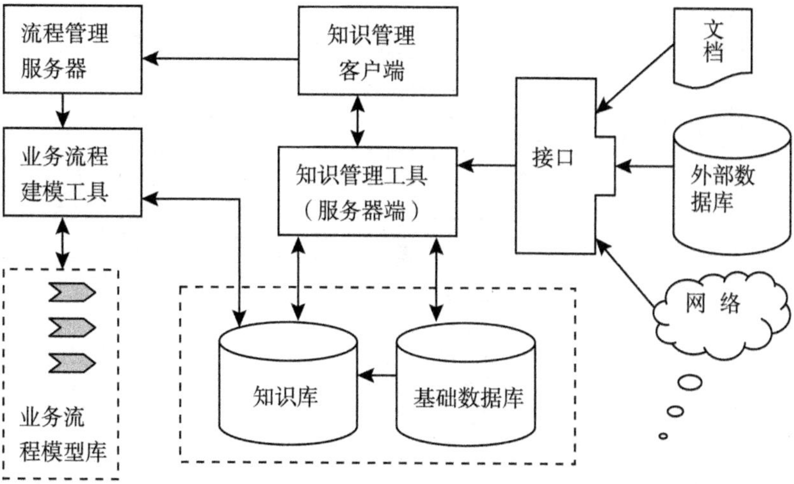

图 4-24　面向流程的知识管理系统框架

该结构的核心是一个面向流程的知识库，知识库是用于存放知识载体的，所谓知识载体就是含有任何知识的信息，并且各种知识按照既定的维度（例如流程）相互关联，而基础数据库中存放的是其他结构化的应用数据。

知识管理工具是用来实现各项知识管理活动的，以及负责知识库和基础数据库与外界的信息交换。流程管理和业务流程建模工具用来定义流程结构，在这一过程中可以参考知识库中的流程知识。此外，还可以向知识库提供新的流程输入。知识获取接口负责将来自互联网、文档管理系统等不同来源的知识载体递交给知识管理工具，由其恰当地存入知识库并建立与已有知识的关系。图 4-25 所示的是基于知识管理的商业银行贷后监管系统的基本架构。

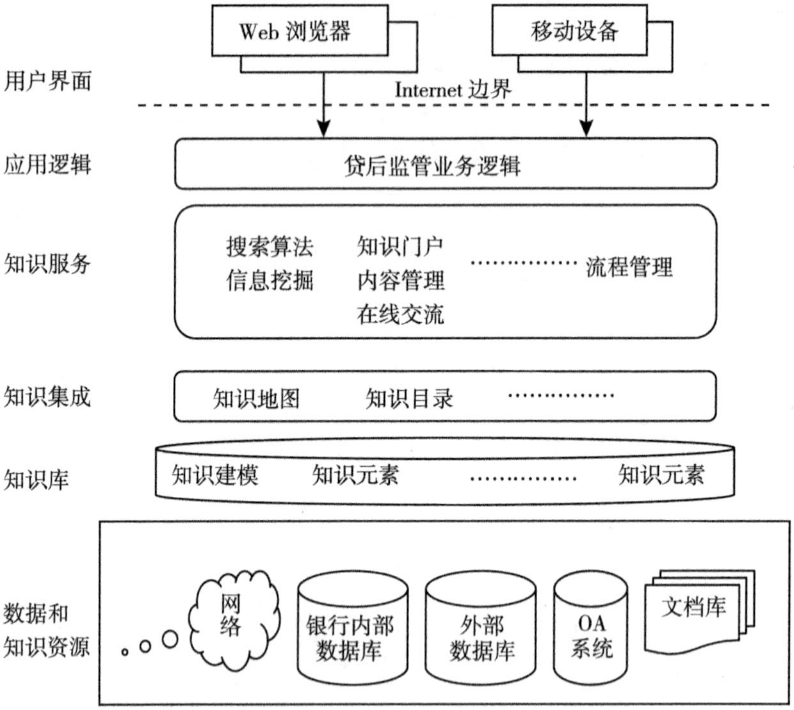

图 4-25　基于知识管理的商业银行贷后监管系统架构

基于知识管理的商业银行贷后监管系统架构描述如下：

（1）数据和知识资源层

系统最底层的是数据和知识资源，用于贷后监管的数据和知识来源广泛，包括有：银行内部业务系统数据库、外部数据库（例如人行征信系统的信用信息）、文档库、OA 系统以及互联网资源等。而且形式是多样化的，包括结构化、半结构化和非结构化的。因此需要使用例如 XML 这样的技术来集成这些分散在多个异构系统中的数据和知识资源。

（2）知识库层

知识库由表示知识的知识元素组成。所谓知识元素，是业务流程中抽取出来的系统中最小的明确表示用于建档的知识，使用一定的知识描述方式来进行知识建模，并将这些格式化的知识存储在知识库中。

(3) 知识集成层

该层是知识服务和知识库之间的过渡层，用于将知识库中的知识集成和整合。通过知识地图、知识目录等手段构建出知识元素中的结构和关系，以方便知识服务层的使用。

(4) 知识服务层

其对知识管理的核心流程提供管理和支持，包括各种知识管理工具，例如知识发现（搜索算法、信息挖掘等）、知识共享（知识门户、内容管理、在线交流等）。在这一层中还有一个重要的功能就是流程管理，其与知识管理有机融合。

(5) 应用逻辑层

该层封装了基于贷后监管实际需求的各项业务逻辑，在知识管理的支撑下完成各项具体的贷后监管日常业务工作。

(6) 用户界面层

该层实现系统与用户（贷后监管业务人员和知识工作人员）的交互，是系统功能的最终体现。友好的界面也是系统成功的重要因素。

由于贷后监管系统需要具有很强的分布性和实时性，监管才会有效，因此系统的客户端有两类：通过PC机使用该系统的Web浏览器客户端，以及通过手机使用该系统的移动终端。通过浏览器客户端，银行各级部门授权人员可随时随地使用系统所有功能。而移动终端主要用于预警信号的接收以及实地监管时使用，可以查询客户基本信息，获取监管任务，将相关内容输入移动终端并传回服务器。其中，数据和知识资源层是贷后监管系统的基础；知识库层、知识集成层和知识服务层用来实现贷后监管过程中的知识管理，是系统的核心。

贷后监管中最重要的一项工作就是通过使用广泛而专业的领域知识对影响贷款质量的各种因素进行分析，以识别风险进而提前预警。在这一过程中需要进行大量的统计分析、逻辑推理和判断，从而做出决策。这对于每个月都要对不同的贷款客户撰写贷后检查报告的信贷人员而言，贷后监管是一项重复性高而繁琐的工作，仅仅靠知识的共享与学习并不能明显提高这一工作的效率，需要进一步引进更先进的技术才能实现这一目标。

专家系统就是实现这一目标的有效 IT 技术，它正是以大量的领域知识为基础，具有解释推理的功能，并能模仿人类思维，进行分析辅助决策。专家系统通常由人机交互界面、知识获取、知识库、推理机、综合数据库和解释程序构成①，其体系结构如图 4-26 所示。

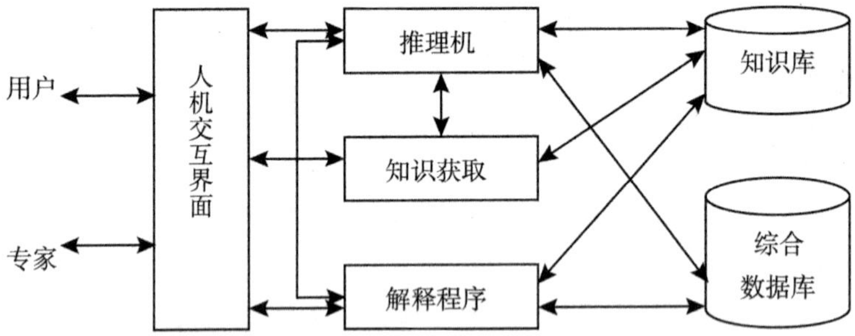

图 4-26　专家系统的一般结构

其详细结构及设计逻辑说明如下：

①知识获取是专家系统知识库是否优越的关键，也是专家系统设计的关键性问题，通过知识获取，可以扩充和修改知识库中的内容，也可以实现自动学习功能。可以通过以上所描述的方式来获取贷后监管过程中所需的知识。

②综合数据库专门用于存储推理过程中所需的原始数据、中间结果和最终结论，往往是作为暂时的存储区。

③获取的显性知识通过一定的知识表示方法编码之后，就存储

① 朱福喜，杜友福，夏定纯．人工智能引论［M］．武汉大学出版社，2006.

于知识库中。

④推理机针对当前问题的条件或已知信息，反复匹配知识库中的规则，获得新的结论，以得到问题求解结果。知识库就是通过推理机来实现其价值的。

⑤解释程序可根据用户的提问，对结论、求解过程做出解释说明。

⑥人机交互界面是系统与用户进行交流时的界面。通过该界面，用户可以寻找到能够提供帮助的专家或者快速连接到相关的知识。

构建这样的一个专家系统也是贷后监管系统引入知识管理所要达到的最高目标——实现贷后监管的智能化。构建专家系统，可以在获取了显性知识和隐性知识并将隐性知识转化为显性知识之后，进一步将显性知识标准化、规则化，进而用某种编码方式记录下来，使用计算机来进行批量化的快速分析和初步判断、预警，使得组织和系统中的知识得到最大化的利用。

4.3.2 面向 KM 流程的贷后监管系统功能结构设计

贷后监管就是对从贷款发放或其他信贷业务发生后直到本息收回或信用结束的全过程进行监控①。贷后监管是信贷管理的基础工作，是风险防范的重要一环。其主要工作是对系统采集的各类数据进行相关的汇总、计算和分析（例如根据报表数据进行偿债能力的分析等），对于异常数据、异常分析结果或异常处理等根据某种既定的规则发出相应级别的警报信号，从而积极主动地防范信贷风险以辅助决策，并完成贷后检查报告。其中分析预警是最重要的工作，只有实行了有效的分析预警才能进行合理的贷后监管。

通过对商业银行的实际调查及理论分析，根据知识的三个层次——基础业务知识、战术性知识、战略性知识来划分贷后监管系统的功能，确定了银行贷后监管系统应具备的几大功能模块及相互

① 屈延文，南相浩，林鹏. 银行行为控制——银行信息化与安全［M］. 电子工业出版社，2004.

间的关系，见图 4-27。

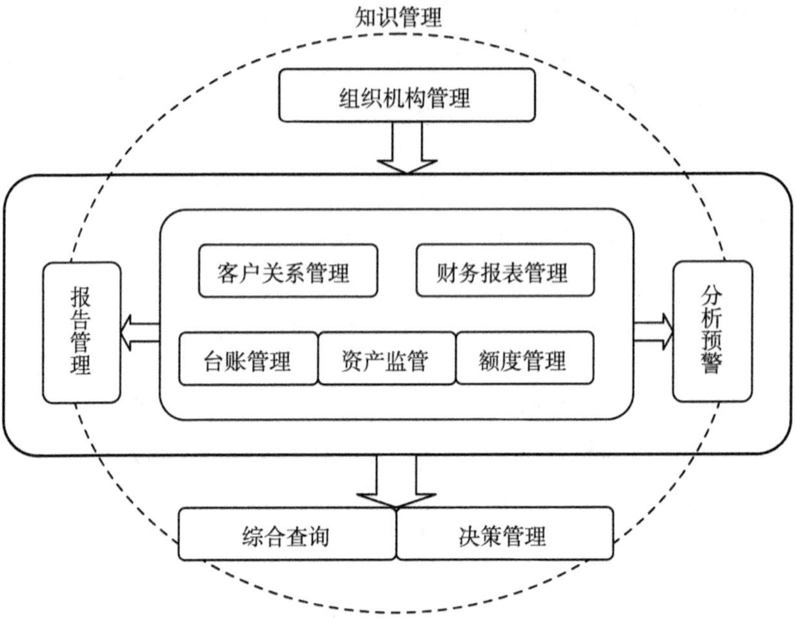

图 4-27　贷后监管系统功能模块图

贷后监管系统功能模块描述如下：

（1）组织机构管理

贷后监管系统的用户既包括底层业务员也包括高层管理者，以及引入知识管理后的知识管理团队。组织机构管理是用来建立一个良好、有序的监管环境的基础，对各级人员的信息、从属关系以及职责进行管理，并通过分级监管以提高监管的效率和力度。

（2）客户关系管理

即对贷款客户及其担保人的基本信息及经营信息等影响贷款决策的信息进行管理，以及对客户信用级别进行调整。

（3）财务报表管理

贷款者的财务状况是银行信贷决策的最重要的依据，是最需要重点监管的信息。信贷分析的报表多种多样，而且变化较大，报表管理就是要实现动态的、自定义的报表生成，同时还要进行财务数据的统计分析。

(4) 额度管理

即对客户的授信信息的管理。包括授信额度、可用额度、贷款分类、质押物等的管理，对客户的额度使用情况进行实时监控。

(5) 资产监管

即对信贷资产的监测与管理。通过与客户贷款账户相关的银行结算系统互联，信贷人员可以定期或不定期检查客户信贷使用情况，及时发现信贷资金使用中存在的问题，以确保信贷资金的安全性、流动性和效益性。同时与台账管理相结合，真实、全面、动态地反映贷款的质量，对影响信贷资产安全的信号进行早期警告，及时提醒信贷人员。

(6) 台账管理

台账管理是客户经理处理的日常工作。其以合同为基础、以凭证为主要对象，涉及信用的全过程，动态采集信贷经营管理中的重要数据，包括对客户授信、贷款（含贴现、押汇）、承兑、信用证、保函、信用卡透支等业务的台账管理。

(7) 分析预警

根据预定的某种规则，对系统采集的各类数据进行相关的汇总、计算和分析，例如根据报表数据进行偿债能力的分析等，并存储分析结果用于各类报告以及辅助决策；对于异常数据的分析结果或异常处理等发出相应级别的警报信号，从而积极主动地防范信贷风险。

(8) 报告管理

信贷人员需要定期提交大量的报告，如授信调查分析报告、贷后年终检查报告等，该系统以前面已有的功能为基础，能够采集到真实、完整的报告所需的信息及相关的统计分析，报告提交人员只需进行简单设置就可自动生成各类模板统一的报告并提交，不必在报告制作上浪费大量精力。

(9) 决策管理

即各级管理人员对贷后监管的整个工作的动态跟踪与监控。它是针对决策流程中的主要信息进行管理并对关键环节进行控制，以达到辅助决策、降低信贷风险的目的。

（10）综合查询

用户可以根据自己的需求进行自定义，对系统现有数据资源进行分类或汇总查询，它贯穿于信贷监管系统整个操作过程中。但是对于不同的用户权限级别，其可查询的内容和查询范围有一定的限制，如总行管理者能查询所有数据，而分行管理者只能查询本行数据。

（11）知识管理

在具备了以上用于完成贷后监管工作的基础业务功能之后，这时就要在贷后监管的系统中引入知识管理的概念，就是将系统各功能模块中的知识抽取出来进行管理。

其中，位于最中心的框中的模块是系统的基本功能，所涉及的知识也是基础业务层面的知识；而分析预警和报告管理是系统需要达到的更高一级的功能，涉及的知识是战术层面的知识；决策管理是系统的终极目标，涉及的是战略层面的知识；而组织机构管理是实现良好的知识传递和共享的基础。

分析了基于知识管理的贷后监管系统的功能之后，接下来就是对这些功能的业务流程进行建模，再抽取出系统中所涉及的知识，从多维度来对抽取出的知识进行分类组织，并且建立合适的知识共享机制。

4.3.3　面向 KM 流程的贷后监管组织结构设计

4.3.3.1　基于知识管理的贷后监管人员组织结构

根据以上原则建立起来的以贷后监管人员为中心的，加入独立的知识管理部门后的扁平化的商业银行贷后监管人员组织结构如图 4-28 所示。

贷后监管组织的核心由信贷人员组成，是系统的使用者。根据其所掌握的知识和在监管中的工作不同将其分为三个层次。

一线监管人员由各分、支行的客户经理组成，他们是直接接触和监管信贷客户的人员，需要掌握基本业务知识，会对客户的信息

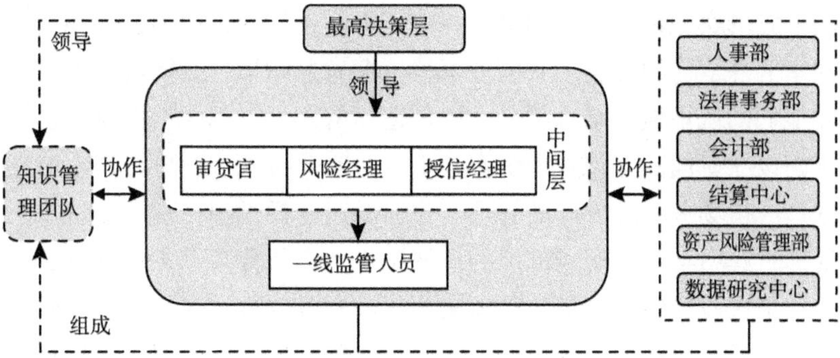

图 4-28　贷后监管组织机构图

进行基本的分析。在监管的过程中需要广泛搜集用于贷后分析的客户信息，并分类保存下来，还要完成各类贷后检查报告的撰写。其中，客户总经理还要具备更高层次的管理知识。

授信经理、风险经理和审贷官一级在组织的整体经营战略保持一致的前提下，根据一线监管人员所提供的信息进行分析，控制信贷风险。他们需要掌握更多的其他领域的知识以支持风险分析工作。因此，他们也需要来自更多其他领域的专家知识的支持。

最高决策层对整个贷后监管工作进行全局把握和工作监督，从而做出影响组织经营战略的决策，以指导下级的工作。他们要进行有效的贷后监管，在最短的时间内做出正确的贷后分析，仅靠所了解的知识及有限的信贷部门人员是不够的，这就要求来自其他部门的人员开展跨部门跨区域的协同工作。

进行知识管理需要建立独立的知识管理部门，但这样的独立只是职能上的相对独立，而在人员的构成上却是需要与银行内部其他已成立的部门共享的，这样才能将知识管理渗透到组织中去。为了推动贷后监管工作中的知识管理战略的有效实施和管理知识、管理系统的日常运作，实施这一管理项目的商业银行需要建设独立的知识管理团队，配备相应的团队成员。

首先，基于商业银行统一管理和分散经营的实际经营模式，知识管理团队的组成应从两个层面来组织——一是设置在总行层面的核心成员。对于各家商业银行而言，知识管理是一项新的管理课题，它的实施需要建立和造就一个能够促进学习、积累经验和信息共享的环境，引导员工共同分享他们拥有的知识，鼓励员工把信息和他们的认识能力结合起来，以创造新的知识。因此，需要在总行层面设立专门的知识管理负责人来进行有关技术、教育培训、信息管理、市场分析等方面的管理工作，同时还要承担在贷后监管知识管理过程中与其他职能部门的协调工作。二是分布于各个分行层面的外围成员。知识管理的具体实施将涉及各分行、支行甚至基层网点，因此需要在分行层面设置知识管理负责人，以协调、监督知识管理的各项具体工作，从而在本经营单位中落实下去。从知识管理团队中各成员具体职能的角度来考虑，知识管理团队应包括以下组成部分：

（1）知识管理委员会

由来自最高决策层的各部门主管和知识管理部门主管组成，负责知识管理工作的战略规划。包括运作机制、管理准则、重大事项决策、制度的审核，以及知识管理的成效评估等。

（2）知识管理领域内的专业人员

①知识管理主管（CKO）。全面负责企业的知识管理工作，包括思想、技术、执行等，这是实施知识管理的关键，知识管理主管的主要职能是决定搜集、储存及传递知识的方法，并依据长期规划目标与整体企业的其他目标制定知识管理策略方向。

②知识组织人员。知识组织人员组织和管理贷后监管工作所需的信贷通用知识资源以及来自其他部门和领域的专家和知识，同时进行知识管理的协调工作。

此外，还应制定知识管理的政策、制度和文化等方面的工作，构建良好的知识共享和学习环境，对知识管理的日常管理和业务工作负责。

知识组织人员既可以是直接归属于知识管理部门的人员，也可以由与贷后监管工作相关的各个部门中的员工兼职负责。

③监督考核人员。负责监督和审查知识管理的进展情况，并对

其进行评估，从而保证知识管理的持续改进。

④技术人员。负责知识管理系统的技术实现，对知识管理系统技术架构进行规划选型。负责知识管理系统的统一规划、开发和监测知识库以及评价和挑选所有知识管理和服务系统的软硬件产品，还要负责知识库和交流平台的日常管理（比如内容维护、信息发布、奖惩实施等）①。

(3) 辅助管理人员

即非知识管理部门的非知识管理专业人员，一般是在基层推动各职能部门和业务部门的相关人员，他们积极参加知识管理工作(如贡献知识资源、提供意见反馈等)。

综上所述，知识管理团队的组建必须以推动知识管理的开展、实现知识共享和应用为主要目的，遵循权责明晰的原则。

4.3.3.2 贷后监管知识的组织策略

随着贷后监管实践工作的开展及知识管理在银行组织中的不断深入推进，银行组织知识会不断地积累，知识库中的内容也会越来越丰富，内容丰富的知识库一方面为信贷人员开展监管工作提供了强大的智力支持，但另一方面，知识库内容的繁杂又增加了员工搜索知识和查阅知识的难度，这会降低知识的利用率，因此，必须对组织知识体系进行整理。

银行贷后监管工作中所涉及的知识具有以下特点：一是知识密集。贷后监管分析过程中蕴含着大量的知识，特别是风险分析和预警工作，是银行各业务中最为复杂的工作。二是专业性强。其涵盖的知识领域广泛，包括有金融、会计、统计和法律等，都是专业性很强的知识。三是多为由个人掌握的、隐性的经验知识。在贷后监管分析中的很多关键性的判断并不是依靠纯粹的定量分析计算就可以的，而是需要凭借信贷人员的经验来判断的。

---

① 王敬敬，胡冰．基于知识管理的知识型企业团队管理优化研究［J］．信息系统工程，2011（7）：40-41.

因此，在面向流程的知识管理的实践中，在使用以流程为知识的主要组织维度的基础上，还应加入知识与领域划分和掌握知识的人这两个维度，从三个维度上来构建贷后监管知识体系（如图4-29所示），也就是说每一个知识元素都具有这三个方面的属性，详述如下：

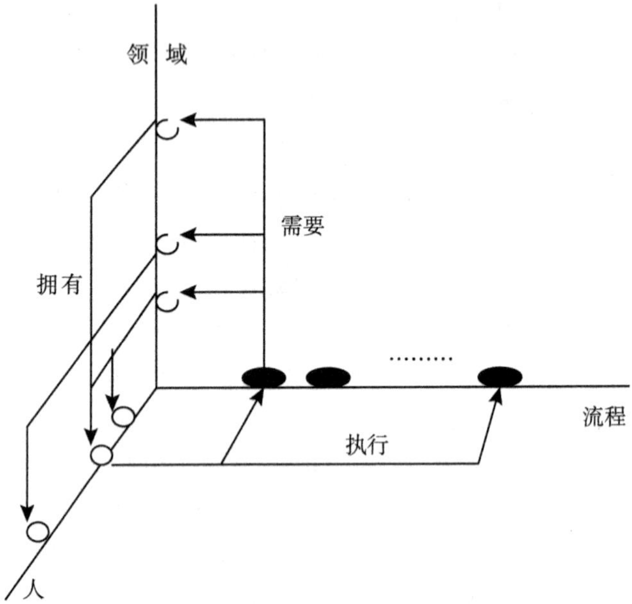

图 4-29　知识的三维组织分类图

（1）以流程为组织知识的出发点

业务流程是有层次的，同样，按照流程的一级过程抽取出完成该流程所需的知识，形成若干知识大类；然后又可以根据该一级过程的二级子过程将该大类分成应用于各子过程的若干个知识小类，这样层层分类下去，直到分出来的知识是不可再分的知识元素为止，同时流程的层次级别也达到了不可再分的程度。

（2）以知识所属领域对知识进行分类

按照知识领域对知识进行分类是最传统也是最能让人们所接受

理解的，因此按照知识所属的领域对知识进行分类，有利于在流程执行过程中寻求知识的帮助时，可以更精确地定位到所需的知识。将知识按照应用的领域分类后，才能进一步将知识与人相连接。因为组织中的每一个人所拥有的知识大部分都是来自其所学习的领域。

由于贷后监管的领域知识除了信贷人员自身应基本具备的金融知识外，还需要具备的关键领域知识有：用于财务分析的会计学、统计学知识，用于企业经营能力分析的企业管理和组织方面的知识，用于适应各项政策或法律规章的法律知识，用于人员组织的人力资源管理知识等。

（3）将知识与人连接

贷后监管工作的人本身就是系统中的最大知识资源，因为，对于贷后的风险分析和判断目前大都是靠信贷人员的经验。而且，在目前的银行信息化阶段，要想将人的这部分隐性知识完全转化为编码存储在系统中，成为标准的显性知识，助力自动的风险分析预警，需要经历很长的发展阶段。因此，通过知识的领域维度，以及人所处的领域维度，就可以构建起知识与人的具体关联，并在此基础上实现需求知识的人与拥有知识的人的连接。

根据流程、人和领域的知识三维组织分类体系，知识属性的构成如表4-4所示，其包括了知识的领域属性、流程属性、专家属性以及知识的具体内容。

表4-4　**知识属性表**

知识名称	知识内容	所属领域	专家	支撑流程
成本收入趋势指标	（本期主营成本/本期主营收入）/（上年同期主营成本/上年同期主营收入）×100%	金融	专家1 专家2 专家3	

根据知识的三维组织分类策略构建起来贷后监管的知识体系

后，当一个信贷人员要执行某项工作时，其利用知识来解决问题的过程如下：

第一步，确定完成该工作的总体流程，定义组成流程的各子过程，形成流程网络图；

第二步，确定完成每一个子过程所需要的领域支持，或者是所需要的具体知识元素及其所属领域；

第三步，根据知识的领域属性搜索拥有该领域知识的专家群；

第四步，通过找到的领域知识和领域专家的协助，完成所要做的工作。

图 4-30 是根据贷后监管的任务要求，构成的流程、人以及领域知识之间的联系。信贷人员用知识解决问题的过程就是一个确定流程、领域以及人的关联关系的过程。

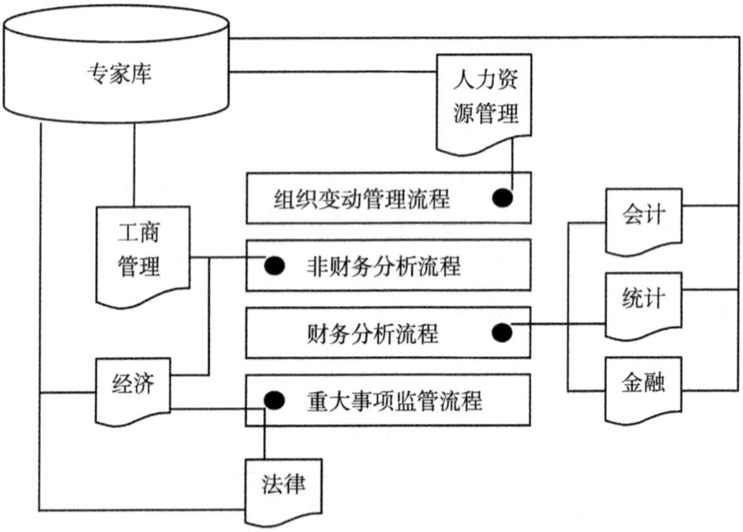

图 4-30　知识属性关联图

随着我国商业银行贷后监管机制的进一步完善和分工的细化，以及用于支持贷后监管系统开发实施的信息技术的出现，在贷后监管系统工作中所涉及的知识领域会越来越多，对于知识的分类也会越来越细化，从而更好地支持银行的贷后监管工作。

4.3.3.3 贷后监管的知识共享和传递机制

静态的知识只有经过流通和传播才能在动态的过程中产生新的知识和创造价值。因此，为了让知识在贷后监管的过程中得到充分的利用，同时挖掘出更多有用的知识，需要在贷后监管人员中建立一个良好的知识共享和交流的平台以及学习环境。为了实现知识传递的广度和共享的深度，应设计以下的银行贷后监管知识共享和传递机制。

（1）构建专家网络

在建立了知识与人的连接基础上，就要将拥有这些知识的专家的详细资料和其掌握的知识发布出来，在组织内共享。如此知识的需求者就可以通过网络在贷后监管专家团中寻找专家，搭建一个协助解决问题的平台。

专家网络的管理方式应该是开放式的，即网络中既包括经过认定的权威领域专家，也应包括自愿提供参考知识资源的志愿者。因为知识是无穷无尽的。

为了构建专家网络，需要做以下工作：①收集员工的信息；②按知识领域对员工分类并识别出专家；③创建具有强大分类和搜索功能的黄页系统；④提供有利于合作的技术和流程；⑤对专家进行认证和激励。

（2）建立导师制

在贷后监管过程中，通过定量的分析指标很容易发现明显的信贷风险，但是对于那些非定量的分析指标及潜在风险判断与识别，更多的是依靠信贷人员长期的实践经验。因此，富有经验的贷后监管人员在商业银行中是非常宝贵的。

导师制就是为新员工有针对性地提供导师，导师通过正式与非正式的途径将自己的知识传授给新员工。这里所指的导师制并不是传统意义上的一对一关系，而是社交网络的一个组成部分，受指导者可以通过主动和阅历丰富的老员工互动，以学到宝贵的知识。

需要注意的是，在组织中建立导师制的同时，要确保导师和受指导者对关系的主动建立真正怀有兴趣，否则，这种机制只会形同虚设。这种知识共享与传递机制的作用在于：①为组织提供人才保障；②增加同事亲和力和团队凝聚力；③有助于隐性知识转化为显性知识。

（3）定期进行经验总结

通常，贷后监管人员按照贷款客户的所属行业和重要性，要分别制作月度检查报告、季度检查报告和年度检查报告。这是一项必不可少的、定期的、集体性的工作。这就为定期的经验总结创造了良好的讨论时机和氛围。在经验总结的过程中要指定专人记录在总结交流过程中所发现的有用知识，并转化为文档，甚至将结构化的显性知识保存下来，以供今后使用。

这种知识共享与传递机制的作用在于：①有利于获取隐性知识并将其转化为显性知识；②有利于诊断和评估个人及团队的表现；③有利于提高发现和总结知识的能力；④有利于培养团队的学习精神。在使用各种机制来实现知识共享和传递的过程中，一定要注意引入激励机制，以激励员工主动在组织内部贡献知识和获取知识。

4.3.4　系统实施步骤及应用效果预期

4.3.4.1　系统实施步骤

在任何组织中引入一个新的概念时，无论是在人员的心理接受上还是在技术实现上都不是一蹴而就的。为了实现预期目标，在银行贷后监管系统的构建中成功地引入知识管理后，还要对知识管理在组织中的推进实施进行合理的战略规划。知识管理的战略规划要以知识管理的构成要素为出发点。本书所构建的面向流程的知识管理构成要素及相互关系如图 4-31 所示。

图 4-31 所包含的知识管理要素有人、知识、技术与共享，所表示的思想是“知识的管理，就是通过一定的技术将人和知识相结合，并通过分享，以达到知识管理的乘方的效果”。在这种思想的基础上，要加入流程这一要素，要在知识中构建流程，同时还要使用技术的手段来管理流程。基于这一思想，所制定的基于面向流程的知识管理的贷后监管系统的构建步骤为：

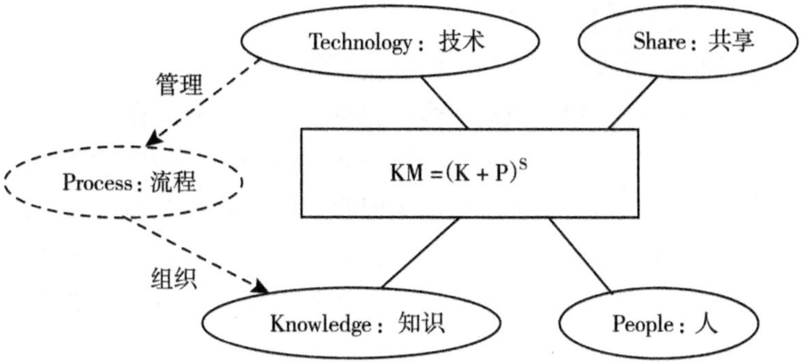

图 4-31　面向流程的知识管理要素

（1）认知

①明确贷后监管任务及发展趋势。

②评价贷后监管中的知识管理现状，分析当前存在的问题。

③制定贷后监管知识管理战略及目标，要与银行整体经营战略保持一致。

④获取高层领导对于知识管理实施的支持，并使从事贷后监管的人员对知识管理有正确的认识。

（2）梳理

①以知识为中心，建立贷后监管人员组织体系，明确流程中人员角色。

②梳理贷后监管的业务流程，建立流程的层次结构及关联关系。

③以流程为主要维度，进行内容管理，建立贷后监管的知识资源。

④在贷后监管所涉及的部门人员之间建立一个共享的知识学习环境和知识管理文化。

（3）导入

①进行需求分析，明确系统功能。

②贷后监管系统总体架构构建、选型，原有系统集成。

③选择合适的开发工具，开发并实施新增加的系统功能。

④为贷后监管人员使用系统进行工作和知识管理提供培训。

（4）持续改进

①评估及考核系统实施后的应用效果。

②运用所获得的知识进一步优化贷后监管业务流程。

各具体内容之间的层次关系如图 4-32 所示。其中，明确目标、任务和战略是基础；梳理和构建出流程、组织是核心和关键；技术是支撑；评估和优化是动力。同时，来自专业领域人员由下而上的支持和领导以及来自高层管理层的支持和领导都是不可或缺的。

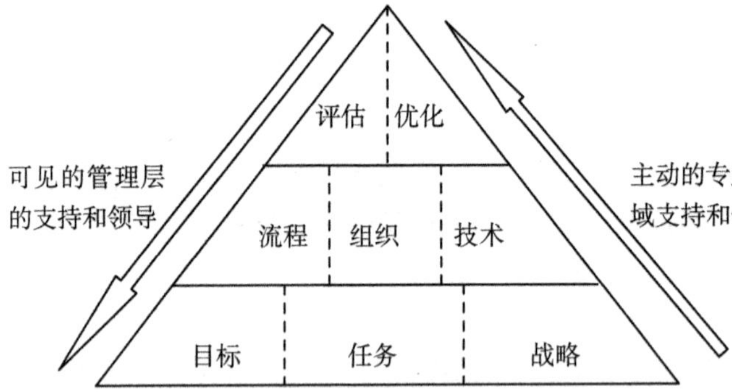

图 4-32　系统构建战略规划

4.3.4.2　应用效果预期

根据所构建的商业银行贷后监管知识管理解决方案的特点和优越性，某商业银行按照系统的实施步骤进行推进，系统可以达到以下效果：

（1）规范业务流程，避免岗位缺失

通过逐级分解，规范和细化贷后监管的具体业务流程，建立贷后监管标准过程库，并从知识管理的角度重构扁平化的贷后监管人员组织结构，明确流程中各成员的角色和职责，从而避免过去在贷后监管中经常出现的岗位缺失的情况。同时通过知识管理不断优化业务流程，提高业务流程的柔性，使得贷后监管的工作能够有条不紊地进行。

（2）建立知识资产库，提高贷后监管的有效性以业务流程为出发点，通过对业务流程进行分析、定义，从中动态提取知识，从而建立系统的知识体系，这样大大提高了知识管理的针对性，并进一步构建知识、领域和人的关联。

知识资产库的构建需要分阶段进行。在知识管理的初期可以只采用非结构化的方式，将获取的知识以文档等形式记录下来，在银行的软件开发达到一定程度时，再将知识编码化、标准化，以一种更先进的方式存储。

（3）优化组织培训机制和人力资源管理

在面向流程的知识管理过程中，通过流程建立了人与知识或者说是知识领域的关联关系，那么当一项任务不能顺利完成或者得到了错误的结果时，就可以通过这种关联关系准确地分析出是缺少了拥有哪一方面领域知识的人才或者是有哪些岗位缺失，那么在进行组织培训和人员招聘时就可以重点进行这方面知识的培训和引入拥有这一方面领域知识的人才。

（4）促进知识共享，提高组织整体智商

通过建立专家网络、导师制和定期的经验交流，可为员工提供良好的知识共享和传递平台，打破信贷人员之间知识不流通的现状，通过激励机制促进信贷人员相互之间分享信息与知识、贡献智慧与能力。通过提供信贷人员间的业务交流渠道，提高信贷人员的整体素质，并在知识交流和应用的过程中积累、沉淀和创新知识。通过组织的持续发展，不断产生价值，信贷部门也就不会因为人员的流动而造成知识的流失。

（5）集成原有系统，提高业务处理效率

建立友好的、一致的、面向信贷人员的贷后监管用户界面，能够集成原有相关业务系统，集中数据和信息，使得信贷人员不用再在不同的业务系统中来回切换，到处搜索分散的信息和知识，从而提高业务处理效率。

（6）构建专家系统，减少重复劳动，实现自动预警

知识管理的实施经过一定阶段后，可以逐步累积起大量的有用知识，在这一知识库的基础上构建起的专家系统，可以进一步建立贷后监管的知识案例库，运用计算机自动使用案例库进行初步的贷

后分析工作，实现自动预警，并能够按照贷后信贷人员特定需求生成各类贷后检查报告，从而减少信贷人员的重复劳动，进一步降低劳动成本。

4.4　本章小结

本章主要强调要以系统、整合的观点去重新审视商业银行的业务流程，首先分析了银行前台、中台、后台业务流程的构成，并运用相关分析模型和波特的价值链分析理论对流程中的战略核心环节包括前台的信贷业务流程和零售业务流程，中台的产品开发流程和营销管理流程，后台的资金清算流程和信息处理流程进行重点分析和诊断，指出流程中存在环节多、周期长、流程结构不合理、流程过于僵化、未能真正体现客户的需要等问题。为了适应市场竞争的要求，商业银行迫切需要进行流程再造。

本章主要根据业务流程方法论，以“以客户为中心”和“以价值为导向”的原则对商业银行业务流程再造方案进行设计。重点对前、中、后台的战略核心环节进行再造，包括对前台的信贷业务流程设计了重复环节调整和审查环节重建模式，零售业务流程构建了单人临柜和客户经理制模式；中台的产品开发流程设计了新产品开发生态设计流程，营销管理流程构建了营销管理渠道整合模式；后台的资金清算流程设计了集中处理模式，信息处理流程构建了信息集成模式和客户关系管理模式。在再造方案设计中要紧紧抓住流程价值链中的战略核心环节进行再造才能实现价值增值，而非核心业务流程则通过战略联盟采用外包策略，以达到资源外取目标。

基于面向流程的知识管理系统框架的提出，本章在案例实证部分，从流程的角度来发现和组织知识，并将其应用于商业银行的贷后监管工作中，从系统功能、体系结构、组织结构、业务流程层次模型、业务流程知识体系和共享机制六个方面全面构建商业银行贷后监管知识管理解决方案。在面向流程的知识管理过程中，知识管理的对象是那些可以提升组织核心竞争力的关键知识，是最宝贵的组织知识资源。因此，通过该方案构建起来的商业银行贷后监管系统能够加强对整个贷后监管过程中的知识管理，实现专业知识的共享，将商业银行的贷后监管工作由事后反映向事前、事中控制转变，提高商业银行分析、使用信息和管理风险的能力。

第5章　智能时代的银行知识发现

在智能时代，研究基于数据挖掘技术的知识发现在商业银行的应用有着非常重要的意义。要实现知识的智能，就必须首先让知识了解其应用的目的和要实现的目标。在智能时代的银行知识发现过程中，通过将商业目标和数据挖掘方法紧密集成，直接挖掘出针对目标所需的知识，这样的知识省去了大量的过滤、审计及智能化处理等环节，将大大提高知识管理的应用效果。

5.1　基于数据挖掘的银行知识发现系统构建

5.1.1　数据挖掘应用系统架构设计

知识发现（Knowledge Discovery in Database，KDD）是从数据集中识别出有效的、新颖的、潜在有用的，以及最终可理解的模式的非平凡过程。该术语于1989年出现，Fayyad将其定义为“KDD”，即从数据集中识别出有效的、新颖的、潜在有用的，以及最终可理解的模式的非平凡过程①。数据挖掘是基于数据库的知识发现中的一个步骤。知识发现的过程可粗略理解为三部曲：数据准备（Data preparation）阶段、数据挖掘（Data mining）阶段以及模型的解释评估（Inter-preparation and evaluation）阶段②。

---

① Fayyad U，Stolorz P. *Data Mining and KDD：Promise and Challenges* [M]. Elsevier Science Publishers B. V，1997.

② 李雄飞，董元方，李军．数据挖掘与知识发现［M］．高等教育出版社，2010.

在商业银行应用方面，应采用数据挖掘技术，建立完整统一的信息系统管理平台，力求数据信息达到高效统一。可将实时信息处理流程嵌入到业务处理过程，在银行执行业务活动的同时，将业务事件存储在系统中，通过执行业务规则和信息处理规则，生成集成信息。数据挖掘应用系统的原型设计体系结构如图 5-1 所示。

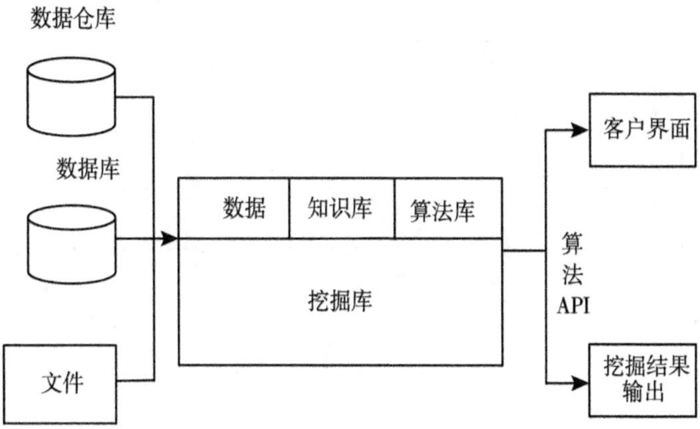

图 5-1　数据挖掘应用系统原型设计思路

如图 5-1 所示，数据挖掘应用系统原型设计思路是基于多种数据挖掘工具实现对银行业务信息数据、运营系统性能数据、支持管理决策数据进行分析的过程。挖掘库是数据挖掘工具的核心部分，其中存放了数据挖掘项目需要使用的模型库、方法库和知识库。数据挖掘工具可以提供正确的接口访问数据仓库、数据库、平面文件元数据。数据通过接口预处理后，能够保证进入挖掘库中的数据及其他数据的相关外部性。数据挖掘应用系统挖掘步骤包括定义问题、准备数据、浏览数据、生成模型、浏览和验证模型、部署和更新模型①。

一般而言，适用于银行的数据挖掘应用系统总体架构如图 5-2

① 杨炳儒，陈泓婕，谢永红．基于知识库的知识发现结构研究［J］．计算机工程与应用，2002，38（17）：14-15.

所示，总体架构主要由数据获取层、数据存储层及数据访问层三层组成。

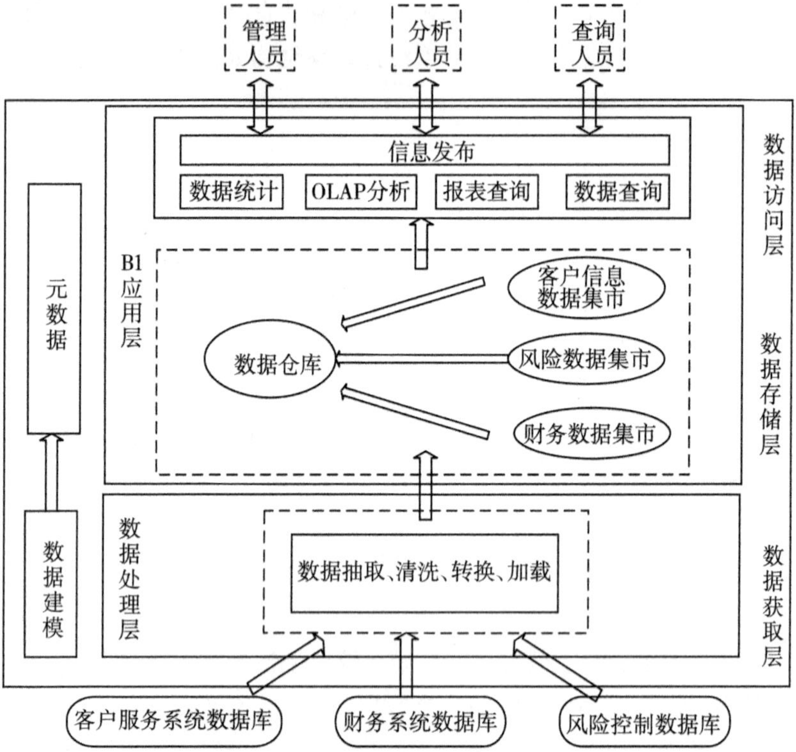

图 5-2　数据挖掘应用系统总体架构

（1）数据获取层

数据获取层是指银行从外部相关业务系统中收集和处理基础数据的过程。银行业务系统的基础数据分布在不同的业务系统中，如商业银行客户交易数据、客户信息数据等，为了将分散在不同系统中的数据充分整合，需要通过基础数据模型的分析体系进行数据的抽取、清洗、转换，加载到数据仓库，并通过模型自动提取，保存和利用现有的数据，为业务人员提供清晰的数据访问界面和视图。在这一过程中，完整的数据模型所提供的分析体系可以有效保证数据的质量及其一致性和完整性。因此，数据分析模型决定了整个数据挖掘过程的成败。

（2）数据存储层

数据存储层是对数据挖掘系统的元数据进行存储，实现对数据仓库和元数据的集中存储与管理，并根据银行业务人员需求建立面向部门和主题的单独数据集，为业务人员查询数据可视化提供基础。建设多种类型数据的数据存储层，能使整个数据存储层可以独立于业务生产系统，提高了数据综合统计分析的效率。

（3）数据访问层

数据访问层包含数据统计、OLAP 分析、报表查询、数据查询，同时数据分析模型需要把数据仓库、报表查询、多维度挖掘、数据规划等分析手段结合起来，通过多样化的前段数据分析将信息展示给客户，对银行业务人员在工作决策时所需要的业务知识和信息达成及时、准确和科学的处理。数据访问层通过 OLAP 将数据转换为符合规则逻辑的数据，通过数据挖掘发现有隐含意义的信息，将各类有价值的内容进行图形化展示。

应用分层设计方式有利于数据挖掘信息系统的实施及扩展，因为每一层都可以独立地进行修改。例如，不断地从数据访问层接收相同的数据，并把这些数据传递到数据查询层，而不用担心出现歧义。同时，不必改动应用系统层逻辑就可以修改数据访问层，并对操作业务人员的终端进行修改，这样就保证了系统的可扩展性和可维护性①。

5.1.2 数据挖掘步骤和使用工具

基于数据挖掘技术的银行数据分析系统原型设计过程是按照 CRISP-DM 模型②进行的，挖掘过程和使用工具情况如图 5-3 所示。

---

① 陈新．应用框架的设计与实现［M］．电子工业出版社，2005.

② CRISP-DM（Cross-industry Standard Process for Data Mining），即为“跨行业数据挖掘标准流程”。此 KDD 过程模型于 1999 年由欧盟机构联合起草。

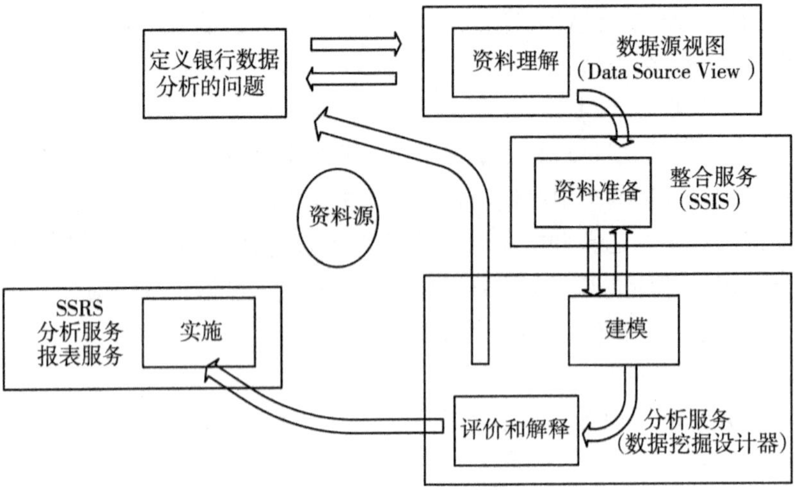

图 5-3　数据挖掘过程和使用工具

(1) 数据准备

KDD 的处理对象是存储在数据库系统中的海量数据，是数据挖掘库长期积累的结果，不能直接用于数据行工作，因此需要对数据进行预处理。KDD 实施的步骤包括数据的选择（根据需要选择相关数据）、数据的预处理（消除噪音和冗余数据、数据类型的转换等）、数据的转换（降低数据维数）、数据挖掘以及模式评价（数据准确度和最终模式的有效性）①。

(2) 数据挖掘

数据挖掘是最关键的步骤，它根据 KDD 的目标，选取相应算法的参数，分析数据，得到可能形成的知识模式、神经网络、遗传模型。目前采用较多的技术有决策树、分类、聚类、粗糙集、关联规则算法等。

(3) 模式的评估、解释

通过上述步骤所得到的有可能是没有意义的模式，因此需要评

① 黄兆斌．商业银行数据仓库建设［J］．软件导刊，2012，11（2）：149-151.

估确定哪些是有价值的。此外，大部分模式是以数理形式表达的，很难被人理解，需要以有效实用的表达方式进行解释，将其呈现给用户。

(4) 知识运用

发现知识是为了运用知识以及产生新的知识使用关系，如何运用知识是 KDD 的步骤之一。运用知识有两种方法：一种是知识对需求直接提供支持；另一种是当知识不能回答银行数据分析提出的问题时，返回到最开始的数据挖掘步骤调整策略，通过多次的循环步骤，使得知识运用满足预期需求，如果与目标不符，则重新执行，如图 5-3 所示①。

数据挖掘过程的实现需要不同专业的人员共同参与完成，大体分为三类：

①业务分析人员：要求精通数据挖掘算法业务，能够解释业务对象，并根据业务对象确定出数据定义和业务需求。

②数据分析人员：要求精通数据分析，并熟练掌握统计学的知识，有能力根据技术需求选择合适的统计方法。

③数据管理人员：精通数据挖掘操作，从数据库或数据仓库中收集多领域数据。

由此可见，数据挖掘的过程是一个需要反复执行数据分析、数据处理等操作步骤以及投入大量资金和技术的过程，在这一反复的过程中不断趋近事物的本质，不断接近解决问题的最优方案。

5.2 基于关联规则算法的银行交易知识发现

5.2.1 关联规则算法的原理

商业银行具有复杂的业务种类，除存取款外，还提供了理财、

① Rodpysh K V. Applying Data Mining in Customer Relationship Management [J]. *International Journal of Information Technology Control & Autom*, 2012, 2 (3): 15-25.

基金、保险、转账汇款、自助缴费、网上银行、信贷等业务。随着商业银行各类业务不断拓展，业务信息也日益庞大。与完善的业务处理平台相比，我们对银行业务交易信息内在规律的认识尚处于起步阶段。研究顾客的消费需求及行为特点可以为商业银行经营决策提供有效的支持，因此，我们需要从大量的银行业务数据中挖掘出不同业务情境下顾客的行为模式，通过关联规则找出不同业务间的联系，根据顾客的需求，组合相关性规则，定制服务产品，为商业银行业务营销提供理论依据和决策支持。

关联规则主要应用于事物或关系型数据库，通常分为简单关联、时序关联和因果关联。关联规则的挖掘分为两步：第一步，找出所有频繁项集，一个项集出现的频繁性称为支持度，所有频繁项集出现的频繁性不小于最小支持度（Min_Support）。第二步，根据频繁项集定义关联规则，这些规则的信赖度必须满足最小置信度①。

在实际应用中，较低概念层中难以发现有用的关联规则，而相对较高概念层中常出现有价值的关联规则。目前关联规则挖掘已经从单一的概念层发展到多概念层，例如多层关联规则挖掘或多维关联规则挖掘等，形成逐步深化的知识发现过程②。但关联规则挖掘仍然需要根据具体情况确定合适的挖掘策略。

5.2.2 银行交易中的知识发现

（1）挖掘频繁项集

频繁项集挖掘是关联规则挖掘中的首要子任务。关联规则挖掘是要找出在一个数据集上满足一定条件的项集，这些项的集合能构成形如“A=>B”这样的“规则”。这个“=>”符号是通过一些条件来定义的，A 和 B 能否形成“=>”规则，就要根据定义来

① 杨彬．一种基于 RFM 模型数据挖掘处理双阶段客户关联分类方法[J]．统计与决策，2015（7）：77-79.

② Holmes D E，Tweedale J，Jain L C. *Data Mining Techniques in Clustering，Association and Classification* [M] // Data Mining：Foundations and Intelligent Paradigms. Springer Berlin Heidelberg，2012：1-6.

算，那首先就得把 A、B 需要的条件挖出来，这也就是频繁项集挖掘要做的工作。频繁项集挖掘简而言之就是：给定一个项列表 list= {A，B，C，…}，一个数据集 D 的每条记录都是 list 的子集，要找出数据集中频繁共同出现次数超过阈值 t，也就是支持度为 t 的所有组合①。

首先指定频率表示事物中这些数据集项的不同阈值，如 Min_Support=5%，即指在数据集项中全部出现的概率至少为 5%。应避免把参数 Min_Support 设置得太小。

频繁项集还有一个重要属性是，频繁项集的每个子集都一定是频繁项集。即若 {A、B、C} 是频繁项集，则 {A}、{B}、{C}、{A、B}、{A、C}、{B、C} 也一定是频繁项集。在上述银行客户使用相关业务的关联挖掘中，当 {借记卡取款、借记卡转账、柜面存款} 是频繁项集时，{借记卡取款}、{借记卡转账}、{柜面存款}、{借记卡取款、借记卡转账}、{借记卡转账、柜面存款}、{借记卡取款、柜面存款} 也一定是频繁项集，见图 5-4。

Min_Support =2500/100000

Item	Count
借记卡取款	35000
借记卡转账	40000
借记卡POS消费	50000
借记卡查询	20000
柜面存款	30000
ATM存款	18000
银证转账	15000
……	……

大小为1的项集

生成候选项集

Item	Count
借记卡取款、借记卡转账	30000
借记卡取款、借记卡POS消费	35000
借记卡POS消费、柜面存款	29000
借记卡转账、柜面存款	28000
借记卡转账、借记卡POS消费	20000
……	……

大小为2的项集

生成候选项集

Item	Count
借记卡取款、借记卡转账、柜面存款	26000
借记卡取款、借记卡 POS 消费、柜面存款	20000
……	……

大小为3的项集

图 5-4 关联规则——挖掘频繁项集

① 张启徽. 关联规则挖掘中查找频繁项集的改进算法 [J]. 统计与决策，2015 (4)：32-35.

（2）生成关联规则

接下来是生成以下关联规则：{借记卡转账}⇒{借记卡取款}，并且两者具有较高相关性的规则。表 5-1 给出了{借记卡转账}和{借记卡取款}的相关性计数的数据。在每一项都满足最小支持度的条件下，利用以下过程生成满足需求的关联规则：

For each frequent itemset f, generate all the subset x and its complimentary set Y=f-x

If Support (f) /Support (x) >Min_Probability, then x=>y is a qualified association rule with Probability=Support (f) /Support (x)

表 5-1　**相关性计数数据**

	借记卡转账	非借记卡转账	总数
借记卡取款	50000	25000	75000
非借记卡取款	20000	15000	35000
总数	70000	40000	110000

下面计算与{借记卡取款}和{借记卡转账}相关的项集和规则的增益：

Support({借记卡取款})= 75000

Support({借记卡转账})= 70000

Support({借记卡取款}、{借记卡转账})= 50000

Probability({借记卡取款})= 75000/110000=0.68

Probability({借记卡转账})= 70000/110000=0.64

Probability({借记卡取款}、{借记卡转账})= 50000/110000=0.45

Probability(借记卡取款 | 借记卡转账)= 50000/70000=0.71

Probability(借记卡转账 | 借记卡取款)= 50000/75000=0.67

Importance({借记卡取款}、{借记卡转账})= 0.45/(0.68 * 0.64)= 1.03

Importance(借记卡取款 ⇒ 借记卡转账)= ln(Probability(借记

卡转账 | 借记卡取款)/ Probability(借记卡转账 | 非借记卡取款)) = ln(1.175) = 0.16

Importance(借记卡转账 ⇒ 借记卡取款)= ln(Probability(借记卡取款 | 借记卡转账)/ Probability(借记卡取款 | 非借记卡转账)) = ln(1.136) = 0.13

从计算的结果可以看到：Importance（{借记卡取款}、{借记卡转账}）= 0.45/（0.68×0.64）= 1.03 >1，则{借记卡取款}和{借记卡转账}是正相关的，代表客户办理{借记卡转账}业务的同时也可能办理{借记卡取款}的业务，这样就能得到满足最小支持度的关联规则：{借记卡转账} ⇒ {借记卡取款}。

关联规则在商业银行信息系统中的实现过程如下：

①将银行数据库中的客户资料表和业务交易表进行关联，导入数据仓库。其中，客户资料表的两列关键字段为 CINO 和 ACCNO，业务交易表的两列关键字段为 ACCNO 和 TRXCODE，如图 5-5 所示。在实验中，通常从一年时间段内每周随机抽取一天的业务交易数据作为样本，尽可能涉及客户业务交易行为的所有种类，并整理如表 5-2 所示。

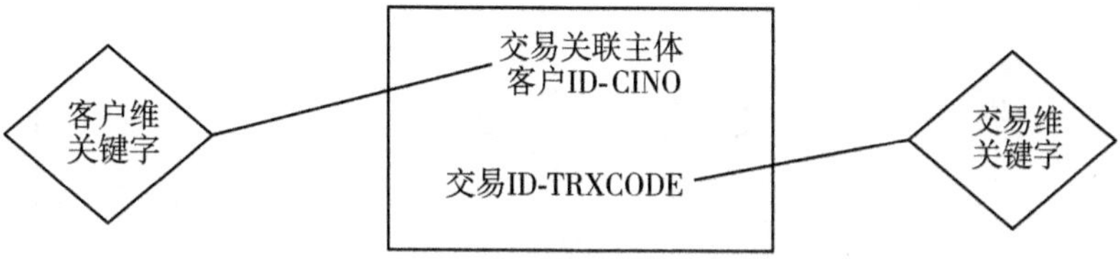

图 5-5　客户资料表与业务交易表的关联

表 5-2　**所得表结构和数据**

CINO	TRXCODE
429005198807170049	4632
429005198611040875	6947
……	……

②执行预先设定的任务得到客户所完成的各类业务交易的明细表，如表 5-3 所示。取 TRXCODE 为频繁项集，即关联规则算法使用的对象。

表 5-3　　业务交易品种明细

ACCNO	TRXCODE
429005198807170049	3212，2794，4751，4632
429005198611040875	2794，5582，4751，6947，7386
……	……

③选择使用标准 Apriori 算法，设定支持度和置信度，如图 5-6 所示。

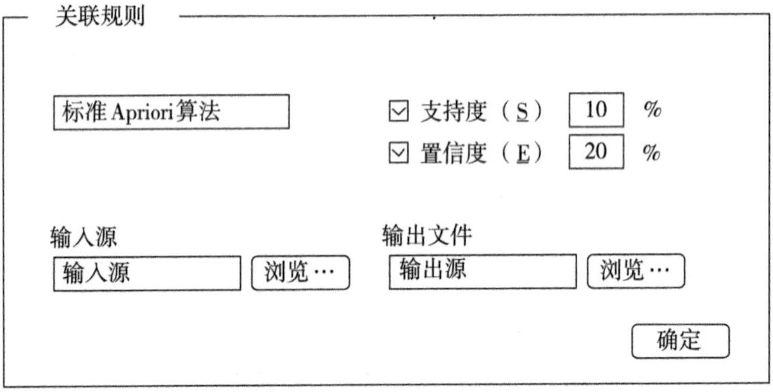

图 5-6　系统中的算法设置

④得到的关联规则结果如图 5-7 所示。

⑤结果分析：如果 Min_Support 设置得太低，就会产生很多项集，并且设定不同的支持度、置信度的大小也会得到许多意想不到的结果。

```
关联规则结果
1853 <-2803 (62.9, 21.8)
1541 <-1853 (15.8, 26.3)
1541 <-2803 (62.9, 76.4)
2803 <-1541 (63.5, 75.6)
1541 <-1853 2803(13.7, 24.5)
……
```

图 5-7 关联规则结果

5.3 基于聚类算法的银行客户细分知识发现

5.3.1 聚类算法的原理

在人工智能和模式识别中，聚类分析是研究（样品或指标）分类问题的一种统计分析方法，亦称为“无经验学习”，是机器学习中知识获取的重要环节。一般是由若干模式组成的①，其以相似性为基础，在一个聚类中的模式之间比不在同一聚类中的模式之间具有更多的相似性。

聚类分析的传统算法可以分为基于划分的方法（Partitioning Methods）、基于层次的方法（Hierarchical Methods）、基于网格的方法（Grid-based Methods）、基于密度的方法（Density-based Methods）、基于模型的方法（Model-based Methods）等②。由于实际问题的复杂性和数据的多样性，再加上每一种方法都有一定的缺陷，使得无论哪一种方法基本只能解决某一类问题。随着技术的进步，也涌现出了对传统聚类方法进行改进的新方法和新技术。当前流行的聚类方法和聚类技术进行分类和汇总后，如图 5-8 所示。

---

① 模式（Pattern）：通常是指一个度量（Measurement）的向量，或者是多维空间中的一个点。

② 周涛，陆惠玲．数据挖掘中聚类算法研究进展［J］．计算机工程与应用，2012，48（12）：100-111.

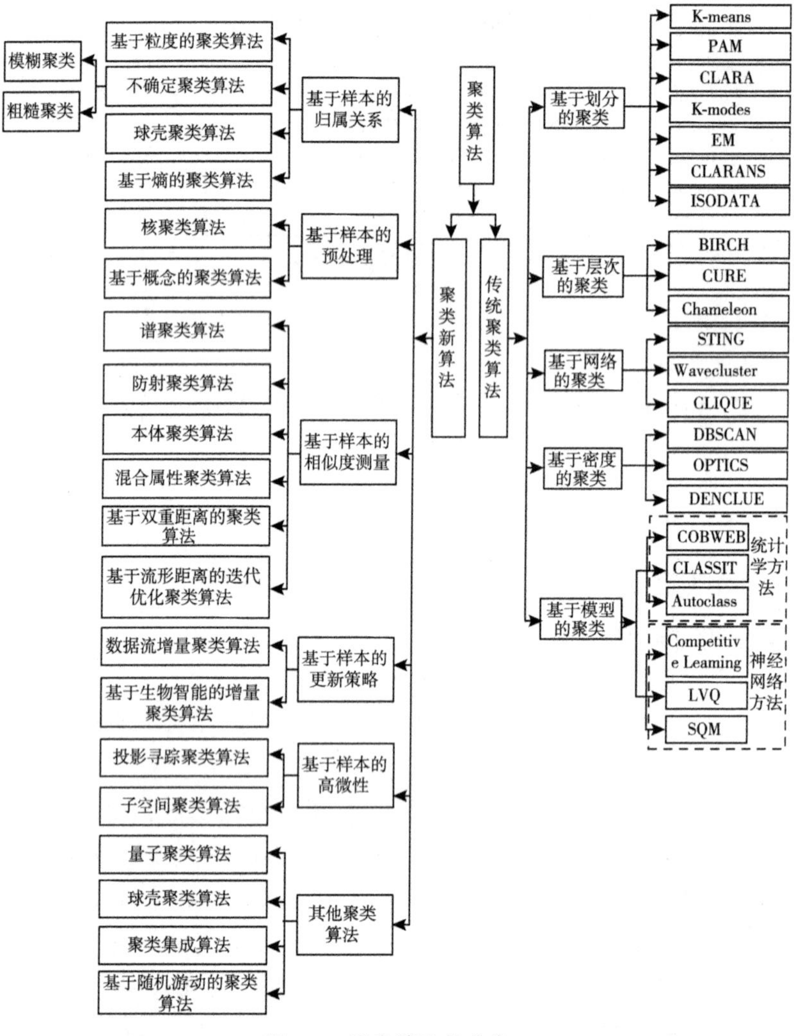

图 5-8　聚类算法的分类

聚类算法建立在猜测和假设的基础上，先猜聚类，如果猜测和假设是正确的，就创建实际的模型，猜测是创建一组聚类，再把事例分布到合适的类中，接着将训练数据的每个事例根据模型分组到各个类别，重复上述过程，以使该模型更适合猜测和假设，直到该模型处于比较准确和稳定的状态时，停止猜测和假设①。

Macquee 提出的 K-means 算法是解决聚类问题的一种经典方法。K-means 算法的工作过程为：首先从 n 个数据对象中任意选择 k 个对象作为初始聚类中心，而对于剩下的其他对象，则根据它们与这些聚类中心的相似度（距离），分别将它们分配给与其最相似的聚类中心，再计算该聚类中所有对象的均值，将该均值作为新聚类的聚类中心，k 个聚类不断重复这一过程直到簇中心不再变化。各个聚类具有以下特点：各聚类本身尽可能紧凑，各聚类之间尽可能分开。一般采用均方差作为标准测度函数。K-means 算法流程如图 5-9 所示。

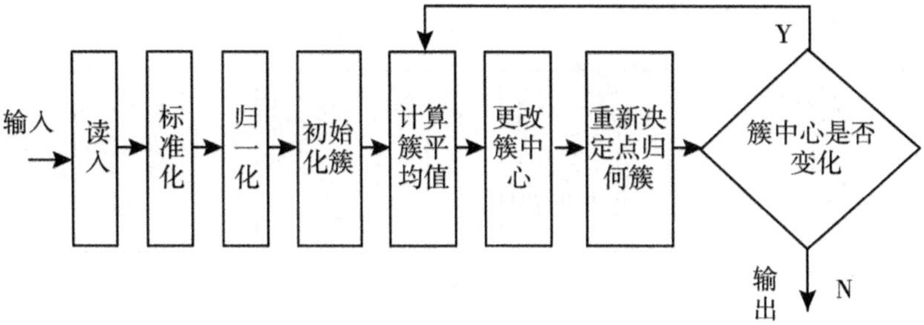

图 5-9 K-means 算法流程

由图 5-9 流程图可知，K-means 算法是一种不断趋于最优解的试探过程。每一次迭代都试图使簇中心的选择更接近于数据集的实际簇中心。

5.3.2 银行客户细分中的知识发现

二八定律②指出一家公司 80%的利润来自 20%的顾客，因此商业银行如何挖掘少数核心顾客显得尤为重要。精确识别和服务细分

① 李斌，谭立湘，章劲松，等．面向数据挖掘的时间序列聚类方法研究［J］．计算机科学，2000（12）．

② 二八原则，又名帕累托定律、巴莱多定律、最省力的法则等，指在任何一组东西中，最重要的只占其中一小部分，约 20%，其余 80%的尽管是多数，却是次要的。

市场，运用基于聚类算法的数据挖掘技术将顾客细分，针对不同层次的顾客进行个性化服务，发挥各个层次的顾客最大价值，已成为商业银行争取细分市场常用的营销策略。聚类算法的主要应用如图 5-10 所示。

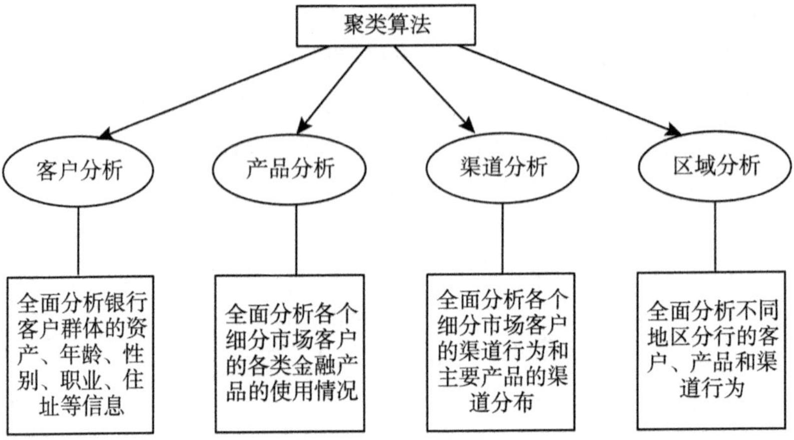

图 5-10　聚类算法在细分客户的应用

通过对个人金融业务营销数据的聚类挖掘分析，例如客户资料、金融产品和服务、渠道拓展等，有助于识别重要顾客和跟踪新产品的市场反馈，有利于开展多产品组合销售策略，提高销售效率和市场反应速度，全面提升优质客户的管理水平，保持客户的忠诚度。

对个人金融业务营销数据进行聚类挖掘分析，首先需要全面收集并存储客户信息，之后从商业价值、自然属性、行为特性对客户进行分类：商业价值反映客户个体特征（异质性）与群体特征（同质性），自然属性反映客户的性别、年龄等人口统计学特征，行为特性反映客户办理银行业务和购买银行产品的交易渠道特征和交易类型特征①。交易渠道特征主要为柜面、自助、电话银行、网

① 武魏巍，王如燕，丁日佳．基于数据挖掘的银行客户管理信息系统的应用［J］．金融理论与实践，2006（10）：35-37.

上银行、手机银行、中间业务平台渠道等。交易类型特征主要为个人金融理财类、客户信息类、服务缴费类、国际结算类、个人信贷类、个汇买卖类、银证转账类、债券类、基金类、黄金投资类等。表 5-4 为某银行客户数据分析挖掘的实例，通过进一步对表中数据进行聚类挖掘，可以得到 3 个分组：

表 5-4　　**客户交易业务数据**

客户年龄	主要交易的业务	主要使用的渠道
24	基金类	网银、自助
41	外汇买卖类	柜面
38	黄金投资类	柜面、自助
46	外汇买卖类	柜面
26	基金类	网银、自助
49	外汇买卖类	柜面
34	黄金投资类	柜面、自助
29	基金类	网银、自助
30	黄金投资类	柜面、自助

分组 I：年龄在 21~29 岁之间的客户群，主要交易的业务类型是基金类，主要使用的业务渠道是网上银行和自助渠道。

分组 II：年龄在 30~39 岁之间的客户群，主要交易的业务类型是黄金投资类，主要使用的业务渠道是柜面和自助渠道。

分组 III：年龄在 40~49 岁之间的客户群，主要交易的业务类型是外汇买卖类，主要使用的业务渠道是柜面。

从上述聚类分析可以清晰看出不同年龄段的客户群体金融产品的交易行为特征和交易类型特征，从而为商业银行进行产品营销提供建议。

5.4　基于决策树算法的银行信用风险管理知识发现

5.4.1　决策树算法的原理

决策树是数据挖掘方法中常用的解决分类问题的方法，通过将大量数据分类，从中找到一些有价值的、潜在的信息。决策树方法起源于概念学习系统（Concept Learning System，CLS），之后发展了 ID3 算法并达到高峰，最后又演化为能处理连续属性的 C4.5①，它是一种描述简单、分类速度快且特别适合大规模的方法——首先对数据进行处理，生成可读的规则和决策树，然后使用规则对新数据进行分析。

决策树的一个著名算法是 Quinlan 的 ID3 算法，它的原理是利用归纳逼近离散函数值，其核心是信息增量，刚开始时所有的样本变量都在一起，即都在根节点，然后选择一个标准对测试样本进行分类，根据分类结果产生相应的分枝，从这个节点处样本开始，选取一个信息增量来区分这些样本②。把上述算法应用到产生新生子样本集的子节点上，直到分枝节点上的所有样本集都被分到已经分过类的类别中，把从决策树根节点到叶节点的每条路径都定义为一个分类规则。

决策树提供了一种在什么条件下会得到什么值的规则展示方法。比如，在贷款申请中，对还款风险建立一棵包含很多预测变量的决策树，只要对数据库中存放的贷款数据进行几遍扫描之后就能做出判断。因此决策树模型可以快速解决很容易处理的问题，适合

① C4.5 是 ID3 的一个改进算法，有如下优点：产生的分类规则易于理解，准确率较高。缺点是在构造决策树的过程中，需要对数据集进行多次的顺序扫描和排序，因而导致算法的低效。

② 孟飞翔，帅立国，姜昌金．决策树在客户价值分析中的应用 [J]．计算机技术与发展，2007，(17)：60-63.

运用到大量的数据中。现实的数据与数据仓库的共同特点是含有大量噪声数据和不完整数据，不完整数据的出现存在多种原因，包括：人工输入错误或数据传输过程中设备故障造成了数据库中相关属性为空。如客户的属性数据，由于数据集成工作错误，客户数据集中缺少某些属性值的数据。银行业务人员在进行数据输入、清理和集成时，认为客户的某些基本信息不重要而没有记录。因此需要对数据集进行预处理，即在预处理过程中，需要消除噪声数据并处理缺省值，剔除不相关数据，进而简化数据，对可合并的数据字段进行合并。

5.4.2 银行信用风险管理中的知识发现

商业银行的主要业务之一是贷款，商业银行通过为企业或个人提供贷款业务获得收益，但贷款业务存在客户违约的风险。如果可以预测客户的违约行为，银行就可以最大限度地降低贷款业务风险。为此，银行可以利用数据仓库中的客户数据对客户群进行分类，运用数据挖掘技术，对客户信用进行评估，在庞大的关联数据中筛选出对申请贷款客户的有价值的信息，从而指导银行贷款业务。这里的分类功能，主要采用基于决策树的经典算法 ID3 算法对银行信贷业务进行分析，总结了该算法相对于其他算法的优缺点。具体案例分析如下：

5.4.2.1 构造决策树

在贷款业务中，为了降低银行的经营风险，银行贷款员需要分析申请者的相关信息，预测哪些申请者是有还款能力的。如何从海量的数据中发现有价值的数据和知识无疑是当前需要解决的重要问题。金融领域中的偿还型用户预测和挖掘正是在此背景下蓬勃发展起来的，即根据客户属性和等级，分析客户特征，识别具有贷款偿还能力的客户。

从经过预处理的数据集中抽取训练样本集，假定每一个样本数据都有其确定的类别，分析样本数据中由属性描述的数据的构造模型。在本实例中得到如表 5-5 所列示的训练数据集，类标号属性表示是否申请，N 代表不申请贷款，Y 代表申请贷款。

表 5-5　　　　原始训练数据集

交易号	客户名称	盈利状况	客户性质	资产规模	客户信用	申请贷款
1	××公司	100	企业	800	中	Y
2	××公司	40	企业	900	中	N
3	张三	100	个人	150	中	Y
4	陈旭	80	个人	180	良	Y
……						
91	××公司	25	企业	250	中	N
92	丁磊	35	个人	120	中	Y
93	××公司	20	企业	4000	良	N
94	××公司	800	企业	600	中	Y
95	王林	200	个人	180	良	N
96	陈祥	20	个人	400	良	Y
97	××公司	90	企业	500	良	Y
98	××公司	400	企业	600	良	N
99	××公司	200	企业	650	中	Y
100	刘航	60	个人	1200	中	Y

然后利用面向属性的归纳（AOI）方法①对每个属性进行概化处理，过程如下：

①交易号：该属性的值无概化，属性删除。

②客户姓名：该属性的值无概化，属性删除。

③赢利状况：该属性的值是连续的，概化到区间{差，一般，好}，小于 50 代表盈利差，50~100 代表盈利一般，100 及以上代表盈利好。

① 面向属性的归纳（Attribute Oriented Induction，AOI）是一种面向关系数据库查询的、基于概化的、联机的数据分析处理技术，是用于数据库的知识发现方法。最早于 1989 年由 Jiawei Han 等人提出。

④客户性质：该属性的值有两个：{企业，个人}，属性保留。

⑤资产规模：该属性的值是连续的，概化到区间{小规模，中等规模，大规模}，小于200代表小规模，200~800代表中等规模，800及以上为大规模。

⑥客户信用：该属性的值有四个：{优，中，良，差}，属性保留。

概化后的结果如表5-6所示。

表5-6 **概化后的数据集**

盈利状况	客户性质	资产规模	客户信用	申请贷款
一般	企业	大规模	中	Y
差	企业	大规模	中	N
好	个人	小规模	中	Y
一般	个人	小规模	良	Y
……	……	……	……	……
差	企业	中等规模	中	N
差	个人	小规模	中	Y
差	企业	大规模	良	N
好	企业	中等规模	中	Y
好	个人	小规模	良	N
差	个人	中等规模	良	Y
一般	企业	中等规模	良	Y
好	企业	中等规模	良	N
好	企业	中等规模	中	Y
一般	个人	大规模	中	Y

接下来使用决策树方法构造分类模型。本案例根据上文介绍的经典ID3算法对样本进行分类，即基于信息增量的属性分类方法。从根节点开始，选择一个属性对样本数据进行分类，生成相应的分

枝节点及对应样本集，不断选择属性对分枝节点进行递归分类，直到没有类别或属性可以再用于对样本数据进行分类时停止。具体算法介绍如下①：

设 S 是 s 个样本数据的集合。假定类标号属性具有 m 个不同的值，定义 m 个不同的类 $C_i(i=1, 2, \cdots, m)$ 。设 s_i 是类 C_i 中的样本数。对一个给定的样本分类所需要的期望信息由以下表达式给出：

$$I(s_1, s_2, \cdots, s_m) = -\sum_{i=1}^{m} p_i \log_2(p_i) \text{；若 } p_i = 0\text{，则不计} \tag{5-1}$$

其中 p_i 是其中任一样本属于 C_i 的概率，一般用 S_i/s 代替 p_i 。

设属性 A 可以取 v 个不同值 $\{a_1, a_2, \cdots, a_v\}$ ，因此可以根据属性值将 S 划分为 v 个子集 $\{s_1, s_2, \cdots, s_v\}$ ， s_{ij} 是子集 s_j 中类 C_i 的样本数。根据属性 A 对样本进行分类的信息熵的期望值为：

$$\mathrm{E}(A) = \left(\sum_{j=1}^{v} (s_{1j} + s_{2j} + \cdots + s_{mj})/S\right) I(s_{1j}, s_{2j}, \cdots, s_{mj}) \tag{5-2}$$

则根据属性 A 分类可以获得的信息增量是：

$$\mathrm{Gain}(A) = I(s_1, s_2, \cdots, s_m) - \mathrm{E}(A) \tag{5-3}$$

熵是衡量系统混乱程度的统计量，熵越大，系统越混乱。分类的目的是使系统向有序方向发展，因此最好的分类方法是使得系统熵减少到最大的方法。而 Gain（A）是知道属性 A 的值后信息熵的期望值的减少，因此决策数的最终目的是计算每种属性下分类所得到的信息增量，取信息增量最大的属性值进行分枝。

在本例中，类标号属性（申请贷款）有两个不同的值，因此有两个不同的类（$m=2$）。类 C_1 对应于申请（用 Y 表示），有 9 个样本；C_2 对应不申请（用 N 表示），有 5 个样本。则样本分类所需的期望信息为：

① 孟飞翔，帅立国，姜昌金．决策树在客户价值分析中的应用［J］．计算机技术与发展，2007，17（4）：60-63.

$I(9, 5) = -9/14 \log_2 9/14 - 5/14 \log_2 5/14 = 0.94$

下面计算每个属性的熵，计算属性“盈利状况”信息增量过程如下：

盈利差：$s_{11} = 2$，$s_{21} = 3$，$I(s_{11}, s_{21}) = -2/5 \log_2 2/5 - 3/5 \log_2 3/5 = 0.971$

盈利一般：$s_{12} = 4$，$s_{22} = 0$，$I(s_{12}, s_{22}) = -4/4 \log_2 4/4 = 0$

盈利好：$s_{13} = 3$，$s_{23} = 2$，$I(s_{13}, s_{23}) = -3/5 \log_2 3/5 - 2/5 \log_2 2/5 = 0.971$

计算 E 和 Gain：

E（盈利状况）$= 5/14 I(s_{11}, s_{21}) + 4/14 I(s_{12}, s_{22}) + 5/14 I(s_{13}, s_{23}) = 0.694$

Gain(盈利状况) $= I(s_1, s_2)$ −E(赢利状况) $= 0.246$

按照同样的计算方法，可以算出 Gain（资产规模），Gain（客户性质），Gain（客户信用），分别为 0.029，0.151，0.048。

因为 Gain（盈利状况）最大，所以选择“盈利状况”作为分类属性创建一个节点，从而引出一个分枝对样本数据进行分类。如图 5-11 所示，由于“盈利状况” = “一般”的分枝上样本都属于“申请贷款”类别，因此可以在该分枝创建一个叶节点，用“是”标识。对另外两个分枝上的样本重复上述计算步骤继续建立分枝节点，直到最终生成叶节点。

在生成决策树后，下一步是剪枝。在建立决策树时，由于数据中的孤立数据和噪声数据的存在，有的分枝是样本数据中的异常样本，因此需要通过剪枝来处理。剪枝通常根据统计量剪掉最不可靠的分枝，有先剪枝和后剪枝两种策略。先剪枝是在建立决策树的过程中暂停构造决策树，对树剪枝；后剪枝是在决策树构造完成之后，对树剪枝。由于本例中样本数据较为简单，因此不必剪枝，但在现实中大部分情况下是需要剪枝的。

5.4.2.2　提取分类规则

最后一步是根据已经建立好的决策树提取分类规则。从根节点到叶节点的每条路径提取命名为“IF-THEN”的分类规则，其中 IF 是沿着某条路径上的节点的属性值形成的一个合取项，THEN 是

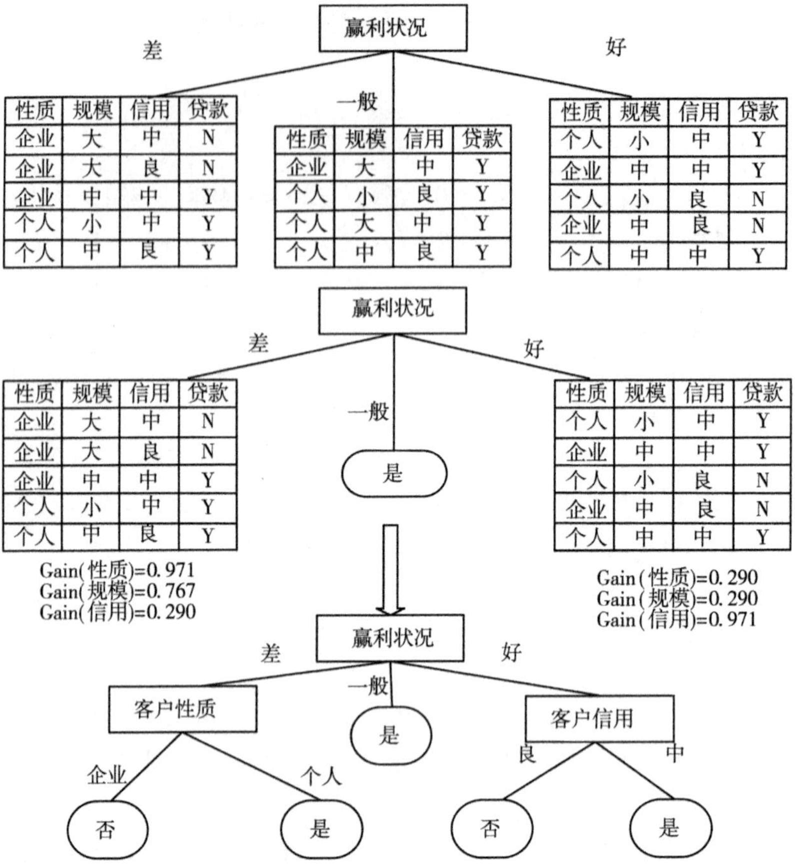

图 5-11　决策树生成过程示意图

包含叶节点的属性值。在本例中，最终提取的分类规则为：

IF(“盈利状况”=“差”&“客户性质”=“企业”)THEN(“申请贷款”=“否”)

IF(“盈利状况”=“差”&“客户性质”=“个人”)THEN(“申请贷款”=“是”)

IF(“盈利状况”=“一般”)THEN(“申请贷款”=“是”)

IF(“盈利状况”=“好”&“客户信用”=“良”)THEN(“申请贷款”=“否”)

IF(“盈利状况”=“好”&“客户信用”=“中”)THEN(“申请贷款”=“是”)

根据以上规则可以发现，对银行贷款业务经营有用的模式具有很高的应用价值。例如，盈利状况差的企业类型客户一般不会申请贷款，而盈利状况较差的个人类型客户则很有可能申请贷款，因此公司在确定贷款业务经营规划时要充分考虑经营状况较差的个人客户申请贷款的情况。同时，盈利状况一般的企业或个人应作为公司贷款业务的重点客户。

上述过程给出了最经典的 ID3 决策树算法对银行贷款业务客户进行分类的实例，但在现实应用中，由于样本数据庞大，决策树算法的分类过程更加复杂，计算量也更大，而且选用何种决策树算法也需要反复评估。下面介绍如何对决策树算法的挖掘结果进行评价。

5.4.2.3　挖掘结果评价

ID3 算法通过不断循环，对决策树进行层层细化，直到形成一个足够准确的完整决策树，其优缺点总结如下：

（1）优点

①ID3 算法包含了所有的分类假设，避免了决策树不包含目标函数的风险。

②ID3 算法的准确性可以通过修改样本数据反复训练提高。

③ID3 常适合处理离散值的属性，有效利用树形结构的分层效果，提取易于理解的 IF-THEN 分类规则。

④引进了信息论中的“熵”的概念，使得算法可以得到节点数最少的决策树。

（2）缺点

①ID3 算法计算过程比较繁琐，需要占据大量计算资源。

②ID3 算法是一种贪心算法，当需要重构决策树时易造成极大的计算资源开销，因此不适合渐进学习。

③ID3 算法对噪声数据较敏感，容易造成对记录的误分类。

④ID3 算法分类重点在于样本属性，当属性值缺省或者连续时，无法处理。

⑤ID3 算法在决策树层次较多时，倾向于选择取值较多的属性。

5.5 本章小结

本章立足于整个商业银行的业务和管理角度，重新规划、设计了面向银行知识发现的数据平台和模块，逐步构建商业银行决策支持系统模型，针对银行业务特点提出在银行商业智能系统中所采用的总体体系结构。数据挖掘技术可以应用到银行业务决策分析和管理的各个不同领域和阶段，而针对每一种应用（如银行交易业务量，客户的获得、流失和保持分析，客户盈利能力分析预测，客户信用分析等）都有许多数据挖掘方法可以解决。

建立基于数据仓库技术的知识管理平台，采用数据挖掘技术，适时、智能地抽取所需数据，并通过完善灵活的定义方式，运用科学、实用的分析工具，结合银行系统安全管理的特点，可以为管理决策人员及相关业务人员提供灵活、高效、可靠、实用的管理分析工具。

本章针对银行业务的几种典型的数据挖掘技术应用，提出了对应的典型的数据挖掘算法，比如关联规则算法、聚类算法，以提高其合理性、适用性和有效性。继而通过应用决策树算法中经典的 ID3 算法对客户的个人信用风险进行实例分析，将数据挖掘技术实际应用到银行业务中，通过案例分析，加强对数据挖掘应用的理解，研究其在银行信息系统中的实用性，便于更好地学习及改进数据挖掘算法。

第6章　智能时代的银行知识建模

如今，越来越多的学者和商业银行管理者关注一个问题：如何科学有效地组织企业内部知识？如何处理企业内部的异构知识？如何提高企业知识利用率？在本章中，我们引入了一个知识组织设计过程，其构建原理来自企业知识组织常用的知识图谱方法，而此过程的输出结果则是可以将企业知识组织可视化展示的知识地图，它可以方便企业员工清晰准确地找到有用的知识——这是智能时代下的银行知识建模的基本思路。

6.1　基于知识图谱的银行知识建模思路

6.1.1　知识图谱的内涵及外延

知识图谱本质上是语义网络，是一种基于图的数据结构，由节点和边组成。在知识图谱里，每个节点表示现实世界中存在的“实体”，每条边为实体与实体之间的“关系”。通俗地讲，知识图谱就是把所有不同种类的信息连接在一起而得到的一个关系网络。知识图谱将复杂的知识通过数据挖掘、信息处理、知识计量和图形绘制等一系列方式表现出来，揭示了知识领域的动态发展规律，知识图谱提供了从“关系”的角度去分析问题的能力。

根据覆盖范围，知识图谱也可分为通用知识图谱和行业知识图谱。Google所提出的知识图谱是面向全领域的通用知识图谱。通用知识图谱主要应用于面向互联网的搜索、推荐、问答等业务场景。通用知识图谱强调的是广度，因而强调更多的是实体。行业知识图谱指面向特定领域的知识图谱。用户目标对象需要考虑行业中各种级别的人员，不同人员对应的操作和业务场景不同，因而需要一定的深度与完备性。行业知识图谱对准确度要求非常高，通常用于辅助各种复杂的分析应用或决策支持。它有严格与丰富的数据模式，其实体通常属性比较多且具有行业意义。两者的区别如表 6-1 所示。

表 6-1　**通用知识图谱和行业知识图谱的区别**

通用知识图谱	行业知识图谱
面向通用领域	面向某一特定领域
以常识性知识为主	基于行业数据构建
“结构化的百科知识”	“基于语义技术的行业知识库”
强调知识的广度	强调知识的深度
使用者是普通用户	潜在使用者是行业人员

通用知识图谱的广度和行业知识图谱的深度，相互补充，形成更加完善的知识图谱。通用知识图谱中的知识可以作为行业知识图谱构建的基础；而构建的行业知识图谱，又可再融合到通用知识图谱中。两者的关联关系如图 6-1 所示。

由于本书主要聚焦于银行业知识图谱，也即行业知识图谱类型，故而首先明确行业知识图谱数据的特点：

①数据来源多——内部数据、互联网数据、第三方数据。

②数据类型多——包含结构化、半结构化、非结构化数据，且后两者越来越多。

③数据模式无法预先确定——模式在数据出现之后才能确定；数据模式随数据增长不断演变。

④数据量大——在大数据背景下，行业应用的数据的数量通常都以亿级别计算，通常在 TB、PB 级别甚至更多。

6.1.2　知识图谱在银行业的应用

知识图谱作为关系的直接表示方式，可将不同渠道的碎片化、

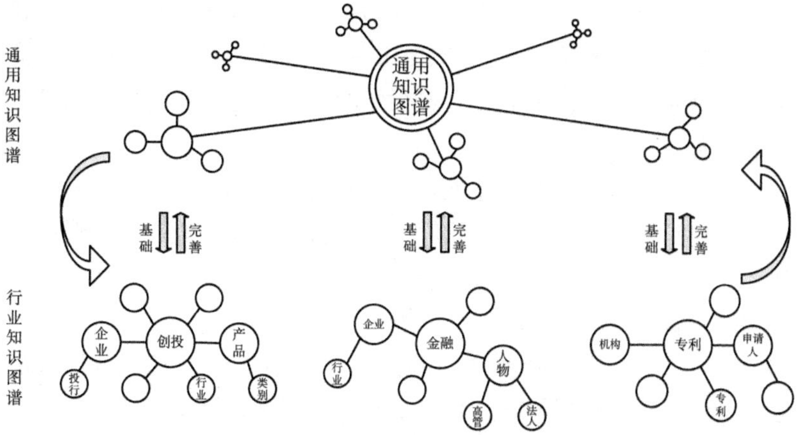

图 6-1 通用知识图谱和行业知识图谱的关联关系

异构数据整合成为机器可以理解的知识，借助规则引擎，帮助金融机构更有效地分析复杂关系中存在的潜在风险。知识图谱就是把所有不同种类的信息连接在一起而得到的关系网络，它提供了从“关系”的角度去分析问题的能力。应用在搜索引擎中，知识图谱可以将搜索结果进行知识系统化，为我们提供认知，任何一个关键词都能够获得完整的知识体系，无论是客户基本信息、客户产品信息、客户交易流水等结构化数据，社交网站网页、工商局网页等半结构化数据，还是客户财报、人行征信报告等非结构化的数据，通过数据采集的方式均被整合进了数据库中，通过属性抽取、关系抽取、实体抽取等信息获取流程形成知识①。然后，商业银行通过第三方知识库将这些知识进行融合，通过共指消解、实体消歧等知识处理流程，最终构建成真正需要的知识图谱标准数据。

随着大数据时代的到来，各行各业使用数据的方式都发生了巨大的变化。特别是在金融领域方面，数据是异常重要的资源，一直以来，金融机构都在持续关注和研究如何突破既有数据的使用模

① 曹倩，赵一鸣．知识图谱的技术实现流程及相关应用［J］．情报理论与实践，2015，38（12）：127-132.

式，以更加高效、精准、迅速的方式获取数据的更大价值。基于关联关系的知识图谱，可以突破现有的关系型数据库的限制，在金融行业中释放数据的价值①。知识图谱平台构建完成之后，应用在商业银行业务场景中，对业务有着很好的支撑价值，我们把它总结为七个方面：

（1）对对公企业数据进行监控、同步、整合

通过互联网爬虫技术，能够一站式获取对公企业数据，形成对公客户视图，客户经理能够直接看到所要的所有信息。

（2）深入挖掘行内对公企业潜在关系

以前行内企业与企业之间的关系我们不了解，或者不是很清楚。现在把所有数据导到大数据平台里，基于知识图谱通过人工智能方式分析之后，它们之间有什么关系，通过点和线的联系就能一目了然。

（3）可针对企业进行一站式多维搜索

通过设定地域、行业等维度，知识图谱平台就能够自动匹配出我们需要的正常信息。

（4）自动生成企业风险及营销系数

这主要是为了实时了解目标企业在评分模型下的风险及营销分值，能够实现对企业的快速认知，提升筛选效率。根据这个分值，客户经理可以了解客户达到一个什么样的风险系数，以便及时进行干预②。

（5）整合行内企业转账、担保信息

企业与企业之间的转账信息，我们能够根据知识图谱及时发现关联关系，筛选之后进行分析。

（6）为其他系统提供企业关系图谱知识输出

在商业银行大数据平台建好之后，由于整合了行内数据和外部数据，接入行内已有对公 CRM 系统、对公信贷系统、百合园办公

① 姜渊，黄桦，赵奕．知识图谱在金融行业的应用展望［J］．金融电子化，2016（9）：87.

② 正月．知识图谱加持智能金融［J］．IT 经理世界，2017（23）：48-50.

系统，就可全面提供对公业务领域大数据风险及营销支撑。

（7）承接生态数据从信息到知识转化的重要工作

通过知识图谱向信贷审批系统（预调查环节）提供对公企业工商信息、司法信息、关系图谱信息，就可大大提高业务人员的工作效率。这本来是后台客户经理或者更高一级审批做的事情，现在可以前置了，在调查环节，甚至在客户经理层面就能够获取到这个信息。

未来知识图谱将被应用到更多领域，比如说我们将会深化 NLP（自然语言处理），也会深化反欺诈场景。在已经有了一个基础的图谱信息之后，我们将在日志解析、授信解析、贷后落实核查等非结构化文本信息方面进行 NLP 的深化应用；而在关系过滤、重要关系统计、关系详情、失联客户查找等方面，可深化反欺诈场景的工作①。通过深化 NLP 应用，我们将会对行内非结构文本数据进行进一步解析挖掘，发挥其业务价值，具体包括客户挖掘、贷前贷中贷后管理等。

6.1.3 两种知识建模方法比较

知识建模即建立知识图谱的数据模式。行业知识图谱的数据模式对整个知识图谱的结构进行定义，因此需要保证可靠性。知识建模的常用方法包括自上而下的方法以及自下而上的方法——前者指的是专家手工编辑形成数据模式，后者指的是基于行业现有的标准进行转换，继而从现有的高质量行业数据源（如业务系统数据库）中进行映射。

自上而下的知识建模方法是利用能力型知识地图分析企业业务流程，其过程包括业务流程分析、知识收集、知识分析、知识关联、知识索引和知识地图构建这 6 个步骤。这种方法刚好满足企业内基于业务线条的知识需求。在组织的过程中除了帮助企业进行知

① Ordenes F V, Theodoulidis B, Burton J, et al. Analyzing Customer Experience Feedback Using Text Mining: A Linguistics-based Approach [J]. *Journal of Service Research*, 2014, 17 (3): 278-295.

识的分类梳理外，还能展现企业内部的组织结构与知识流，让企业员工即用户获得相关业务需求的知识。但此方法工作量巨大，企业内部无论是高层人员还是中低层人员都需要投入一定的时间和精力，因此需要更多智能的知识加工工具加以辅助。例如，对“知识点”进行抽取；在知识关联阶段，可以选择一些自动化匹配工具，将“关键术语”与“知识点”相连；同时在知识地图构建阶段，也可以对不同的知识可视化工具进行尝试与探索。

自下而上的知识建模方法是从底层企业知识资源出发，从而提取出概念知识，抽取概念属性并聚类得到视角，使人们可以通过视角得到自己所要的知识，它是知识组织和知识管理领域一次重要的应用探索。它的出现将改变传统知识组织系统结构僵化、领域复用性差的现状，能从视角的角度分解知识组织系统，既能满足客户更加个性化的需求，亦能满足知识组织系统的跨领域利用。但是此方法在概念属性的选择上和聚类的准确度上有很高要求，因此如何选取概念属性、是否让机器学习自动选取概念属性、选择有效的聚类算法是此方法要攻克的难点。另外，在多视角知识组织系统构建中，视角生成也许只是一小步，而属性聚类也只是视角生成的一种尝试。在生成视角的基础上，下一步就是通过人工审核、视角匹配以及知识滤取等操作生成包含知识、关系等对象的完整视角子知识系统。

6.2 基于知识地图的银行知识建模——自上而下方法

6.2.1 面向工作流的业务流程分析

当今各大银行为了解决企业内部知识资源缺乏逻辑联系，知识资源利用效率不高，知识资源检索的精准率不高，无法有效地进行知识的推送等需要迫切解决的问题，都在积极寻求适应于各自银行业务情境的知识组织系统。本书介绍一种基于知识地图的企业知识建模方法运用于银行知识建模中，并对其知识组织过程进行详细描述，这也是现代银行运用较多的一种知识建模方法。之所以利用知识地图工具来组织企业知识资源，是因为在实践过程中，知识地图在组织和展现知识方面，都较好地体现出其优势。知识地图同时也是一种知识导航工具，可视化显示了企业内知识相互之间的关系。

知识地图一般分为三类：概念型知识地图、能力型知识地图、工作流知识地图。其中适用于大多数企业的是工作流知识地图①。本书重点研究工作流知识地图并梳理展现岗位、能力（工作流任务）、知识点和知识资源在其中的作用。

在企业的知识组织过程中，本研究采取六步构建法，分别是业务流程分析、知识收集、知识分析、知识关联、知识索引、知识地图构建这六个步骤。之后，在知识地图的构建这一环节通过主题图工具 Ontopia 将知识可视化展现出来。另外，在知识分析的过程中，本书将采用一些知识加工工具，借以提高企业的知识组织效率。这种设计方法是采取一种自上而下的方法进行，如图 6-2 所示。

在构建知识地图的研究中，不少学者都试图将业务流程融入进来，韩国学者 Keedong Yoo 等人应用知识地图对业务流程进行了重组再造②。Intae Kang 等人认为知识地图应该与企业流程挂钩，这是由知识本身的特点决定的，知识高度依赖上下文，同时知识是在流程的操作过程中产生的③。可见，企业知识地图构建与业务流程分析有着千丝万缕的联系。

人们在梳理银行业务流程的过程中，经常会使用构建知识地图

① 褚芳芳，高文俊，项钦之，等．制造企业知识地图及其本体实现［J］．情报科学，2008（10）：1507-1512.

② Yoo K, Suh E, Kim K. Knowledge Flow-based Business Process Redesign: Applying a Knowledge Map to Redesign a Business Process [J]. *Journal of Knowledge Management*, 2007, 11 (3): 104-125.

③ Kang I, Park Y, Kim Y. A Framework for Designing a Workflow-based Knowledge Map [J]. *Business Process Management Journal*, 2003, 9 (3): 281-294.

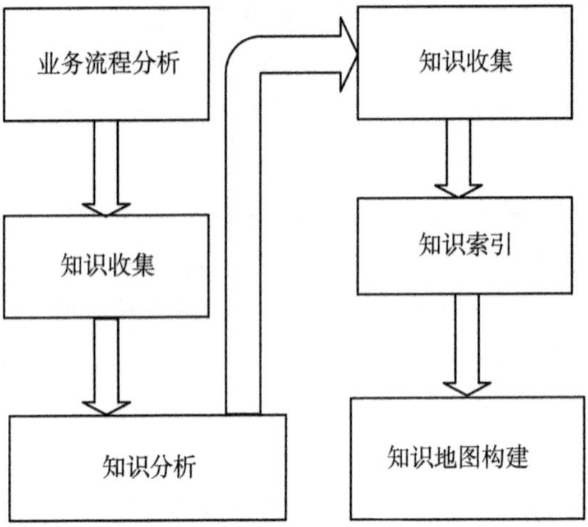

图 6-2　知识组织设计方法

的方法，例如宫芳在《如何构建银行的知识地图》一文中就使用了地图的方法，按照岗位的设定来明确企业员工具体需要做的业务流程，之后再对知识进行分类①。本书首先对不同银行岗位对应的业务流程进行梳理，如图 6-3 所示。之后对业务流程进行“关键术语”的抽取，目的是为了最终系统可以实现业务流程中关键术语的可视化，即员工可以找到与岗位对应的业务流程中自己应该掌握的那些关键技术或能力。这些关键术语的提出最好是“动词+名词”形式表示动宾关系的词语。同时，这些关键术语还用于与之后的从最底层的知识资源中抽取的“知识点”进行匹配，使得业务流程与知识资源可以得到关联②。

① 宫芳．如何构建银行的知识地图［J］．产经评论，2005（4）：44-46.

② Connell N A D, Klein J H, Powell P L. It's Tacit Knowledge but not as We Know It: Redirecting the Search for Knowledge［J］. *Journal of the Operational Research Society*, 2003, 54（2）：140-152.

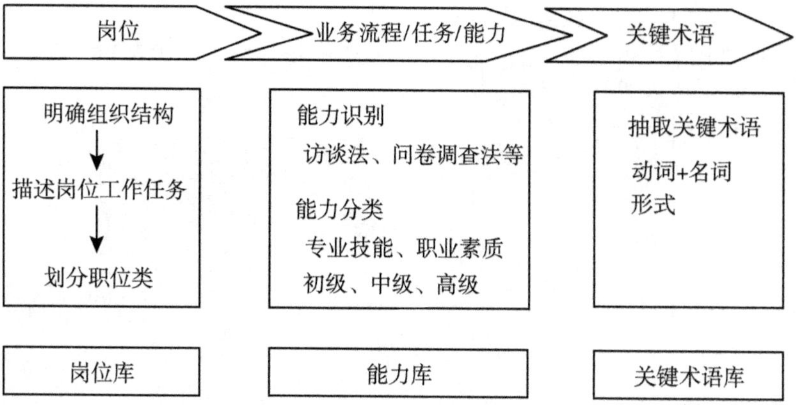

图 6-3　岗位—业务流程图

6.2.2　面向岗位的知识收集及分析

知识的收集是否全面，分类是否清晰都会决定知识组织的效果。因此，在企业中按照不同岗位、不同业务流程中的技能技巧进行知识收集与分类，是一项非常庞大的工程，这需要动员企业内部不同级别的职员收集他们在处理业务时会使用哪些知识资源，可以采用专家深度访谈、问卷调查、观察等方法，努力收集到最全面的知识。

为使得收集的数据有一定的逻辑联系，应在初始化阶段就按照一定要求进行收集以方便后续的整理和分类。一般而言，企业中不同岗位对应的员工等级有高级人员、中级人员、初级人员三类，可以通过专家深度访谈或问卷收集对应人员拥有的知识资源即企业知识资源，其中企业高级人员更多的是对企业进行引领与创造，指引发展方向、进行预测；中级人员主要是独立完成部门内核心工作任务，并承担着业务创新的任务；初级人员掌握企业基本操作与应用，完成部门内辅助性的工作任务，或者核心任务中的一个环节，如图 6-4 所示。

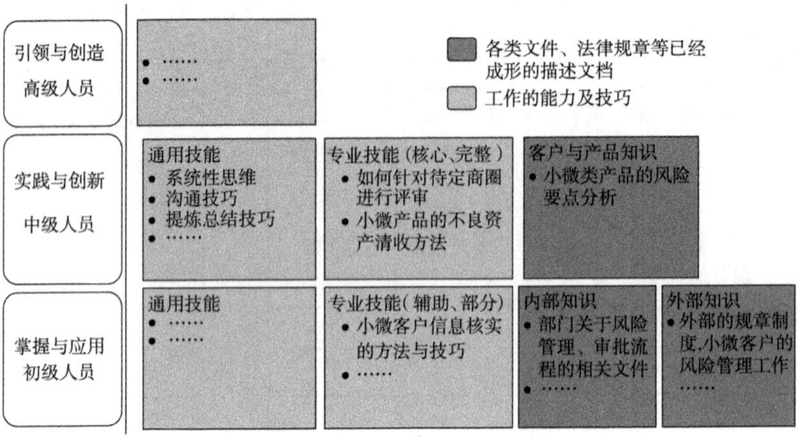

图 6-4　小微风险管理岗位知识获取举例

高、中、初级人员所拥有的知识这里分为通用技能、专业技能。专业技能即与职能任务相关的专业性技巧知识，这些知识往往已经文档化记录下来并存储于企业知识库中了。而通用技能一般为“隐性知识”，存储于员工大脑当中，反映个人核心竞争力的技能，还包括员工的沟通技巧、业务习惯、总结经验等。通用技能较难获取，如图 6-5 所示。

企业通用技能可分为业务执行类通用技能和管理类通用技能。

（1）初、中级人员业务执行类通用技能

个人业务工作技能包括商务写作、呈现技巧、Office 操作技巧、销售技巧、服务技巧、商业道德；

合作技能包括沟通、合作、变革管理、影响力等。

（2）中高级管理人员管理类通用技能

如表 6-2 所示，中高级管理人员管理类通用技能分为个人管理、团队管理、业务管理和思维管理四个方面。

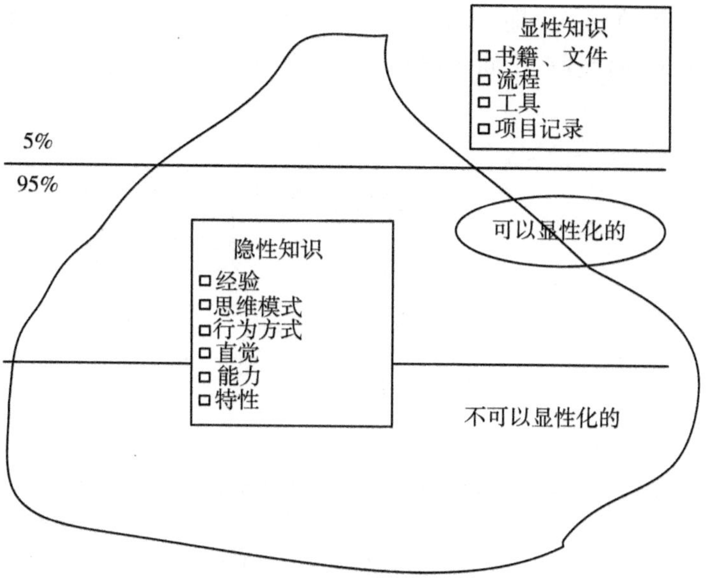

图 6-5 通用技能（隐性知识）

表 6-2 **中高级管理人员管理类通用技能**

	管理他人（一线管理者）	管理经理（二线管理者）	管理业务部门（业务部门管理者）	管理组织（高管）
个人管理	管理角色、建立信任、展现灵活性			
团队管理	影响力、绩效管理、激励下属、发展他人、沟通、合作、人际关系			
业务管理	专注于客户、管理计划与执行、流程管理、决策、危机管理			
思维管理	分析、创新、战略性思维、财务敏感度、全球视野			

知识分析阶段是整个设计过程当中最重要的一步，在知识收集的基础上，把收集起来的知识按照业务流程的时序排序，这样既可以方便对业务流程中所使用的知识进行可视化展示，又可以对知识按照业务流程的不同阶段进行详尽的分类。然而当前大多数企业在知识组织中忽略了它的时间排序性。知识分析包括两个步骤，一个是知识的分类，另一个是知识点抽取。具体内容如下：

知识的分类，即将不同类型（文本、课程、案例）的知识资源按照业务流程中不同岗位的工作任务（活动）进行分类，如图 6-6 所示。

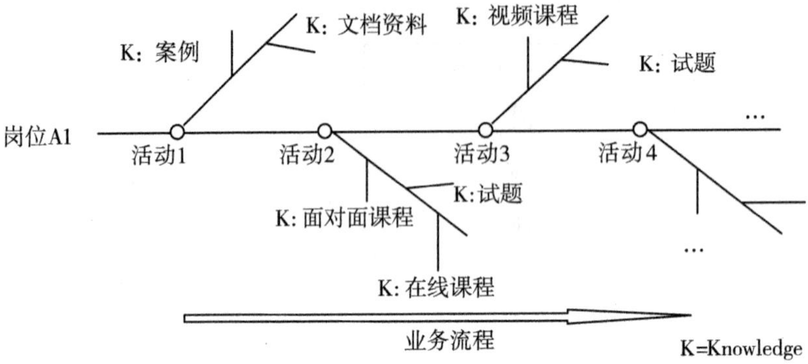

图 6-6 业务流程中知识的分类

知识资源也可以用表格的形式进行梳理，如表 6-3 所示。

表 6-3 **知识资源分布以表格形式进行梳理**

岗位（序列）	子岗位（序列）	业务流程	知识资源
岗位 A	子岗位 A1	活动 1	案例 A，B，C……文本资源 A，B……
		活动 2	面对面课程，在线课程，试题 A，B，C……
		活动 3	视频课程 A，B，C……试题
		……	……
	子岗位 A2	活动 1	文本资源，课程 A，B，C……
		……	……
岗位 B	子岗位 B1	活动 1	试题 A，B，C……
	子岗位 B2	活动 1	视频课程 A，B，C……
		……	……
……	……	……	……

另一个步骤是对上一步已分类的知识资源进行知识点抽取，其作用是：①通过梳理知识点，有利于展示员工在不同的岗位、执行不同任务或工作流程中应掌握的知识点，从而形成企业的知识地图；②知识点与企业学习资源是一一对应关系，通过对知识点的检索，可以找到员工所需学习的知识文档或课程视频等；③可以通过知识点与任务、技能之间的关系，为员工按其欠缺知识而推送相应的文档资源或课程资源等。

通过专家协助将知识点从分散于不同文档、教材、课件中识别和挖掘出来，并进行标引和关联。将收集到的知识点按照银行内部“序列—子序列—岗位—任务—知识点”规则进行分类和标引，从而使知识从原来的混乱状态变成结构化和有序化的规范性知识，如图 6-7 所示①。

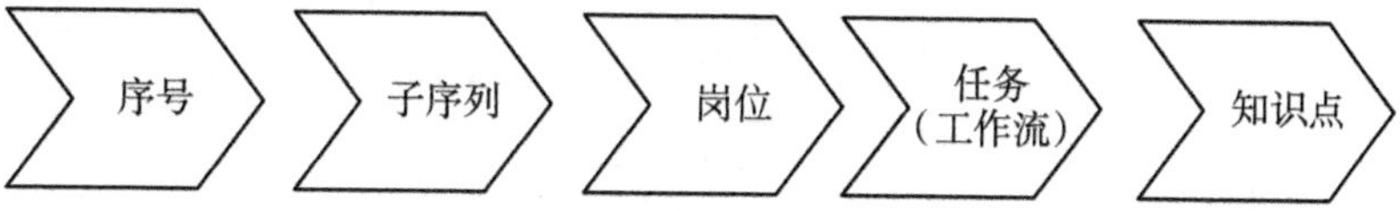

图 6-7 知识点层级关系图

梳理出的知识点如表 6-4 所示：

表 6-4 **风险序列各职能模块知识点（部分）**

序列号	子序列号	岗位类	任务	知识点
风险序列	风险统筹	风险统筹类	综合分析信息制定风险类管理制度	
				风险管理委员会风险报告管理
				市场风险管理
				附属村镇银行风险管理

① Shih C H, Wakabayashi N, Yamamura S, et al. A Context Model with a Time-dependent Multi-layer Exception Handling Policy [J]. *International Journal of Innovative Computing Information & Control Ijicic*, 2011, 7 (5): 2225-2234.

续表

序列号	子序列号	岗位类	任务	知识点
风险序列	风险统筹	风险统筹类	综合分析信息制定风险管理制度	操作风险类管理
				授信类产品管理
				财富管理类产品管理
				支付结算类产品管理

最后将知识点按照各序列各职能模块知识点（技能点）表单梳理入表，风险序列各职能模块知识点梳理表单如表 6-5 所示：

表 6-5　**风险序列各职能模块知识点（技能）梳理表单**

序列号	子序列号	岗位类	任务	知识点
风险序列	风险统筹	风险统筹类	综合分析信息	******
			制定风险管理制度	******
			制定风险管理应用方案	******
	信用风险	政策类	了解行业信息	******
			编写行业研究报告	
			调整、优化行业研究报告	
			从行业角度对产品研发提出建议	
		计量类	制定内部评级制度	******
			设计与开发各类模型	
			制定内部评级的应用政策	
			客户信用评级及限额设定	
		评审类	审批贷款申请	******
			给出授信建议	
			审核授信建议，给出授信决策	

续表

序列号	子序列号	岗位类	任务	知识点
风险序列	信用风险	放款类	制定房贷制度与流程	******
			审查合同文本	
			审查放款条件	
			实施放款	
		贷后类	制定贷后管理制度与流程	******
			调查与监督客户授信资产运营	
			进行押品管理	
			风险预警	
		保全类	制定保全管理制度与流程	******
			识别授信问题	
			分析客户，制定并分析不同清收方案	
			实施清收	
	市场风险	市场风险	监控并维护不同客户限额规定	******
			收集信息，识别各类市场风险	******
			编写市场风险分析报告	******
	操作风险	操作风险	制定操作风险政策与制度	******
			制定损失数据收集（LDC）制度	******
			制定关键风险会标（KRI）制度	******
			制定风险控制自我评估（RCSA）制度	******
			编制操作风险报告	******
	法律合规	法律类	前瞻性和引领性法律研究	******
			对产品研发进行法律建议	******
			审核及编制法律文件	******
			识别法律风险	******
			其他法律事务	******

续表

序列号	子序列号	岗位类	任务	知识点
风险序列	法律合规	合规类	指定合规管理制度与流程	******
			编制风险合规报告	******
			识别可疑资金	******
			向中国人民银行汇报可疑资金	******
			编写反洗钱情报报告	******

知识点是从学习资源中选出最有代表性、最能说明问题，通用的、规范的、具体的词作为知识点，即某一资源包含了哪些有检索意义的主题。因此必须通过对资源的内容分析和取舍，把资源中的重要内容和信息概括提炼为知识点，如图 6-8 所示：

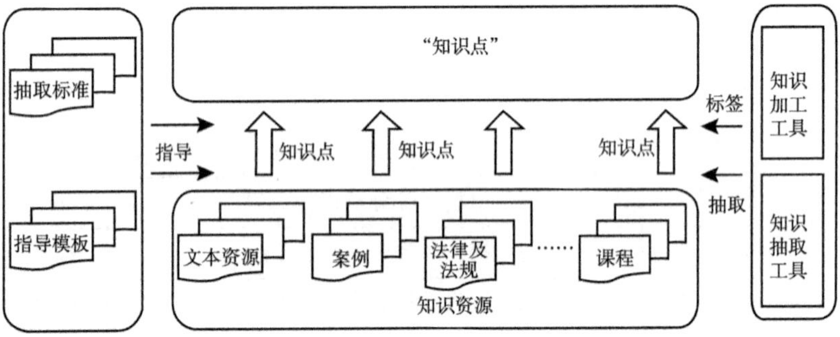

图 6-8　从知识中抽取"知识点"

知识点选取可以采用一系列方法，如专家访谈方法、借助知识加工工具等。在知识点的选取过程中，可以由企业员工通过培训按照知识点选取规范从知识资源文档中抽取知识点，其原理如图 6-9 所示。

然而，全人工抽取费时费力，因此可以利用一些知识加工工具来进行辅助抽取。下面就介绍一种知识加工辅助系统，知识加工辅助系统的原理是找企业内"知识点标识者"，也叫"知识加工者"，

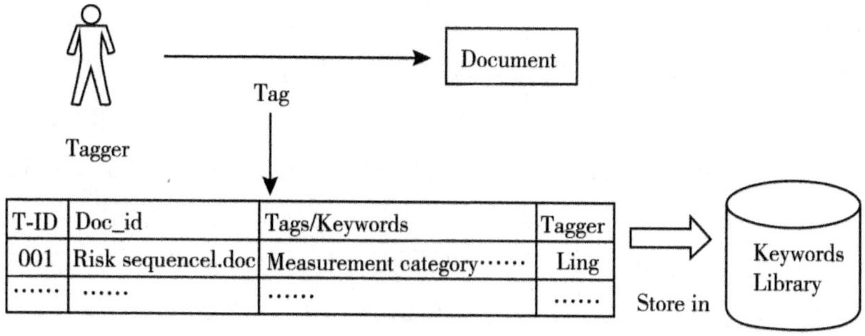

图 6-9　知识加工系统的原理

从知识文档的标题和内容中抽取出“知识点”，流程如下：

①由加工组长进行任务细分，分配知识加工者进行知识点抽取工作；②知识加工者进行知识加工；③先由加工组长对加工的内容初审，看词条知识资源是否完成加工；④再由内容专家对加工内容审核；⑤分类专家分类标注；⑥终审专家进行最后终审。民生银行知识加工系统如图 6-10 所示：

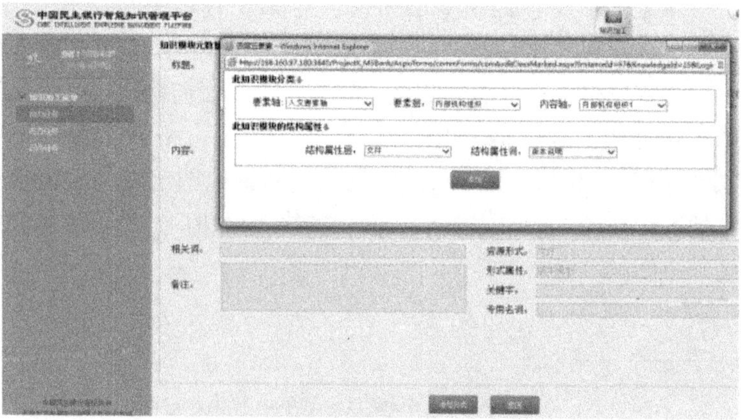

图 6-10　民生银行知识加工系统截图

最后经过专家审核等阶段，确保抽取出的“知识点”能够代表整篇文档意思。这些“知识加工者”可以是专家，也可以是企业内部各个岗位的业务骨干，具备一定的专业技能知识。利用知识加工系统可以调动企业内部大多数员工的积极性，使得抽取工作不再是某几个指定专家的任务，减少他们的工作量。目前“知识点”抽取工作以人工手动抽取为主，智能的抽取方法如自动标引，其精准率和可行性还有待进一步研究，这也是未来研究的趋势①。在抽取“知识点”的过程中，人们也可以利用标题或摘要分词的方法辅助抽取，另外，由于不同的“知识加工者”标识出的“知识点”不一样，因此可以借助专业词表辅助选择，以保证“知识点”的准确性和唯一性。

6.2.3 知识关联及知识地图绘制

在知识关联阶段，主要是将之前梳理的业务流程与知识资源进行关联。核心点是将业务流程中抽取出的“关键术语”与知识资源中抽取出的“知识点”进行匹配，如表6-6所示。知识关联可以是手工的，也可以是自动匹配的。例如Wingyan通过使用一个解析器来自动从知识资源中提取“知识点”。

接下来的步骤是知识索引阶段，对知识资源进行“知识点”的标注，使得业务流程能与知识资源进行对应②。当前知识索引的方法和流程已经非常成熟和规范。宫芳③在《如何构建银行的知识地图》中介绍，应使用知识地图的方法来表征银行中的显性知识和隐性知识，如图6-11所示，也就是把知识地图定义为表征银行知识的图形化工具。节点表示知识，连线表示知识、知识规范和知识轮廓之间的关系。

---

① Frantzi K, Ananiadou S, Mima H. Automatic Recognition of Multi-word Terms: the C-value/NC-value, Method [J]. *International Journal on Digital Libraries*, 2000, 3 (2): 115-130.

② Tolle K M, Chen H. Comparing Noun Phrasing Techniques for Use with Medical Digital Library Tools [J]. *Journal of the Association for Information Science & Technology*, 2000, 51 (4): 342-355. 352-370.

③ 宫芳. 如何构建银行的知识地图 [J]. 产经评论, 2005 (4): 44-46.

表 6-6 **“关键术语”及“知识点”列表**

岗位	子岗位	关键术语（任务中抽取）	知识点（知识资源中抽取）	知识资源
风险管理	风险统筹	综合分析信息	……	……
		制定风险管理制度	风险管理委员会风险报告管理	……
			市场风险管理	……
			附属村镇银行风险管理	……
			操作风险管理	……
			授信类产品管理	……
			财富管理类产品管理	……
			支付结算类产品管理	……

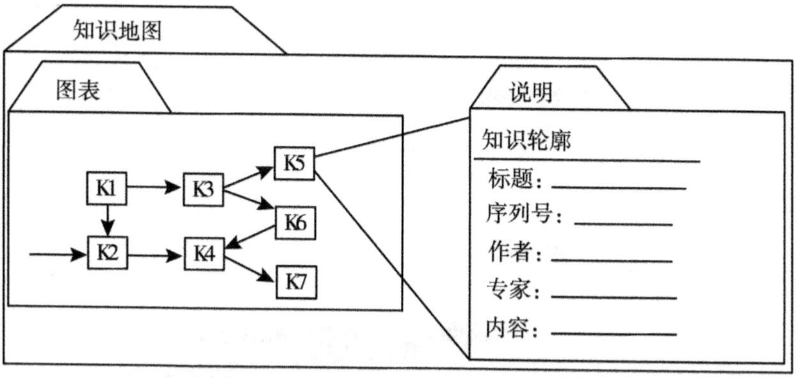

图 6-11 知识地图的概念模型

知识地图作为一种功能性地图可以展现整个企业的知识。为了生成企业知识地图，我们选择一个可视化地图工具进行知识的组织与展示，本书使用主题图工具 Ontopia 来组织并展现企业知识。如图 6-12 所示，Ontopia 是一种基于 Java 的工具，用于生成主题图，包含 Ontopoly、Omnigator 及 Vizigator 三部分，用于构建以及管理本体，生成主题图，可以进行检索查询、图的合并、可视化等。

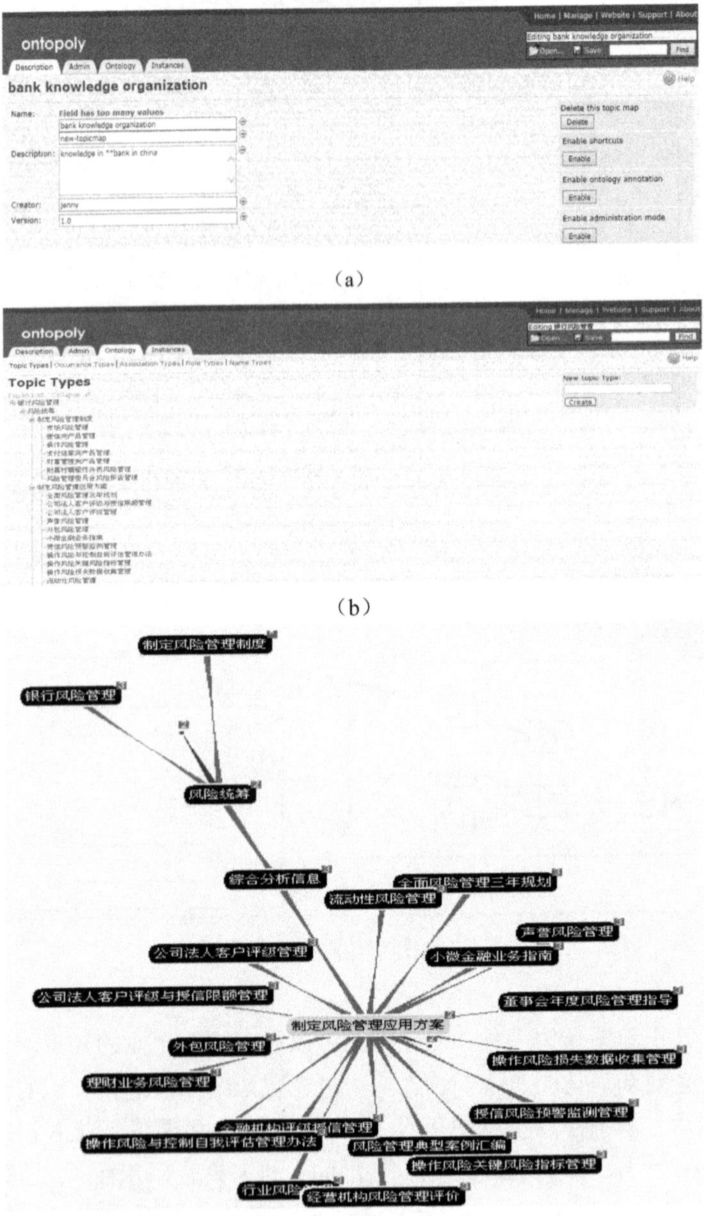

图 6-12　知识地图内部构建与知识地图展示

Ontopia 是一个免费的商业软件，学者吴叶军①认为 Ontopia 是一个很好的主题图生成工具，有两个明显的优势，一是可以构建一个文本主题地图，展现主题、主题关系、事件（包括案例、文本、超文本等）。二是它为一个清晰的可定制的可视化知识地图工具②。

在之后的研究当中，我们可以将此设计思路在更多的企业中执行，同时进行修正与调整，例如在进行知识分析的过程中，可自行开发一些新的知识加工工具，对“知识点”进行抽取；在知识关联阶段，可以选择一些自动化匹配工具，将“关键术语”与“知识点”相连；同时在知识地图构建阶段，也可以对不同的知识可视化工具进行尝试与探索，例如 Wandora 也是主题图工具，它可以直接自动导入外部文本或 MS-Excel 文件数据，而不必像 Ontopia 一样必须手动输入。

6.3 基于多视角属性聚类的银行知识建模——自下而上方法

随着网络技术的发展和信息资源的膨胀，银行企业员工培训的网络化、个性化需求日益突出。作为经济实力相对领先的企业，各大银行都研发了适合员工不同发展阶段的培训课程，涵盖基本素质、业务能力等多个方面，课程资源的展现形式如视频、文本、语音等同时存在。这些培训资源随着时间推移呈指数级增长，其中知识的淘汰与更新、管理与重组、存储与展现这些需求随时存在，随时变化，为此，针对培训的知识系统应运而生。而个性化的银行知识组织系统则是在传统知识系统的基础上，引入多视角、本体、主题图等相关理论和技术，力图从知识组织层面对知识进行细化和视角化，实现岗位、技能、知识的动态组合，从而带来更加个性化的

① Wu Y, Dunaway D J. Creating a Large Topic Map by Integrating Wandora and Ontopia [J]. *Library Hi Tech*, 2013, 31 (1): 64-75.

② Dodge M, Kitchin R. *Atlas of Cyberspace* [M]. England: Addison-wesley, 2001.

多视角知识服务。

6.3.1 基于多视角属性聚类的知识建模特点

在构建银行知识组织系统的过程中，我们发现不同员工对知识点的理解不一样，员工的业务习惯也不一样，因此为了构建一种个性化的银行知识组织系统以满足银行内部不同类型员工从不同视角都能获得自己想要的知识的需求，这里提出了“视角”的概念，“视角”是由底层领域知识概念属性的聚类获得，也可以称之为自下而上的知识建模方法。

多视角属性聚类方法结合当今银行业个性化服务需求，且可以将知识自下而上进行智能化构建，主要表现为：

（1）个性化服务

现代化企业对企业知识组织系统提出了越来越多的要求，需要在海量信息中挖掘出员工的有效知识，也即企业员工希望能从企业内部这些杂乱无序的知识中迅速找到自己想要获得的知识。某些员工会对一些概念知识的某些属性颇为关注。这里引入多视角的概念，“多视角”是指任何一个研究对象（例如领域概念知识），从不同的视角上看，具有不一样的属性集合和相关关系集合。例如，能源领域的科学家对概念词语“汽油”，会更关注汽油的加工、传输、保存相关的属性；经济学家更多关注汽油的价格、市场方面的属性；而环境科学家则更多关注汽油在生产和燃烧过程中，产生的二氧化碳气体、造成的环境污染等相关属性。在银行领域，“电子银行办理者”对电子银行的“功能、密码、户名、手机号、登录密码、卡号等”相关属性信息较敏感，“外汇买卖人员”对外汇的“汇率、币种、买入价、卖出价、汇价、点差、交易金额等”属性关注的频率较多。因此此方法是一种新颖、独特的视角生成思路，它力图站在属性的角度，通过聚类的方法，将不同的概念知识的属性进行聚合，生成不同的聚类视角，并以此生成具有现实应用性的个性化知识组织系统，满足用户多视角知识服务的个性化需求。

（2）智能化构建

此方法还引入“属性聚类”，通过对属性的特征向量提取、子空间的划分以及特定算法聚类，能够在组织时，明确地标识出其视角信息，并在聚类生成的视角的基础上，通过视角抽取、知识与关系映射、滤取等操作生成完整视角，从而构建多视角“银行培训”知识组织系统。构建的方法是自下而上的聚类方法，而聚类本身就可以采用机器学习的方法，减少人工处理、干预的环节，因此相比自上而下的知识组织构建方法，属性多视角聚类更加方便、快捷，成本也比较低。

6.3.2　基于多视角属性聚类的银行知识建模原理

如图6-13所示，个性化银行知识组织系统的体系结构主要包括三层：异构知识资源层、多视角知识组织层和个性化知识服务层。其中异构知识资源层提供整个知识系统的基本知识资源，多视角知识组织层是将所有资源进行多视角化组织或改造，它是决定整个知识系统应用性的核心，个性化知识服务层则提供各种知识服务的接口。

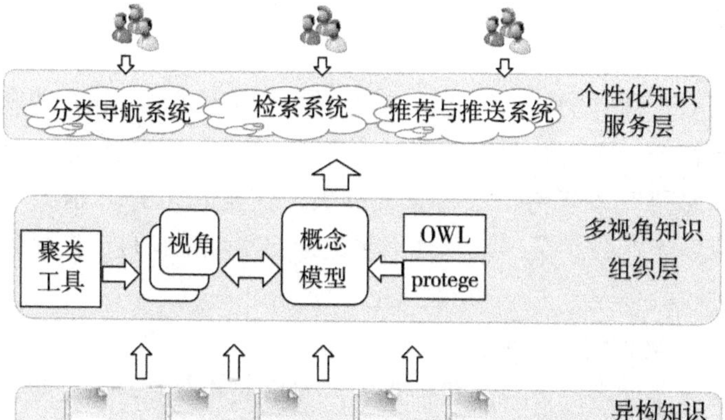

图6-13　个性化银行知识组织体系的三层框架

6.3.2.1　异构知识资源层

异构知识资源层包括企业内部各种原始培训资源的搜集整合

与知识加工过程。原始培训资源的搜集涉及多个职能部门，有多种资源类型和多种文件格式，是一个需要提前规划的持续性过程。同时，由于这些知识来源多样，存在形式各不相同，粒度粗细不均，直接存储和组织会出现较多困难，所以需要将其细化、知识化。

（1）原始培训资源的来源与类型

对于原始培训资源，内容上，包含课程讲义、课程教材、行业研究报告、行业法律规范、试题等；格式上，则包含文本、图表、视频、音频等。表6-7罗列了金融机构中主要的知识源。

表6-7　　**金融机构知识源分类**

知识来源	课程讲义、课程教材、行业研究报告、行业法律规范、行业道德规范、试题及答案、工作文档、产品说明、行业新闻等
知识类型	文本、视频、音频、图表、图像、公式等
是否可见	显性知识，如课本知识 隐性知识，如工作经验总结

相对于课本书档上的显性知识，隐性知识则是彰显企业软实力的重要特征，它由企业工作人员从日常的工作中总结出来，更容易为企业赢得竞争优势，取得重大突破，但是它也并不是无迹可寻的，只要企业鼓励员工多总结，多记录，隐性知识也能向显性知识转化。

（2）培训资源的加工

由于条件限制，在多数企业中，搜集到的原始培训资源常常以课程章节或者单元作为知识单位，粒度较粗，灵活性差。而现实中，很多学员对于知识服务的要求已经细化到“知识点”的级别，比如，希望能在已知某一试题的基础上，迅速定位到与该试题具有最紧密联系的教材段落甚至句子、语词。要达到这种级别的知识服务，需要对原始培训资源进行一定的加工和细化，因此如何描述信息资源内容，使原始培训资源转化成为粒度较小的知识模块是其中的关键。

元数据由于其标准性和规范性，已经成为描述数字信息资源内容的一种基本手段，它既能提升信息检索过程的效率，也能服务于后续的知识组织过程。综合考虑银行培训知识系统的领域属性与语义要求，为搭建培训资源的元数据框架，本项目选择了概念集标记语言（Ontologies），亦称为概念逻辑，同时辅之以都柏林核心标准（Dublin Core），而设计则遵循易组织、易检索、易解析和易交换的原则①。概念集的定义包含三个方面：概念集封装层、概念集定义和概念关系定义。如表6-8所示，概念集封装层是指基于都柏林核心标准的15个元数据元素，用于描述概念集本身；而概念集定义则是对现有资源的概念化描述，包括概念、分类、属性等方面的定义；而概念关系则是在前者的基础上描述概念和概念之间的关系。基于上述元数据的框架设计，对培训资源进行分词、识别、标注、抽取、描述与入库等步骤，就可以完成将原始培训资源向细小知识模块转化的过程。

表6-8　　知识资源层元数据框架（部分）

编号	字段	描述	约束	取值空间	顺序	取值类型
1	封装层	对于概念集本身的描述				
1.1	作者	创建者	M	N	是	字符串
1.2	发表时间	构建时间	M	1		时间
1.3	领域	覆盖领域	M	N	是	字符串
1.4	版权	关于版权所有的声明	M			字符串
……	……	……	……	……	……	……
2	概念集定义					

① 张晓林．Semantic Web与基于语义的网络信息检索［J］．情报学报，2002，21（4）：413-420.

续表

编号	字段	描述	约束	取值空间	顺序	取值类型
2.1	概念词汇	针对领域资料抽象出来的主题词	M	1		字符串
2.2	分类	概念在分类体系中的位置	M	1		字符串
2.3	属性	概念的属性	M	N		字符串
2.4	属性值	属性的取值	O	N	是	数值或字符串
2.5	定理	其中包含的定理	O	N		字符串
2.6	实例	概念取值示例	O	N		字符串
3	关系定义					
3.1	概念关系	概念之间的相关关系	O	N		字符串

备注：约束M代表这个字段是必需的，O代表可选的；取值空间N代表这个可以取N个值，1代表这个字段只能取一个值；顺序为“是”代表值的顺序对取值有影响，不填则没有。

总体而言，知识模块的粒度越小，后续的可塑性和语义揭示性也越强，但相应地，存储开销和构造难度也会大大增加。落地到企业，应从自身的实际应用需要和经济能力出发，构造粒度合适的知识模块。

6.3.2.2　多视角知识组织层

知识组织层作为决定整个知识系统价值的核心，必须承载将各种知识序化、系统化的功能，并指导知识服务层的服务形式。在银行培训知识系统中，知识组织层对知识资源层传导的资源进行抽取和分类，从词甚至概念的层级来挖掘和表示知识，通过概念和概念间的关系来重建知识结构，涉及本体、主题图、聚类、分类等多种知识建模方法，而本书则提出从属性层级划分知识组织系统的视角，即以多视角知识组织系统进行知识组织层的知识组织。

（1）关于视角

从字面意义上讲，视角就是看物体的特定角度，以不同的视角观察一个特定对象，所关注到的现象与得到的结论是有差异的，具体到 KOS（知识组织系统）中，不同视角，所关注的系统中各对象的侧重点也是不一样的。例如，对一条同样的银行产品知识，业务经理关注其风险部分，柜台人员关注其操作细节，而客户则更加关注其风险和收益，这里不同的岗位就代表不同的视角，他们对系统中金融产品概念、属性等对象的关注点具有不同的侧重。为了叙述方便，本书将 KOS 的核心知识体系简化为一个四元组来表示：CK= {C, A, R, Val}，C= $\{C_1, C_2, \cdots, C_n\}$ 代表概念集合，相当于元数据框架中的概念词汇；A= $\{A_1, A_2, \cdots, A_n\}$ 代表属性集合，相当于元数据框架中的属性；Val= $\{Val_1, Val_2, \cdots, Val_n\}$ 代表属性值集合，相当于元数据框架中的属性值；R = $\{R_1, R_2, \cdots, R_n\}$ 代表相关关系集合，相当于元数据框架中的关系定义，如图 6-14 所示。传统的知识组织系统并没有区分视角，所有概念和属性关系都罗列在系统中，没有明显的层级或者视角结构，知识的成立与否并没有限制条件，即知识没有标注其适用语境，无论怎么“看”，用户得到的对象都是一样的。这种知识结构固定僵化，适用领域有限，灵活性低，可移植性与复用性较差，无法满足企业的知识组织需求。

如图 6-14 所示，在多视角知识组织系统中，就引入了视角集合 V= $\{V_1, V_2, \cdots, V_n\}$，V 是属性集合 A 的幂集：V= $\{X \mid X \subseteq A\}$；$X \in V$，当且仅当 $X \subseteq A$。每一个视角 V_i 下，观察到的对象集合，如属性、关系集合等，都是不一样的。假设视角 V1= $\{C_1, C_2; A_1, A_2; R_3\}$，通过知识映射和滤取等操作，视角 V_1 下可以抽取出知识 K_2、K_4 和 K_m，而 V_1 也是对 K_2、K_4 和 K_m 的应用语境表达。同样，视角 V_2、V_3 等皆能抽取出不一样的知识、属性、关系等对象。联系到实际应用，多视角知识组织系统中的视角应该具有实际的意义，能够指向某种语境，即能够作为相关知识的特定应用环境。

引入视角之后，元数据框架也应该增加与视角相关对象的定义，如表 6-9 所示，包括视角、视角名称和视角关系，主要根据视

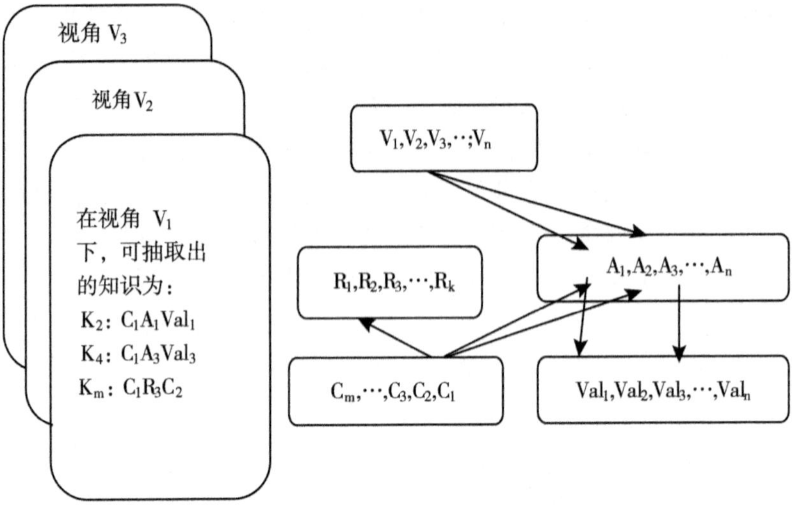

图 6-14　多视角知识组织系统

角的划分方法和视角组成添加视角名称（亦称视角描述）。其中视角之间的特殊关系包括：独立关系以及包容型关系。独立关系是指两个视角所选取的属性元素之间不存在任何的层次关系。包容型关系是指一个视角选取的属性元素是另外一个视角的上位属性。此外，由于知识本身的多样性和交叉性，不可避免的，同一个知识也可能属于不同的视角，所以各个视角之间存在着重合，从学科或者领域逻辑上解释，即不同学科或者领域之间或多或少都存在着交叉。

表 6-9　　　　**元数据框架增加的对象定义**

编号	字段	描述	约束	大小	顺序	取值空间
4	视角		M	N		字符串
4.1	视角名称	赋予该视角的名称	M	1		
3.2	视角关系	视角之间的相互关系	M	N		字符串

（2）多视角知识组织系统实施方案

多视角知识组织系统作为银行知识组织系统的一部分，其构建需要依赖于 KOS，所以构建多视角知识组织系统具体可以分为三个主要步骤：元概念模型构建、视角构建以及系统多视角化过程，如图 6-15 所示：

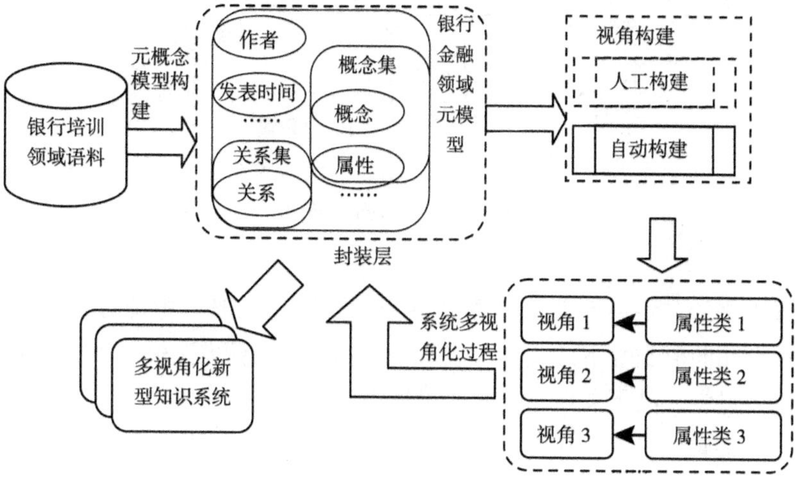

图 6-15　多视角知识组织系统实施方案

（3）视角构建方法——概念属性聚类

关于视角的构建方法，由于事先无法得知每个视角的描述，也就无法确定视角生成的依据，利用聚类这种无指导的机器学习方法就可以较好地解决这些难题。但是，聚类由于缺少人工监督，带有一定盲目性，由聚类直接而得的视角往往与用户视角存在一定差距，所以在语料搜集阶段，我们将按类整合后的文档体系作为语料，这在一定程度上能够控制聚类的收敛过程。

如图 6-16 所示，视角的构建可以分为四个模块：文档语料按类整合、概念聚类、属性聚类以及后续的视角知识关系抽取过程。

①文档语料按类整合。知识组织系统中包含着大量的文档资源，它们构成了 KOS 最原始的语料库，概念或属性都是基于它抽

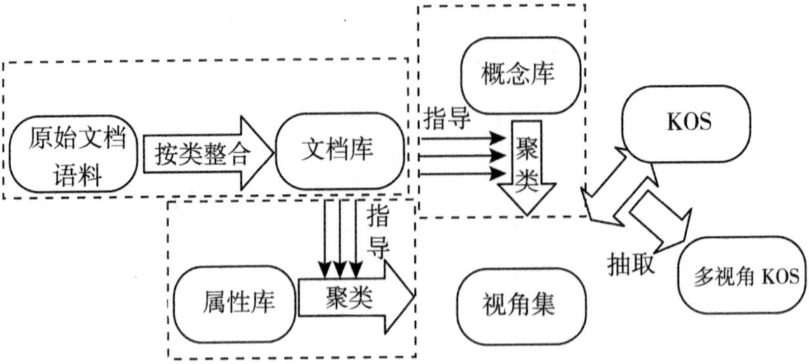

图 6-16　视角构建流程

取而来的。每一个文档都具有一个分类号（一般为中图分类号），整合相同分类号下的文档，使每个主题形成一篇大文档，当有些分类号过细，其下文档过少时，可适当向上合并。

②属性聚类。属性是概念词汇的特征，本身带有明显的应用性。利用属性聚类，可以自动生成出 KOS 的各个视角，而基于分类整合后的文档语料库实施聚类则可以更好地控制聚类过程，减少因语料分散零碎，特征矩阵维度过大、过稀疏造成的聚类误差。

③概念聚类。基于按类整合的文档语料库，利用基于统计的方法提取特征矩阵，再根据一定的算法对概念实施聚类，由于是在同一语料库指导下进行的聚类，聚类结果可以与属性视角相关联，从而可以帮助所有概念找到视角归属。

④视角知识关系抽取。经过属性聚类与概念聚类过程，视角模型粗具规模，后续主要是将原 KOS 中的知识和关系映射到各个视角之中，形成完整、有意义的视角子知识系统。

在四个模块中，属性聚类是视角生成的关键步骤。经过聚类，属性集会形成一个个的属性类，即视角，在某些特殊情况下，某些视角由于主题或者职能不够明确，或者其属性类目过少不足以形成一个具有特定意义的视角，这些视角被定义为模糊视角，可以舍弃或者与其他视角合并。同时，形成属性视角后，需根据每一个视角的类目组成添加该视角的描述，确定该视角的名称。以银行金融概念体系为例，按功能标准划分，可能会形成信用风险属性视角（流动比率、流动资产周转率、利润率等）、收益属性视角（年利率、期限、手续费等）、服务属性视角（客服电话、服务时间、服务渠道等）等多个视角；而以职能标准划分，可能会形成人事部门视角、产品部门视角、业务部门视角等。一个多视角知识组织系统理想状态为这些划分标准各异的视角能够同时存在，从而能够使不同类型的用户（如个人、企业客户或金融从业者）都可以根据自己的需要挑选相应的视角进行特定业务、流程、产品等各类知识的查看与服务。

6.3.2.3 个性化知识服务层

在知识经济时代，银行的核心能力在于为用户提供知识服务创造经济价值的能力，异构知识资源层和多视角知识组织层旨在描述培训资源内容，搭建知识体系框架，而个性化知识服务层则旨在通过各种导航系统与权限设置按视角为用户提供最准确、最合适的知识，其服务形式主要包含以下三种途径：目录导航系统、检索系统和个性化视角推荐与推送系统。个性化知识服务层的具体框架设计如图 6-17 所示。

在个性化知识服务层中，一方面，用户可以通过视角与其他原始类目系统了解培训知识系统的整体知识架构，另一方面，培训知识系统能根据学员的学习进度和自我需求，从不同的视角中检索、定位和返回相应的知识，推送给用户。同时，每个用户所能接触到的知识资源也是有严格限制的，用户登录后，培训系统会根据预先导入的用户权限设置，提供相应视角的知识检索服务，从而保证知识系统的安全性，而用户的学习行为和搜索行为也会被保存并分析，从而能够丰富推送系统的判断标准，推荐和推送更加合理的知识给用户，甚至经过积累，培训系统也能够为每一个或者每一类用户构建特定的专属视角。详述如下：

（1）目录导航系统

目录导航系统包括标签分类导航系统（标签云）、网站目录导航、多视角分类目录等，它能将整个知识系统的体系结构展现给用

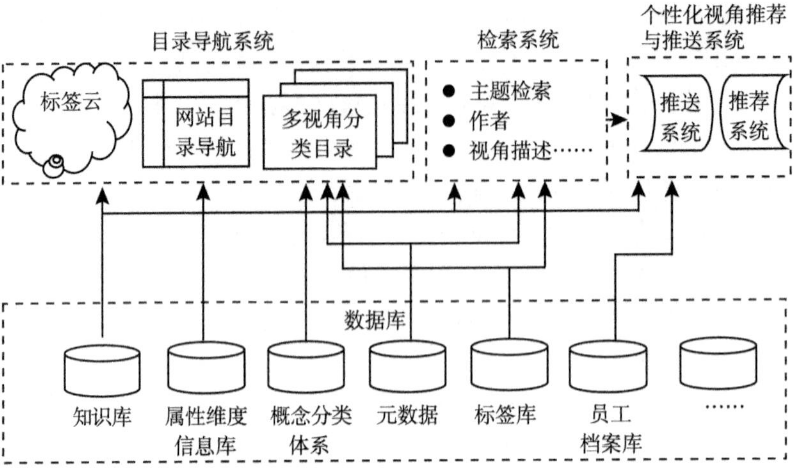

图 6-17　个性化知识服务层框架设计

户，特别是类目间的从属关系也得以展示，方便用户进行学习规划。其中标签（tag）是由用户自己根据资源内容进行添加，更能揭示文献的深层次含义。将所有的用户标签分类排序后展示在网站页面上，即为标签导航系统，用户可以根据自己的兴趣和需要查找关于某个标签的所有知识资源。网站目录导航则是主要根据领域概念的分类体系而建，如网站首页的导航是通过抽取领域概念的一级大类甚至经过合并的一级大类而设的，一般普通概念集的分类体系较为庞大，如果照搬作为网站目录导航将会给用户带来知识困境，可观性和简洁性不够，所以一般需要对底层概念分类体系进行抽取与合并，抽取出核心概念分类体系，合并不太常用的概念。

知识组织系统中的多视角分类框架可以作为网站另一种重要的导航系统，这种多面分类框架能有效满足特定职能部门的工作人员需要，让知识服务系统能够以视角的形式提示不同语境下的所有知识。此外，每一个视角下的知识资源也可以依据时序、空序、主题内容等机制进行进一步划分，从而为用户提供更加便利和准确的知识服务。

（2）检索系统

相比于目录导航系统，检索系统无疑更加常用，由于其本身操作的便利性，加之大众搜索引擎如百度、Google 对用户长期的影响，无论是在专业用户中还是在一般用户中，检索系统都具有极高的占有率。除了作者、出版社、发表时间等字段的检索，主题字段一般是用户的首选字段。主题字段依据的是对知识资源标引所用的主题词，一般是由知识资源的关键词、标题、文摘中抽取。此外，资源创建者给定的标签也是对知识主题的一种深层次揭示，也算作主题词。关于检索系统的字段设置，可参见前文中的元数据框架。同时检索系统和分类系统也可结合使用，比如在某个类下进行检索，能有效提升检索的查准率，而检索某个词后，结合目录导航系统，则能看出这个词涉及多少个概念主题类。

（3）个性化视角推荐与推送系统

与检索和目录导航系统被动式的信息服务相比，推荐与推送系统注重的是主动式的信息服务，但从严格意义上讲，两者是有所区别的。知识推送是根据用户预先输入系统的知识需求，包括用户的职称级别、职能部门、业务点等，系统再以一定算法进行相应字段的匹配，检索出合适的知识，分阶段推送给用户。而推荐系统则主要依据用户的学习行为和搜索行为，主要包括学习偏好、考核情况、搜索主题等，通过人工智能和数据挖掘等相关技术，在用户搜索时为用户推荐相关或者规范化的搜索词，在用户学习时，为用户推荐相同或者相近视角的知识。

推荐与推送系统相结合既能从策略上合理安排学员的学习进度，又能个性化照顾进度落后和超前的学员，为他们提供相应的知识强化和知识拓展服务，充分体现了个性化、人性化、全面化的优点，满足不同需求、不同情况的用户。此后，经过长期的信息积累后，用户的相关属性和偏好得以保存，系统可以为一个或者一类用户“量身订做”属于自身的个性化视角，从知识服务方式、知识服务内容方面全面贴合用户的习惯。

6.3.3 基于多视角属性聚类的银行知识建模实证

如上文所述，知识组织层决定整个知识系统价值的核心，而知识组织层中的关键技术即是对概念属性多视角的聚类分析。下面以银行知识组织系统中常用操作为例，对银行金融领域主题概念属性进行聚类分析，过程如下：

（1）数据准备

金融领域范围庞大，包括银行、证券、保险等多个细分领域，每一领域中又包含数量庞大的主题概念。故本书在作聚类分析时，自建了一个面向金融领域的小型语料库。首先建立一个金融领域核心概念的分类体系，以这些概念为起点，搭建语料库，抽取概念属性。为了模拟按类整合的语料库，在数据准备阶段，将基于主题概念分类体系，分别检索关于各个主题的文档语料。

（2）金融领域主题概念分类体系构建

《金融公文主题词表》是《国务院公文主题词表》的一部分，编制伊始是为了适应现代化办公和计算机检索需求，主要用于标引中国人民银行总行、中国人民银行办公厅及其分支机构、其他金融机构间的文件。后来，为了适应自身业务特点，其他金融机构也陆续推出各自的公文主题词表，如《中国农业银行公文主题词表》、《信用社（银行）公文主题词表》。本书的主题概念分类体系正是基于上述三类公文主题词表及金融银行网站业务分类类目整合而成的。

如表 6-10 所示，《金融公文主题词表》与《信用社（银行）公文主题词表》分类较为相似，与农行主题词表相差较大，农行主题词表最接近现有商业银行业务模式，但考虑到农行一级大类过多，同级类目间交叉较大，甚至存在上下级关系，故仅将其类目用于自建类目的名称提示与核对。基本原则是在国务院金融公文主题词表和信用社主题词表的整合大类中选取一个核心类目作为自建词表的第一级分类，但是许多大类与现实的金融核心概念关联不大，或者说很少用到，主要概念还是集中在较少的几个大类中，比如货币信贷、金融监管、外汇管理、财务会计等，而纪检监察、党建则不属于典型的金融领域主题概念，可以合并或者省略，参考主流银行网站的业务分类，最终决定分为 8 个大类：票据结算、外汇、存款、贷款、债券、基金、机构法人、电子银行。

表 6-10 **金融领域核心概念体系**

现有主题词表	大　类
金融公文主题词表	货币信贷、金融监管、外汇管理、财务会计、金融统计、货币发行、国库管理、金融科技、金融法制、金融外事、人事教育、金融党建、纪检监察、金融文秘
中国农业银行公文主题词表	经营管理、财务会计、资产负债管理、支付结算、运营管理、金融市场业务、信贷业务、存款业务、中间业务、国际业务、银行卡业务、电子银行业务、风险管理、资产处置、采购管理、纪检监察、审计工作、安全保卫、人事教育、法律事务、内控合规、信息科技、党建工作、宣传工作、群团工作、综合文秘、行政事务
信用社（银行）公文主题词表	计划统计、信贷管理、财务会计、金融科技、金融稽核、人事教育、安全保卫、金融党建、纪检监察、外汇管理、金融外事、金融文秘、综合
自建	票据结算、外汇、存款、贷款、债券、基金、机构法人、电子银行

其中票据结算属于财务会计大类，外汇属于外汇管理大类、存款属于金融监管（或计划统计）大类，贷款属于货币信贷（或信贷管理）大类，电子银行是根据银行业现有发展现状单独设立，机构法人属于人事和教育大类，债券与基金属于商业银行的重要业务，属性可分析性强，出现在了上述主题词表的多个大类之中，包括金融监管、计划统计、货币发行、人事教育、中间业务、金融市场和国库管理，故将其单列。其他大类由于代表性不强，故省略。

（3）语料库构建

语料库可以模拟自然语言环境，因此为了进行属性抽取与聚类分析，必须进行语料库的构建。以上述概念体系作为检索词，从三个来源——搜索引擎、学术数据库以及金融机构网站按类进行资源检索，或者利用爬虫爬取文献，再与概念匹配从而对文档资源进行归类，最后检索到有效文档共 7478 篇。

①搜索引擎，主要是百度百科和百度文库的相关资源，它的特点是基于用户角度、类型多样、通俗性高，涵盖业务介绍、法律法规、专业知识、新闻事件等多种语料资源。对于这部分文献，我们采用了自动化的工具进行检索和下载。关于语料保存的格式，原为网页格式的语料继续保存为 HTML 格式，其他各种类型的文档则转化为文本格式。

②学术数据库，库里面的文献是金融领域专家的研究成果，特点是基于专家角度、专业性高，但多是底层研究，与前端业务尚有一段应用时差。对于学术数据库中的语料抽取，我们利用了 CNKI 自带的数字化学习与研究平台——E-Learning，它具有批量下载文献的功能，学术数据库中的文档多是 PDF 和 CAJ 两种格式，为方便后续的属性抽取操作，需要全部转换为文本格式。

③金融机构网站，含各大银行网站，主要为 HTML 格式，这部分语料包括产品业务介绍、用户指南、招聘信息等，是与前端具体业务关系最为密切的一部分资源，它的特点是基于银行角度、应用前沿、标准性与应用性高。这部分资料利用网络爬虫爬取网页，并根据相关标题或标签与概念之间的对应关系进行归类，这部分也主要保存为 HTML 格式，部分下载的文档则转换成文本格式。

（4）属性获取

目前的属性自动抽取工具并不是很成熟，特别是针对非结构化文档。从上述三种来源即搜索引擎、学术数据库和金融机构网站获得的语料中，我们得到的主要是网页和文本书档，它们属于半结构化和非结构化的语料。行业机构网站资源、搜索引擎中的网页资源多属于半结构化文档，如图 6-18 所示，对“个人网上银行”这个概念而言，左侧列表：业务介绍、登录说明、下载专区、资费说明、汇路说明、积分说明、安全工具、CFCA 预植证书服务协议、演示专区、服务协议、精彩视频这 11 个标题就可以抽取出来作为属性候选项。而每个属性选项点进去后出来的正文也存在一定结构，三个一级标题：下载安装控件和驱动、登录方式以及登录提示存在明显的属性特征，也可以加入属性候选项。而学术数据库中的文献和搜索引擎搜到的文档资源（主要是百度文库中的资源）则多属于非结构化文档。

图 6-18　银行网站上“个人网上银行”对应的半结构化网页

在半结构化和非结构化语料资源中，关于属性的抽取方法，主要分为基于统计的方法和基于规则的方法，由于缺少基于统计方法所需的大量学习语料与工具，本书选择基于规则和人工判定相结合的方法。关于属性抽取规则的构建，目前主要依靠人工识别，通过文献阅读分析、句子分析、规则统计与总结和规则优化等步骤①构建属性抽取规则。

获得属性抽取规则库之后，我们借助 HTML 标签进行网页结构分析，借助篇章分析、句子分析和中文分词技术，进行语料的篇、章、段、句和词切分，形成等级化结构，再借助正则匹配技术，遍历每一篇、每一章、每一段，根据上述的属性抽取规则提取所有可能的候选项，形成属性候选项集合，计算每个候选词的权

① 丁君军，郑彦宁，化柏林. 基于规则的学术概念属性抽取［J］. 情报理论与实践，2011（12）：10-14.

重，进行排序，并设置一定的阈值，输出置信度较高的候选属性词，最后再进行人工筛选。根据上述方法，用我们的语料库进行属性抽取，经过置信度筛选和人工筛查，输出置信度排名前 500 的属性词，表6-11展示了置信度排名前 50 的属性词。其中人工筛查主要是合并同义词，比如对于属性住所、地址、住址、通信地址都表示一个意思，可以合并，并挑选最常用的说法"地址"作为正式选项。

表 6-11　　　　**属性列表（部分）**

利率	名称	到期日	净资产	年利率
风险	功能	限额	申请人	存期
收益	数量	票面利率	发行价格	安全性
汇率	余额	汇款人	营业网点	开户行
利息	财产	背书人	股价	卖出价
金额	专业	城市	所得税	面额
期限	付款人	币种	买入价	发行方式
成本	密码	质量	汇出行	注册资本
收款人	存款账户	交易日	结算方式	汇价
发行人	种类	有效期	资金来源	贷款利率

（5）多视角聚类分析的过程

基于得到的属性列表和语料库（此时需要全部转化成文本），我们将对概念属性进行分类，这里采用基于 LDA 的属性主题生成方法进行聚类分析，具体过程如下：

①LDA 聚类模型

线性判别分析（Latent Dirichlet Allocation，LDA）模型是一种三层贝叶斯生成式概率模型，是由 D. M. Blei 等人于 2003 年提出的，它是一种最简单的主题生成模型。LDA 能很好地模拟大规模语料库的语义信息特点，一经提出，就被广泛地应用于各类语料的主题挖掘。它假设每个文档都由若干个主题组成，而每个主题又由若干个单词组成，不同文档的区别在于主题混合的比例不同。一般的文档特征词表为文档分词后形成的词表，或者是由高频词汇组成的词表，文档主题由其词表中的词组成，推广到属性主题挖掘，如果将每个主题组成的单词换成属性词，即将属性词表作为文档的特征词表，就可以挖掘出相应的文档（基于属性词的）主题，或者说是属性词表应用在这些语料中所呈现的主题。

对 LDA 参数估计的方法主要有 EM 算法和吉布斯采样法(Gibbs Sampling)。由于使用 EM 算法求解 LDA 模型较为复杂，所以本书采用吉布斯采样法求解 LDA 模型。根据吉布斯采样法，每次对一个主题进行采样，对所有主题反复迭代此过程，促使 α 和 β 收敛，此时即得到满意的采样结果，利用过程中生成的属性词——主题矩阵和文档——主题矩阵，即可以推导出 φ 和 θ 的估计值。φ 和 θ 的计算公式如下：

$$\theta_{m,k}=\frac{c_k^m+\alpha}{c^m+K\alpha}$$

$$\varphi_{n,k}=\frac{c_k^n+\beta}{c_k+V\beta}$$

其中，c_k^m 表示第 m（$m\in[1, M]$）个文档中分配给第 k 个主题（$k, \in[1, k]$）的属性词数量，c_k^m 表示第 m 个文档中所有被分配了主题的属性词数量之和，c_k^n 表示第 n 个属性词被分配给第 k 个主题的次数，c_k 表示分配给第 k 个主题的所有属性词的数量。根据 φ 和 θ 能求出每个文档关于各个属性主题的概率分布，以及每个主题关于各个属性词的概率分布，根据具体效果和应用要求，选取每个属性主题中概率最高的若干个属性词作为这些主题类的组成元素，即对应视角的对象。

②基于 LDA 的属性主题聚类实证分析

本书采用 LDA 的方法进行属性主题聚类，首先，需要将每一篇文档 D_i 表示成如下形式：

$N_i a(i)_1:c(i)_1\ a(i)_2:c(i)_2\ a(i)_3:c(i)_3\ a(i)_4:c(i)_4\cdots a(i)_{Ni}:c(i)_{Ni}$

其中 N_i 代表在文档 D_i 中共出现了多少个属性列表中的词，

a $(i)_j$代表属性代号，c $(i)_j$代表第 a $(i)_j$号属性在文档 D_i中出现的次数。当将所有的文档都表示成上述形式后，就可以输入算法系统转换成矩阵，进行运算，本书中根据属性词的数量，将属性主题类数设置为 20，每个主题中保留概率前十的属性词（见表 6-12）。

表 6-12　　**基于 LDA 的属性聚类结果**

类/视角	项　目	视角描述
视角 1	密码　功能　成本　安全性　户名　金额　余额　限额　卡号　营业网点	卡业务
视角 2	付款人　金额　收款人　背书人　到期日　期限　名称　被背书人　存款账户　出票日期	票据业务
视角 3	风险　财产　专业　营业网点　限额　注册资本　期限　功能　城市　质量	模糊视角
视角 4	收益　风险　基金净值　财产　名称　成本　期限　市值　公允价值变动　数量	基金业务
视角 5	收款人　汇款人　汇出行　金额　结算方式　风险　付款人　名称　密码　汇款金额	汇款业务
视角 6	利率　专业　收益　利息　余额　风险　成本　金额　资金来源　数量	模糊视角
视角 7	名称　开户行　密码　金额　存款账户　户名　城市　注册地　财产　交易金额	存款开户
视角 8	功能　密码　登录密码　手机号　余额　户名　签约账户　服务功能　金额　卡号	电子银行
视角 9	期限　金额　币种　面额　法定代表人　名称　有效期　结算方式　余额　违约责任	外汇交易
视角 10	发行人　风险　数量　发起人　净资产　发行价格　期限　交易日　注册资本　发行方式	股票发行
视角 11	风险　利率　成本　期限　收益　发行人　利息　净资产　余额　财产	模糊视角

续表

类/视角	项　目	视角描述
视角 12	授信额度　法定代表人　担保范围　担保方式　申请人　金额　风险　主卡持卡人　期限　有效期	信用卡
视角 13	存款账户　利率　余额　风险　金额　功能　成本　期限　利息　质量	模糊视角
视角 14	利息　利率　金额　存期　所得税　期限　收益　存款账户　财产　余额	存款收益
视角 15	汇率　利率　买入价　成本　卖出价　汇价　风险　点差　货币　金额	外汇交易
视角 16	利率　收益　风险　利息　期限　股价　财产　到期日　成本　票面利率	股票交易
视角 17	收款人　金额　名称　单位名称　出票日期　身份证号码　背书人　开户行　有效期　被背书人	票据背书
视角 18	风险　收益　金额　数量　专业　交易日　成本　利息　交易方式　功能	理财交易
视角 19	利率　期限　利息　收益　风险　功能　票面利率　种类　年利率　发行价格	债券业务
视角 20	汇率　余额　限额　金额　收益　成本　授信额度　可用额度　年龄　偿还期	模糊视角

我们对属性主题进行命名时，发现有些主题或者职能不够明确，或者其属性类目过少不足以形成一个具有特定意义的视角，这些视角为模糊视角，由于 LDA 模型本身的特点，每个主题由概率高的特征词组成，所以每个属性词可能出现在多个主题中。聚类结果如表所示，总视角 20 个，精确视角 15 个，模糊视角 5 个，模糊视角均是由于属性词组合在一起不能表征某个有实际应用意义的视角。

6.4　本章小结

本章认为，智能时代下的银行知识建模有自上而下和自下而上两种建模思路。

在自上而下的知识图谱设计过程中，包括业务流程分析、知识收集、知识分析、知识关联知识索引和知识地图构建这 6 个步骤。此设计流程在知识的抽取、知识聚类、知识的可视化展示等方面都进行了研究与创新，具有一定的理论意义；另外将基于知识地图的企业知识建模方法流程引入企业知识管理中，流程具有可操作性，紧密结合现代企业的特点，使企业知识最大限度地应用起来，具有一定的应用价值。

继而，基于自下而上的建模思路，本章对以多维知识组织系统为核心的个性化银行知识组织系统的框架进行了介绍，即从异构知识资源层、多视角知识组织层以及个性化知识服务层这三个层次具体阐述了企业培训资源从搜集、预处理、分词、标注、知识化、视角化和服务的过程，重点对多视角知识组织层进行了叙述，提出构建多视觉知识组织系统的方案，主要流程包括视角的表达、视角的生成等过程，其中以 LDA 属性主题聚类方法解释属性多视角聚类过程，包括数据获取、核心概念分类体系构建、语料库搭建与属性列表的抽取、属性聚类等步骤。实证结果可以看出基于属性聚类的视角生成思路是可行的。

第7章　智能时代的银行知识库构建

随着时代的进步，用户对信息管理系统的要求越来越高。为了提高信息管理系统的智能化，在数据库领域又出现了面向对象数据库、对象—关系数据库等新型数据库理论，但都没有取得完全的成功。在关系数据库基础上添加知识规则，形成一种“关系数据库+知识库”的知识库系统也是数据库领域的一种研究方向。

7.1　银行知识库构建的原理

7.1.1　知识库、规则与推理

(1) 概念

正像Codd所说的，“数据库就是把数据从应用程序中分离出来，交给系统程序处理”①，知识库类似把知识从应用程序中分离出来，并由知识系统程序去处理。数据库和知识库有许多相同的地方，它们都研究大量信息处理的理论和实践，都有可恢复性、安全性、保密性、一致性等问题，并且数据库的大部分管理技术对知识库同样适用。但是知识库和数据库毕竟在本质上是不同的，它们之间有着明显的区别。

传统的程序设计方法是基于“数据+算法=程序”的，由于其设计缺少灵活性，缺少精确推理和合适的算法，因而已不能有效地处理人类的知识。而专家系统采用了基于知识的程序设计方法，它

① Codd E F. Relational Databasc：A Practical Foundation for Productivity [J]. *Readings in Artificial Intelligence & Databases*, 1989, 25 (2)：60-68.

的主要特点是把应用领域的知识单独组成一个实体而非隐含地编入程序，构成知识库，知识库的处理是通过与知识分开的控制策略来进行的①。更明确地说，一般应用程序把知识分为两级：数据级和程序级；而大多数专家系统则将知识分成三级：数据、知识库和控制。在数据级上，是已经解决了特定问题的说明性知识以及需要求解问题的有关事件的当前状态。知识库级是专家系统的专门知识与经验，是否拥有大量知识是专家系统成功与否的关键，因而知识表示就成为设计专家系统的关键。在控制级，根据既定的控制策略和所求解问题的性质来决定应用知识库中的哪些知识。这里的控制策略是指推理方式，按照是否需要概率信息来决定采用非精确推理或精确推理，推理方式还取决于搜索的程度②。

基于规则的知识校验采取了类似专家系统的原理和程序结构，它也是将知识分为三级，即：数据、知识库和控制。其中的数据来自传统的关系数据库，它和传统的数据库管理系统（Database Management System，DBMS）有一个数据接口，负责把DBMS 中的数据传送到知识库中。知识库由两个部分组成，第一部分是对传统的关系数据库按照 E-R 模型思想反向分析转换而来，另外一部分是由用户向里面添加的行业规则组成。控制机构也就是数据校验算法，它按照宽度优先的策略把不符合行业规则的数据检索出来③。

基于规则的方法具有容易理解的优点，且规则库中的规则具有相同的结构，这样便于管理。其适合的领域为：

①系统结构简单，有明确的前提和结论，问题仅仅用有限的规则即可全部包含。

②问题领域不存在简洁统一的理论，知识是经验的。

---

① 李聪，王晓光．“知识库”概念的扩散与内涵演化［J］．图书情报知识，2012（4）：81-87.

② 贾拉塔诺．专家系统原理与编程［M］．机械工业出版社，2000.

③ 徐曼，沈江，甘丹，等．基于案例—规则检索的特征阈值选择模型［J］．情报学报，2017，36（3）：260-266.

③问题的求解可被一系列相对独立的操作，或者问题的求解可视为从一个状态向另一个状态的转换，一个操作或转换可以被有效地表示为一条或多条产生式语句。

规则引擎技术将业务逻辑与系统实现分离开来，使业务改变时能够不影响系统的正常应用，并且能实时地将变化的业务规则应用到业务处理中。它是一种根据规则中包含的指定过滤条件，判断其能否匹配运行时刻的实时条件来执行规则中所规定动作的引擎，在大量的数据中应用复杂规则时特别有效①。

持续审计在对数据进行处理时，为了达到对大量数据的提取、查询、分析需求，以及自学习、自适应性、自动化操作的要求，需要采用智能化技术处理数据与业务规则的匹配问题②；同时，数据与业务规则的匹配需要针对特定的行业、特定的业务要求，甚至特定的时间来给出审计结论，并且业务数据的变化具有实时性和频繁性，没有一个确定的解决方案。

（2）规则引擎的产生及应用领域

企业管理者对企业级 IT 系统的开发有着如下的要求：面对日益复杂的商业规则，要想提高效益必须将管理流程自动化；变化的市场要求业务规则也实时更新；IT 系统中的规则若能不需要开发人员参与而被业务人员直接管理，则能达到快速、低成本更新的目的③。

从另一方面来看，项目开发人员碰到的问题是：由于商业规则的多变性和复杂性，很难从一般意义上推导出算法，并抽象出数据模型；业务规则的变化贯穿于软件工程的需求、设计、编码各阶段，系统的各部分代码中都有可能出现业务规则的描述；对业务人

① 曲毅，仲秋雁，马骁霏．基于信度规则库的突发事件链式演变推理方法［J］．管理工程学报，2017，31（1）：142-148.

② 蔡利，何雨，王瑜．连续审计在政府审计维护金融安全中的运用研究——基于系统性风险监控的视角［J］．审计研究，2013（6）：45-51.

③ 周如鹏．基于规则引擎的农行会计数据处理系统构建［D］．复旦大学，2012.

员而言，管理系统的维护和更新比较复杂和困难①。

基于规则的专家系统（Rule Based Expert System，RBES）的出现给开发人员以解决问题的契机。专家系统是人工智能的一个分支，它从人类的推理方式总结出规律，从试探性的角度进行推理运行，对推理结论的证明采用人类能够理解的术语进行解释。神经网络、基于案例推理和基于规则系统等都属于专家系统的范畴②。RBES 包括规则库、工作内存和推理引擎三部分，其结构如图 7-1 所示。

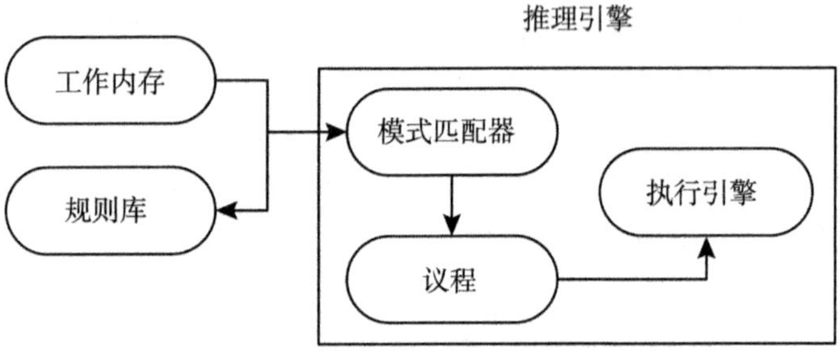

图 7-1　基于规则的专家系统组成

如图 7-1 所示，推理引擎包括三部分：模式匹配器、议程和执行引擎。模式匹配器判定规则的选择和执行时间；议程确定以何种顺序执行规则；执行引擎进行规则的执行操作和其他动作。

推理引擎中有两种推理方式：一是演绎法，又叫 Forward-Chaining 正向链方法，它是立足于初始的事实，不断地进行规则匹配，最后执行结果；二是归纳法，又叫 Backward-Chaining 反向链方法，它立足于假设，不断地寻找符合假设的事实。推理引擎的基本原理是通过与事实或目标的匹配来决定哪些规则满足条件，并按照顺序

① 熊智，徐江燕，王高举，等．基于角色和规则引擎的 UCON 应用模型［J］．计算机工程与设计，2013，34（3）：831-836.

② Bruce G. Buchanan．基于规则的专家系统原理［J］．计算机科学，1986（3）：25-39.

给规则授予各种级别，加入议程的规则都是满足事实或目标的规则①。

规则引擎由基于规则的专家系统中的推理引擎发展而来，能够在大量事实的基础上重复快速地产生决策信息，是一种有效的决策产生工具。从技术层面看，规则引擎实际上是嵌入在应用程序中的组件，它将业务决策从应用程序代码中分离出来，通过标准的规则语言编写业务规则文件，将其与输入数据进行匹配，从而实现对业务规则的解释和执行②。为了表示一段完整的业务逻辑，一个业务规则应该包含一组条件和在满足某些条件下触发的操作。根据复杂程度的不同，业务规则可以由业务人员、策略管理者定义，或者由技术人员使用面向对象的技术语言来开发。

规则引擎的核心部分是规则匹配算法，如 Rete 算法、Treat 算法、Match Box 算法、Leaps 算法、HAL 算法等③。其中，Charles Forgy 博士提出的 Rete 模式匹配算法（Rete Pattern Matching Algorithm）是目前规则引擎中应用最为广泛的算法④。规则引擎能够应用在传统编码过于复杂、业务逻辑清晰、规则变化频繁的问题领域中，产生一种可伸缩性的方法来增加系统或软件的灵活性。规则引擎领域目前已经发展得比较成熟，有一整套的规则语言和规则中间件产品。使用 Rete 算法的规则语言有 CLIPS、Eclipse、Jess 以及 OPS5 等。比较有影响的规则中间件产品有：Drools、Mandarax、jlisa、JRules 等⑤。其中，Drools 框架集成了改进的 Rete 算法，是

① 王世春．面向银行信贷的规则引擎系统设计与实现［D］．中国科学院大学，2016.

② 王李军，陶明亮，张曙，等．面向业务规则引擎研究［J］．计算机工程，2007，33（24）：52-56.

③ 耿庆宦，吕良双．产生式系统规则匹配算法研究［J］．计算机与现代化，2009（11）：26-29.

④ Forgy C L，Shepard S J．Rete：A Fast Match Algorithm［J］．*Ai Expert*，1987，2.

⑤ 李春芳，谭庆平．面向业务的 Drools 规则引擎改进［J］．计算机应用与软件，2015，32（5）：20-23.

用 Java 语言编写的一款基于演绎推理的开源规则引擎；另外，ILOG 公司的 JRules 应用在太平人寿保险、光大银行等国内较大企业的信息系统中，是目前最为成熟且功能强大的产品。

（3）规则引擎的实现原理

规则引擎具有很强的开放性和灵活性，其开放性体现在：实现规则引擎业务逻辑的途径是组件的形式，通过程序接口来控制和使用它；其灵活性体现在：规则引擎能够根据规则集的不同应用，在程序的不同位置处理相应的数据对象①。

规则引擎组件的程序接口主要有三种功能的 API：一是用来加载和卸载规则集，二是进行数据操作，三是完成引擎执行。在使用规则引擎的过程中，对这三种 API 的调用和交互的步骤为：首先创建规则引擎对象；然后通过“加载和卸载规则集 API”向规则引擎中加载需要的规则集或更换制定的规则集；再通过“数据操作 API”向规则引擎提交需要被该规则集处理的数据对象；最后用“引擎执行 API”命令规则引擎开始执行操作，并得出执行结果②。规则引擎执行完成之后，还需要从规则引擎中撤出处理过的数据。规则引擎的架构如图 7-2 所示。

运行规则引擎的过程就是将待处理的数据与规则进行匹配的过程，具体的步骤为：

①首先将初始数据经过必要的数据处理之后，传入工作内存（Working Memory）中，保存为事实（Fact）。

②在规则库（Repository）中定义规则引擎执行时所需的规则文件（Rule）。

③将工作内存中的事实和规则库中的规则装载入模式匹配器（Pattern Matcher）中进行规则匹配。

④如果规则匹配的结果存在冲突（即同时激活了多个规则），

① 邹正武，谭庆平，徐建军．基于规则引擎的柔性工作流管理系统［J］．微电子学与计算机，2006，23（z1）：127-129.

② 许锋波，牛丹梅，刘勇．规则引擎和工作流技术封装研究［J］．郑州大学学报，2009，41（3）：39-42.

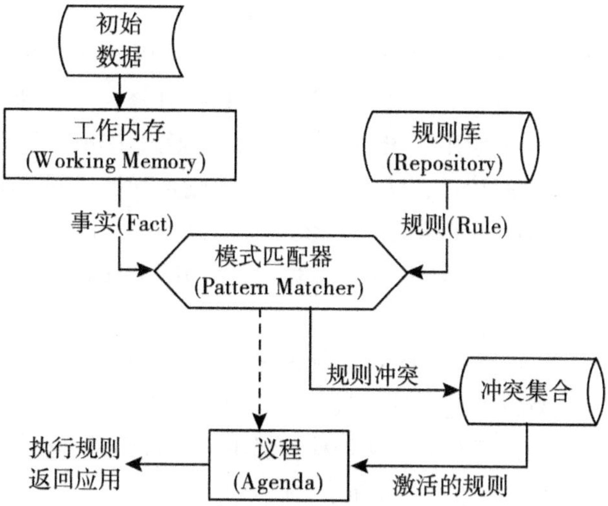

图 7-2　业务规则引擎架构

则将冲突的规则放入冲突集合。

⑤通过一定的冲突处理策略解决冲突集合中的冲突，将满足最终条件的规则按顺序放入议程（Agenda）中。

⑥执行议程中的规则，根据执行结果对工作内存中的 Fact 进行更新。

重复步骤③至⑥，直到议程中的所有规则全部执行完毕为止。

（4）规则引擎产品及开源项目 Drools

目前规则引擎的规范标准应用最为成熟的是由 Java Community Process（JCP）制定的 Java 规则引擎 API 的规范请求 JSR-94。它定义了规则引擎的 Java 运行时 API，使规则引擎可以通过简单的 API 被 Java 平台访问。这个标准提供了 JSR-94 的运行要求和如何让商业规则技术和 Java 应用程序结合运行，同时它也提供了开发基于规则的应用程序的示例代码①。目前，已经实现了多种 Java 规则

① 王璐玮．基于 JSR-94 和 Jess 的专家系统研究与应用［D］．武汉理工大学，2006.

引擎商业产品与开源项目，但是在支持 JSR-94 标准上步伐还不统一。

在开源规则引擎产品中，Drools 规则引擎的应用最为广泛和成熟。它是基于 Java 的演绎推理规则引擎，支持 JSR-94 规范。它在 Drools 中应用了 Rete 算法的改进形式 Rete-II 算法，使其具有面向对象的接口，从而使得规则的表达和匹配更加自然。同时 Drools 中的业务逻辑的表达形式也十分多样，既可以用声明方式描述，也可以从 XML 语言编写，还可以将 Java 代码直接嵌入规则文件中。

Drools 具有易于访问企业策略、易于调整及易于管理的特点，符合业内标准，速度快、效率高。业务分析师或审核人员可以利用它轻松查看业务规则，从而检验已编码的规则是否执行了所需的业务规则。Drools 的模块分布如图 7-3 所示：

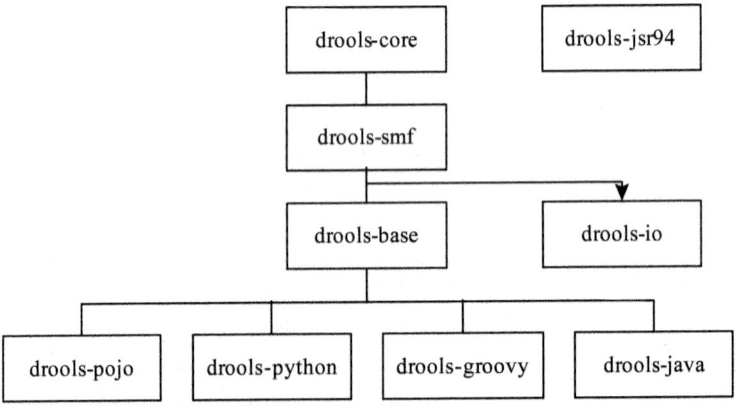

图 7-3　Drools 模块

Rete 模式匹配算法（Rete Pattern Matching Algorithm）是由 Charles L. Forgy 博士在文献中提出的高效率模式匹配算法，为专家系统的更加高效率的实施提供了依据。它是目前在规则引擎中应用最为广泛的算法。

在规则语言的基础上，Rete 算法将事实与规则中的模式进行匹配以确定满足条件的规则有哪些。同时，Rete 算法将匹配的过程记录下来，在下一次更新事实之后进行匹配时，只需寻找与本次更新的事实对象相关联的规则更新，提高规则匹配的效率。

7.1.2　Rete 模式匹配算法

一般的规则匹配过程就是事实与规则在推理机中进行匹配的过程。对于每条规则而言，推理机通过寻找事实来匹配规则中的模式，如果匹配条件满足，则将该条规则放入议程中，等待下一步操作①。事实与规则匹配的过程如图 7-4 所示。

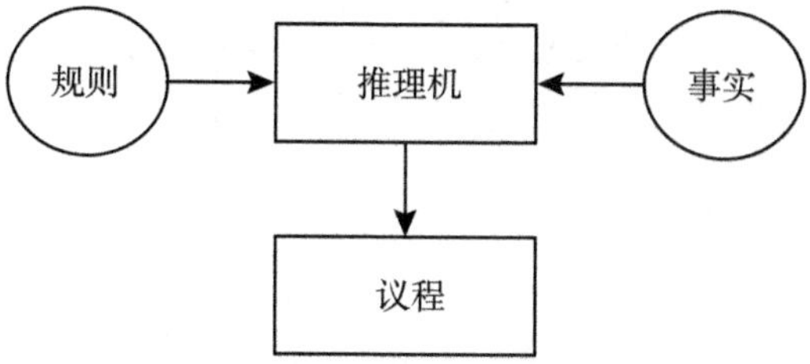

图 7-4　事实与规则的匹配

在事实与规则进行匹配的过程中，执行结果可能是添加、修改或者删除事实列表中的事实项。在下一次匹配的时候，由于事实列表的变化，原本不符合匹配条件的模式得到了重新匹配的机会，因此此时需要对规则进行更新，使得规则匹配循环进行。

由于事实与规则在推理机中进行模式匹配，每次循环中推理机都会检查每条规则以寻找相应的事实来匹配其中的模式。而实际上，运行一条规则的执行结果往往只对事实列表中的少量事实项进行添加、修改或者删除，因此在下一次匹配过程中需要更新的规则也只是很小一部分。一般的模式匹配通过规则来寻找到的事实很大程度上会与上一次循环的结果重复，从而产生大量冗余计算，造成

---

① 靳留乾，徐扬，方新．基于证据推理的确定因子规则库推理方法[J]．计算机应用研究，2016，33（2）：347-351.

匹配的时间冗余①。

通过规则寻找事实的模式匹配过程如图 7-5 所示，阴影部分表示每次循环过后对事实列表所作的改变。

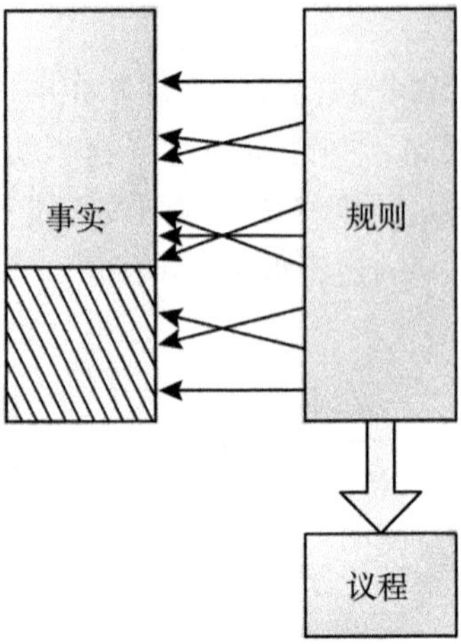

图 7-5　规则寻找事实

Charles L. Forgy 博士提出的 Rete 算法解决了一般模式匹配过程中的时间冗余性问题。在模式匹配的不断循环过程中，Rete 算法通过存储匹配过程中的事实状态，计算只对本次匹配产生影响的事实变化，从而避免冗余计算，提高匹配效率。特别是当变化的事实数量与事实和模式的数量相比较小时，匹配效率的提高会更加明显。Rete 算法的核心思想是变化的事实寻找规则的过程，其匹配过程如图 7-6 所示。

Rete 算法在匹配实现的过程中构建了模式网络和连接网络，即将规则库中规则的每一个条件看成一个结点，所有的条件结点进行连接构成一条匹配链，从而组成了模式网络。之后，参与匹配的事实遍历模式网络，与其中的结点进行匹配，形成连接网络。

① 印鉴，李志超．专家系统工具中的推理技术［J］．逻辑学研究，1996（6）：184-186.

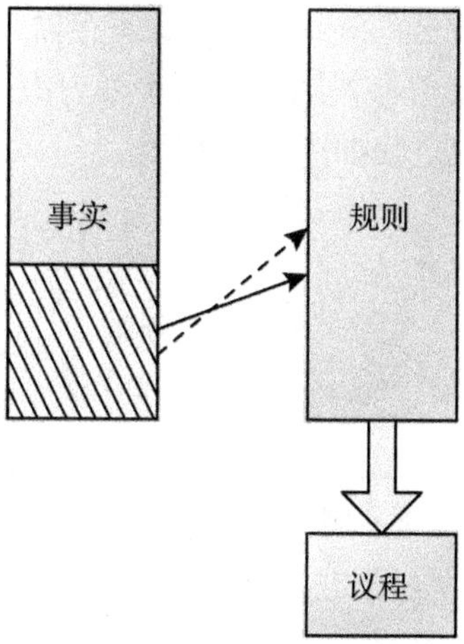

图 7-6 事实寻找规则

在 Rete 算法中定义了以下基本概念来描述模式网络和连接网络：

工作区（Working memory，WM）：包含所有参与匹配的实例集。

事实（WME）：WM 中的元素。

模式：规则里面的条件元素，每一个模式由一个或多个约束组成，其目的是匹配自定义模板事实之中的字段，本书中定义模式为 L_I。

TOKEN：在连接网络中流动的实例。

K-模式：在连接网络中满足 K 个模式的实例称为 K-模式。一个含有 n 个模式的规则是可满足的。

（1）模式网络

模式网络用于描述规则库中的规则匹配链。在对规则的解析过程中，每个模式的测试条件都被记录下来，同时对应于网络的一个域结点。网络中的每条匹配链即是由每一模式下的所有域结点连接起来组成的①。对于每一条匹配链而言，都有一个寄存器（称为 α 寄存器）存在于匹配链的终结点上。α 寄存器存储每个模式的匹配结果，匹配成功的 α 寄存器则存储在 α 列表中。

模式网络的形成过程如图 7-7 所示。

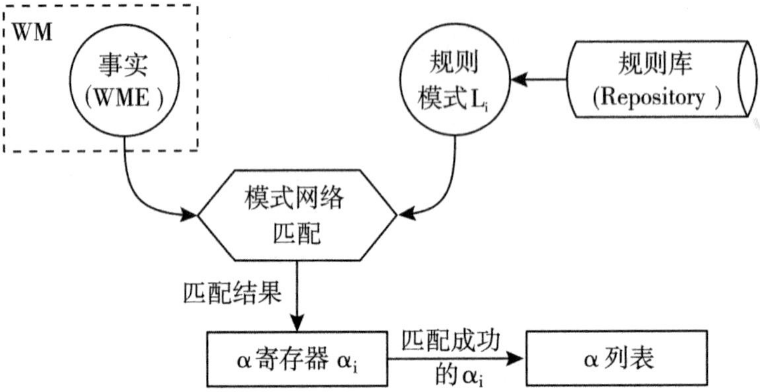

图 7-7　模式网络的形成过程

模式网络的匹配算法是一个递归过程。每次匹配时，事实与规则的匹配结果存入 α 寄存器，若匹配成功，该 α 寄存器被加入 α 列表中，然后进入下一步递归。可将模式网络的递归函数定义为：PatternMatching（WorkingMemory，MatchNode），其中，WorkingMemory 为存储参与匹配事实的集合，MatchNode 标记已匹配成功的下拉链接点位置。

假设 WorkingMemory 中有 n 个事实元素，对 WorkingMemory 中每一个事实元素赋值 ω_1，ω_2，…，ω_i，…，ω_n；每个节点 MNode 有 m 个后继节点，对 MNode 的每一个后继赋值 $MNode_1$，$MNode_2$，…，$MNode_j$，…，$MNode_m$。模式匹配的基本步骤为：

步骤 1：对每个 ω_i，循环某节点 $MNode_j$ 及其所有后继节点 $MNode_{j+1}$ ~ $MNode_m$。如果 ω_i 与 $MNode_j$ 匹配，则执行递归函数 Pat-

① 林建伟，郭彩虹，许臻．基于数据挖掘的 IDS 系统数据规则库改进设计［J］. 科技通报，2013，29（1）：124-127.

ternMatching（WorkingMemory - $\{\omega_i\}$，$MNode_j$）。若 $MNode_j$ 存在后继节点，则变为 j+1，返回步骤 1；若 $MNode_j$ 不存在后继节点，则进入步骤 2。

步骤 2：本次匹配链的事实匹配成功，将该匹配链指向的 α 寄存器加入 α 列表。若 i<n，则 i+1，返回步骤 1；若 i=n，则匹配结束。

当 WorkingMemory 中的所有事实都参与完匹配，模式网络的递归匹配结束。此时，所有匹配成功的 α 寄存器都被存入 α 列表。然后，开始进行连接网络上的部分匹配过程：根据不同的业务规则，相同的模式会形成不同的连接网络。每一模式中的 α 寄存器发生变化时，满足条件的事实便会进入相对应的连接网络。

（2）连接网络

连接网络用于将同一规则的不同模式结合起来，匹配模式间的规则。β 寄存器存储着来自模式网络的、需要进行匹配的、同一规则的不同模式（即 TOKEN）。匹配开始后，β 寄存器测试两个来自不同路径上的 TOKEN，如果这两个 TOKEN 满足合并的要求则将它们合并为一个更大的 TOKEN，并传递给当前 β 寄存器的所有后继节点。连接网络的匹配过程如图 7-8 所示。

连接网络对 α 列表中的每一个 α 寄存器进行循环匹配，其步骤如下：

步骤 1：输入 α 列表中的 α 寄存器，取寄存器中 TOKEN，传递到寄存器所连接的所有后继节点；

步骤 2：检查 TOKEN 进入的 β 寄存器；

步骤 3：如果 β_k 寄存器的两个 TOKEN 满足合并条件，则将两个 TOKEN 合并为更大的 TOKEN，并传递给 β_k 连接的所有 β_{k+1} 寄存器；

步骤 4：将 β_{k+1} 寄存器与下一个 α 寄存器中的 TOKEN 取出并传递到后继节点，重复步骤 2~4；

步骤 5：如果某一 β 寄存器已产生满足规则的条件，则匹配规则进入冲突集。

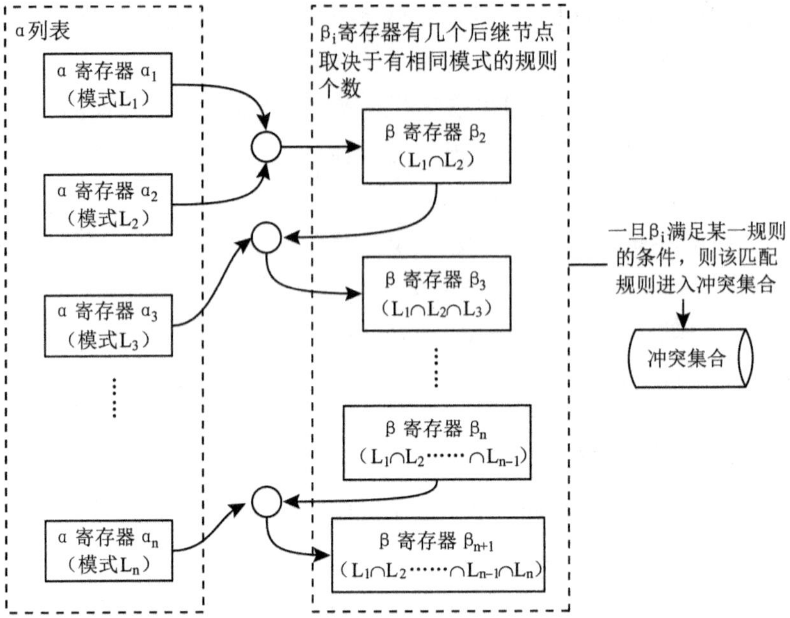

图 7-8　连接网络的匹配过程

7.2　银行知识库构建的案例——贷款审计规则引擎系统设计

7.2.1　贷款审计规则引擎系统详细设计

（1）系统架构

基于规则引擎理论来进行持续审计规则处理，正好能够满足持续审计在数据处理过程中的实时性、灵活性、高效性要求。基于规则引擎的持续审计数据处理，首先需要对被审计的数据进行预处理，同时建立被审计单位的业务规则库；然后，规则引擎对从被审计单位中提取出的事实数据和特定行业构建的规则库中的规则进行匹配，并通过模式匹配器自动匹配规则内容，通过冲突解决策略解决多条规则的冲突问题，最终得出规则执行方法①。

本书的审计案例使用Java规则引擎，其核心组件是Drools。它的使用使得对被审计单位信息的审计过程具备规范范围内的智能性，提高了审计的效率。其应用框架如图7-9所示。

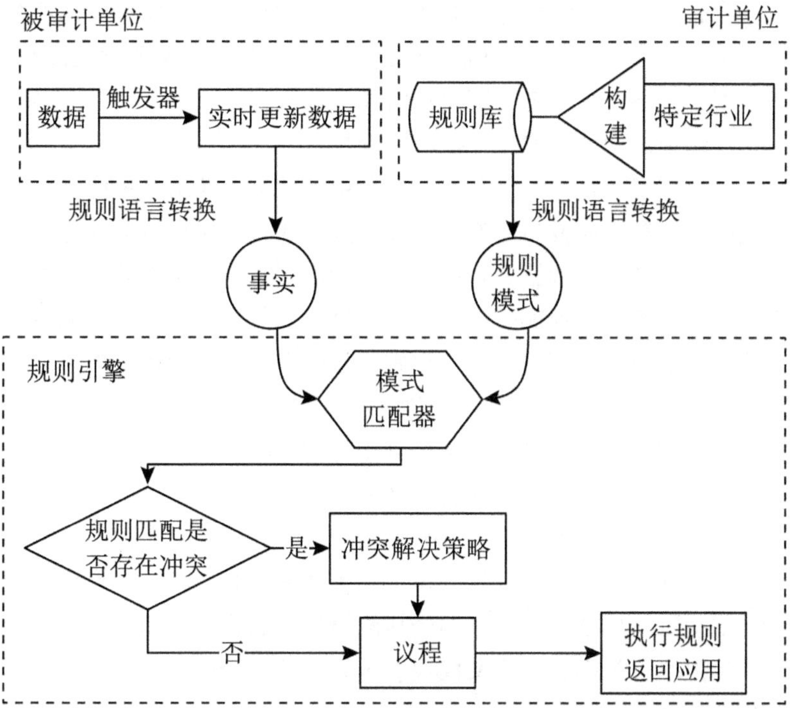

图7-9 规则引擎在持续审计中的应用框架

基于规则引擎理论的持续审计规则处理过程分为以下几个步骤：

①被审计单位的数据经过数据预处理后得到初始业务数据集，并通过触发器进行实时更新，经过规则语言的标准转换后得到待进

① 谷瑞军，陈圣磊．数据流挖掘及其在持续审计中的可用性研究［J］．南京审计学院学报，2011，8（1）：36-40.

入规则引擎中的事实。

②审计单位对于特定行业构建的业务规则库，经过规则语言转换为可识别的规则模式。

③在规则引擎中，事实与规则模式经过一定的算法进行模式匹配。

④若匹配成功的规则有多条，则发生冲突。根据所针对的业务数据和业务规则设定冲突解决策略，解决冲突后的规则放入议程；若规则匹配不发生冲突，则直接将规则放入议程。

⑤匹配成功的事实执行议程中的规则。

当规则引擎执行时，工作寄存器中的数据对象信息可能会随着规则的执行结果而发生改变，从而导致某些规则条件发生改变。这种情况下会产生两种结果：一是队列中依赖于这些规则条件的规则实例会因为条件改变而失效，必须撤销；二是寄存器中数据的变化可能会激活原来不满足条件的规则，从而生成新的规则实例进入队列。规则实例的删除和新增导致了“动态”规则执行链的产生，形成了规则的推理机制①。这种动态的规则执行正好能满足持续审计对于数据处理的实时性和自动性要求。

（2）系统功能模块及应用流程

根据规则引擎理论在持续审计过程中的处理步骤，可将持续审计规则引擎框架划分为以下四个功能模块：数据预处理模块、规则库构建模块、规则文件定义模块、规则引擎执行模块。功能结构描述如图 7-10 所示。

该系统的功能主要分为以下几个部分：

①数据预处理。为了达到持续监控被审计系统的业务数据变化的目的，本案例根据触发器原理建立了数据预处理 Agent，并将其直接部署在被审计单位的数据库中。数据预处理 Agent 通过触发器原理实时更新被审计单位数据信息表，达到快速、持续、及时监控的目的；同时，还需要对数据源中的相似重复记录、不完整记录和

---

① 张国胜，王海生．基于智能化持续审计技术的审计模式选择——以电网企业为例［J］. 财会通讯，2013（31）：98-100.

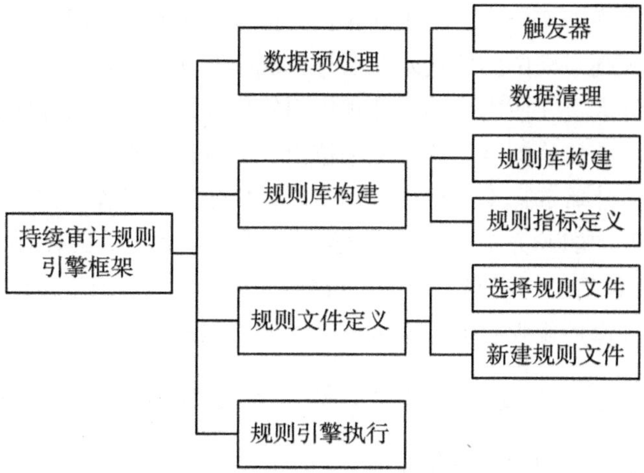

图 7-10　持续审计规则引擎框架的功能结构图

错误数据进行数据清理。

②规则库构建。规则库构建模块是为了给规则引擎中审计数据与业务规则的处理提供基础信息源。持续审计中规则库的构建是从被审计单位的行业角度来划分的，那么，贷款审计规则引擎系统的规则库就是特指金融行业的业务规则库①。同时，由于持续审计中的审计数据信息繁杂多样，为了体现数据的层次性和规律性，对规则库中的数据信息进行指标分类和定义十分必要，同时也是采用规则引擎进行规则监测和处理的前提依据。

③规则文件定义。规则文件定义模块是根据规则引擎的规范语言格式，定义或者导入符合本项审计业务规则的文件，以供规则引擎来执行数据匹配操作。本系统使用的规则文件标准是 .drl 文件格式，采用 drools 规则引擎的标准语言来定义。

④规则引擎执行。从数据预处理模块和规则库构建模块得到相关的数据信息后，需要进入规则引擎模块进行信息处理。在模式匹

① 安丽娜，张士杰．商业智能平台中的规则引擎组件的研究与设计[J]．计算机应用研究，2008，25（S）：627-633.

配之前，通过规则语言转换将数据预处理模块收集到的信息转换为事实，将规则库构建中的规则转换为标准规则模式。事实和规则模式进入规则引擎中的模式匹配器进行规则匹配操作。

审计人员在使用持续审计规则引擎框架进行审计工作时，工作流程为：首先从被审计单位采集待审计的数据信息，进行必要的清理工作；然后选择本次审计过程中需要使用的规则库相关信息；再对本次审计的业务规则文件进行定义（若规则文件已存在则直接使用）；最后进行规则引擎的执行操作，得出审计结论。图 7-11 为利用持续审计规则引擎框架进行审计的流程图描述。

7.2.2　贷款审计规则引擎业务规则模型模块

7.2.2.1　业务规则提取

在对个人贷款业务进行专项审计的持续审计项目中，根据国家关于商业银行贷款操作的相关法规①的规定，本系统将个人贷款业务必须遵循的业务规则提取概括为以下几点：

（1）相关资料审查

①对借款人，应审查其借款用途、偿还能力、还款方式等情况。

②对借款人提供担保的保证人，应审查其偿还能力，抵押物、质物的权属和价值以及实现抵押权、质权的可行性。

③当借款人为商业银行的董事、监事、管理人员、信贷业务人员及其近亲属时，商业银行不得向其发放信用贷款，同时向其发放担保贷款的条件不得优于其他借款人同类贷款的条件。

（2）比例规定

商业银行贷款，应当遵守下列资产负债比例管理的规定：

①资本充足率不得低于 8%。

②贷款余额与存款余额的比例不得超过 75%。

③流动性资产余额与流动性负债余额的比例不得低于 25%。

---

① 《金融行业规范》《个人贷款管理暂行办法》《中华人民共和国商业银行法》等。

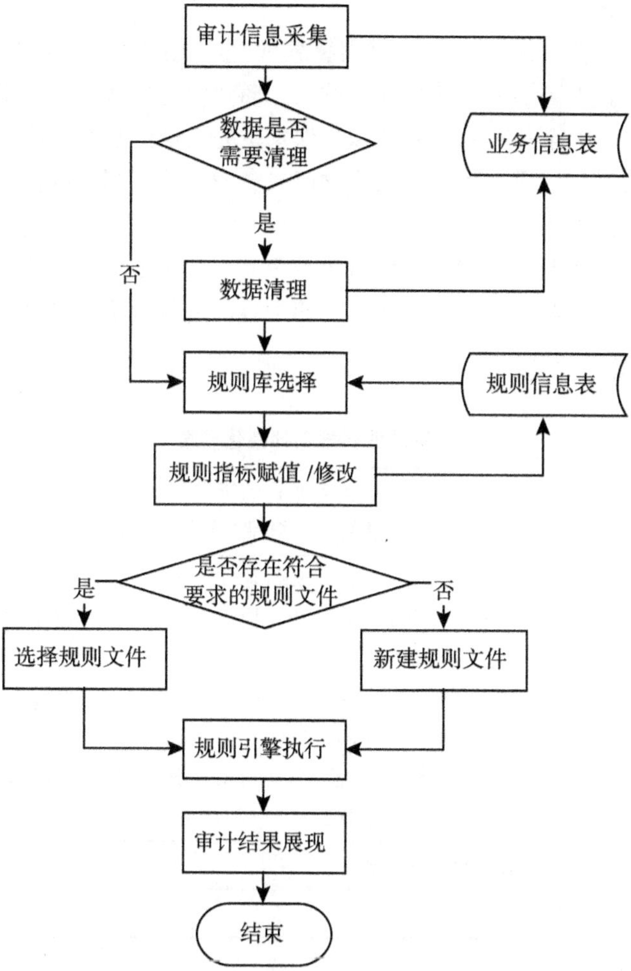

图 7-11　持续审计规则引擎框架的使用流程图

④对同一借款人的贷款余额与商业银行资本余额的比例不得超过 10%。

（3）制度控制

①审贷分离、分级审批。

②商业银行应与借款人订立书面合同，约定贷款种类、借款用

途、金额、利率、还款期限、还款方式、违约责任和双方认为需要约定的其他事项。

③借款人到期不归还信用贷款的，应当按照合同约定承担责任；借款人到期不归还担保贷款的，商业银行依法享有要求保证人归还贷款本金和利息或者就该担保物优先受偿的权利。商业银行因行使抵押权、质权而取得的不动产或者股权，应当自取得之日起两年内予以处分。

将上述业务规则涉及的各项要素进行量化，具体从监测主体、维度信息、监测行为、监测周期四个方面进行分析。具体内容如表 7-1 所示。

表 7-1　**贷款业务规则的量化要素**

监测主体	商业银行的贷款数据； 借款人、担保人的信息数据
维度信息	贷款人身份、借款用途、偿还能力、还款方式 担保人身份、偿还能力，抵押物、质物的权属和价值以及实现抵押权、质权的可行性 商业银行资本充足率、贷款余额、存款余额、流动性资产余额、流动性负债余额、对同一借款人的贷款余额 是否符合制度规定（是否审贷分离、分级审批，是否订立书面合同，是否到期不还款）
监测行为	商业银行的贷款业务
监测周期	不定期

将以上业务规则指标归纳为四项违规标准：

（1）借款人、担保人身份违规

①借款人为商业银行的董事、监事、管理人员、信贷业务人员及其近亲属。

②当商业银行的董事、监事、管理人员、信贷业务人员及其近亲属作为担保人时，发放担保贷款的条件不得优于其他借款人同类贷款的条件。

（2）借款人、担保人资料违规

①借款人的借款用途、偿还能力、还款方式不合规定。

②借款人到期不还款。

③担保人的偿还能力，抵押物、质物的权属和价值以及实现抵押权、质权的可行性不合规定。

（3）资产负债比例违规

①资本充足率低于8%。

②贷款余额与存款余额的比例超过75%。

③流动性资产余额与流动性负债余额的比例低于25%。

④对同一借款人的贷款余额与商业银行资本余额的比例超过10%。

（4）贷款制度违规

①贷款流程没有执行审贷分离、分级审批。

②贷款业务没有订立书面合同。

7.2.2.2 规则文件预处理

从以上违规标准可以看出，在个人贷款审计项目中，有精确数据量化的业务规则，如银行的贷款余额/存款余额的比例<75%；也有模糊型业务规则，如当贷款人的借款用途、偿还能力、还款方式不合规定时，不能发放贷款。

（1）精确型业务规则

所谓精确型业务规则，包括以下几点：

①银行的资本余额/风险加权资产期末总额（即资本充足率）≥8%。

②银行的贷款余额/存款余额的比例<75%。

③银行的流动性资产余额/流动性负债余额>25%。

④贷款人在某贷款行的贷款余额/该行的资本余额<10%。

⑤当贷款人为商业银行的董事、监事、管理人员、信贷业务人员及其近亲属时，不能发放贷款。

⑥当担保人为商业银行的董事、监事、管理人员、信贷业务人员及其近亲属时，发放担保贷款的利息≥其他贷款人同类贷款的条件。

⑦当担保人的抵押物、质物的权属和价值小于债权时，不能发放贷款。

⑧当贷款人的贷款到期但未还款时，提示警报信息。

⑨当贷款业务没有订立书面合同时，提示警报信息。

⑩当贷款流程不是审贷分离以及分级审批时，提示警报信息。

（2）模糊型业务规则

所谓模糊型业务规则，包括以下几点：

①当贷款人的借款用途、偿还能力、还款方式不合规定时，不能发放贷款。

②当担保人的偿还能力不合规定，不能发放贷款。

基于模糊匹配的 Rete 算法，首先需要对模糊型业务规则进行预处理。

在贷款审计项目中，模糊型业务规则包括对贷款人的借款用途、还款能力，以及担保人的偿还能力等因素进行判定。通过规则描述可以看出，这些规则实际上是通过判断贷款人和担保人的还款能力来对贷款质量进行分类。

贷款五级分类制度是国际金融业对银行贷款质量公认的标准，它根据内在风险程度将商业贷款划分为正常、关注、次级、可疑、损失五类。这种方法是建立在动态监测的基础上，是银行通过对借款人现金流量、财务实力、抵押品价值等因素的连续监测和分析，判断借款人的还款能力即最终偿还贷款本金和利息的实际能力，确定贷款遭受损失的风险程度，其中后三类称为不良贷款。

本书对贷款五级分类的模糊规则处理的原理为：采用层次分析法确定影响模糊对象的指标因素权重 W_i；同时，对每一条模糊规则，确定其模糊对象影响因素的积分 F_i。通过影响因素的权重 W_i 和积分 F_i 的综合计算，得出当前规则 R 的值域 C 及隶属范围。当前审计对象的综合对象积分落在某个区间的隶属范围时，即产生一个新的精确匹配对象，进行与规则模式的匹配。

（3）评估模型建立

通过贷款五级详细分类标准的内容描述，以及在总结有经验的专家意见和相关风险评价系统的基础上，将评估贷款级别的因素按照评价角度的不同，分成三大类指标，即贷款人资产状况、还款意愿、担保情况。在这三大类指标下细分为7个影响因素，即贷款人生产经营、贷款人财务状况、抵贷资产、贷款期限、贷款利息、抵押物价值、担保人财务状况。通过对以上指标的描述，建立如图7-12所示的评估模型。

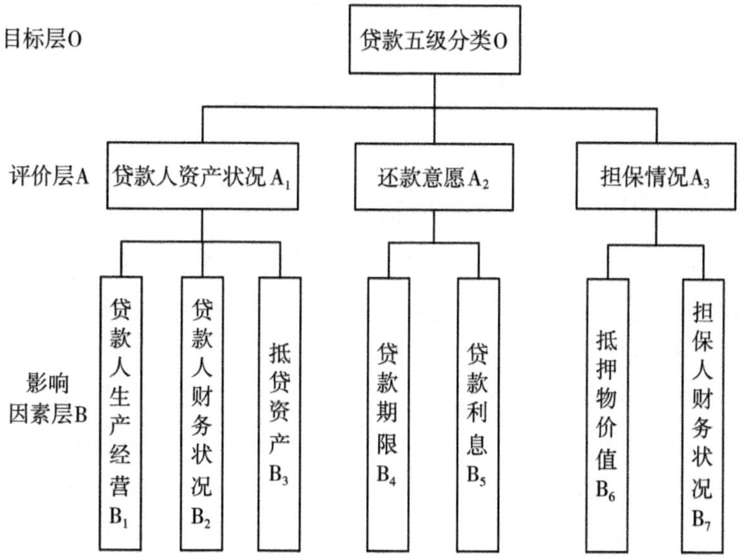

图7-12　贷款五级分类评估模型

（4）确定因素权重

采用模糊原理分析贷款质量类别时，利用二元对比法和层次分析法确定影响因素的权重。在每一层构造判断矩阵，其元素是针对上层某元素而言，得出本层次因素之间的相对重要性比值。

①一致性指标确定

对于影响因素通过二元对比法得到的判断矩阵A中，解特征根$A\omega = \lambda_{max}\omega$所得到的$\omega$经正规化后作为影响因素的排序权重，$\lambda_{max}$存在且唯一。通过一致性指标确定判断矩阵的可行性。

一致性指标CI的计算公式为：

$$CI=\frac{\lambda_{max}-n}{n-1}\qquad (n\text{ 为判断矩阵的阶数})$$

查表获得平均随机一致性指标 RI，1-10 阶判断矩阵的 RI 值如表 7-2 所示。

表 7-2　　**随机一致性指标**

n	1	2	3	4	5	6	7	8	9	10
RI	0.00	0.00	0.58	0.90	1.12	1.21	1.32	1.41	1.45	1.49

计算随机一致性比率 $CR=\frac{CI}{RI}$

当 CR<0.1 时，一般认为判断矩阵的一致性是可接受的，否则就必须调整判断矩阵，使之具有满意的一致性。

②权重计算

针对评价层 A，从贷款人资产状况、还款意愿、担保情况三个方面，通过贷款五级详细分类标准的内容描述，以及在总结有经验的专家意见和相关风险评价系统的基础上，打分并两两比较得到判断矩阵，然后利用 MatLab 软件对判断矩阵进行同层因素间排序，计算出各因素的权重，如表 7-3 所示。

表 7-3　　**目标层 O 的判断矩阵**

O	A_1	A_2	A_3	归一化向量
A_1	1	2	9/2	0.8773
A_2	1/2	1	9/4	0.4386
A_3	2/9	4/9	1	0.1949

最大特征值 $\lambda_{max}=3.0$，一致性指标 $CI=\frac{\lambda_{max}-n}{n-1}=\frac{3-3}{3-1}=0$，一致性比例 CR=0<0.1，结果有效。

对应的归一化向量为（0.8773，0.4386，0.1949）^{T}，将该特征向量单位化后即为O层各因素的相对权重：$\omega=$（0.5807，0.2903，0.1290）^{T}，即贷款人资产状况、还款意愿、担保情况对贷款五级分类的影响权重为58.07%、29.03%、12.90%。

针对影响因素层B，确定评价指标A_i的判断矩阵，如表7-4、7-5、7-6所示。

表7-4　　**评价指标A_1的判断矩阵**

A_1	B_1	B_2	B_3	归一化向量
B_1	1	8/5	8/3	0.8081
B_2	5/8	1	5/3	0.5051
B_3	3/8	3/5	1	0.3030

最大特征值$\lambda_{max}=3.0$，一致性指标$CI=\frac{\lambda_{max}-n}{n-1}=\frac{3-3}{3-1}=0$，一致性比例CR=0<0.1，结果有效。

对应的归一化向量为（0.8081，0.5051，0.3030）^{T}，将该特征向量单位化后即为A_1层各因素的相对权重：$\omega=$（0.5000，0.3125，0.1875）^{T}，即贷款人生产经营、贷款人财务状况、抵贷资产对贷款人资产状况的影响权重为50%、31.25%、18.75%。

表7-5　　**评价指标A_2的判断矩阵**

A_2	B_4	B_5	归一化向量
B_4	1	3/2	0.8321
B_5	3/2	1	0.5547

最大特征值$\lambda_{max}=2.0$，一致性指标$CI=\frac{\lambda_{max}-n}{n-1}=\frac{2-2}{2-1}=0$，一致性比例CR=0<0.1，结果有效。

对应的单位特征向量为（0.8321，0.5547）^{T}，将该特征向量单位化后即为 A_2 层各因素的相对权重：ω = （0.6000，0.4000）^{T}，即贷款期限、贷款利息对还款意愿的影响权重为 60%、40%。

表 7-6　**评价指标 A_3 的判断矩阵**

A_3	B_6	B_7	归一化向量
B_6	1	3/2	0.8944
B_7	3/2	1	0.4472

最大特征值 $\lambda_{max}=2.0$，一致性指标 $CI=\frac{\lambda_{max}-n}{n-1}=\frac{2-2}{2-1}=0$，一致性比例 CR=0<0.1，结果有效。

对应的单位特征向量为（0.8944，0.4472）^{T}，将该特征向量单位化后即为 A_3 层各因素的相对权重：ω = （0.6667，0.3333）^{T}，即抵押物价值、担保人财务状况对担保情况的影响权重为 66.67%、33.33%。

通过评价层和影响因素层的权重综合值，确定影响因素层对贷款五级分类的综合权重，见表 7-7。

表 7-7　**综合影响权重表**

<table>
<tr><th>评价层</th><th>权重</th><th>影响因素层</th><th>权重</th><th>综合权重</th></tr>
<tr><td rowspan="3">贷款人资产状况</td><td rowspan="3">58.07%</td><td>贷款人生产经营</td><td>50%</td><td>29.04%</td></tr>
<tr><td>贷款人财务状况</td><td>31.25%</td><td>18.15%</td></tr>
<tr><td>抵贷资产</td><td>18.75%</td><td>10.89%</td></tr>
<tr><td rowspan="2">还款意愿</td><td rowspan="2">29.03%</td><td>贷款期限</td><td>60%</td><td>17.42%</td></tr>
<tr><td>贷款利息</td><td>40%</td><td>11.61%</td></tr>
<tr><td rowspan="2">担保情况</td><td rowspan="2">12.90%</td><td>抵押物价值</td><td>66.67%</td><td>8.60%</td></tr>
<tr><td>担保人财务状况</td><td>33.33%</td><td>4.30%</td></tr>
</table>

(5) 计算指标得分

根据贷款五级详细分类标准、专家经验和已有系统数据，确定影响因素层 B 中的模糊对象（贷款人生产经营、贷款人财务状况、抵贷资产、贷款期限、贷款利息、抵押物价值、担保人财务状况）对应的离散型指标得分，见表 7-8。

表 7-8 **模糊对象积分表**

模糊对象		模糊对象积分
贷款人生产经营(29.04%)	(1) 经营正常	9
	(2) 经营不利	5
	(3) 经营停产	-3
	(4) 宣告破产	-5
贷款人财务状况(18.15%)	(5) 现金充足	3
	(6) 负债增加	-3
抵债资产(10.89%)	(7) 未发起抵债	3
	(8) 抵债资产不足	-3
贷款期限(17.42%)	(9) 未到期	9
	(10) 逾期 90 天	5
	(11) 逾期 180 天	-3
	(12) 逾期>180 天	-5
	(13) 无法偿还	-7
贷款利息(11.61%)	(14) 按期支付	9
	(15) 欠款 90 天	5
	(16) 欠款 180 天	-3
	(17) 欠款>180 天	-5
抵押物价值(8.60%)	(18) 抵押物足值有效	5
	(19) 抵押物价值不足	3
	(20) 无抵押财产	-3

续表

模糊对象		模糊对象积分
担保人财务状况（4.30%）	（21）现金充足	3
	（22）负债增加	−3

满足（1）、（5）、（7）、（9）、（14）、（18）、（21）时，计算正常类的临界点为：

$m_1 = 29.04\% \times 9 + 18.15\% \times 3 + 10.89\% \times 3 + 17.42\% \times 9 + 11.61\% \times 9 + 8.60\% \times 5 + 4.30\% \times 3 = 6.6565$

满足(2)、(5)、(7)、(10)、(15)、(19)、(22)时，计算关注类的临界点为：

$m_2 = 29.04\% \times 5 + 18.15\% \times 3 + 10.89\% \times 3 + 17.42\% \times 5 + 11.61\% \times 5 + 8.60\% \times 3 + 4.30\% \times (-3) = 3.9037$

满足(2)、(6)、(8)、(11)、(16)、(19)、(22)时，计算次级类的临界点为：

$m_3 = 29.04\% \times 5 + 18.15\% \times (-3) + 10.89\% \times (-3) + 17.42\% \times (-3) + 11.61\% \times (-3) + 8.60\% \times 3 + 4.30\% \times (-3) = -0.1611$

满足(3)、(6)、(8)、(12)、(17)、(19)、(22)时，计算可疑类的临界点为：

$m_4 = 29.04\% \times (-3) + 18.15\% \times (-3) + 10.89\% \times (-3) + 17.42\% \times (-5) + 11.61\% \times (-5) + 8.60\% \times 3 + 4.30\% \times (-3) = -3.0649$

满足(4)、(6)、(8)、(13)、(17)、(20)、(22)时，计算损失类的临界点为：

$m_5 = 29.04\% \times (-5) + 18.15\% \times (-3) + 10.89\% \times (-3) + 17.42\% \times (-7) + 11.61\% \times (-5) + 8.60\% \times (-3) + 4.30\% \times (-3) = -4.5101$

正常类的临界点为 m_1，关注类的临界点为 m_2，次级类的临界点为 m_3，可疑类的临界点为 m_4，损失类的临界点为 m_5。

（6）模糊业务规则转化

在个人贷款审计项目中，将贷款数据信息代入上述计算过程中，得出值域 m。m 所属的贷款质量分类值域范围如表 7-9 所示。

表 7-9　　贷款质量分类范围

	正常类 m_1	关注类 $[m_2, m_1)$	次级类 $[m_3, m_2)$	可疑类 $[m_4, m_3)$	损失类 $[m_5, m_4)$
m	6.6565	[3.9037, 6.6565)	[-0.1611, 3.9037)	[-3.0649, -0.1611)	[-4.5101, -3.0649)

那么，将以上的模糊型业务规则转化为精确型业务规则，当贷款数据为非正常类时，需作为审计疑点处理：

若 $m=m_1$，则当前贷款数据为正常类；

若 $m \in [m_2, m_1)$，则当前贷款数据为关注类；

若 $m \in [m_3, m_2)$，则当前贷款数据为次级类；

若 $m \in [m_4, m_3)$，则当前贷款数据为可疑类；

若 $m \in [m_5, m_4)$，则当前贷款数据为损失类。

7.2.3 贷款审计规则引擎数据模型模块

使用规则引擎对被审计单位进行业务数据的审计，需要完成数据预处理、审计规则库的建立，然后对数据和规则进行匹配及冲突处理。本书将持续审计中规则引擎的数据模型分为三个模块：数据预处理模块、规则库模块、规则引擎模块。数据预处理模块对数据进行清理、实时监控；规则库模块进行业务规则库的建立、参数信息的处理；规则引擎部分进行规则文件的设计、业务数据与规则的匹配及相关的冲突处理。

7.2.3.1 数据预处理模块

一般而言，审计过程会采用直接采集法①、模板导入法②、数

① 王琦峰，胡玲玲．基于AO的审计数据采集方法［J］．计算机系统应用，2009，18（3）：99-102.

② 陈伟．面向大型数据库的审计数据采集方法［J］．计算机应用，2008，28（8）：2144-2146.

据库接口导入法①、程序接口导入法等方法对被审计的电子数据进行采集。但是，对于持续审计而言，数据采集往往不能达到实时性的目的。

为了达到持续监控被审计系统的业务数据变化的目的，本书根据触发器原理建立了数据预处理 Agent，并将其直接部署在被审计单位的数据库中。

数据预处理 Agent 直接获取被审计单位数据库中的元数据表，并建立与其对应的、当前审计项目所需要的被审计数据信息表。当被审计方发生业务操作时，触发数据预处理 Agent 中的触发器，使数据预处理 Agent 感知到被审计系统的处理动作，从而开始更新被审计数据信息表，达到快速、持续、及时监控的目的。同时，数据预处理 Agent 还需要对数据源中的相似重复记录、不完整记录和错误数据进行数据清理②。数据预处理 Agent 处理步骤如图 7-13 所示。

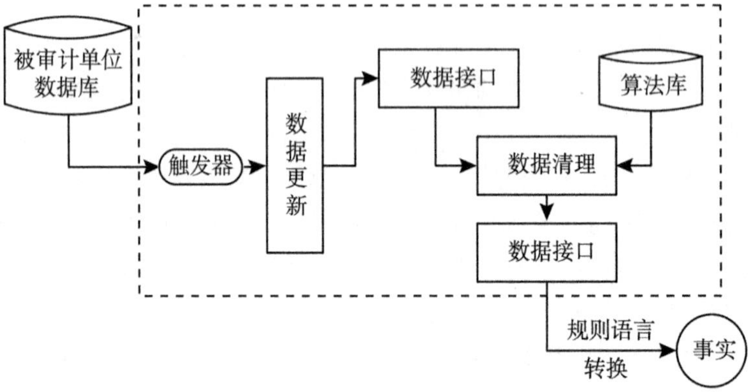

图 7-13　数据预处理 Agent 处理步骤

---

① 陈伟，王昊，陈丹萍．一种基于交互式数据迁移技术的数据采集方法［J］. 计算机工程，2006，32（9）：62-63.

② 刘国城，王会金．大数据审计平台构建研究［J］. 审计研究，2017（6）：36-41.

触发器是一种特殊的存储过程，它不能显式地被调用，而是在往表中插入记录、更改记录或者删除记录时，才被自动地激活。当触发器所保护的数据被监控到发生改变时，触发器会自动被激活，响应并执行一定的操作。触发器可以用来对表实施复杂的完整性约束，保持数据的一致性，从而保证对数据的不完整性约束或不正确的修改。持续审计的一个主要特点就是审计过程中对数据信息有严格的实时性要求，因此，在贷款业务信息表中的数据发生变化时，通过触发器对表的完整性约束来达到监控业务操作、审计实时数据的要求。

（1）创建中间表

数据预处理 Agent 监控被审计单位数据库中的元数据表时，需要建立与其对应的、当前审计项目所需要的被审计数据信息表。

贷款审计项目中，元数据表 dbo. dk 包括个人贷款的所有数据，根据该表需要创建的中间表如表 7-10 所示：

表 7-10　　**贷款审计项目中间表**

表名	内容
银行信息表 dbo. Bank	描述机构号、机构名、资本余额、贷款余额、存款余额、流动性资产余额、流动性负债余额
贷款人信息表 dbo. Loan	描述贷款人身份证号、贷款人姓名、贷款人身份、贷款机构号、贷款量、是否按规定使用贷款、是否有稳定工作、是否订立书面合同、是否到期不还款、是否审贷分离、是否分级审批
担保人信息表 dbo. Guarantee	描述担保人身份证号、担保人姓名、担保人身份、是否有稳定工作、抵押物是否为担保人所有、担保债权、抵押物价值

（2）创建触发器

当元数据表 dbo. dk 有插入、修改操作时，首先判断该项业务操作对应的属性值属于银行信息表、贷款人信息表、担保人信息表中的哪一个信息表，然后对相应的被审计数据信息表进行级联插入、修改操作，保证数据的实时性和一致性。例如，当判定业务操作对应的属性值属于贷款人信息表 dbo. Loan 时，对其进行级联操作。由于海量数据采集会对审计方数据库造成巨大压力，因此，应该先对采集后的数据进行清理，消除错误和冗余之后，再进行分析和传输，可采取以下解决方案：

一是采用数据匹配技术清理相似重复记录。对转化后的数据库中的记录选取公共字段，调用算法库中的相似检测算法，对公共字段中的记录值进行匹配，根据规则库中预定义的重复识别规则，判定公共字段的相似度，记录的相似度是各公共字段相似度的综合值，数据相似度超过规则库规定的阈值即为相似重复记录。

二是采用自适应参数调节算法清理不完整数据。通过这种自适应参数调节算法，可以对审计信息与规则匹配过程中的参数设置进行自适应调节。当前数据信息在何种情况下属于不完整数据，可以通过对参数的调节表现出来，从而实现对不完整数据全面精确的清理。

三是采用孤立点检测技术清理错误数据。错误数据往往表现为孤立点，可通过检测并消除数据源中的孤立点来达到检测出错误数据的目的。当然并非所有的孤立点都是错误的数据，所以，在检测出孤立点后还应该结合领域知识分析判断该孤立点是否为错误数据，若是错误数据，则从规则库中调用相关规则来改正该记录中的错误字段。

将包含以上数据清理方法的算法放入算法库中，数据清理过程如图 7-14 所示。

7. 2. 3. 2　规则库模块

由于持续审计中的审计数据信息繁杂多样，为了体现数据的层次性和规律性，对数据信息进行指标分类和计算十分必要，同时它也是采用规则引擎进行规则监测和处理的前提依据。

（1）持续审计项目中的数据指标分类

①持续审计目标体系的确定

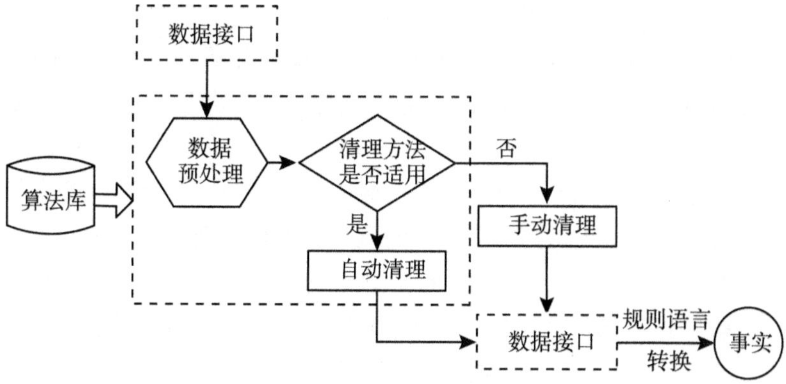

图 7-14 数据清理过程

根据我国公布的《独立审计具体准则第 7 号——审计报告》的相关内容，我国独立审计的总体目标是对被审计单位会计报表的“公允性”和“合法性”发表意见。“公允性”是指被审计单位的财务状况、经营成果和资金变动情况，能够通过会计报表在所有重大方面反映出来。“合法性”是指针对国家颁布的企业会计准则和相关会计制度，会计报表的编制能够符合其要求和规定。

现阶段我国独立审计的总体目标体系并不符合当前我国审计的实际情况。首先，合法性和公允性之间存在着矛盾性。其次，在我国的市场环境中，企业内部控制的健全性和有效性有待完善，欺诈舞弊等市场违规行为普遍存在，利用审计揭露舞弊报表比验证报表的公允性具有更大的实际意义。最后，社会公众对于审计揭露市场经济中的非法行为需求迫切，我国审计技术及审计人员的整体素质有待提升。

持续审计将审计过程实时化、电子化，这是从审计方法和手段上对审计过程提出的要求，因此，持续审计的目标体系同审计的目标体系是一致的。基于我国审计面临的实际情况，结合我国独立审计的总体目标，一个较完整的审计目标体系应该是：财务审计要在揭露欺诈舞弊行为的前提下满足公允性要求，遵循性审计要满足合法性要求，管理审计要满足效益性要求。

②银行金融行业审计指标的确立

针对不同的行业进行持续审计时，除了要满足持续审计的总体目标体系以外，还要根据行业的特点及需要满足不同的指标要求。

金融行业的风险问题和审计目标体系紧密相关。金融风险指任何可能导致企业或机构财务损失的风险。银行的金融风险直接关系到其财务状况的优劣①。对银行金融行业进行审计，首先应明确银行在具体金融交易活动中可能出现的风险，从交易活动及其盈利影响因素的角度分析，银行的风险指标主要包括信用风险、流动性风险、利率风险、市场风险、外汇风险、偿付能力风险、操作风险及衍生金融工具风险，而衍生金融工具风险又包括市场风险、信用风险、流动性风险、操作风险、结算风险、法律风险②。

银行的各项风险指标是审计人员对其进行持续审计时需要全局考虑的因素。宏观上，银行通过控制社会货币总量和控制信贷总规模来实现其经济活动；从微观来看，银行是通过对生产和流通企业以及其他经济组织的贷款来实现其经济活动的。③

为了保护商业银行、存款人和其他客户的合法权益，规范商业银行的行为，提高信贷资产质量，加强监督管理，保障商业银行的稳健运行，维护金融秩序，促进社会主义市场经济的发展，国家制定了一系列的法律法规文件来规范商业银行的业务活动。对商业银行的审计项目建立审计规则库，也要从国家的相关法律法规出发。具体而言，商业银行的业务活动需遵守的法规文件如表 7-11 所示：

---

① 赵鸣凤．银行金融风险会计研究 [D]．西南财经大学，2006.

② 王广兵．关于金融审计目标体系的思考 [J]．审计研究，2008 (6)：11-13.

③ 崔澜．商业银行经济效益审计评价指标体系的研究 [J]．商业研究，2007 (8)：104-105.

表 7-11 **商业银行的业务活动需遵守的法规文件**

所属行业	法规文件名称
金融行业	贷款通则
	中华人民共和国商业银行法
	贷款风险分类指导原则（试行）
	金融违法行为处罚办法
	商业银行内部控制指引
	商业银行房地产贷款风险管理指引
	农村信用合作社农户小额信用贷款管理指导意见
	农村信用合作社农户联保贷款管理指导意见
	新开工项目清理工作指导意见
	产业结构调整指导目录
	农村信用合作社财务管理实施办法
	中华人民共和国担保法

（2）个人贷款审计项目的规则库构建

从银行行业指标现状的研究及相关法律文件的规定可以看出，商业银行的业务审计应该包括以下几个方面：对贷款业务及贷款人的审计、对存款业务及存款人的审计、对中间业务的审计、对工作人员的审计。而在前面的业务规则模型中，我们建立了贷款审计项目的违规标准，包括借款人担保人身份违规、借款人担保人资料违规、资产负债比例违规、贷款制度违规，并将其量化，提取出了数据指标。

因此，贷款审计项目业务数据规则库可分为四个子规则库：贷款规则库、存款规则库、中间业务规则库、工作人员规则库，其中，贷款规则库又分为四个子规则库：身份规则库、资料规则库、资产负债比例规则库、贷款制度规则库。贷款审计项目的规则库构建如图 7-15 所示。

根据前面的业务描述，贷款审计的指标信息如表 7-12 所示。

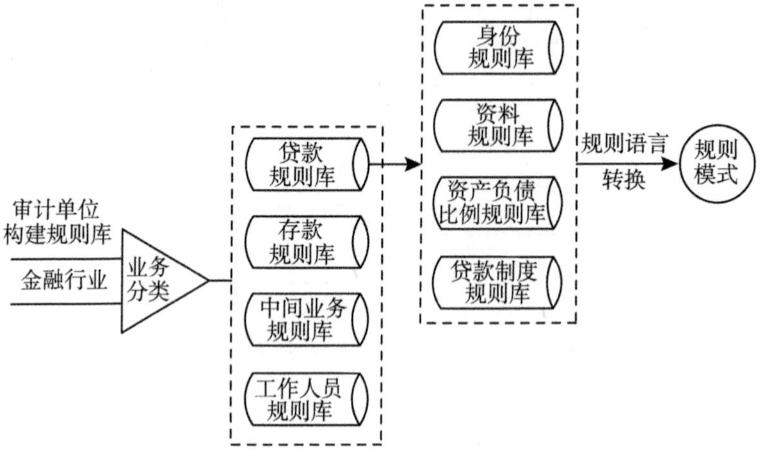

图 7-15　贷款审计项目的规则库构建

表 7-12　**贷款项目指标量化信息**

<table>
<tr><th>违规性质</th><th colspan="2">审计对象</th><th>审计指标</th><th>审计违规值</th></tr>
<tr><td rowspan="8">资产负债比例违规</td><td colspan="2" rowspan="2">资本充足率（资本余额/风险加权资产期末总额）</td><td>银行资本余额</td><td rowspan="2"><8%</td></tr>
<tr><td>风险加权资产期末总额</td></tr>
<tr><td colspan="2" rowspan="2">银行贷款余额/存款余额</td><td>银行贷款余额</td><td rowspan="2">>75%</td></tr>
<tr><td>银行存款余额</td></tr>
<tr><td colspan="2" rowspan="2">流动性资产余额/流动性负债余额</td><td>流动性资产余额</td><td rowspan="2"><25%</td></tr>
<tr><td>流动性负债余额</td></tr>
<tr><td colspan="2" rowspan="2">对同一借款人的贷款余额/银行资本余额</td><td>对同一借款人的贷款余额</td><td rowspan="2">>10%</td></tr>
<tr><td>银行资本余额</td></tr>
<tr><td rowspan="3">身份违规</td><td colspan="2">贷款人身份</td><td>贷款人是否为银行的董事、监事、管理人员、信贷业务人员及其近亲属</td><td>是</td></tr>
<tr><td rowspan="2">担保人身份</td><td>担保人为商业银行的董事、监事、管理人员、信贷业务人员及其近亲属</td><td rowspan="2">本笔贷款利息（其他贷款利息）</td><td rowspan="2"><0</td></tr>
<tr><td>同等贷款额度</td></tr>
</table>

续表

违规性质	审计对象	审计指标	审计违规值
资料违规	贷款人资料	借款用途（是否按合同规定的用途使用贷款）	否
		偿还能力（是否有稳定工作）	否
	担保人资料	偿还能力（是否有稳定工作）	否
		抵押物、质物是否为担保人所有	否
		所担保的抵押物/质物的价值	<0
制度违规	审贷分离	贷款流程是否审贷分离	否
	审批级别	贷款流程是否分级审批	否
	书面合同	是否订立书面合同	否
	还款时间	是否到期不还款	是

在本案例中，审计需用到的规则库为贷款规则库，其表内关系如图 7-16 所示。其中，RuleBase 表是总的审计行业信息：行业代码、行业名称和行业性质；BankRuleBase 表给出了银行业包含的子规则库：行业代码、银行数据子规则库编号及名称等信息；LoanRuleBase、DepositRuleBase、IntermediaryRuleBase、StaffRuleBase 分别包含了贷款规则库、存款规则库、中间业务规则库、工作人员规则库的指标编号、指标名称、指标标准值及相关描述等信息。

7.2.3.3 规则引擎模块

从数据预处理模块和规则库模块得到相关的数据信息后，需要进入规则引擎模块进行信息处理。在模式匹配之前，通过规则语言转换将数据预处理模块收集到的信息转换为事实，将规则库中的规

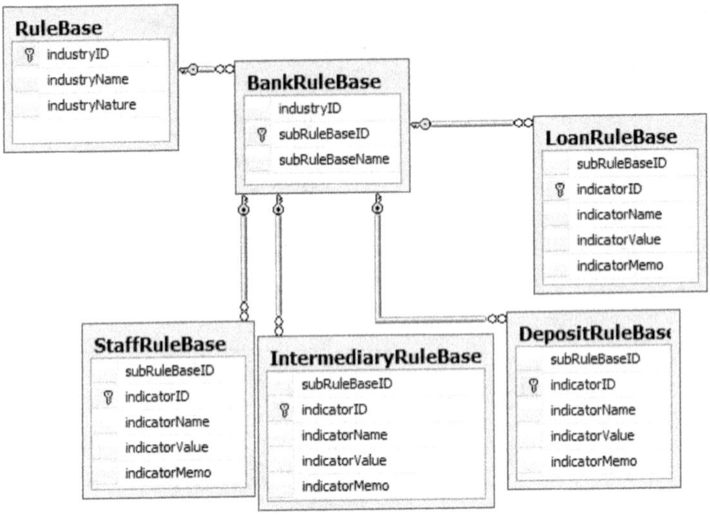

图 7-16　贷款规则库的表内关系

则转换为标准规则模式。事实和规则模式进入规则引擎的模式匹配器中进行规则匹配操作。

Drools 规则引擎对规则的处理是通过基于面向对象的 Rete 算法来完成的，其基本流程为：首先根据已定义好的规则文件中的事实对象与规则模式进行匹配构建 Rete 模式网络，然后通过被审计单位的事实与规则来遍历模式网络，从而得出审计结果。

贷款事实对象可以表示为 Java Bean 类生成的对象，只包含贷款数据事实本身的属性及属性的 get 和 set 方法，而不包括对象间的约束关系和相关逻辑。如银行信息类包括：机构号、机构名、资本余额、贷款余额、存款余额、流动性资产余额、流动性负债余额；贷款人信息类包括：贷款人身份证号、贷款人姓名、贷款人身份、贷款机构号、贷款量、是否按规定使用贷款、是否有稳定工作、是否订立书面合同、是否到期不还款、是否审贷分离、是否分级审批；担保人信息类包括：担保人身份证号、担保人姓名、担保人身份、是否有稳定工作、抵押物是否为担保人所有、担保债权、抵押物价值。

业务规则模式即是从业务规则当中提取出的规则条件。例如：某行贷款余额/存款余额≤75%；某行向同一借款人发放的贷款余额/该行资本余额≤10%。

据此业务规则构建的 Rete 模式网络如图 7-17 所示。

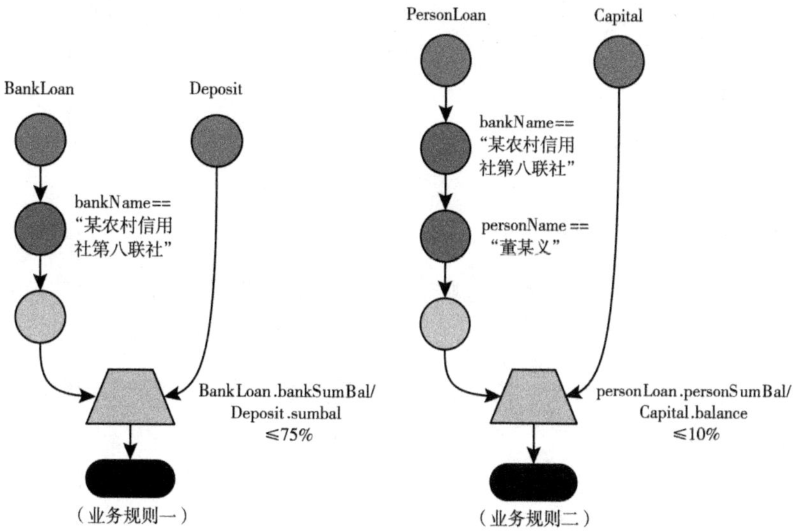

图 7-17 Rete 模式网络

Rete 模式网络实际上是一棵由规则条件作为节点而形成的二叉树，该审计项目的规则处理过程就是用采集到的商业银行的贷款数据对模式网络二叉树进行遍历的过程。

7.2.4 贷款审计规则引擎审计结果展现

利用规则引擎在对某农村信用社贷款数据的持续审计过程中，在对所审计项目数据表进行必要的预处理后，只需要将本项目的审计目标和业务规则转化为规则文件的形式，直接利用规则引擎的规则匹配机制完成审计疑点的输出，而不必进行人工分析得出审计结果。其执行步骤如下：

步骤一：如图 7-18 所示，在数据预处理模块中，数据预处理

Agent 直接被置于在农村信用社综合信息系统的数据库中，从而获取元数据表。根据审计项目的需要，将农村信用社提供的各联社贷款数据以及业务状况表、资产负债表的数据整理为三个表格样式：贷款表 Loan，存款表 Deposit，资本表 Capital。

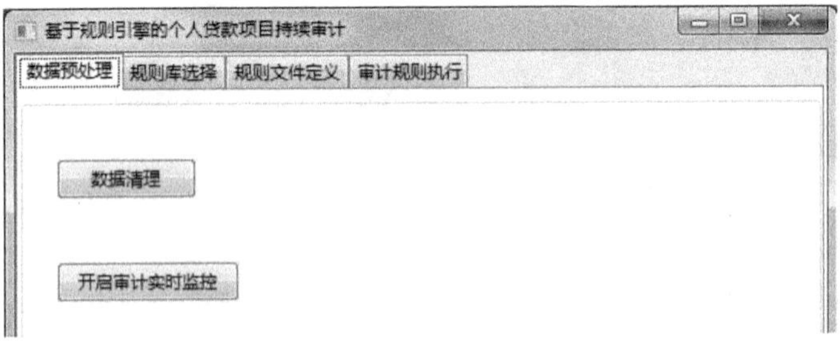

图 7-18　规则库选择模块的操作

开启实时审计，当农村信用社贷款元数据发生改变时，更新数据库中的信息。

步骤二：在规则库选择模块中，选择本次审计所要用到的规则库，并定义精确型规则指标信息，如图 7-19 所示。

步骤三：在规则文件定义模块中，根据此次审计项目所依赖的规则库信息和业务规则模型，选择已有的符合条件的规则文件 CreditUnionRule. drl，或者定义新的规则文件。规则文件定义模块如图 7-20、图 7-21 所示。

步骤四：完成各项配置后，在审计规则执行模块中，针对规则库选择模块中已设定好值的指标进行审计，一次性得出审计疑点。

在本步骤中，为了验证改进的基于模糊匹配的 Rete 算法对模糊规则的处理优势，我们进行了两次小实验，分别获取了使用传统 Rete 算法和改进的基于模糊匹配的 Rete 算法得出的审计结果，如图 7-22、图 7-23 所示。

AO 系统的审计是根据 SQL 语句查询抽取出的数据信息，然后根据查询的结果列表推导出可能存在的疑点和问题，整个审计过程不具备实时性，并且对审计结果的得出需要大量的人工分析。

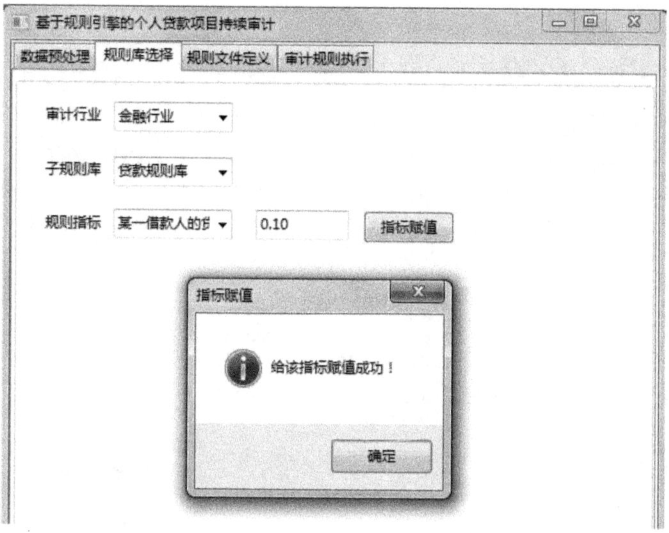

图 7-19　规则库选择模块的操作

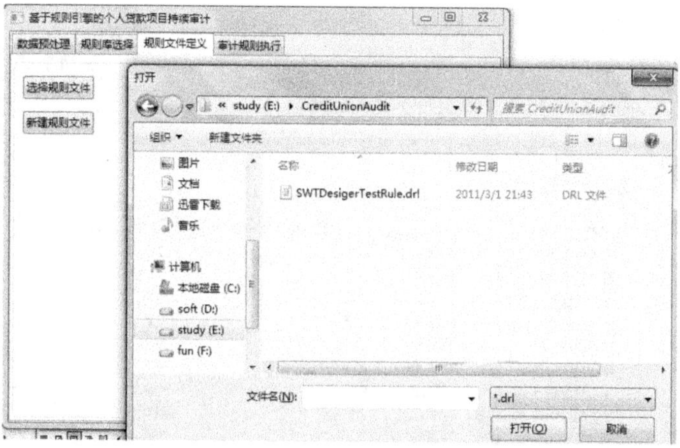

图 7-20　规则文件定义模块的操作——选择规则文件

而基于规则引擎的持续审计中，完成了以下任务：①通过数据预处理模块中的触发器实时采集审计数据，实现了持续审计的实时性要求；②构建业务规则库模型，为匹配处理奠定了理论基础；③

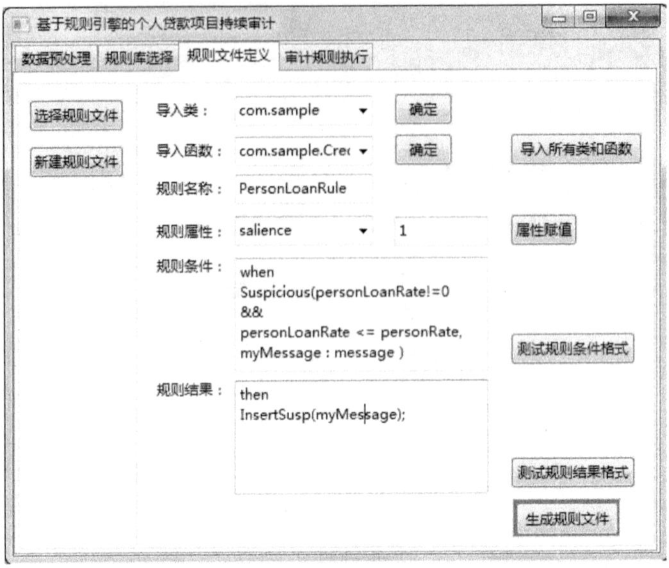

图 7-21　规则文件定义模块的操作——新建规则文件

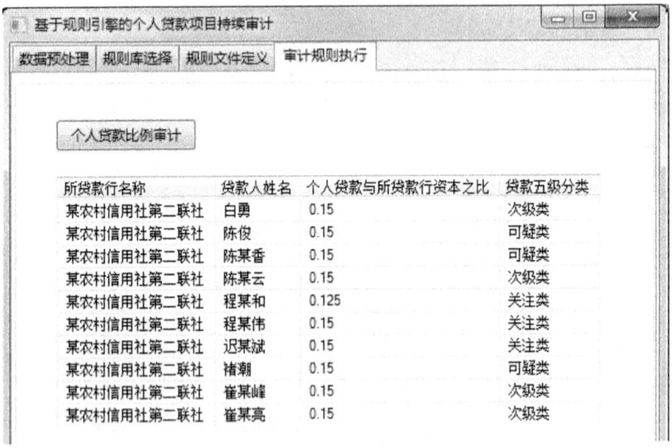

图 7-22　贷款数据审计结果——标准 Rete 算法

将业务规则定义和规则处理相分离，根据规则库和业务逻辑将可能存在的疑点问题定义为业务规则文件，然后将待审计的数据信息代

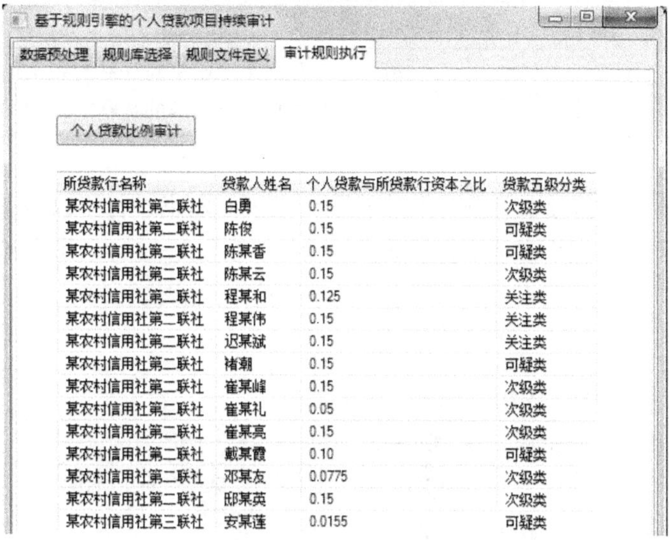

图 7-23 贷款数据审计结果——改进 Rete 算法

入规则中与其进行匹配，自动产生预警结果，实现了持续审计的自动化要求。

表 7-13 从规则处理方式、审计结果的准确度、处理信息量、审计过程的执行时间、执行效率各方面对 AO 系统审计和基于规则引擎的持续审计的结果进行了对比分析。

表 7-13 **对比 AO 系统的审计和基于规则引擎的持续审计**

	AO 系统的审计	基于规则引擎的持续审计
规则处理方式	SQL 语句查询，人工对比分析得出结果	定义规则文件，自动进行匹配产生审计结果
处理信息量	人工分析所需信息表	所有贷款数据信息表
执行时间	SQL 语句查询时间+人工分析时间	SQL 语句查询时间+规则引擎匹配时间
执行效率	人工分析，效率较低	自动审计，效率高

续表

	AO 系统的审计	基于规则引擎的持续审计
准确度	依赖人工分析	匹配结果准确率高（在规则文件的量化指标符合标准的基础上）

在对个人贷款比例进行审计的背景下，本书进行了以下实验：

假设处理信息表数据量增大时，AO 系统增加的工作量和基于规则引擎的持续审计增加的执行时间如下（见图 7-24）：

处理数据量：500 条增加到1024 条

AO系统执行时间：60.1秒（SQL 查询0.1秒+人工分析1×60秒）增加到 120.2秒（SQL 查询0.2秒+人工分析2×60秒）

规则引擎执行时间：3.4秒增加到4.5秒

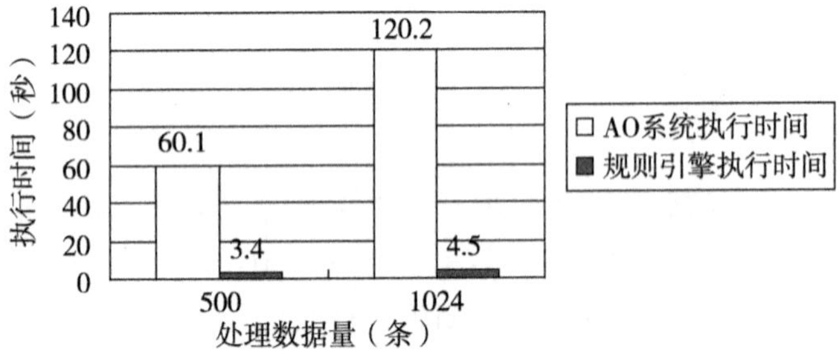

图 7-24　执行时间对比分析

假设处理信息表均为贷款数据表时，AO 系统和基于规则引擎的持续审计的执行结果准确度如下（见图 7-25）。

根据实验对比结果可以看出，基于规则引擎的持续审计通过数据预处理模块、规则库模块、规则引擎模块，对数据和规则进行匹配处理自动得出审计结果，能够满足持续审计要求的实时性、自动化、高效率等要求。

处理数据量：1024条

违规数据量：450条

AO系统查询结果准确度：340/450=75.56%

规则引擎查询结果准确度：388/450=86.22%

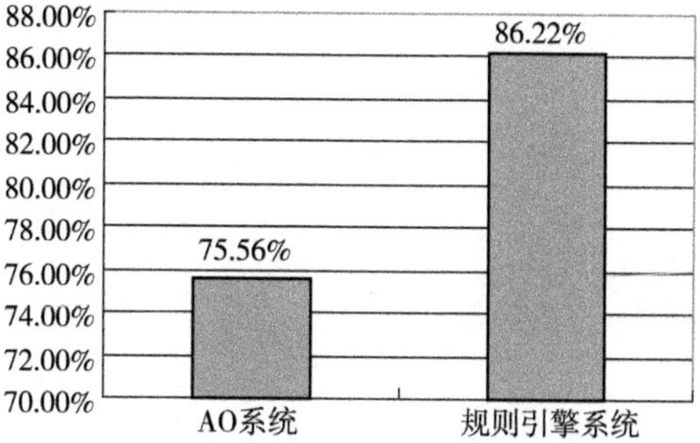

图 7-25　执行结果准确度对比分析

7.3 本章小结

基于上述知识发现和知识建模的阐述，本章以贷款审计规则引擎系统为例，深入探讨了商业银行知识库的构建问题。基本思路是从国家政策、行业背景、企业规则各个层次建立贷款业务数据的规则库，并用改进的 Rete 算法来处理贷款审计数据与业务规则的匹配问题。

随着日益复杂的商业模式的需求和信息技术的进步，传统的手工审计处理将不能满足日益增长的数据加载和高度复杂的交易实践，审计范式的转变是不可避免的趋势，因此持续审计是其重要实现途径之一。本章对贷款持续审计的业务数据进行规则匹配的处理进行了论述，首先介绍了规则引擎的基本框架和匹配算法的设计理念，并加入模糊理论对标准 Rete 算法进行了改进；其次，在银行个人贷款业务审计的背景下，对其进行业务规则模型、规则文件、数据模型的设计，通过 Rete 算法实现持续审计的规则处理；最后，通过 AO 系统和规则引擎的对比研究，以及 Rete 算法改进前后的实验对比研究得出持续审计和规则引擎结合应用的实际意义。通过数据预处理模块、规则库模块、规则引擎模块建立起完善的数据模型，从而实现对整个持续审计过程的数据规则匹配处理，体现了基于规则引擎的持续审计规则处理的高效性、实时性、智能性。

第8章　客户关系管理场景下的银行知识管理实证

作为特殊的金融服务行业，商业银行知识管理的核心是对各种隐性知识的管理，包括客户知识、组织知识、业务知识和外部知识的管理。其中，由于银行业的资本来源于储户，因此客户知识的管理是商业银行知识管理的重点，直接影响到商业银行的发展。从商业银行的角度来看，客户关系管理是维持客户、发展客户的法宝，而数据挖掘是其坚强的技术支撑，为科学的决策依据和数据支持提供有效且高价值的商业信息。商业银行有着丰富的数据资源：客户基本信息及其金融数据。

本章将以X银行个人电子银行客户关系管理实例为背景，讨论客户知识发现技术在具体案例中的应用。根据客户关系管理的四个阶段（新客户获得、客户成长、客户再生、客户挽留），我们分别按照确立研究对象、使用知识发现技术、分析历史数据、调整市场策略四个模块对客户关系管理各阶段的应用案例进行描述，并对X银行个人电子银行业务基于客户知识发现技术进行市场营销战略调整的整体效果进行综述。

8.1　客户关系管理场景下的银行知识管理框架

8.1.1　客户关系管理视角下银行知识管理的主要问题

客户关系管理是一种以客户为中心的企业经营的技术实现与管理实现，其核心是客户价值的管理。企业借助信息技术（IT）和互联网技术，围绕客户生命周期（获取、成长、再生、衰退）的各个阶段，与客户进行沟通与交流，不断了解客户需求，通过对客户具体资料的归集与深入分析，实现“一对一”的营销策略，满足不同生命周期、不同价值附加值客户的服务需求，最大化客户的收益率①。同时，提升客户对企业服务的满意度，增强客户对企业的忠诚度与粘性，创造客户与企业“双赢”的市场模式，并为企业确立全方位的业务发展视角，从而全面提升企业盈利能力，构建企业的市场核心竞争力。

尤其是近年来各家银行在电子银行领域的产品和服务创新层出不穷，国内电子银行发展的整体格局是百花齐放，竞争日趋激烈，新客户的获得成本正在不断攀升，所以，建立客户异动模型，通过客户异动指数判断客户流失倾向性，对可能流失的客户采取有效措施进行挽留，进而有效提升存量客户的保有率显得尤为重要。

X银行是一家以客户为中心为导向、高度重视客户关系管理的公司。客户关系管理可以帮助X银行按照客户需求进行有效的市场细分，结合客户价值贡献度体系对细分市场进行定位，锁定目标客户群体进行分层营销，精耕细作，实现一对一营销、精细化发展、差异化服务、流程化管理。同时，高速发展的信息化技术以及电子银行业务的快速发展为商业银行带来的数据量呈爆炸性增长，为深化知识发现技术在银行客户关系管理中的应用提供了天然优势，通过知识发现技术可以帮助X银行深度挖掘客户行为中所蕴藏的价值信息，包括客户的基本特征、发展趋势等，为提高银行管理决策水平，最大化激发客户价值贡献度，最大化银行收益率，全面确立银行核心竞争力提供支持。

X银行庞大的数据仓库是银行的核心资产之一，从客户开通第一个账户起，X银行就为每一位客户建立了一份档案，包括客户最基本的信息：年龄、性别、身份证信息、教育背景、家庭状况、联系方式等，以及客户在X银行所办理的每一项业务、每一次交易行为都被记录在这个数据仓库中，可谓是一个不可多得的宝库。X

① P. E. Frow, A. F. Payne. Customer Relationship Management: A Strategic Perspective [J]. *Journal of Business Market Management*, 2009, 3 (1): 7-27.

银行在客户生命周期的各个阶段，均通过聚类分析、关联度分析等相关知识发现技术，对新增及存量客户进行相关活跃度情况的分析，帮助X银行能及时发现有异动倾向的客户，从而采取及时的挽留措施。比如，针对客户签约电子银行业务后，在三个月内从未进行过任何交易行为的情况，通过制定专题营销活动，来激活客户的首次交易体验，活动的形式可以是“交易满送”，也可以是“首次交易享优惠”、“特邀客户沙龙”等，活动力度逐级提升，引导客户完成首次的破冰交易；针对通过初次或几次的业务办理，已经对电子银行渠道有了一定的认知和信任度的客户，则通过关联交易功能引导、相关资讯信息主动推送等方式，进一步加强客户与银行的粘度，以及对银行的忠诚度；针对曾经活跃过，但是在最近较长一段时间内，交易活跃度显著下降甚至不活跃的客户，通过短信调研、电话回访等方式，了解异动倾向客户的实际情况，并采取对应的客户保有策略，防止客户流失。

此次研究将通过对客户数据的细致分析，捕捉客户交易行为特征，锁定目标挖掘潜在客户群体，确保每个阶段客户的潜力最大化，同时，促进各阶段客户迅速成长到最佳阶段。研究的主要问题如下：

（1）如何在快速发展新签约客户的同时，提升客户质量

“新签约客户”即客户签约X银行个人电子银行业务。历史数据表明，在个人电子银行业务发展初期，各家银行都以跑马圈地之势抢占市场份额，X银行个人电子银行业务经历了跨越式发展，不排除利用类似“免费签约”、“签约有礼”之类刺激性市场推广策略吸引客户签约，导致出现不具备个人电子银行业务使用需求的客户办理签约的情况，形成大量不动户、死户，整体签约客户质量亟待提升。

（2）如何激活存量签约客户中的“沉默客户”

如何引导新签约客户成功进行第一次的个人电子银行业务办理？在“沉默客户”中找到“有价值的潜在客户”，促使客户成长为真正有价值的客户。同时，对新签约客户中“无价值客户”进行清理，不再对此类客户付出市场成本，避免在后续市场推广活动

中对于这类客户的投入，造成营销费用不必要的浪费。

（3）采用怎样的市场策略，让现有的“价值客户”持续使用个人电子银行渠道交易，深化功能应用

如何进行产品关联度分析，对现有的“价值客户”进行更精准的细分，了解他们更多的业务需求？以个人电子银行重点交易应用推广为切入点，按应用场景分类、结合各类客户的行为偏好，开展客户分层营销，逐渐激活客户，最大化挖掘客户电子渠道应用潜力，促进个人电子银行价值客户活跃度再提升。同时提升客户对 X 银行个人电子银行的忠诚度，防止用户最终流失。

8.1.2　银行知识管理的客户生命周期 4R 维度

本章节设计的 X 银行个人电子银行客户关系管理基于 4R 管理框架，它将客户的生命周期分为 4 个阶段：新客户获得（Recruit）——客户签约个人电子银行业务。客户成长（Ramp）——客户首次使用个人电子银行渠道进行交易。客户再生（Reactive）——客户持续使用个人电子银行渠道交易，深化功能应用。客户挽留（Retain）——客户忠诚度出现衰退，如何预防客户流失，见图 8-1。

基于客户知识发现技术的营销策略研究，本书将针对客户生命周期 4R 的各个阶段进行分析。通过知识发现技术，帮助 X 银行对电子银行业务确定目标客户群体的基本特征，并针对具有同样特征的客户进行电子银行业务的专项宣传与引导；通过知识发现技术，分析客户交易需求，从而以客户需求为切入点激活客户电子银行业务的使用；并进一步深化客户对电子银行各项功能的应用，实现客户价值贡献度的再提升；通过知识发现技术，还可以及时发现客户流失的异动趋势，对有异动倾向的客户主动采取客户挽留的相关措施。目前，知识发现技术在 X 银行营销管理中的应用具体如下：

（1）新客户获得（Recruit）——客户签约个人电子银行业务

在电子银行业务发展初期，客户获取的传统方法就是利用广告效应，扩大市场的知晓度，通过泰勒式的发展方法，即可实现客户规模的跨越式增长。但规模化发展使得各行业都出现了一个普遍的

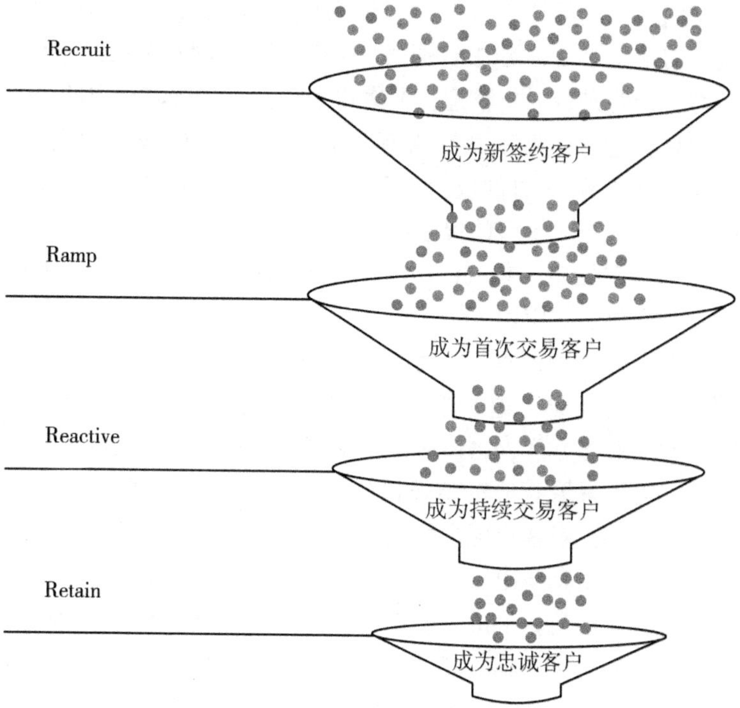

图 8-1 X 银行个人电子银行客户关系管理 4R 管理框架

现象——“过剩”，电子银行业务也不例外，随着各家银行纷纷加快电子银行业务发展进程，产品与服务趋于同质化，客户的选择范围不断扩大，传统的撒网式广告宣传效果逐渐削弱。所以，X 银行利用知识发现技术，对现有电子银行活跃客户基本特征进行聚类分析，归集客户的关键特征信息，寻找客户共同点，并利用银行自身优势资源，针对具备“共同点”的客户进行定向营销，提升签约客户质量。

（2）客户成长（Ramp）——客户首次使用个人电子银行渠道进行交易

通过聚类分析等知识发现技术，可以辅助银行对客户市场进行细分。即按照一定的规则，将客户按照多个维度细分为不同的类型组，在相同的类型组中的客户拥有较为类似的基本特征，而不同类型组中的客户的特征各不相同，不同的客户类型反映了客户对特定产品的需求迫切度。X 银行通过知识发现技术的应用，对客户资料、客户行为进行分析整理，为客户主动推送符合其需求的个性化服务信息，让客户真正感受 X 银行的关心、银行服务的实用性，从而体会到 X 银行的价值，提升新客户电子银行业务的激活率，同时也提高客户对银行的价值。

（3）客户再生（Reactive）——客户持续使用个人电子银行渠道交易，深化功能应用

让现有的“价值客户”继续使用电子银行渠道进行交易，深化功能应用是 X 银行电子银行业务发展的重中之重。客户通过初次或几次的业务办理，已经对电子银行渠道有了一定的认知和信任度，此时需要采取相应的市场策略，对现有的“价值客户”进行更精准的细分，对客户更多的业务需求进一步判断，从而选择和培养忠诚客户，使其与银行之间建立起长期稳定的关系。

当然，在任何一个市场中都存在这样的客户，不论企业提供多么优质的服务与多么高的产品附加价值，客户关心的始终是价格利益，哪里价格更优惠，哪里有促销活动，这样的客户就会马上转向新的渠道办理业务。但是，在任何一个市场中同样存在另外一类客户，这一类客户他们关心的是服务、品质、品牌形象、附加价值与时间成本等，当这类客户对企业提供的服务感到满意以后，就会成为忠实客户。通过对 X 银行历史数据的研究，验证了 80%的利润由 20%的忠诚客户创造的理论。因此，忠诚客户的价值贡献及为银行带来的利润将是非常大的。

（4）客户挽留（Retain）——客户忠诚度出现衰退，如何预防客户流失

业务的健康增长需要形成可持续发展的生态模型，要占据更多的市场份额，除了不断获取更多的新客户之外，同时，需要加强对存量客户的维护，增强客户与银行的业务粘性，保持客户的活跃度。如何及时发现那些曾经交易频繁但近期不活跃的客户？对有异动倾向的客户及时采取针对性保有策略，防止用户最终流失就显得

尤为关键。

综上所述，基于知识发现技术的客户行为分析对X银行的客户关系的管理与营销策略的制定均提供了有效的支持。以下将围绕X银行客户生命周期（4R）的各个阶段，就知识发现技术在此类情况中的应用进行具体的讨论，探讨知识发现技术如何帮助X银行实现对其电子银行客户行为特征的收集与分析，提升X银行寻找具备“共同点”的目标客户群体的能力，辅助X银行进行市场细分，探索特定类型组客户群体的业务需求，为X银行电子银行业务客户关系管理与营销策略研究，给予定性、定量的双向分析，为电子银行业务发展提供决策性帮助，帮助电子银行业务部门建立起全方位的管理视角，进一步完善其与客户的沟通能力，深度挖掘客户价值贡献度，构建X银行电子银行业务市场核心竞争力。

下文将结合X银行4R客户管理框架，逐一阐述在客户成长周期的四个阶段，如何利用基于知识发现技术的客户行为分析技术进行研究，并制定出相应的市场策略。

8.2 基于客户生命周期4R维度的知识管理策略实证

8.2.1 新客户获得阶段（R1）的知识管理策略

如何锁定有明确业务办理需求的个人客户，能够使X银行在快速做大个人电子银行客户规模的同时，有效提升整体客户质量，获得更多“高质量”的新签约客户？对客户信息的综合分析就显得尤为重要。

8.2.1.1 知识发现技术的实施过程

（1）动户的交易情况分析

我们可以通过分析动户的交易情况，为聚类分析奠定数据基础。在所有网上银行客户中，一季度动户数情况如图8-2所示：

通过对动户交易情况分析，网上银行各类交易的使用率极不一致，客户交易分化明显。动户中81%的客户使用过网上支付；33%

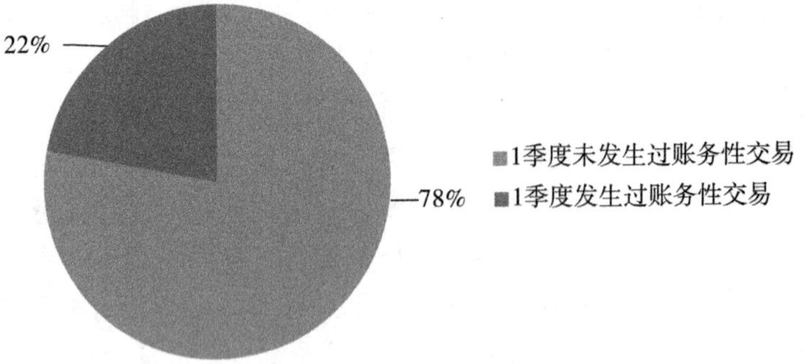

图 8-2　网上银行一季度动户数情况

的客户使用过转账汇款交易；19%的客户使用过信用卡还款等日常交易；4%的客户使用过理财类交易，见图 8-3。

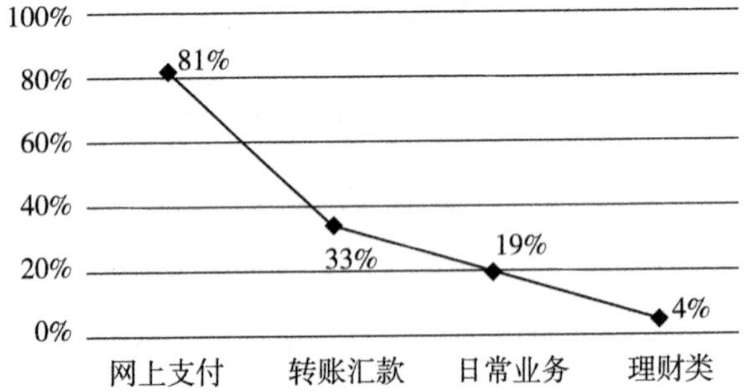

图 8-3　网上银行各类交易的使用率

可以看出使用网上银行的驱动力主要就是网上支付。网上支付是随着互联网的发展而形成的新兴支付方式，无需通过柜面或其他方式实现，具有不可替代性。因此，对整个渠道分流、考核占比不具参照价值。同时，与本轮知识发现技术的方向——从传统渠道中寻找潜在网银客户不同，故后续分析中将剔除只进行网上支付交易的客户。

根据客户日常交易习惯，转账、缴费、信用卡还款类等交易一个月使用 1~2 次网银支付属合理范畴，理财类交易一般很少，3 个月数据无法准确判断客户的交易行为。故通过分析我们认为：以交易笔数作为判断依据，将影响整个客户的分类，以客户交易频度、交易量作为衡量标准不具有代表性。所以聚类分类时主要以客户三个月内是否从事过某项产品业务作为特征进行分类。

（2）聚类分析

样本：一季度网银动户。

利用两步聚类方法，通过参数设置，根据1季度网银交易情况将网银动户分为四类，见图8-4。

聚类1——网上支付类客户：客户只使用网上支付功能，此类客户占到X银行网银动户的55%。客户特征分析如下：

①年龄在20~30岁之间，在上一年度开户的网银签约客户中，84%的账户活期存款在4000元以内。

②网银非签约的客户中90%的客户拥有X行信用卡。

③上一年度开立账户，属于网银签约客户，70%的客户签约短信，绝大多数存款余额小于4000元，属于手机银行非签约客户。

聚类2——转账汇款类客户：客户只使用网银进行转账、汇款交易，伴有少量网上支付交易的，占到X银行网银动户的22%。客户特征分析如下：

在汇款交易的客户中，87%的客户身份证显示为非本地客户，年龄在20~30岁之间，签约短信。

聚类3——信用卡还款类客户：客户除网上支付外，主要是用信用卡还款，同时伴随少量的转账、汇款类交易，占到X银行网银动户的11%。客户特征分析如下：

①信用卡客户同时是基金客户，同时95%的客户是证券客户。

②年龄在30~40岁之间，77%的客户签约电话银行。

③信用卡客户同时为X银行的个贷客户。

④73%的客户是男性。

聚类4——网银活跃客户：客户是X银行网银的忠实客户，年龄30~40岁的占到46%，20~30岁的占到27%，客户忠诚度高。客户特征分析如下：

对所有网银产品都有涉及，包括相对占比很小的理财类交易，

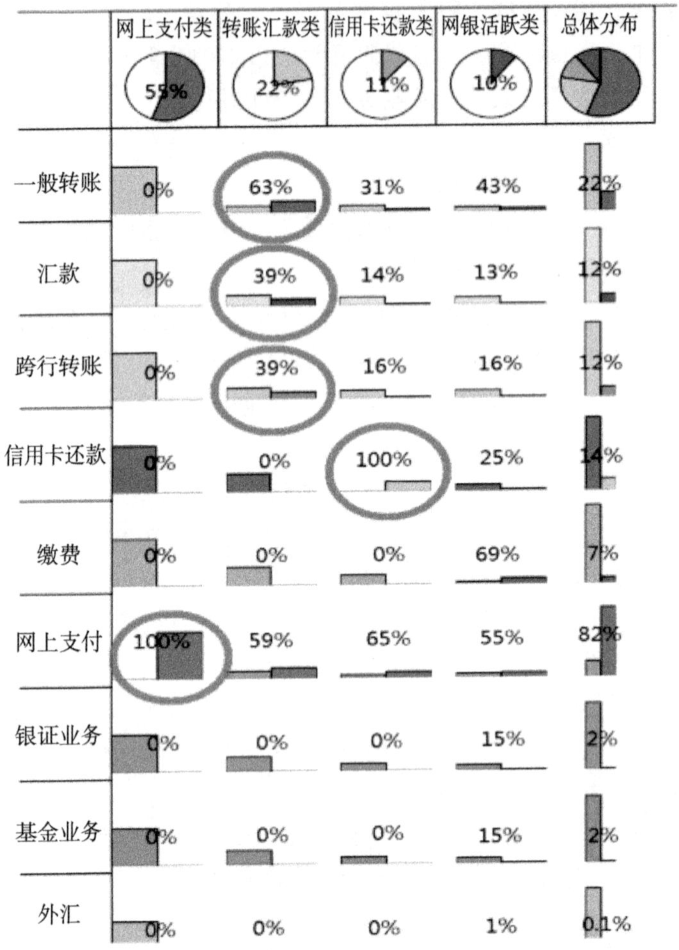

说明：“否”表示无此交易，“是”表示有此交易，且标明交易占比数。

图 8-4　客户交易行为聚类结果

此类客户对网银产品的使用频率也较高，属于电子渠道网银高端客户。

（3）对四类客户渠道签约情况分析

四类聚类客户网上银行签约情况如图 8-5 所示。

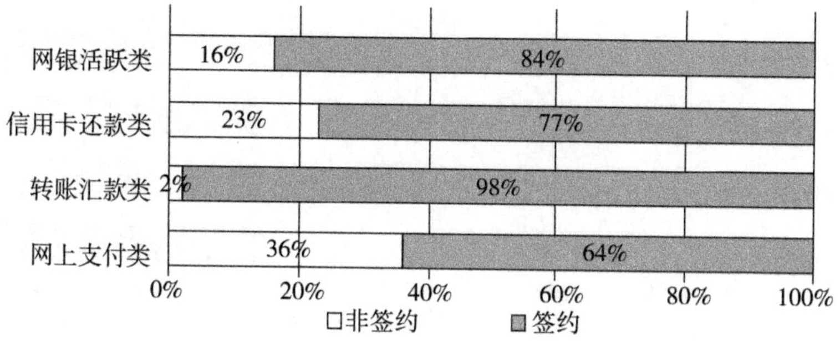

图8-5　四类聚类客户网上银行签约情况

四类聚类客户手机银行签约情况如图8-6所示。

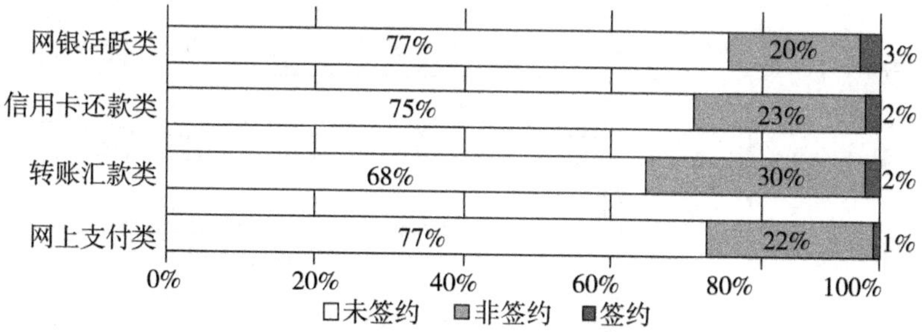

图8-6　四类聚类客户手机银行签约情况

由图8-6可知，网银各类客户手机银行的签约率均不高，这与网银与手机银行功能重合度有关。继而，本案例分析了四类聚类客户金融短信签约情况，如图8-7所示。

从短信签约率来看，转账类短信签约率最高。

（4）对四类客户进行基本特征分析

①性别分析

四类聚类客户性别分析结果如图8-8所示。从性别来看，男性网银粘合度更高。

②地域分析

四类聚类客户地域分析结果如图8-9所示。

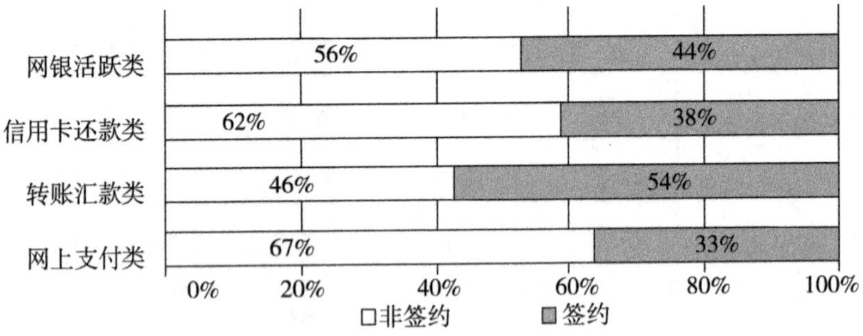

图 8-7 四类聚类客户金融短信签约情况

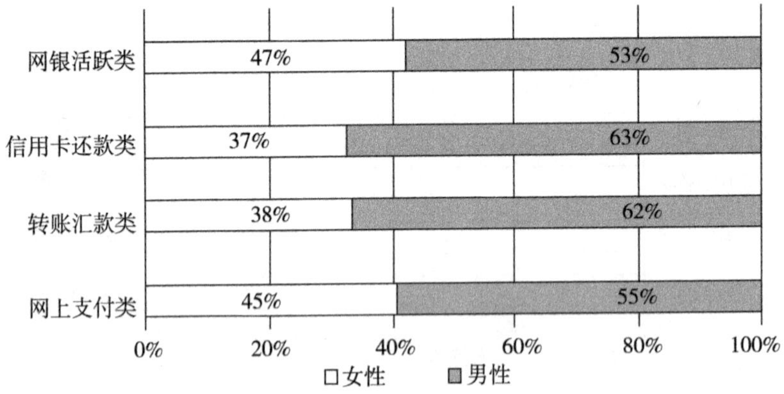

图 8-8 四类聚类客户性别分析

从交易客户所处的地域来看，身份证为非本地客户的转账汇款交易较多，通过网银转账交易挖掘非本地客户成为网银业务最好的切入点；市区客户比郊区客户交易更多，城区和郊区的营销应存在差异。

③年龄段分布情况分析

四类聚类客户年龄段分布情况分析结果如图 8-10 所示。

可以看出，网上支付客户年龄主要集中在 20~30 岁，这与整体网银客户年龄结构相似。随着客户使用网银产品数的增多，客户结构也发生很大变化，20~30 岁人群的占比减少，30 岁以上人群

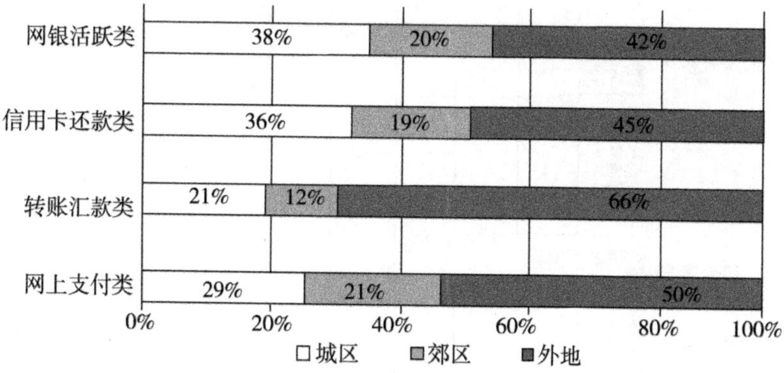

图 8-9 四类聚类客户地域分析

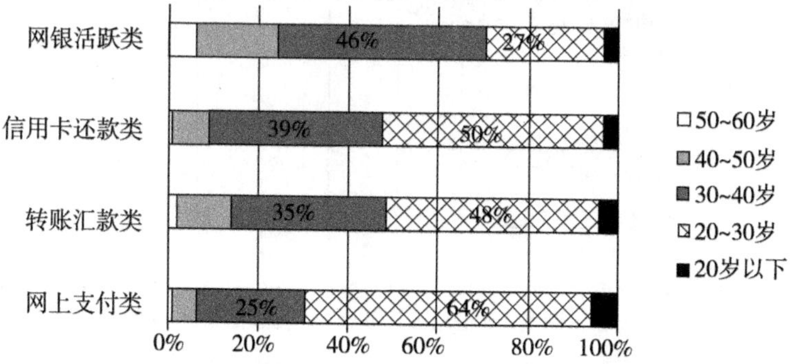

图 8-10 四类聚类客户年龄段分布情况分析

的比例增加，这与客户财富积累、理财观念的建立有很大关系。

（5）对四类客户持有产品分布情况分析

由于持有产品数据未区分柜面渠道还是电子渠道，故以下数据为全渠道持有产品占比情况，如图 8-11 所示。

网银活跃客户：64%的网银活跃客户有贷记卡；45%的网银活跃客户拥有证券卡；45%的网银活跃客户为 CTS 客户；38%的网银活跃客户为代发工资客户；32%的网银活跃客户拥有基金；13%的网银活跃客户进行过账户金交易。

信用卡还款客户：86%的信用卡还款客户有贷记卡（部分为他

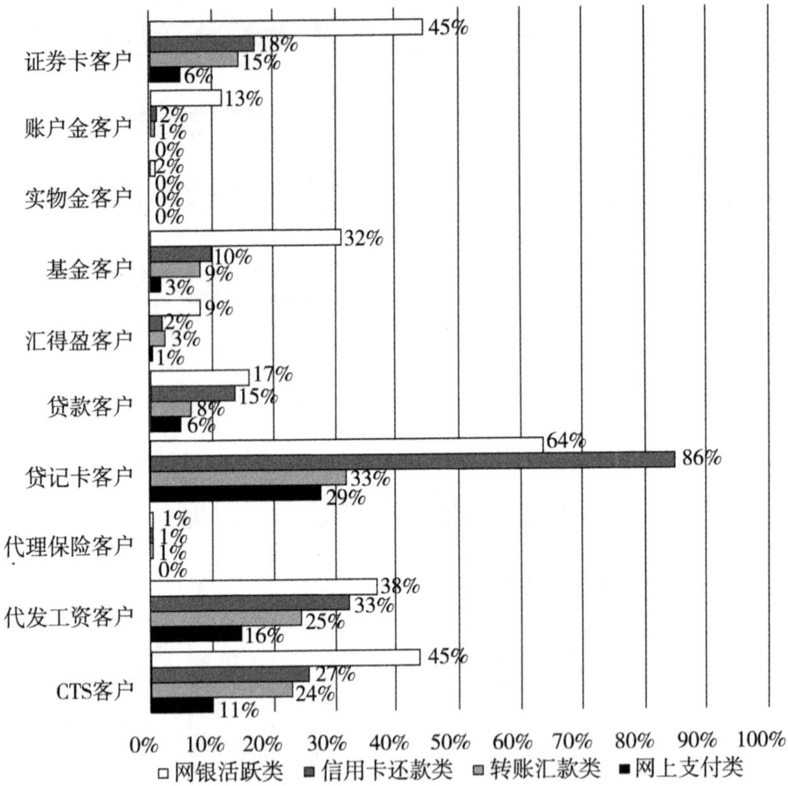

图 8-11　四类聚类客户持有产品分布情况分析

人还款)；33%的信用卡还款客户为代发工资客户；27%的信用卡还款客户为 CTS 客户；18%的信用卡还款客户拥有证券卡；10%的信用卡还款客户拥有基金；2%的信用卡还款客户进行过账户金交易。

转账汇款类客户：33%的转账汇款类客户有贷记卡；25%的转账汇款类客户为代发工资客户；24%的转账汇款类客户为 CTS 客户；15%的转账汇款类客户拥有证券卡；1%的转账汇款类客户进行过账户金交易；9%的转账汇款类客户拥有基金。

网上支付类客户：29%的网上支付类客户有贷记卡；16%的网

上支付类客户为代发工资客户；11%的网上支付类客户为CTS客户；3%的网上支付类客户拥有基金；6%的网上支付类客户拥有证券卡；0%的网上支付类客户进行过账户金交易。

数据说明：网银活跃客户拥有更多的银行产品，可以说同时拥有多个X行产品的客户更容易或更可能成为网银活跃客户。

贷记卡还款客户理财意识强，具有成为活跃客户的潜力；可以利用关联产品营销成为活跃客户。

仅网上支付客户确实拥有银行产品少的特点，这与网上支付客户年轻、收入不高、尚未进入成熟年龄、理财意识不强有关。可以作为潜在客户，通过贷记卡还款、分期付款、基金定投等产品逐步使客户成为活跃客户。

（6）对四类客户活期存款余额情况的分析

四类聚类客户活期存款余额情况的分析结果如图8-12所示。

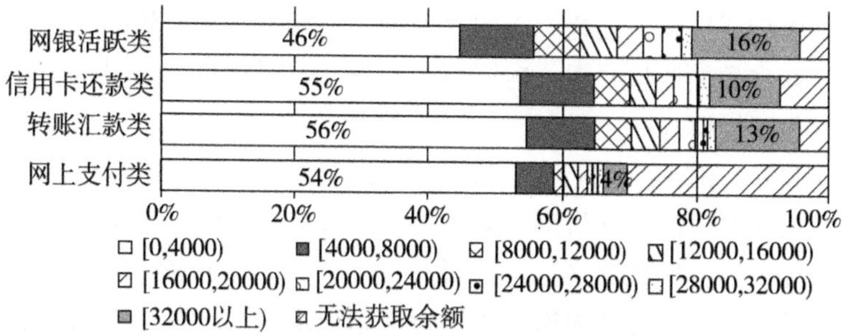

图8-12 四类聚类客户活期存款余额情况的分析

活期存款为各客户在X银行开户的所有活期账户余额某一时点的总和。网银各类客户的活期存款量不高，近50%的客户存款余额在4000元以内，高存款客户分布在活跃客户、转账类客户和信用卡还款类客户中。

8.2.1.2 对新客户获得的历史数据进行分析

从整体来看，X银行的个人电子银行客户主要集中在20～40岁之间，但是不同年龄阶层的客户交易行为差异很大，对电子银行的贡献也不同。

对客户进行细分时发现，超过 1/2 的客户对网银的使用仅局限于网上支付，客户年龄结构更趋于年轻化，80 后是主要人群。由于客户处于财富积累阶段，理财意识相对薄弱，柜面交易也较少，从近期看对电子银行的贡献度较低，但由于客户相对年轻，新事物的接受能力很强，随着时间的推移，发展潜力巨大，将成为电子银行的中坚群体。

网银活跃客户主要集中在 30~40 岁之间，此类客户的年龄相对网上支付类客户年龄有所提升，客户存款量也有所增加，拥有理财类产品比重很大，同时拥有贷记卡、贷款、理财卡的比例明显增多，客户贡献度很大，此类客户是 X 银行个人电子银行的高端客户，对电子银行的贡献价值最高。

8.2.1.3　基于分析结果调整市场营销策略

参照上述网银活跃客户的业务模式的分析结果，可对柜面相似行为的客户进行数据分析及知识发现，寻找目标客户。结合目标客户关键特征信息，优化网点叫号系统，在客户刷卡取号的第一时间匹配客户相关信息要素，向银行柜员发出目标客户营销提示，形成精准化营销模式。

此外，由于纯网上支付客户在 X 银行产品持有量较少，客户更多关注便捷性和支付限额等因素，因此如何对纯网上支付客户进行适度引导，使其更多地应用其他网银产品，增强客户的依赖度，减少客户流失，将对未来电子银行整个渠道建设以及未来电子银行格局建设起到至关重要的作用。从目前客户行为来看，他们喜欢网上支付的同时更青睐于信用卡支付，因此充分利用二代支付新增功能，引导客户利用网银添加他行账户，实现跨行信用卡还款功能，引导此类客户成为网银签约客户十分必要。同时，还应联合个人金融部、高端客户部、卡部等部门联合推动业务营销，将此类客户作为精准营销的重点目标。

8.2.2　客户成长阶段（R2）的知识管理策略

此阶段主要是对 X 银行个人电子银行的存量签约不动户进行分类整理。对于此类已经签约但尚未通过 X 银行个人电子银行渠道办理过任何业务的客户，引导其中具有价值的潜在客户进行第一次个人电子银行业务办理，对确认“无价值客户”进行清理，从而提升营销推广成本的效用。

8.2.2.1 知识发现技术的实施过程

（1）存量客户细分

“潜在价值客户”：签约后3个月内在个人电子银行渠道无任何交易行为，但客户在传统柜面、自助渠道有相关交易行为；同时，客户信息完整并正确。

“无价值客户”：签约后3个月内在个人电子渠道无任何交易行为，且在传统柜面、自助渠道没有相关可迁移交易行为，或客户信息不正确无法联系。

（2）客户建档

从现有客户数据库系统中提取客户所有的联系方式信息（主要是手机号码及邮箱），建立联系。

8.2.2.2 新签约客户行为分析

数据显示，总共大约有60%的客户在签约X银行个人电子银行后没有任何业务办理行为。这些签约客户能否成功进行第一次个人电子银行业务的办理？为什么没有能够转换为活跃客户？这是业务发展部门要考虑的问题。

由于此类客户数据量庞大，需要通过一系列的客户数据筛选以及对客户的试探性引导，从而确定客户是否具备潜在发展价值。

8.2.2.3 基于分析结果调整市场营销策略

为进一步挖掘客户价值，基于对存量签约不动户的分析，业务发展部门制定了相应的市场营销策略。

对于其中40%的客户信息不正确或近期没有相关电子银行业务办理需求的客户，业务发展部门将其定义为“无价值客户”，以后不再对此类客户进行任何形式的主动沟通，以降低不必要的营销费用支出。

对于60%的“潜在价值客户”，为了化解客户对于电子渠道业务办理的安全保障机制所存在的疑虑，同时加强客户电子渠道使用的指引，业务发展部门采取了以下方法：

①印制个人电子银行业务安全手册，以客观的态度评述个人电子银行渠道的安全性，将业务办理过程中客户自身操作所需关注的风险点进行罗列，让客户对产品本身的安全性与自身操作的注意要点有个正确的认识。

②强化一线营销人员对客户的安全解说意识，在营销客户办理个人电子银行业务的过程中，首先向客户解说产品的安全性及客户自身操作过程中的注意事项（例如：在线购物过程中，不要将账户支付密码、身份证、登录名等关键信息告诉他人）。

③建议客户开通短信通知服务，及时掌握账户变动情况。

④建议客户签约网银盾版网上银行业务，网银盾是经过国际安全组织认证的在线支付安全保障体系，通过网银盾独立于电脑之外的物理介质，规避电脑黑客控制客户电脑盗取证书的可能性。

⑤印制个人电子银行业务办理指引手册，通过漫画的形式向客户呈现生活化的个人电子银行业务使用场景，强化客户场景化的使用意识，并结合简洁明快的操作流程图，手把手引导客户完成首次业务办理。

在消除了客户首次接触个人电子银行业务的安全、操作顾虑之后，接下来需要考虑的是如何刺激客户实现第一次业务办理操作？业务发展部门决定采用“先少后多，循序渐进，逐步加大刺激力度”的营销推进策略，分层激活存量签约不动户，这样做一方面不会宠坏客户，导致投入不必要的营销成本，另一方面也使得营销费用投入实现效用最大化，实现投入产出最佳比例。具体的营销推广策略如下：

①迎合客户的喜好。如果在一开始就给所有的新签约客户强烈的刺激性客户回馈，势必会宠坏所有的客户，甚至让客户产生相应的心理预期，之后没有持续的很大的刺激性回馈就很难让他们持续使用电子渠道办理相关业务。

从数据分析来看，电子银行交易分化很明显，使用网上支付交易的客户占到 81%，使用转账汇款类交易的达 33%，缴费类和信用卡还款类交易占到 19%，理财类交易只有 4%。电子银行现有的整个交易模式仍是以网上支付作为主要驱动力。

但是，站在从传统渠道实现客户迁移的角度而言，有将近1/5的客户更青睐于电子银行的转账汇款类业务，此类客户有以下主要特征：客户多数为外地客户（非本地身份证号），异地资金往来频繁；客户以男性为主；客户短信签约比例较高，对资金到账情况较为敏感。

因此，针对这些未启动的新签约客户，通过短信推送的方式，有意识告知客户电子银行手续费价格优惠、转账汇款不受网点和网点营业时间限制的相关信息，同时在短信中必须以具体数字的形式，体现手续费的折扣优惠力度，伴以7×24小时不受地域时间营销的在线服务模式，从而有效地启动客户的第一次业务办理。

②诱之以利。当针对一批新签约客户，通过各类个人电子银行优惠信息多次推送，始终未能激活客户办理首次电子银行交易时，就不得不改用“以利诱之”的方式了。最常用的方法是“交易满送”的形式，即客户通过个人电子银行渠道办理一种或者多种交易累计满一定笔数，就可以获得相应的客户回馈，一般选择一些实用价值高、贴近客户日常生活消费需求的小金额礼品作为客户回馈，吸引客户尝试首次使用电子银行办理业务。

③诱之重利。在“交易满送”的刺激之下，又有一批签约客户转换为活跃客户，此时，剩下的就是一些顽固的存量客户，仍然没有能够实现第一次的破冰交易。针对这一批客户就需要运用“首次交易享优惠”、“客户沙龙”等方式发起最后一波攻势，综合考虑营销活动成本以及客户成功转换后的延续性，确定诱之多少“利”以达到目的。

8.2.3 客户再生阶段（R3）的知识管理策略

采用怎样的市场策略，让现有的“价值客户”持续使用个人电子银行渠道交易，持续成长，深化功能应用，是每个企业发展的重中之重。客户通过首次尝试，以及连续几次的业务办理，对电子银行渠道已经产生了一定的认识和信任度，此时应通过相应的营销策略，对现有的“价值客户”进行更精准的细分，了解他们更多的业务需求，以个人电子银行重点交易应用推广为切入点，按应用场景分类，结合各类客户的行为偏好，开展客户分层营销，逐渐激活客户，最大化挖掘客户电子渠道应用潜力，促进全量个人电子银行价值客户活跃度再提升，并进一步促进客户对企业的依赖程度，从而使这些客户成为 X 银行最重要的优质资产。

8.2.3.1　知识发现技术的实施过程

首先进行产品关联度分析。根据客户 3 个月网银账务性交易，分析客户使用某项产品时，更愿意或更容易接受哪项产品。

网状图中，线条越粗说明关联性越强，客户同时使用 2 个或多个产品的概率越高。可以看出，网上支付交易与其他产品关联度较高，这是由于网上支付作为网银最基础的交易，受众群体最大，见图 8-13。

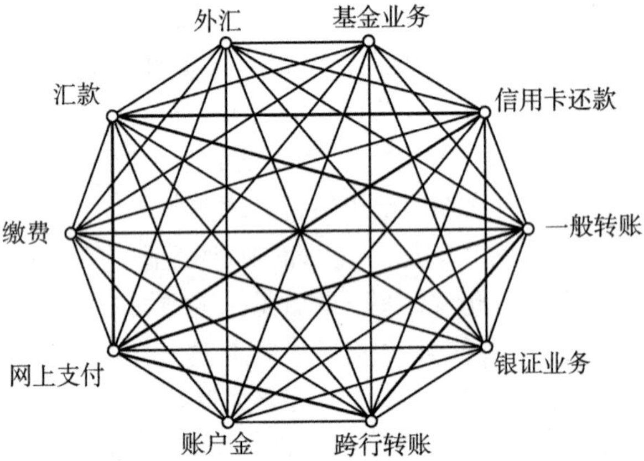

图 8-13　电子银行功能应用产品关联度分析（1）

为便于进一步分析，将网上关联性不强的线条剔除后再进行关联关系分析（图 8-14、图 8-15）。

可以看出提升行内转账的交易有助于同步提升汇款、缴费、信用卡等交易的交易量。

从理财产品关联关系看，基金、账户金、银证转账关联度更高，其中一项业务活跃度增强，会对其他业务有辅助提升作用（图 8-16）。

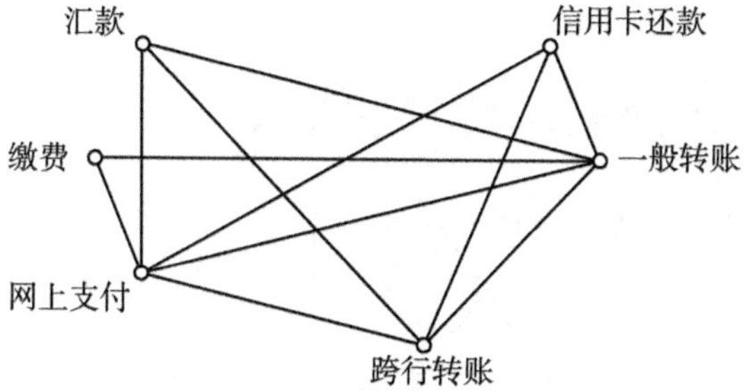

图8-14 电子银行功能应用产品关联度分析（2）

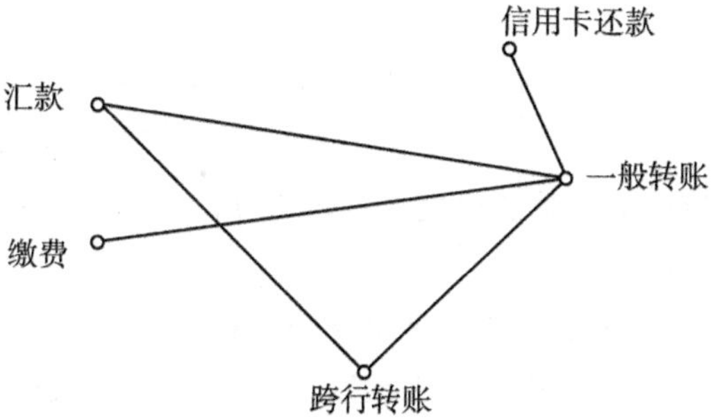

图8-15 电子银行功能应用产品关联度分析（3）

8.2.3.2 客户交易行为分析

通过关联度分析，行内转账与跨行转账、缴费、信用卡还款业务呈较高关联关系，行内转账频繁客户使用网银过程中更容易触发其他交易，建议对客户进行关联交易营销，通过新产品介绍、新功能提醒，或关联交易积分奖励来提升交易。

通过关联度分析，基金类交易的推广有助于其他理财产品的提升，建议对此类客户推送一些理财信息短信和理财产品短信，创造电子渠道独有的理财产品，其对扩大理财产品在电子渠道销售具有重要的意义。

通过关联度分析，网上支付在整个网银业务中具有不可替代的作用，是多数客户使用网银的动力所在，同时发现经常使用网银支

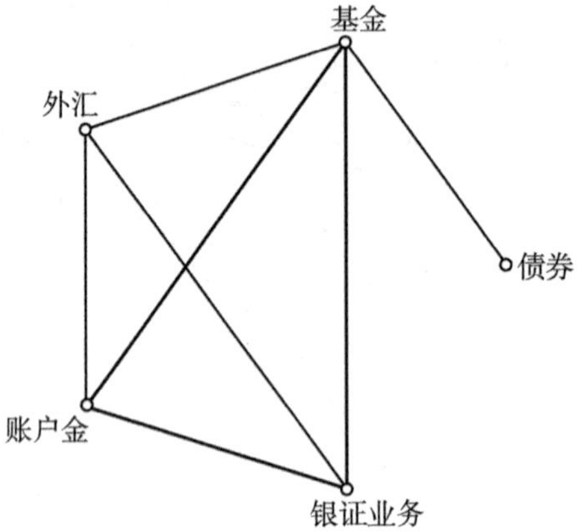

图 8-16　电子银行功能应用产品关联度分析（4）

付的客户与信用卡还款关联度大，可以联动信用卡中心，同步推广信用卡和网银产品。

8.2.3.3　基于分析结果调整市场营销策略

应以重点交易应用（转账汇款、投资理财、缴费功能）推广为切入点，按应用场景分类，结合各类客户的行为偏好，开展客户分层营销，逐渐激活客户，促进全量个人电子银行客户活跃度提升。结合当期分类目标客户数据分析和行为偏好，以交易积分为主纽带，为分类客户量身订制各类主题营销活动，促进各类交易需求客户使用电子渠道交易。

应重点加强个人客户支付功能应用推广，提升个人客户支付交易量的活跃度，加强个人客户支付交易奖励回馈，重点促进个人网上银行客户支付交易量的提升。

8.2.4　客户挽留阶段（R4）的知识管理策略

大多数企业在业务推进中都可能会遇到这样的问题，即客户生命周期中的第四个阶段——挽留阶段，客户在经过了一段时间的活跃后，再次出现交易频率下降的情况，这种情况的发生，原因可能是多样化的，可能是客户的真实交易需求减弱了，也可能是客户的潜在需求尚未被完全满足，导致客户需求被隐藏起来了①。解决这类客户问题，不仅能阻止企业优质资源的流失，还将进一步加强客户对企业的忠诚度。

8.2.4.1 知识发现技术的实施过程

RFM模型由美国数据库营销研究所Arthur Hughes研究确立，在客户关系管理中得到了广泛的运用。它通过三个要素来衡量客户的价值状况，这三个要素分别是：

Recency：近一次交易与上一次交易间隔多久？

Frequency：近一段时间交易的频率怎么样？

Money：在某一段时间内累计交易了多少金额？

通过RFM模型对客户的行为进行数据分析，可以帮助我们及时判断客户对电子银行业务办理的偏好是否产生了改变，从而对产生异动倾向的客户及时采取挽留（Retain）措施。

8.2.4.2 客户交易行为分析

当通过上述模式发现出现异动倾向的客户时，首先需要对客户的“异动情况”作进一步的分析，即异动客户柜面交易行为是否有所增加，是否重新回到柜面办理业务的倾向，对客户是“渠道性流失”还是“完全流失”做出一个预判，然后再与客户进行沟通，寻找根本性原因。

在这种情况下，X银行的市场部门对“异动客户”进行短信抽样调研，问候客户并询问客户最近的业务需求；另外，针对曾经交易频率、金额达到极高的高价值客户，由电子银行业务专家组进行一对一的电话回访，了解客户最近交易出现异动的关键性原因。

8.2.4.3 基于分析结果调整市场营销策略

经过对调研数据的分析与整理，电子银行业务市场部对造成客户出现异动倾向的主要原因进行了梳理，并分别制定了相应的应对

---

① Hosseini S M S, Maleki A, Gholamian M R. Cluster Analysis Using Data Mining Approach to Develop CRM Methodology to Assess the Customer Loyalty [J]. *Expert Systems with Applications*, 2010, 37 (7): 5259-5264.

方案。

（1）对尚未形成习惯的客户的策略

发生这种情况的，一般是刚刚完成首次破冰交易的客户，客户的首次交易可能只是在网点营销人员的引导之下，或者只是出于一时的好奇而进行的体验性交易。而事实上，客户对于 X 银行的电子银行业务还没有足够多的了解，也没有能够形成稳定的交易习惯，还是习惯通过柜面办理业务。

基于此，应对方案是加强客户引导，深化客户对电子渠道的了解，提升客户对电子渠道的好感，使电子渠道逐步成为客户心目中的首选操作渠道。具体方案如下：①温馨的小提示。对上述情况的客户在柜面办理业务时，网点要加强引导，让客户进一步了解电子渠道的天然优势，包括业务办理的便捷性、交易的实时性，以及独有的资费优惠政策。②激励性小活动。针对上述情况的客户按期推送活动短信，告知客户近期正在开展的相关营销活动，例如使用电子银行渠道办理转账交易满 6 笔，即可参加专题秒杀活动，或者取得网银盾费用减免资格。

（2）对电子银行渠道使用粘性减弱的客户的策略

与“尚未形成习惯”的客户不同，这类客户在经过多次使用电子银行某项业务之后，交易笔数逐渐减少，趋于平静，导致这种情况的原因大致有两种：

①客户对电子银行功能应用缺乏全面的了解

针对此种情况，要深化客户对电子银行各项业务功能的应用，让客户了解到更丰富的专题活动信息，而不是每次都对客户发送相近的优惠信息，或者是客户已经了解的功能相关介绍。从而激活客户更多的电子银行业务办理需求，让客户的各项需求都能通过电子银行渠道得到有效的满足，增强客户与电子银行渠道的粘合度。具体方案为：

加强客户引导，对客户尚未迁移到电子银行渠道办理的业务，当客户到柜面办理相关业务的时候，柜员主动向客户进行电子银行相关业务功能的介绍，并向客户递送操作小向导。

扩大客户接触面，通过短信定期推送电子银行各类功能介绍及相关营销活动资讯，让客户了解和接触到更多的电子银行功能应用，避免每次都对客户发送相近的或者是客户已经使用的功能专题活动，挖掘客户潜在使用需求。

②客户忠诚度低，难以养成稳定的交易习惯

一些客户始终是难以养成稳定的交易习惯的，这些客户永远没有忠诚度。针对这种情况，具体的方案如下：

运用积分计划，与此类客户开展一场小成本的持久战。对客户每次交易都给予一定的积分奖励，配合定期开展的阶段性积分换礼活动，让客户随时了解自己的积分累积情况，积分可以兑换到哪些实惠的礼品，通过培养客户对积分、积分礼品的关注度，进而提升客户的交易粘性。

持续并且更为频繁地向客户推送各类电子银行业务的功能及营销资讯，通过这种方式，第一时间抓牢客户，在客户心目中营造企业行业内领先的优势形象。

（3）对价格敏感度高的客户的策略

在任何一个市场环节中，价格战始终是难以避免的，如何实实在在地消除客户心中的价格敏感度，让客户更多地关注功能的实用性与服务的品质，从而将价格劣势转换为服务优势考验着银行业的智慧。

针对这种情况的应对方案是组建高端客户俱乐部，让客户价值贡献度处于金字塔顶端的客户，在办理业务的时候享受到一些专属特权，例如推出高端客户专享电子银行理财产品，通过名单制销售的方式，让高端客户感觉到差异化的优质服务体验，让客户将注意力从“价格差异”转移到“服务差异”上来。

综上所述，提升客户的忠诚度，是一个长期持续的过程。客户的粘性或多或少会受到自身或者外界相关因素的影响，即使已经频繁交易的活跃客户，如果在体验上、服务中出现了问题，都可能成为客户忠诚度的减分项。总而言之，以客户为中心，站在客户角度来考虑问题，了解客户的潜在需求，给予客户最贴心的服务与最真诚的沟通，是稳定客户忠诚度的关键点。

8.3 本章小结

在智能时代，云技术和大数据技术使银行的客户细分能力大大增强，从根本上改变了商业银行的客户知识管理模式。依托知识发现技术的精准营销和个性化推介，已经成为市场竞争的利器。本章针对知识发现技术在银行客户关系管理、营销决策支持方面的有效运用，展开了一定程度的探索与研究。结合 X 银行电子银行业务发展实例，在客户成长周期的四个阶段，通过引入知识发现技术，对客户的特征属性与交易行为进行深入分析，制定相应的营销策略，从而帮助 X 银行全力推进电子银行发展，进一步巩固其市场竞争力。

研究表明，通过分类分析、聚类分析等知识发现技术，可以有效帮助银行提取客户基本特征，建立分类规则，对客户群体进行细分，从而制定"一对一"的客户营销策略，对实现分层营销、精细化发展、差异化服务、流程化管理都具有非同一般的战略意义。基于关联度分析等知识发现技术，深度挖掘客户潜在需求，精准推送营销信息，进一步激发客户功能应用，从而增强客户对银行的忠诚度与粘性，对实现客户价值的持续贡献，创造客户与企业"双赢"的市场模式都有着深远的意义。

第9章　客户响应场景下的银行知识管理实证

作为战略武器，时间与资金、生产效率、质量，甚至创新同等重要。时间战略是赢得竞争优势的下一个源泉，不仅能降低成本，而且有助于拓宽产品系列，覆盖更大范围的市场。时间战略也改变着金融业，许多银行正在仔细检查批准贷款的过程——波士顿银行将目标定为处理每份抵押贷款申请的批准时间由现在的25天缩短为10天；万国宝通集团甚至推出了“一刻钟抵押贷款服务”，从收到贷款申请到批准只用15分钟。基于时间竞争策略的焦点集中在缩短对顾客需求的响应时间上。

本章基于客户响应场景，用现实的银行业务案例详细阐述了客户响应模型的准备、开发、验证、实施及监控管理的整个流程，并客观分析了该模型对于商业银行的业务发展起到的强烈的推动作用。

9.1　客户响应模型的开发

9.1.1　建模的前期准备

对于建模而言，前期的数据准备工作需要花费大量时间和精力，这个过程是要从海量数据中抓取对业务目标有重要影响或意义的变量，并对原始数据进行优化，从而实现提高数据挖掘效率和速度的最终目的。因此，首先要深入了解业务需求和背景，明确业务所需的关键数据源，抽取并发现业务需求中相关的知识和含义，基于相关模型背后的逻辑和数学公式对其进行数据检核，通过清理、归纳、再分类等技术手段，最终生成新的数据集，提高核心算法的运算效率。

在整个数据挖掘过程中数据预处理有着无法替代的用途，特别是遇到异常、缺失甚至是无关联的样本数据时，若要对这些杂乱无章的样本进行数据挖掘，首先要进行数据清洗，只有经过预处理的样本数据才能有效提高建模的质量，才能实施数据挖掘并创建最佳模型①。

（1）弄清银行业务需求及明确挖掘方法

商业银行因业务发展的需要，准备向全行所有信用卡客户推广境外消费的营销活动，但是受营销活动费用的限制，业务部门希望结合以前相似营销活动的经验，能较准确地找到此次营销活动的目标客户群，明确要求预测的客户和项目实施后实际购买的客户比例误差不得超过9%，希望在有限的营销费用中实现较高客户的参与度，以便使目标客户能转化为此次提升境外消费的营销活动的实际参与者，以便达到预期的活动效果。

经过对上述需求分析，我们发现要科学地评价促销活动效果的好坏，须通过开发组和验证组来验证。首先，明确开发组和验证组的数据量及两组在制定营销活动前要有相同的特征；其次，在活动规定时效内发送促销活动信息；再次，在营销活动结束后，从银行的数据库中获取两组客户数据进行比较分析，分析开发组的客户对营销活动的反应率是否达到预设的活动目标，因此我们建议使用应用范围较为广泛的客户响应模型，它是客户对于产品或服务响应概率的模型。

（2）数据获取和处理

一个好的模型，数据获取与数据处理将占用整个项目中较多的时间，只有选择了适合业务需求的数据，才能建立一个解释度高且预测效果好的模型。因此在建模初期，我们根据测试模型的运行时间和效率来获取相关数据集。

---

①　Chang W L. iValue：A Knowledge-based System for Estimating Customer Prospect Value ［J］. *Knowledge-Based Systems*, 2011, 24（8）：1181-1186.

商业银行已经积累了丰富的客户数据，通过客户关系管理系统建立了多维度的客户信息系统。这些较为完整的客户信息为商业银行进行数据挖掘分析奠定了坚实的基础。商业银行从客户信息系统中能够获取：

①客户静态数据，即银行客户的基本信息和相关资料。

②客户的动态数据信息，即客户消费、还款等金融信息。

③客户的分析数据，即为商业银行带来利润的大客户排名、日均余额。

经过对业务需求的深入分析及业务人员的反复洽谈，我们整理出既能满足业务需求又能展示模型理念的，较为系统的基础变量及数据列表，其结构和变量解释如表 9-1 所示，数据列表如表 9-2、表 9-3 所示。

表 9-1 **数 据 结 构**

数据集名称	序号	变量名称	变量解释	变量类型
客户基础信息表	1	ID	客户号	字符型变量
	2	GENDER	客户性别	数值型变量
	3	AGE	客户年龄	数值型变量
	4	EDUCATION	客户学历	字符型变量
	5	CRLIMIT	客户信用额度	数值型变量
	6	BRANCH	客户地区	字符型变量
	7	CORPKIND	单位性质	字符型变量
	8	ACCTCYCLE	账户逾期等级	字符型变量
	9	HOLDDATE	账龄	数值型变量
客户基础信息表	10	CYCLE	分期逾期等级	字符型变量
	11	IBFLAG	网银签约	字符型变量

续表

数据集名称	序号	变量名称	变量解释	变量类型
客户交易汇总表	1	ID	客户号	字符型变量
	2	XFSUM	消费金额（近 6 个月）	数值型变量
	3	XFTRN	消费笔数（近 6 个月）	数值型变量
	4	JWXFSUM	境外消费金额（近 6 个月）	数值型变量
	5	JWXFTRN	境外消费笔数（近 6 个月）	数值型变量
	6	AVGTRN	笔均消费金额	数值型变量
	7	AVGMON	月均消费金额	数值型变量
	8	BACK	历史响应客户	数值型变量

通常情况下，样本数据量达到一定的规模其模型的预测能力就会增强。随着样本数量的增加，无序、无规律、失效的数据也会不断累加，因此，首先要对样本数据进行清洗，主要针对数据缺失及异常这两个情况。其次，在选取模型样本数据时应将代表性数据纳入考虑的因素中，样本必须包含各种形式的行为特征，换言之要将响应和非响应的客户均涵盖其中。

由于银行数据库中有海量的信息，在随机获得一定规模的样本时，其响应和非响应客户的配比情况应得到重点关注，同时为了兼顾数据质量，需要对数据进行清理，以便获得较好的模型数据样本。从以往促销活动的经验来看，响应客户往往只占所有客户较小的比例（通常在 8%左右）。通常而言，商业银行在实际建模中将样本中响应率控制在这个区间内较为合适，若选取的建模样本中响应率过高或过低，会丧失模型自身的普遍性，可能会造成后期模型失灵，其所产生的结果和业务需求脱节，从而不得不回到原点重新抽取样本，对于建模而言耗时费力，因此在其初期就应得到足够的重视。

表 9-2　　客户基础信息表

ID	GENDER	AGE	EDUCATION	CRLIMIT	BRANCH	CORPKIND	ACCTCYCLE	HOLDDATE	CYCLE	IBFLAG
CUST_00001		51	20	27000	53065	05	T01	311001	T01	2
CUST_00002	2	51	20	30000	46000	05	T02	2715	T01	2
CUST_00003	3	51	20	100000000	44074	99	T02	4224	T00	2
CUST_00004	1	33	30	20000		02	T02	3167	T01	1
CUST_00005	1	110		3000	62071		T03	2933	T00	2
……	……	……	……	……	……	……	……	……	……	……

表 9-3　　客户交易汇总表

CUST	XFSUM	XFTRN	JWXFSUM	JWXFTRN	BACK	AVGTRN	AVGMON	BACK
CUST_00001	3	1339. 10			1	446. 37	223. 18	1
CUST_00002	162	72389. 13			0	446. 85	12064. 86	0
CUST_00003	36	44766. 08			0	1243. 50	7461. 01	0
CUST_00004	64	63241. 27	1. 00	6140. 30	0	988. 14	10540. 21	0
CUST_00005	0	0. 00			1	0. 00	0. 00	1
……	……	……	……	……	……	……	……	……

（3）数据清洗和转换

数据清洗的方法有统计学、可视化、基于规则的方法。统计学方法是运用统计原理修正有误的数据或对空值填缺；可视化方法是用图表等展现样本数据的分布概况，便于对异常数据的筛选；基于规则的方法是评估每个基于变量自身的释义、格式和关联度。对上述数据列表进行检查时，我们发现客户基础信息表（表 9-2）中客户性别、客户学历、客户地区、单位性质等有缺失值；在列表中发现客户性别、客户年龄、客户信用额度、账龄等有异常值。例如，性别（GENDER）中不但有明显的空值，而且还有异常值，性别无非是男（1）和女（2），而字段中还有非法值（3）；另如，账龄（HOLDDATE）和客户信用额度（CRLIMIT）有极端异常值（311001 天和 100000000 元），从业务角度出发，在现有的情况下还没有哪家银行会有账龄超过 30 多万天的账户，也没有哪家银行会给私人客户提供亿元以上的信用额度。

通常而言，个别字段出现频率极低的缺失值或异常值是正常现象，一般属于业务问题。对其处理方式有两种，第一种是数值型的变量若是缺失值则取业务逻辑中字段的均值来替换，而个别异常数据偏离总体分布区间，就会对其实施封顶规则，找到变量的 99 分位值，对于所有大于 99 分位值 4 倍的数据进行处理，其目的是尽可能避免变量的大幅波动而最终影响建模的质量，字符型的变量若是缺失值则使用业务规则，用该变量中出现频率较高的内容进行替代，异常值只需要对其规范化就可以解决。第二种是只要发现上述两个问题就对其删除。由于是从银行数据库中随机抽样提取测试数据，为使模型效果较好，应对异常值或缺失值进行后期加工处理，从数据质量角度出发应给予剔除，但是从业务角度出发也有可能是正确值。此次，我们对样本数据进行了二次处理，以保证数据的完整性和全面性。处理方式和结果如下：

①客户年龄：若客户年龄超出合理范围，则年龄重新计算，当客户年龄大于 85 岁时，赋值为 85。

②信用额度：由于该字段的极大值远远偏离中值，需要对其实施封顶规则，找出该变量的 99 分位值并将其设为最大值，以此封顶。

③客户性别：将变量包含“1”的客户标注为男性，其余均标注为女性。

④学历：客户学历的缺失值和异常值较多，经过分析异常值进行修正。

⑤客户地区：该变量的异常值较少，可能是银行的业务经理在对客户信息进行系统录入时偏差较少，因此运用近似原则进行修正。

数据转换就是将数据转换为便于数据挖掘的形式。数据转换处理方式有：平滑处理——对数据中的异常值或空值进行清洗，一般采用回归方法和聚类方法；归纳处理——汇总或归纳数据，这种操作通常用于构造数据立方或对细分数据进行分析；规范化处理——使用较抽象的概念来代替低级别的数据对象，也即将该属性数据按比例缩小到特定的取值区间，显著减少由于异常而导致挖掘结果的偏差；属性构造——基于原有数据共同的属性集构造出新的属性，与现有属性集进行融合，以挖掘更深层次的知识，提高结果的精准性。

为了能够使模型开发得到较好的效果，需要对最终确认的变量进行一些函数转换，通过转换降低预测变量方差波动的所有变化。对离散变量进行分类转换，尽可能将变量中较多分类转换为较少的分类级别。经过对客户基础信息表的浏览，现对连续性变量年龄、性别、账龄、信用额度进行转换及分段处理，而对离散性变量客户学历、客户信用额度、单位性质、账户逾期等通过减少分类级数的方法进行处理。

经过数据清洗和数据转换之后的数据集，我们只是排除了对目标变量影响较小的因素自变量，但是预测变量之间仍然有可能存在共线性关系。当然从理论上而言，预测变量之间除了共线性关系之外，完全有可能存在其他各种非线性关系，由于这种关系不能穷尽，所以只能以预测变量之间的线性关系为基础来排除一些具有高度线性关系的变量（详见表 9-4）。经过对变量进行二次筛选，对客户交易汇总表中连续性变量进行变量聚类分析（详见表 9-5），将变量中共线性较高的变量进行聚类，结合此次促销活动的实际需要以及相关性分析（相关系数趋向 0 较好，P 值<0.05 较好），最终保留相适应的连续性变量。

表9-4 共线性分析

		XFTRN	XFSUM	JWXFTRN	JWXFSUM	AVGTRN	AVGMON
XFTRN	相关系数	1	0. 16286	0. 20298	0. 1106	−0. 10598	0. 16286
	P值		<0. 0001	<0. 0001	<0. 0001	<0. 0001	<0. 0001
XFSUM	相关系数	0. 16286	1	0. 068	0. 14915	0. 27473	1
	P值		<0. 0001	<0. 0001	<0. 0001	<0. 0001	<0. 0001
JWXFTRN	相关系数	0. 20298	0. 068	1	0. 4483	−0. 00584	0. 068
	P值		<0. 0001	<0. 0001	<0. 0001	0. 0019	<0. 0001
JWXFSUM	相关系数	0. 1106	0. 14915	0. 4483	1	0. 04685	0. 14915
	P值		<0. 0001	<0. 0001	<0. 0001	<0. 0001	<0. 0001
AVGTRN	相关系数	−0. 10598	0. 27473	−0. 00584	0. 04685	1	0. 27473
	P值		<0. 0001	<0. 0001	0. 0019	<0. 0001	<0. 0001
AVGMON	相关系数	0. 16286	1	0. 068	0. 14915	0. 27473	1
	P值		<0. 0001	<0. 0001	<0. 0001	<0. 0001	<0. 0001

表 9-5 **变量聚类分析**

聚类分组	分组变量	OwnCluster	NextClosest	RsquareRatio
聚类 1	XFSUM	0.954866122	0.025201137	0.046300709
	AVGTRN	0.221409343	0.000233098	0.778772187
	AVGMON	0.954866122	0.025201137	0.046300709
聚类 2	XFTRN	0.222858467	0.013361736	0.78766612
	JWXFTRN	0.694194246	0.003500819	0.306880086
	JWXFSUM	0.621648343	0.021255307	0.386568285

经过对数据清洗和转换，并将客户基础信息表和客户交易汇总表进行合并，创建了新的模型数据集，以便随后的建模能够更好更快地运行。最后整理的数据集包括以下变量，如表 9-6 所示：

表 9-6 **建模数据集**

数据集名称	变量名称	变量解释	变量类型	取值
建模数据集	ID	客户号	字符型变量	
	GENDER	客户性别	字符型变量	男 女
	AGEQK	客户年龄	字符型变量	25 岁以下 25~35 岁 35~45 岁 45~55 岁 55 岁以上
	EDUCAT	客户学历	字符型变量	本科及以上 本科以下
	CLM	客户信用额度	字符型变量	1 万以下 1 万~5 万 5 万~10 万 10 万~30 万 30 万以上

续表

数据集名称	变量名称	变量解释	变量类型	取值
建模数据集	CORP	单位性质	字符型变量	国有、股份企业、机关、事业单位、民营、三资企业、其他单位
	DEBT	账户逾期等级	字符型变量	30 天未还款 60 天未还款 90 天未还款 90 天以上未还款 已还款
	HOLD	账龄	数值型变量	3 年以上长期客户 3 年以下老客户
	NET	网银签约	字符型变量	未签约网银 签约网银
	XFSUM	消费金额（近 6 个月）	数值型变量	数值
	JWXFSUM	境外消费金额（近 6 个月）	数值型变量	数值
	BACK	历史响应客户	数值型变量	整数

通过对准备建模的数据集再次进行变量梳理，结合业务实际需求，通过共线性和相关性分析等多次筛选变量，最终确定的变量有：客户号、客户性别、客户年龄、客户学历、客户信用额度、单位性质、账户逾期等级、账龄、网银签约、消费金额（近 6 个月）、境外消费金额（近 6 个月）、历史响应客户。

（4）数据抽样

通常，数据挖掘不会对海量数据进行全量建模，因此在准备创建客户响应模型的前期，应从银行数据库总量中抽出一定量样本数据集。此次建模抽样是采用随机抽样的方法，这样能比较客观地反映总体，通过缩小样本能提高模型的运算效率。模型创建完成后，为了能体现模型的普适性，能够在任何情况下拥有良好的性能，需要对其进行反复调试；若要评估模型在实际运作中性能的好坏，需要在进入实际生产环境前，先将模型在测试环境下进行检验。假使我们将同一批抽样数据既用于开发模型的样本又用于验证模型的样本，即使模型演算得较佳，也不能证明此模型的优异程度，这种过度拟合的状况对于模型而言，是要尽量避免的。

为证明结果公正性和正确性，本案例在随机抽取的样本数据集时将其划分为两组：基于模型开发的客户数据集（开发组）和基于模型检验的数据集（验证组）。用开发组的数据集创建模型力求实现普适性，随后使用验证组的数据集对模型进行检验，求证运行的性能。若开发好的模型在验证组的环境下其性能表现不佳，则说明模型的代表性差，有过度拟合的可能性。

本书中的数据集经过抽样清洗之后，其总量远超 290 万条，有 8.62%的客户响应率，如表 9-7 所示：

表 9-7　**建模数据集变量频数表（响应情况）**

客户是否响应	频数	占比	累计频数	累计占比
响应客户（1）	250330	8.62%	250330	8.62%
非响应客户（0）	2653717	91.38%	2904047	100%

在数据信息全部整理完毕后，由于目标变量 Y 的值只有两个：Y=0 是历史客户不响应和 Y=1 是历史客户响应，因此可以创建二值因变量模型。适用于二值因变量的模型有：LOGISTIC 模型、决策树模型、贝叶斯模型等。LOGISTIC 模型已经被广泛应用于商业领域，并已经被多次验证至少是一个不差的模型，故本书选择 LOGISTIC 模型。由于数据集样本量巨大，用全量数据来建立 LOGISTIC 模型必然在运行上消耗大量的时间。因此经过分析，最终决定随机筛选 70%的数据量作为开发数据，剩余 30%作为数据的验证

数据。

（5）商业银行客户特征分析

建模数据准备完成后，应从业务角度出发，全面了解数据中客户概况，这有助于提升建模后的效果，并能有针对性地在业务开始实施前给出较好的决策建议。从全量数据来看，客户性别差异较大，男性客户占总量的 61%，女性占 39%，见表 9-8。

表 9-8　**建模数据集变量频数表（性别情况）**

性别	客户数量	客户占比
男	1758998	61%
女	1145049	39%

从客户的年龄区间来看，青年客户（25～35 岁）占总量客户的 40%，属于年轻化、事业处于上升期、消费欲望强烈的客户群体，对于银行而言是有待挖掘的潜力客户；青壮年客户（35～55 岁）占总量的 51%，属于工作稳定，并有一定经济基础且消费能力强的客户群体，对于银行而言是高价值的客户，其余 25 岁以下和 55 岁以上的客户占全量的 9%。客户年龄分布如图 9-1 所示。

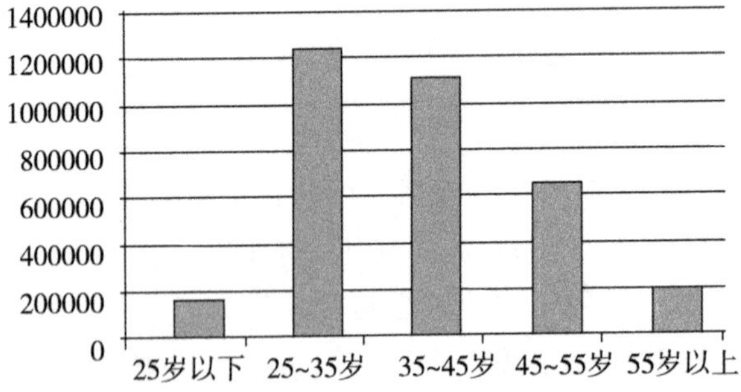

图 9-1　客户年龄分布图

从银行客户的逾期情况来看，30 天内未还款及已还款的客户占全量的 88%，对于银行而言，此类客户是低风险客户；60 天内及90天内未还款客户占比9%，此类客户有可能由于出差等原因未能及时还款，银行一般采取电话或短信的方式提醒，对于银行而言此类客户是中风险客户；90天以上未还款占比3%，此类客户是高风险客户，银行以发函或上门催收为主，见图9-2。

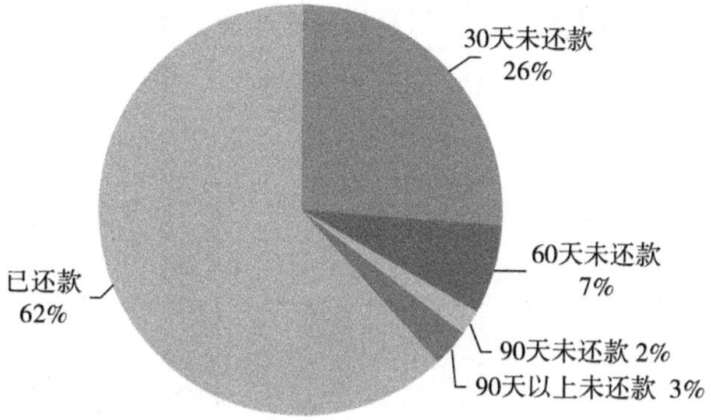

图9-2 客户逾期情况图

从响应情况来看，35~55岁客户对于此次银行的促销活动响应度较高，占全量响应客户的64%，其次是25~35岁，其占全量响应客户的29%，最后是25岁以下和55岁以上的客户，占比不足7%。这说明随着客户年龄的增长，其消费能力不断提升，参与银行营销活动也越多，见图9-3。

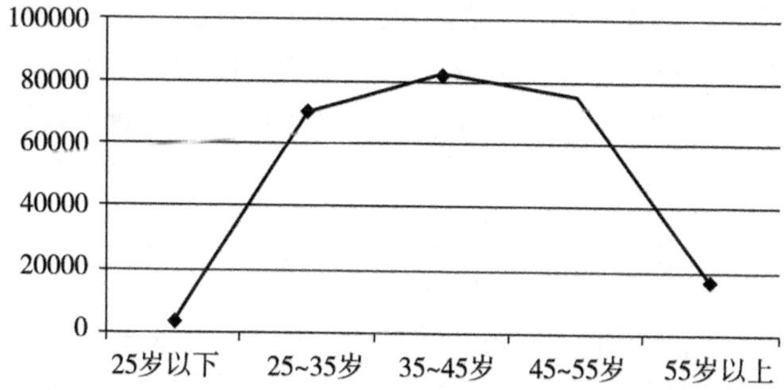

图9-3 客户响应分布图

从响应率来看，45~55 岁和 55 岁以上的客户的响应率高于平均水平，分别为 14%和 12%；35~45 岁的客户其响应率为 8.4%，基本与平均响应率持平；而 25~35 岁及 25 岁以下的客户远低于平均水平线，为 6%和 3%。从响应率分析，55 岁以上的客户虽然总体人数及响应人数偏少，但是其响应率较高，而 25~35 岁客户其总体人数和响应人数均高，但是响应率偏低，见图 9-4。

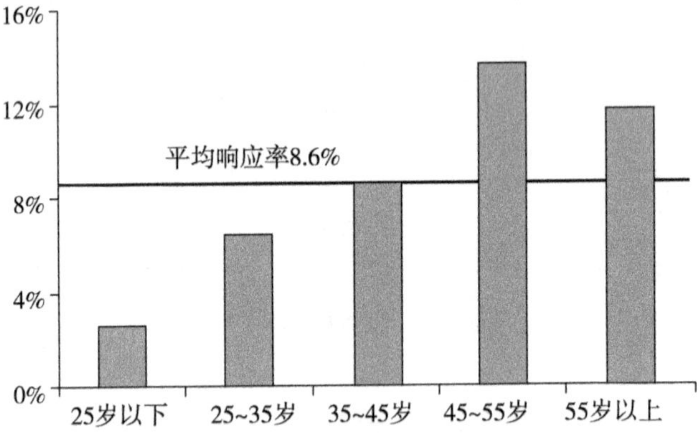

图 9-4　客户响应率分布图

从综合分析来看，客户结构较好，年轻化显著，响应客户数主要集中在 25~55 岁这个年龄区间，而响应率集中在事业稳定和有经济基础的 45 岁以上的客户。上述仅仅是对样本数据的一般业务分析，还有更多潜在和未知的相关信息有待挖掘和发现，只有通过建立模型，挖掘数据中的隐含信息，明确此次营销活动的目标客户群体，才能有效降低营销成本，为业务决策提供有效的数据分析支持。

9.1.2　基于回归模型的变量筛选方法

模型数据经过前期准备及清理，正式进入模型开发阶段。在商业银行的营销活动中，LOGISTIC 模型是使用最广泛的预测模型，和 LOGISTIC 模型具有相似技术结果的模型包括决策树模型、神经网络等，但是由于决策树模型可能存在预测结果不稳定性，而神经网络有存在过度拟合的嫌疑，LOGISTIC 模型在众多相似的模型中相对较好且适应范围较广，加之其最终结果又有较好的解释性，因此本书着重使用 LOGISTIC 模型。

LOGISTIC 模型是一个非线性模型，它是由线性回归模型演变形成的，算法仍是线性回归。二值型 LOGISTIC 模型是最普遍的模型，其目标变量含有（0 和 1）两类值。一般概率的取值范围只能在 0 至 1 之间，而线性回归模型的取值范围在 $(-\infty, +\infty)$，因此不能适用概率模型。通过对 p 进行 log it 转换，即 $\log\text{it}(p)=\ln\left(\frac{p}{1-p}\right)$，使得 $\log\text{it}(p)$ 与自变量之间拥有线性相关，这就是逻辑回归。也就是说，逻辑回归是以线性回归为理论基础的。两个模型的区别在于：①线性回归模型其假设结果变量或因变量与自变量之间的关系是线性的，而 LOGISTIC 模型中因变量与自变量之间的关系假设是非线性；②在线性回归中其假设自变量和因变量的观测值服从正太分布，而在 LOGISTIC 模型中，因变量服从二项分布（0 和 1）；③在 LOGISTIC 模型中不存在线性回归中的残差项。

LOGISTIC 模型表述如下：

$$\log\text{it}(p_i)=\beta_0+\beta_1X_1+\beta_2X_2+\cdots+\beta_nX_n=K \tag{9-1}$$

$$\text{或者 }\ln\left(\frac{p}{1-p}\right)=\beta_0+\beta_1X_1+\beta_2X_2+\cdots+\beta_nX_n \tag{9-2}$$

对上述公式两边去对数，可以得到：

$$p=\frac{1}{1+\mathrm{e}^{-\eta}} \tag{9-3}$$

其中，p 是事件发生的概率，$1-p$ 是事件不发生的概率。在逻辑回归模型中，$\text{odds}=\frac{p}{1-p}$ 称为优势比，释义为响应客户比非响应客户的优势。

对于 LOGISTIC 非线性模型而言，参数的估计一般会使用最大似然估计（MLE）。最大似然估计是以给定观察数据来评估模型参

数的方法，即：模型已定，参数未知。参数估计模型若要使用最大似然估计，有以下步骤：建立似然函数，即样本函数，其假定是各参数各自孤立，且知晓样本的总体分布情况。对于 LOGISTIC 模型而言，目标变量等同于样本，而二值型 LOGISTIC 模型就是目标变量的二值分布情况。假设总量是由 N 个事件所组成，而样本是从中随机抽取 N 个事件，假定每个观测值为 y_1，y_2，…，y_n，设 $p_i = P(y_i = 1 | x_i)$ 为给定 x_i 条件下 y_i 发生的概率；而在同样条件下 $y_i = 0$ 发生的概率为 $P(y_i = 0 | x_i) = 1 - p_i$。于是对一个目标观测对应的概率可以表示为：

$$P(y_i) = p_i^{y_i}(1 - p_i)^{1-y_i}，\text{其中：} y_i = 1 \text{ 或 } 0。\qquad (9\text{-}4)$$

现在假设这 n 个样本之间相互独立，则其联合分布表示为：

$$L(\theta) = \prod_{i=1}^{n} p_i^{y_i}(1 - p_i)^{1-y_i} \qquad (9\text{-}5)$$

上述即似然函数的初始公式。基于 LOGISTIC 模型，对其进行公式转换为：

$$p_i = \exp(\alpha + \beta x_i)/(1 + \exp(\alpha + \beta x_i)) \qquad (9\text{-}6)$$

似然函数已拥有模型中所有参数，现对上述公式两边进行对数处理，最终形成似然函数表达式为：

$$\ln(L(\theta)) = \sum_{i=1}^{n} [y_i(\alpha + \beta x_i) - \ln(1 + \exp(\alpha + p x_i))] \qquad (9\text{-}7)$$

对数似然函数是算出参数最大值。要能计算出 $\ln(L(\theta))$ 的最大值，基于微积分等相关数学原理，可以对 α 和 β 分别求导，令公式等于 0，非线性方程组就此呈现。

由于概率模型中 p 的取值范围在 0 到 1 之间，通过使用 log it(p) 变换解决线性回归的取值问题，log it(p) 的取值范围可以通过计算得到：

$$\text{当 } p=0 \text{ 时，} \log it(p) = \log\left(\frac{0}{1}\right) = \log(0) = -\infty \qquad (9\text{-}8)$$

$$\text{当 } p=0.5 \text{ 时，} \log it(p) = \log\left(\frac{0.5}{0.5}\right) = \log(1) = 0 \qquad (9\text{-}9)$$

$$\text{当 } p=1 \text{ 时，} \log it(p) = \log\left(\frac{1}{0}\right) = \log(+\infty) = +\infty \qquad (9\text{-}10)$$

显然，通过 log it 公式变换，log it(p) 的两边表达式取值，其范围是以零为对称点的整个实数区间，确保等式左右两边的取值范围保持一致。即自变量随意取值，均能计算出 p 值的概率。

在理解了 LOGISTIC 回归的原理后，模型在创建的过程中需要开始筛选样本变量，从全部的变量时挖掘出对模型有显著影响力的变量导入到模型中去，在筛选变量时共有四种方法：

（1）向前回归法

向前回归法是事先明确选入变量的标准。初期方程仅包含常数项，随后按照每个自变量对因变量的影响程度从高到低的顺序逐个进入方程，此过程就是对进入方程的自变量统计检验，计算残差平方和。每进入一个自变量，则重新计算方程外各自变量（剔除已选入变量影响后）对应变量的影响，直到方程外变量均不符合进入标准为止。变量只要进入模型，就再也不会被剔除。

（2）向后回归法

向后回归法正好与向前回归法相反，事先明确剔除变量的标准。先将全部自变量引入方程，随后按照每个自变量对因变量的影响程度从小到大的顺序逐个移除。每移除一个自变量，则重新计算未被剔除的各自变量对应变量的影响，直到方程外所有变量均达不到移除标准为止。自变量只要进入模型，就再也不会被移除。变量一旦被移除，就再也无法进入模型。

（3）逐步回归法

逐步回归法吸取向前回归法和向后回归法的特点，将全部自变量按其对因变量的影响程度，从大到小地有序逐一地引入方程式，实时对回归方程中的所有变量进行检验，看其显著与否，若不显著就从方程中剔除，最终实现方程内的所有自变量对因变量的影响均显著，才考虑导入新的变量。再在剩下的未导入的自变量中，选出对因变量影响最大的，检验其显著性，若显著则导入回归方程；若不显著，则不导入。直到最后再也没有显著变量被导入或剔除为止。

（4）全模型法

全模型法是在模型内部寻求最小的统计量，构建出最佳模型。

逐步回归法和全模型法比较：通常情况选用逐步回归法，但其最大的缺点是基于开发组的备选模型，其最终选出的变量不是由开发者选出，而是由系统自动产生的，这在建模阶段实际上就失去了对最终选择变量数的控制，而全模型法则比较好地解决了上述问题，但是全模型法也有自身的缺点，就是耗时过长，在银行 CRM 系统的海量数据中，一般是百万级的数据量，若使用全模型法，程序运行的时间可能就是数天的时间。当然全模型法产生的变量是受开发者控制的，若是项目对时间要求不高，则应该选取此方法。

基于此次商业银行市场营销活动范围广、时间跨度长的特点，通过对使用的客户响应模型所消耗的资源和运行速度的综合分析，我们最终选用逐步回归法对变量进行筛选。筛选结果如表 9-9 所示。

从上述结果中，可以观测到目标变量 BACK 其类别个数为 2（0 是不响应，1 是响应），所使用的建模方法为 LOGISTIC，通过使用逐步回归法求解模型，最终显示其模型参数估计使用了迭代法，且模型拟合达到了收敛状态（Model Convergence Status）。从模型的似然比卡方值（Likelihood Ratio）399899.594 及其相对应的 P 值< 0.0001，可以看出建模效果较优。当观测关联统计和观测变量（Association of Predicted Probabilities and Observed Responses）时，就会发现统计量 C 值是 0.852，其 99.6%来源于 Concordant，从中可以得出预测概率和观测值的关联性强，通常情况下只要达到 70%，这个模型就可以投入使用了。

加之，通过观测最大似然估计（Analysis of Maximum Likelihood Estimates）从中获悉的参数，最终客户响应模型经由逐步回归法选出的检验变量，有 GENDER、AGEQK、CRLIMIT、NET、HOLD 和 XFSUM，如表 9-10 所示：

表9-9　　建模信息表

Model Information

Data Set	WORK.CONTROLRESULT
Response Variable	back
Number of Response Levels	2
Model	binary logit
Optimization Technique	Fisher's scoring

Number of Observations Read	2904047
Number of Observations Used	2904047

Response Profile

Ordered Value	back	Total Frequency
1	1	250330
2	0	2653717

Probability modeled is back=1.

Model Fit Statistics

Criterion	Intercept Only	Intercept and Covariates
AIC	1705593.2	1305717.6
SC	1705606.1	1305885.1
-2 Log L	1705591.2	1305691.6

Testing Global Null Hypothesis: BETA=0

Test	Chi-Square	DF	Pr > ChiSq
Likelihood Ratio	399899.594	12	<.0001
Score	527404.919	12	<.0001
Wald	290812.819	12	<.0001

Analysis of Maximum Likelihood Estimates

Parameter		DF	Estimate	Standard Error	Wald Chi-Square	Pr > ChiSq
Intercept		1	-2.3921	0.00790	91592.7955	<.0001
AGEQK	25~35岁	1	0.0207	0.00564	13.4008	0.0003
AGEQK	35~45岁	1	-0.2034	0.00561	1315.0639	<.0001
AGEQK	45~55岁	1	0.1582	0.00583	734.6713	<.0001
AGEQK	55以上	1	0.0367	0.00858	18.2965	<.0001
GENDER	男	1	-0.3440	0.00237	21140.4284	<.0001
CRLIMIT	10万~30万	1	1.1242	0.00809	19296.2114	<.0001
CRLIMIT	1万~5万	1	-0.6599	0.00692	9097.0124	<.0001
CRLIMIT	30万以上	1	1.0214	0.0219	2179.5100	<.0001
CRLIMIT	5万~10万	1	0.7387	0.00695	11293.3926	<.0001
NET	签约网银	1	0.0706	0.00249	800.3269	<.0001
HOLD	长期客户	1	0.3855	0.00313	15135.8145	<.0001
xfsum		1	5.612E-6	2.947E-8	36247.5318	<.0001

Association of Predicted Probabilities and Observed Responses

Percent Concordant	84.9	Somers' D	0.704
Percent Discordant	14.5	Gamma	0.708
Percent Tied	0.5	Tau-a	0.111
Pairs	664304976610	c	0.852

表 9-10　　　**客户响应模型最终变量**

变量	变量参数	系数	卡方值
客户年龄	25～35 岁	0.0207	13.4008
客户年龄	35～45 岁	-0.2034	1315.0639
客户年龄	45～55 岁	0.1582	734.6713
客户年龄	55 岁以上	0.0367	18.2965
客户性别	男	-0.344	21140.4284
客户信用额度	1 万～5 万	-0.6599	9097.0124
客户信用额度	5 万～10 万	0.7387	11293.3926
客户信用额度	10 万～30 万	1.1242	19296.2114
客户信用额度	30 万以上	1.0214	2179.51
网银签约	签约网银	0.0706	800.3269
账龄	长期客户	0.3855	15135.8145
消费金额（近 6 个月）		5.61E-06	36247.5318

在上述表中展现的是最终进入客户响应模型的变量：客户年龄、客户性别、客户信用额度、网银签约、账龄，消费金额（近 6 个月）这 6 个变量，由于个别变量分类偏多，导致模型公式的自变量较多，从结果来看，变量所对应的 P 值均小于 0.05，因此 LOGISTIC 模型中通过逐步回归法的变量均是显著，对评估这个客户响应模型起着重要的影响。最终，得到 LOGISTIC 模型方程：

$$\log \text{it}(p_i) = -2.3921 + 0.0202X_1 - 0.2034X_2 + 0.1582X_3 + 0.0367X_4 - 0.344X_5 + 1.1242X_6 - 0.6599X_7 + 1.0214X_8 + 0.7387X_9 + 0.0706X_{10} + 0.3855X_{11} + 0.000056X_{12} \tag{9-12}$$

其中，X_1 为客户年龄区间在 25～35 岁；X_2 为客户年龄区间在 35～45 岁；X_3 为客户年龄区间在 45～55 岁；X_4 为客户年龄区间在 55 岁以上；X_5 为客户性别；X_6 为客户信用额度区间在 1 万～5 万；X_7 为客户信用额度区间在 5 万～10 万；X_8 为客户信用额度区间在 10 万～30 万；X_9 为客户信用额度区间在 30 万以上；X_{10}为网银签约；X_{11}为账龄；X_{12}为消费金额（近6个月）。

在LOGISTIC模型中，若出现一个正值的显著变量系数，则释义为当其他显著变量条件固定不变的情况下，模型的结果值是随着正值变量单调递增，通过观测各个显著变量中系数的正负情况，较容易归纳出客户特征，确保通过此类规则能显著提升客户响应率：客户年龄大于45岁、信用额度高于5万、签约网银、开户时间达3年以上、近半年的消费交易高。

通过频数统计之后结果发现：此客户响应模型其发生第一类错误和第二类错误的概率分别为7.32%和1.02%，如表9-11所示：

表9-11　**响应模型样本预测表（开发组）**

客户实际响应情况	模型预测结果		总计
	响应客户（1）	非响应客户（0）	
响应客户（1）	232013	18317	250330
非响应客户（0）	27061	2626656	2653717

9.1.3 模型效果评估及创建评分卡

当客户响应模型开发完成后，其重中之重就是预测评估模型的效果，评判一个模型是否优秀，要观测模型对客户响应概率预测的结果能否达到精确和高效。从上述案例来看，按照模型中样本数据的参数排序，其前40%的客户量就能实现捕获响应客户85%这个预期目标，见表9-12、表9-13。

表9-12　**客户响应概率分析表（开发组）**

组别	组别总客户数	累计客户占比	实际响应客户数	实际响应率	累计响应客户数	累计响应捕获率	累计不响应客户数	累计不响应捕获率	模型的区分度
1	290404	10%	120801	42%	120801	48%	169603	6%	42%
2	290405	20%	48535	17%	169336	68%	411473	16%	52%
3	290405	30%	22258	8%	191594	77%	679620	26%	51%

续表

组别	组别总客户数	累计客户占比	实际响应客户数	实际响应率	累计响应客户数	累计响应捕获率	累计不响应客户数	累计不响应捕获率	模型的区分度
4	290405	40%	28877	10%	220471	88%	941148	35%	53%
5	290404	50%	9668	3%	230139	92%	1221884	46%	46%
6	290405	60%	6100	2%	236239	94%	1506189	57%	38%
7	290405	70%	6730	2%	242969	97%	1789864	67%	30%
8	290404	80%	3278	1%	246247	98%	2076990	78%	20%
9	290406	90%	2878	1%	249125	100%	2364518	89%	10%
10	290404	100%	1205	0%	250330	100%	2653717	100%	0%

表 9-13　**客户响应概率分析表（验证组）**

组别	组别总客户数	累计客户占比	实际响应客户数	实际响应率	累计响应客户数	累计响应捕获率	累计不响应客户数	累计不响应捕获率	模型的区分度
1	124459	10%	45046	36%	45046	43%	79413	7%	36%
2	124459	20%	23107	19%	68153	66%	180765	16%	50%
3	124460	30%	11539	9%	79692	77%	293686	26%	51%
4	124459	40%	11963	10%	91655	88%	406182	36%	53%
5	124458	50%	4005	3%	95660	92%	526635	46%	46%
6	124459	60%	2227	2%	97887	94%	648867	57%	37%
7	124459	70%	2788	2%	100675	97%	770538	68%	29%
8	124459	80%	1358	1%	102033	98%	893639	78%	20%
9	124460	90%	1392	1%	103425	100%	1016707	89%	10%
10	124459	100%	499	0%	103924	100%	1140667	100%	0%

下面对表 9-12 和表 9-13 中的数据进行详细阐述：

第一列：将响应模型的所有数据按照预测概率降序排列后创建的分组。

第二列：划分到每组的总体客户数。一般情况下，每组的客户数量大致或近似相等。

第三列：累计分组的占比。对本组客户数累加上组客户数，占全量客户数的比例。

第四列：每组实际响应的客户总数（BACK=1）。

第五列：每组实际响应的客户数占每组的总体客户数的比例。

第六列：按照分组计算累积响应客户总数。

第七列：每组实际响应客户数占总响应客户数的比例。

第八列：每组总体客户数与实际响应客户数之差。

第九列：每组实际不响应的客户数占总不响应客户数的比例。

第十列：每组累计响应捕获率与累计不响应捕获率的差值。

模型的区分度：每一个十分位数的累计响应率与累计不响应率的差值即为该组别的区分度。例如，在表 9-12 的第 4 组中，累计响应捕获率为 88%，累计不响应捕获率为 35%，因此计算得出区分度=88%-35%=53%。

通过观测客户响应概率分析表，模型区分度差值越大越能体现模型的效果。结合客户响应概率分析可以清楚地辨别出发生第一类、第二类错误的概率，从而得出响应模型对目标客户预测能力是良好的。

最后，对客户响应模型的开发组和验证组分别创建 K-S 图，X 轴表示各百分位上累计客户的占比，Y 轴表示累计响应客户数占总响应客户数的百分比，如图 9-5、图 9-6 所示：

从图 9-5 可以看出，大约在 40%分位数的位置上，其模型区分度最大达 53%，这意味着前 40%的数据就可以捕获到 88%的响应客户。两组的 K-S 图的结果相近，由此可以说明，此客户响应模型在整个样本的检验中均是显著良好的。K-S 图仅仅是为了阐述建模的效果而作的一个可视化展现，若要将模型真实地在实际业务中进行运营，则无法单纯地从 K-S 图来对每个客户进行评分预测，因每个目标客户响应程度是无法直接显现的，因而后期模型实施的关键就是从建模中获得参数进而创建评分卡文件，也即将模型中所获得的参数生成为一个文件，便于在实施阶段导入从而对预测目标进行评估。

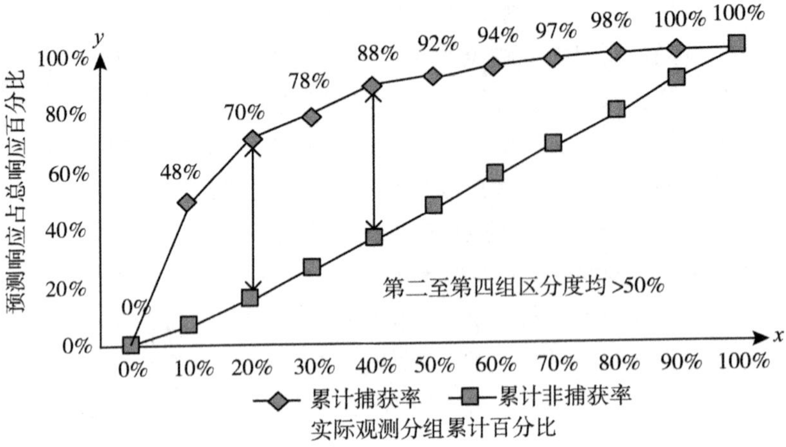

图 9-5 客户响应模型 K-S 图（开发组）

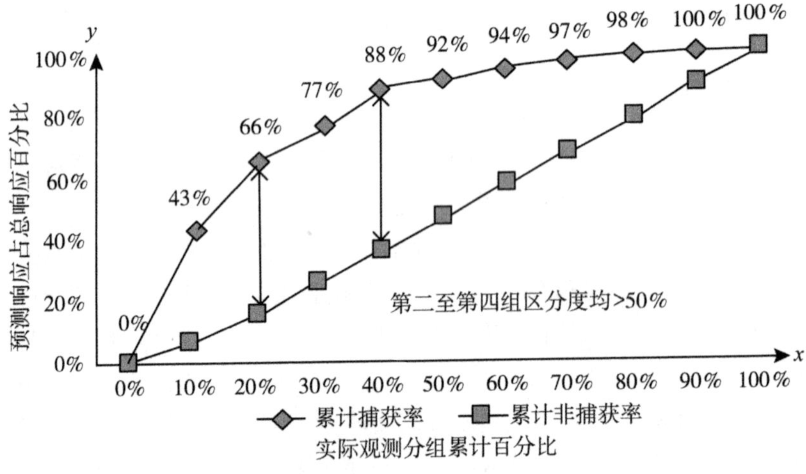

图 9-6 客户响应模型 K-S 图（验证组）

9.1.4 模型实施和监控管理

一个较优秀的模型，不仅仅在开发和验证上要显现出好的效果，还要投入到实际市场中，并要经得起市场对它的考验。具体应用中，业务部门会提供一份新的客户名单，此前从客户响应模型中生成的评分卡文件就应对新名单中的每个客户进行预测打分，并把模型实施的预测结果反馈给业务部门，业务部门结合事先制定的客户营销计划和财务预算，进行综合评估，最终明确客户营销名单。客户响应模型应用流程，如图 9-7 所示：

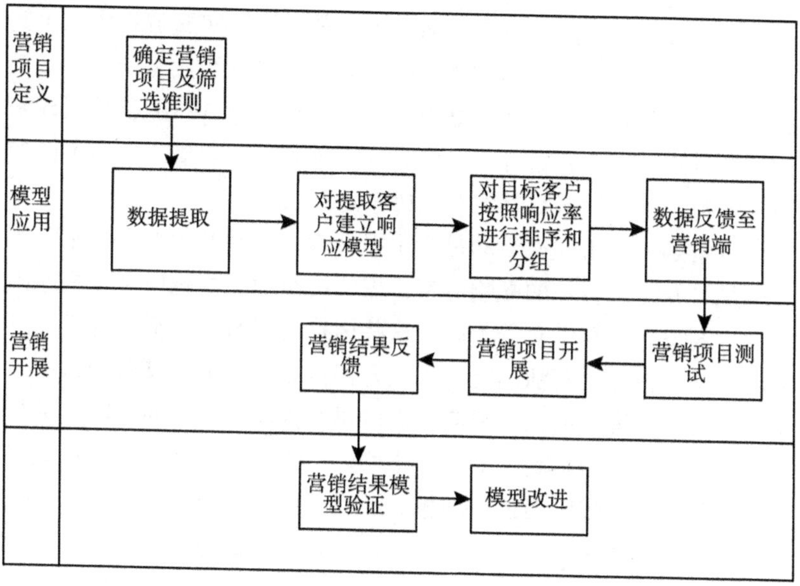

图 9-7　商业银行客户响应模型应用流程

具体实施步骤如下：

①业务部门提供新的客户名单。

②基于最终客户响应模型所明确的变量从银行客户管理系统中提取相关数据。

③将获取的客户数据传输进评分卡文件使其对所有客户预测评估。

④按照客户的预测评分结果进行降序排列。

⑤将终稿的预测评分提交给业务部门。

⑥业务部门明确营销方案和编制活动费用。

⑦结合营销方案和活动费用获取客户明细，测算新客户中的响应情况。

⑧业务部门基于客户响应模型筛选出的客户名单进行多渠道营销宣传，在营销活动期或活动后对比实际客户响应率和预测响应率的差异，及时评估客户响应模型预测能力，便于快速对模型进行优化或调整。

明确营销活动的目标客户名单才是整个模型实施流程中的关键所在。通常而言，营销目的和财务预算决定目标客户名单。对于银行而言，财务预算在年初计划里就已有安排，而具体的营销活动费用就要着眼于这个营销计划中的目标效果和活动规模。针对不同的目标效果，模型筛选目标客户的因素将有所不同。

也就是说，若此次活动是为了提升营销活动业务指标，则其重心就是要专注于客户的高响应率，需要按照预测的响应率就高原则筛选出客户作为营销对象，因为这些客户对银行营销活动的敏感度较高，反馈性好；若活动是为了提升银行品牌形象，其营销目的是希望得到普通客户的积极响应，则需要对排序趋于中间的客户进行营销推广，对于原本高响应的客户可以不作重点营销，对于这批客户而言，只要在传统渠道收到相关活动的信息就会积极参与，对于中间意志摇摆的客户而言，只有进行重点营销宣传，其响应率才会有所提升，否则其响应会很差，更甚者会无响应。而位列低响应区的客户，任何形式的营销宣传方式其响应率总是偏低的，很难对营销活动有较好的反馈，银行将会节省这块资源，投入到前两类客户的宣传上。

随着银行业务发展和变化，所有的模型均有其生命周期，因此要结合业务的需要实时监控模型的运转及结果，定期评估模型的效能，不断优化模型，客观撰写监控报告及改进议案，尽量提升模型的使用寿命。具体而言，客户响应模型监控的任务包括：

（1）验证数据源的共性

对于已经投入运营的模型而言，每次使用新的数据源，都要进行共性验证。验证的内容主要包含各变量的分布状况、变量中异常值和缺失值的问题。原则上，每一次进入模型的数据源的分布应该是相似的。从实际业务运营来看，这个仅仅是个美好的理想，现实中数据源只要不和模型开发时的数据有较大的差异即可，不然对于最终的模型效果会有质的差异。

（2）预测结果和实际响应的分析

客户响应模型的应用目的是在对目标变量预测的同时测算未来发生的可能性，基于此概率来起草相适应的营销方案。而每个营销活动方案都会产生相匹配的目标响应客户群，性能较优的响应模型其影响实际响应率和预测响应率的各方因素差异较小，可以在活动期中期末多次在预测结果和实际响应之间进行比对分析，能够较为客观地反映各时期客户响应情况。当检测发现差异较大时，则可能要重新创建新的响应模型。

（3）实际场景和预测变量的关系

在逻辑回归模型中，若变量系数为负则说明自变量对因变量产生负相关，假使模型理论和实际场景的因素不相同，则说明这个客户响应模型脱离现实业务需求，不能在实际的业务中对客户展开预测分析。

例如：假设模型中存在变量 A（存款余额），该变量系数是负的，其现实市场环境和业务背景相背离而产生矛盾：一个存款余额较大的客户会对理财营销活动不响应。此时，必须重新使用逻辑回归模型逐个检验变量和目标变量间的关系，观测其系数正负情况，负系数则表示与样本数据有差异；若是正系数则体现变量之间还可能会产生互相影响的因素，需要回到样本数据中找出有影响的变量，并再次评估找到新变量和 A 变量在实际的市场业务下的重要性，最终决定是否存留它。在现实模型应用中，这个问题较为突出，系统自动筛选出的变量，其最终的模型效果极佳，但在业务中却解释力度不够或背离正常逻辑，所以在实际建模过程中还要对变量进行强行干预，有可能模型的理论效果会较为普通，但其解释度较高且更加贴近实际业务的发展及需要。

（4）模型变量间的更替

在实际投入运营的模型中，有些候选变量由于种种原因未进入模型，但是对现有的入模变量有着较强的竞争优势，一旦不能满足业务变化的需要，候选变量将随时对其进行替换。

(5) 建立整个模型项目各阶段的风控措施

从模型立项至最终实施时刻都会有不可控的因素存在，这种影响因素既有技术问题也有操作问题。诸如样本数据分类过于集中就是技术问题，由于降序变升序而将客户群体的特质发生颠倒则是操作问题。虽然操作性风险的现状是无法避免的，但是必须和业务部门保持充分沟通，详细了解业务部门真实需求，全面阐释建模理念，制定使用说明书和操作手册，让业务部门对客户响应模型运用得较为娴熟，尽可能降低各种风险发生的可能性。

9.2 基于客户响应模型的银行知识管理策略

9.2.1 客户响应模型的评测和分析

数据建模是基于商业银行中特定的营销活动，因此，其客户响应模型的结果只适合此次有针对性的促销活动，对其他相类似的营销活动仅有着借鉴的作用。鉴于此次商业银行的数据挖掘是总行级的分析，若是分行开展相似的地域性的促销活动，应该在分行层进行数据挖掘。对于预测概率而言，全国各省市的经济环境和当地银行客户收入水平之间差异较大，使用相适应的变量是其关键所在，尽管数据仓库在总行，但是分行可以向总行申请调用相关所属的数据。

从上述案例中客户响应模型分析来看，业务部门只需要通过对前40%的客户进行重点营销就有将近88%的响应率，对于银行促销活动的预算而言，在活动初期就可有效掌控，降低营销成本，或将节省下的成本用于加大促销范围或促销力度，来提升促销活动的影响。同时深度剖析前40%客户的特征，在全量客户以男性客户为主导的情况下发现此次响应模型中客户响应率高的客户群以女性居多（详见图9-8），说明女性对海外旅游、海外购物以及海淘（海外网站购物）更为青睐，再次佐证了境外消费群以女性为主导的共识，因此业务部门在制作宣传广告和海报时会凸显女性客户的重要地位。从客户信用额度来看，额度在 1 万～10 万的客户占 75%，响应率分别为 11%和 28%，而额度在 1 万以下和 10 万～30 万、30 万以上的客户占比为 25%，其响应率却高达 47%、46%和 68%（详见图 9-9）。

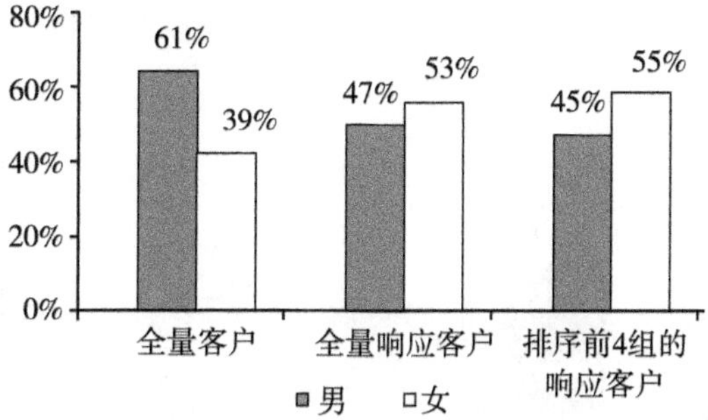

图 9-8　客户性别分布图

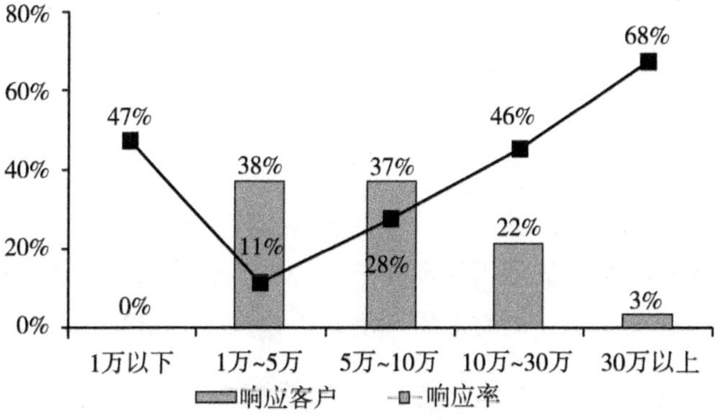

图 9-9　响应客户信用额度分析图（排序前四组）

通常而言，客户额度越高，其响应率越低，这类高端客户对促销活动一般不敏感，不会由于价格本身而去购买或消费，而此次促销活动是以境外刷卡消费为主题，这类客户响应度较高说明活动正好切入了客户的需求点，因而激发了客户的消费欲望，从而响应率大幅提升；同时发现 1 万额度以下的客户响应率也颇高，经过深入研究，发现是由于国外网站上商品价优质高而导致国内海淘盛行，这类普通客户多选择在国外网站消费，且消费集中度高，因此本次营销活动也引爆了这类客户群的消费热情。从网银签约情况来看，客户签约网银的占比近70%，且响应率达20%（详见图9-10），可以清晰地看出此次境外营销活动的客户将会以境外网上消费为主，对于业务部门而言，可以在后期业务的开展中有效调配预算资源。

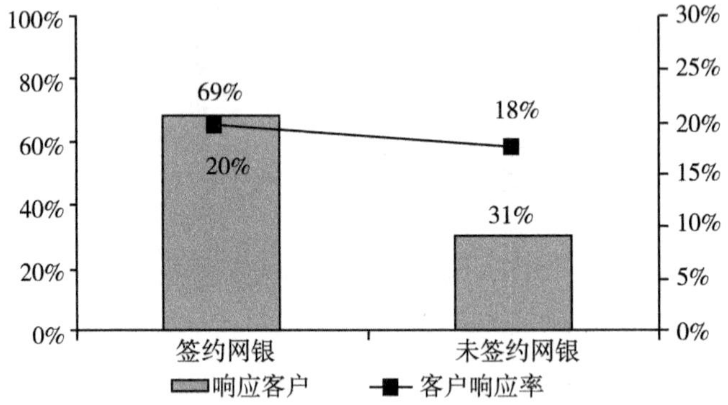

图9-10　响应客户网银签约情况分析图（排序前四组）

在商业银行的数据挖掘中，客户响应模型不仅有助于降低营销成本，挖掘营销活动的内在价值，实时监控活动效果，为以后营销活动升级版或类似的促销活动奠定好基础，还为其他业务的拓展开辟了一条新的渠道，同时对不同的建模模型方式进行相互佐证。

9.2.2　基于模型结果的知识管理策略

基于数据仓库使用数据挖掘技术建立客户响应模型，给商业银行的管理层提供了具有价值和决策意义的数据信息，若建好的模型不投入实际生产并运营，那么数据挖掘技术对于商业银行而言将毫无用处。以下将简要论述商业银行如何基于响应模型的结论，实现面向客户的全面知识管理策略。

（1）商业银行客户差别化管理策略

从商业银行业务发展的角度来看，开发一个新客户成本远比维护一个老客户的成本大，而提升一个新客户的忠诚度所花精力远比维护一个老客户要多。因此，客户管理的目标就相当明确：①维护客户，防止流失；②满足客户需求，促使客户产生更大的价值。商业银行赖以生存和发展的基础是要有稳定的目标客户，而开发的客户响应模型很好地诠释了这个含义。

从上述实证案例中可以发现，从客户性别角度来看，女性仅占总体样本数据的39%，但在响应的客户中却提升到53%（详见图9-11），可以看出此次营销活动对于女性客户而言更有吸引力，但从10万以上信用额度的客户响应率来看，男性响应率高于女性，尤其信用额度在30万元以上的客户男女差异更是高达24%（详见图9-12）。

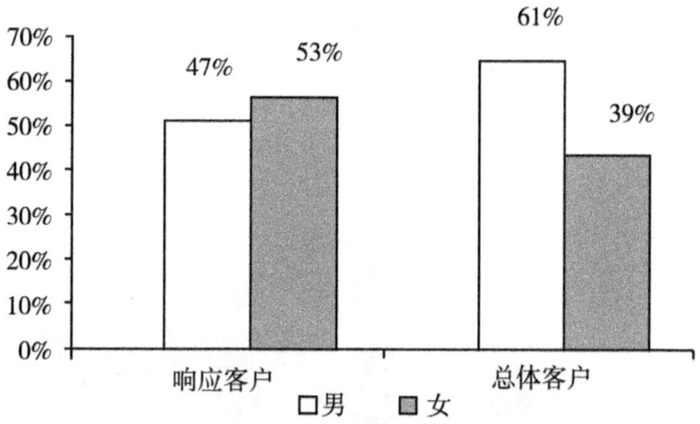

图9-11　客户性别分析图

经深入分析发现，此类男性客户中的89%其婚姻状况为已婚，多为境外实体的大型百货商店或餐饮、娱乐类刷卡消费，且单笔消费金额远高于单人合理消费区间，故推论此次高信用额度的男性客户其响应率如此之高，可能是以家庭为单位在境外从事旅游等活动，其女性中的影响因素不能忽视。在女性响应客户中，年龄在35岁至55岁以上的客户占比高达63%，而在响应率上，年龄超过45岁的女性客户的响应率分别为18%和15%（详见图9-13），远超女性平均响应率（12%）。

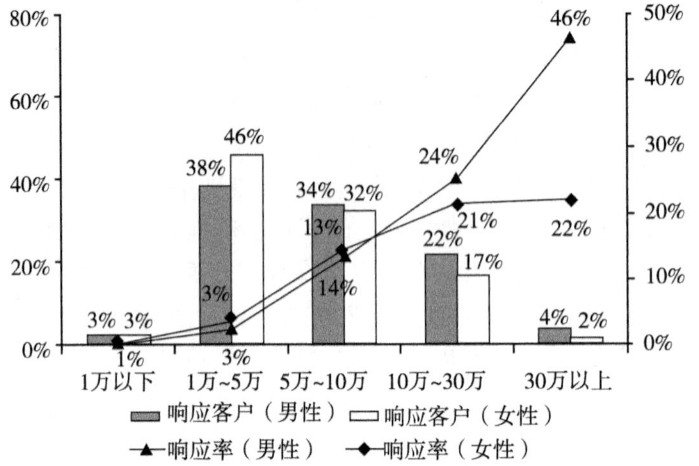

图 9-12　客户信用额度及性别分析图

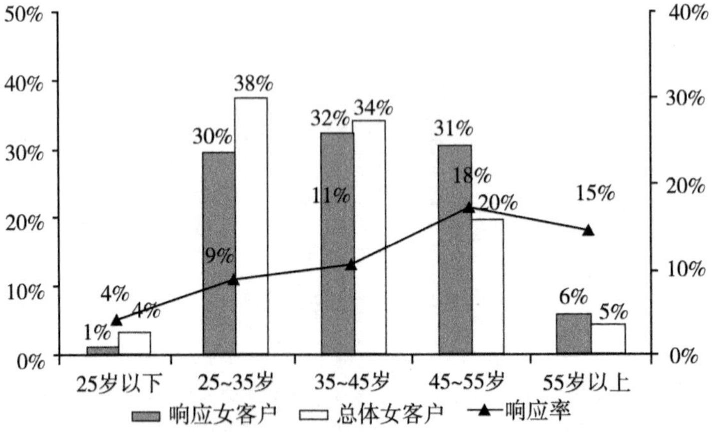

图 9-13　女性客户年龄段分析图

通过以上分析，银行的业务部门必须明确此次营销活动的最终目的，若要提升银行的营销活动的品牌以及提高受众面，就要对 25 岁至 45 岁的女客户实施推广营销，这类客户特点是多为年轻白领，其事业刚起步或稍有起色，但有强烈的消费意愿，银行需要加强对此类客户的培育和业务宣传，让她们对自身未来的发展树立信心，虽然暂时可能响应率偏低，但是潜在客户量巨大，同时又有助于银行的美誉度提升和传播效率提高，最终业务推广的效果会事半功倍。若银行想要提升相关指标业务量，则要将重心定位于45岁以上的女性客户，此类客户有较好的经济基础，良好的消费观念，只要有针对性地进行推广，一般均有良好的效果。

（2）商业银行客户沟通管理

在金融领域的商业银行间，其产品、服务、营销方式同质性极高，任何一家商业银行不能再以单一几款优势产品为突破口，将客户牢牢地黏在你的身边，必须将优质、差异化的服务注入其中。伴随着互联网时代的到来，客户年轻化、互联网化趋势越发明显，一般若不是办理银行的基础业务他们基本不去营业网点，他们大多已开通网银业务，银行客户经理接触客户的机会相对而言有所减少。如何和客户保持联系，加强沟通，对银行而言是个新的课题。

所谓银行和客户的沟通途径，一般是客服电话、电子邮件、传真、电话和面对面直接交流。我们已经进入了互联网时代，以智能手机为代表的终端在客户中已经有较高的普及率，多数银行推出的APP应用软件以及在微信里的公众号，这两个新兴渠道使得银行业务的开展不再受到时间和空间的限制，不仅拉近了与客户间的距离，也提高了客户的活跃度，并且能够快速地反馈客户普通咨询和基本需求，降低人工的电话量，显著提升服务效率。

一般而言，商业银行要开展一个全国性的营销活动，会通过各种渠道，实施无差别化的营销策略，对客户经济能力、所在地域、个人偏好、接受方式等各种因素一般不作考虑，而是盲目推广或是尽量实现普投，以便能在最短的时间或最大的范围取得最好的营销效果，但是这往往事与愿违，不仅消耗了人力物力，而且虚耗时光，更达不到预期的成效。商业银行应充分发挥数据挖掘的技术优势，创建与业务相适应的模型，应用已掌握的客观且全面的客户信息，实现客户分类分析，用较严谨和科学的方法来预测客户对营销活动的响应情况，明确营销活动的目标对象，从而使客户经理将精力放在有针对性且反馈效果较好的客户身上，既提高工作效率又显著提升盈利能力。

从客户响应模型的结果来看，对于信用额度在 10 万以上的客户而言，不论其是否参与营销活动，他们都是银行的宝贵资源，是银行发展的动力源泉，只是与过去“蛮干式”营销有所不同的是，业务部门基于模型的预测打分，可以很方便地找到有意向的重要客户，使得银行精准率有所提高。当客户打电话询问相关营销活动时，客服的 CRM 系统会自动显示客户基本资料及各项预测评分数据，通过有针对性的客户答疑，提高营销成功率，延长客户的全生命周期。对于信用额度在 1 万以下的客户，营销活动的资源无需过多投入，仅需银行官方微信微博、网页的方式宣传，将其节省的营销费用更多倾注于银行的高价值目标群体，以便于银行提升更佳的业务指标。而信用额度在 1 万至 10 万的潜力客户，按照模型的预测评分，银行应通过制作个性化营销活动账单等方式，来引起该类客户的兴趣，最终将其转化为参与活动的客户。

（3）创建以客户为导向的产品和服务

银行应深入了解客户需求，加强市场细分分析，最终使各类目标客户均能有相适应的产品和服务。当今，商业银行每年向客户提供品种繁多的金融产品、服务和营销活动，由于银行间的高度同质化，导致只要向市场提供热销产品或服务，立马就有其他银行跟风效仿，若要想维持长久优势，银行需要时刻保持创新意识，从而源源不断地获得潜在客户，维持业务的增长。

从现有的银行内部机制来看，各部门和客户洽谈业务时，其客户重要信息都掌握在各自的特色系统之中，缺乏对全行整体客户的了解。若银行某个部门想对客户进行深层次的分析，就会发现在现有的系统下其客户数据完整性缺失明显，复杂的内部流程增加了反应时间，若是走完所有的流程，其最终获得的数据和报告并不能真实地反映客户的现状。

以数据挖掘为代表的现代信息技术在商户银行中应用日趋成熟，其作为一项数据分析工具，从海量的客户数据中提取相适应且有价值的知识，有效解决银行和客户间相互交流中产生的困惑和难题，加强与客户的沟通。可以直接将分析结果（即客户的消费偏好和趋势）运用到产品和服务的开发决策中，在实现个性化的产品开发的同时，锁定目标客户群，让客户经理有的放矢，不仅提高了银行的盈利能力，也赢得客户的信赖，提升了商业银行的品牌和形象（见表9-14）。

表9-14　　**客户产品和服务需求分析表**

个人客户	高价值客户	潜力客户	普通客户
营销产品	品质高、品牌化	新颖时尚、流行度高	普适度
价格因素	对价格不敏感，注重身份地位	对价格敏感，注重性价比	对价格极其敏感
服务要求	便捷、高效、个性化	关注服务态度和适宜的促销活动	无特别要求
宣传方式	银行官方微信、客户经理面对面	银行彩信、账单	银行官方微信、微博、网页

商业银行是一个提供金融服务的第三产业，需要紧紧围绕客户需求和满意来制订服务计划，不断优化已有产品的方案，改变产品的准入门槛，提升产品的吸引力，扩大响应目标客户群，延伸增值服务，降低运营成本，努力提升二次营销的可能性。

9.3 本章小结

本章研究表明，在模型开发阶段，可使用LOGISTIC模型来判别客户对营销活动的响应概率，该模型特点是准确性高、解释度好、效率优。其把样本数据分为开发组和验证组，通过比较分析，发现两者差异较小，将开发数据投入模型可得出最终结果和参数。在模型评估阶段，分别对开发组和验证组进行第一类及第二类错误的核实，对比两者之间误差的幅度，评测及检验模型对预测响应客户发生错误的概率，若两类错误发生的概率高出一定限度，说明该模型有重大缺陷，需重新调整参数或引入变量，随后绘制K-S图，从而评估模型是否有能力锁定目标群体。

本章阐述了商业银行客户响应模型的分析结果和意义，建立客户模型可以有效挖掘隐藏的、未知的规律和信息，攻克客户关系管理中相关的技术难题，有助于商业银行实现价值客户的归类、分析客户消费特征、精准搜寻目标客户群体，适时研发和创新能满足不同层次客户需求的产品和服务，确保客户获得良好的金融利益和银行的商业效益，实现双赢。

第10章　智能时代的银行知识管理发展趋势

在智能时代，云计算基础设施架构、大数据平台、网络体系及安全体系是保证应用架构实现所必需的基础。商业银行作为IT系统的使用大户，尤其是在云计算、大数据等技术大行其道的背景下，业务中的每个场景都将面对海量数据的处理，这对商业银行IT技术和互联网业务水平提出了更高的要求，能否把握住这一机遇，积极地应对，将成为商业银行未来转型的一大决定因素。此外，商务智能技术在商业银行的战略、管理和技术上都有很多的创新与经验，包括花旗银行、巴克莱银行、渣打银行等在内的众多国际大银行都已充分利用商务智能技术，建立独立或统一的数据仓库和信息分析系统，以便能更好地了解客户，为客户提供所需要的产品设计和服务。本章从大数据技术和商务智能两方面对智能时代下银行知识管理发展趋势予以阐述。

10.1　大数据技术在银行业的应用场景分析

商业银行在大数据时代面临着内部和外部的双重冲击，为了应对冲击，目前我国已经有不少商业银行开始尝试通过大数据技术的运用来推动业务的运营，混业经营要求商业银行有更为开阔的渠道；金融领域细分要求有更为精细化的服务和更为精准的营销策略；小微信贷的冲击要求商业银行有更加有效的风险管理等，因此，总体而言，大数据在商业银行的主要应用模式可以归纳为如图10-1所示的四个方面：

下面主要探讨大数据技术在我国商业银行的应用情况，主要体

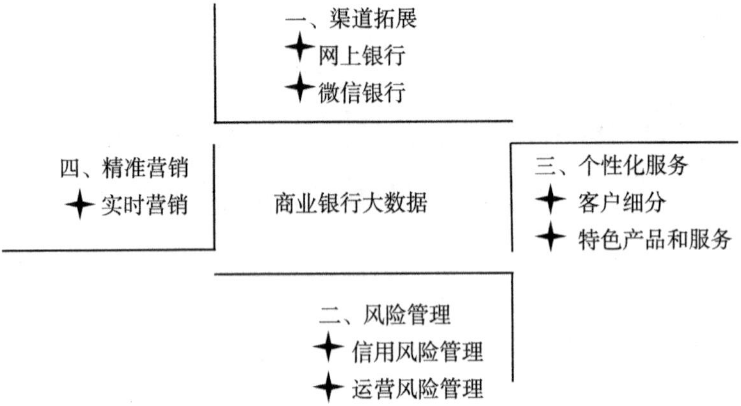

图 10-1　商业银行大数据主要应用模式

现在客户管理、精准营销、风险管理和产品创新等方面，这些应用情况同样可以在其他银行业领域得到发展。

10.1.1　大数据技术在客户管理上的应用

随着利率市场化的逐步施行，商业银行的产品定价更加自主，但这也加大了银行业的竞争，使存贷利差变小，银行的主要利润来源缩小，促使银行不得不进行改变。大数据技术的发展和应用，使得银行能够处理更加详尽的客户数据，从客户数据中发现利润点，银行发展的核心逐渐由产品转向客户，客户成为银行发展的主要驱动力。现如今客户流动更加频繁，面对如此大的客户基数、繁杂的客户关系，如何吸引新客户，留住老客户，成为我国银行业客户管理的重点内容。

在逐渐进入大数据时代后，随着大数据技术的深入研究与应用，一切事物、人和行为变得可以数据化，以一个个“标签”进行“可视化”显示，一系列“标签”就代表一个事物，可以作为表征，这样一来企业及个人行为就不可避免地进行了一系列的改变与重塑，“可视化”带来了可以深入挖掘的实际商业价值，于是，“用户画像”的概念也就应运而生。用户画像，即用户特征信息的标签化，就是通过全面收集与分析用户社会属性、生活习惯、消费行为等主要信息的数据之后，完美地抽象出一个用户的商业全貌，这可以看成是应用大数据技术的基本方式①。用户画像提供了足够的信息基础，能够帮助企业进行客户管理、定位客户群体并进行针对性服务，提高服务质量。

银行业用户画像应用主要分为个人客户画像和企业客户画像。个人客户画像包括家庭信息、工作情况、消费能力、兴趣爱好、出行情况和风险承受力等数据；企业客户画像包括企业的生产、库存、流通、运营、财务、销售和客户数据、相关上下游产业链企业信息等数据。在应用用户画像进行客户管理时，不仅要利用银行自身收集到的数据，还要从外部全面收集与客户相关的数据。社交网络是一大助力，用户经常在网络上上传更新自己的生活动态，喜欢与朋友共享自己的喜好，对身边的人影响很大，包含的信息数据也更丰富，银行利用大数据技术可以整合相关信息，处理得出用户的特征信息，如客户的行为模式、潜在需求、消费习惯等②。这样得到的结果是银行可能比客户更了解哪些产品和服务是客户所需要的，有助于银行进一步为客户提供定制的个性化服务，增加客户粘着度，降低客户的流失率，提高忠诚度。

比如，一位信用卡持卡客户经常进行刷卡消费，平均月刷卡 4 次，平均每次刷卡金额 300 元，拨打客服电话主要内容为临时提高信用额度、咨询分期还款事宜等，对信用卡支持服务从来没有进行投诉，对这些数据进行分析得出的结果就是此客户粘着度较高，不容易流失，不用进行特别维护。但在客户的社交网络上得到的信息是，其转发了多条关于银行信用卡陷阱、年费收取、ATM 机银行掉包门等一些以讹传讹的信息，还有各种支付宝优惠等第三方支付信息，可以看出这个客户心里有弃用信用卡的打算。这些信息都显

---

① 刘蓓琳，张琪．基于购买决策过程的电子商务用户画像应用研究［J］. 商业时代，2017（24）：49-51.

② 陆岷峰，沈黎怡．大数据背景下银行业发展新隐患与新对策［J］. 银行家，2017（8）：57-59.

示该客户流失风险较高，所以利用大数据技术整合外部数据有利于银行进行客户管理，能够及时发现客户流失风险并采取措施。

10.1.2　大数据技术在精准营销上的应用

在明确的客户管理的基础上，可以依据用户画像得到的特征把客户进行细化分类，这样银行可以有效地进行产品和服务的营销活动，达到精准营销。

（1）实时营销

实时营销是根据客户的实时状态来进行营销，比如针对客户最新的消费信息、消费所在地等信息来进行营销；或者将平常生活中突然发生改变的事件作为营销的契机。这些数据由客户刷卡信息、社交信息共享等收集得到，银行可以准确定位客户的活动范围，为进一步服务提供参考。例如，银行收集到的数据显示客户在一个汽车城周边有多笔消费记录，且持续多日，而这里又不是其常居地，结合其动产信息，可以得出这个客户有买车的打算，银行就可以推送车贷方面的优惠信息，方便客户进行选择。

（2）交叉营销

银行从多种渠道得出用户画像，了解到客户有多种需求，可通过组合不同产品和服务来满足客户的个性需求。这种不同业务或产品的交叉，在一定程度上模拟了金融业混业经营，增强了银行的竞争实力，对竞争日益激烈的银行业而言是一个把握市场机会的利器①。

比如某银行客户经理接待一位大客户，得知其是一位个体户，要往不同的员工账户上存入现金作为工资，劳力费时，他就推荐该大客户办理对公结算账户，代理分发工资；在交谈过程中得知客户有扩大营业规模的想法，就推荐了本银行的信贷业务；这个客户经常结余大量现金，为了最大化客户利益，向其推荐了理财产品；得知客户要提高员工的福利待遇，就推荐了本行代理的保险业务。这样不仅营销了多项产品，又得到了新客户。一家澳大利亚银行通过

---

① 洪崎．大数据与银行转型［J］．中国金融，2016（23）：55-56.

大数据分析发现，马上有婴儿诞生的家庭对于寿险有很大的需求潜力，通过对客户银行卡交易信息的分析，就很容易地识别出准妈妈们，从而推出定制化的营销活动，大大增强了交叉营销的成功率。

(3) 个性化服务

提供个性化的金融产品和金融服务将成为银行转型发展的主攻方向。银行可以根据客户的个人喜好进行服务或者银行产品的个性化推荐。如根据客户的年龄段、婚姻状况、资产情况、风险偏好等，划分为不同的客户群体，对客户群进行精准定位，分析出其潜在的金融服务需求，进而开展有针对性的营销推广。如招商银行通过对目标群体进行划分，找出特定的个人标签，从而进行有针对性的营销推广，特别是面向青年群体定制了“凡客卡”、“魔兽卡”等。

(4) 客户生命周期管理

客户生命周期是指从一个客户对企业产品和服务感兴趣开始，准备接触公司，公司进而准备开发这一客户，接着业务关系确立以及维护，到最后结束这段业务关系的这一整段时间。类似企业的产品生命周期，但客户生命周期的管理比某个特定的产品生命周期管理更为重要。客户生命周期管理包括新客户获取、客户提升、客户成熟、客户衰退和客户离网等阶段，每个阶段都是为了赢取客户。

商业银行通过大数据技术收集和处理客户社交网络上的数据，综合划分出不同的客户群体，如辐射影响力高的客户、对银行服务不满意的客户、有弃卡转行意图的客户，将其补充到银行客户管理体系中，及时了解客户状况，以达到留住客户的目的。例如，招商银行通过大数据技术，把各方面因素纳入客户流失预警模型，对每个客户的可能流失率进行排列处理，对具有相对高流失率等级的客户进行特殊维护挽回，比如贷款优惠、营销高收益理财产品等。

10.1.3 大数据技术在风险管理上的应用

在业界一直有一种说法：银行的业务就是风险，而数据就是银行最有价值的资产。银行谨慎性的运营原则要求每一笔业务都要进行风险控制，可以说风险管理是银行经营管理活动的灵魂，而交易产生的数据则是银行的血液，一直流动不息，数据和风险一直都是银行的两大要素，两者支撑着银行的正常运行。随着行业竞争的加剧和数据处理技术的发展，风险和数据给银行带来的不仅是挑战，更多的却是机遇。

（1）大数据与信用风险管理

现在银行进行信用风险管理的信息来源主要是客户的会计信息、客户经理的实地调查、客户的信用记录以及客户抵押、质押和担保情况等，然后经过专家判断进行定论。这种风险管理模式具有一定的弊端：一是这种模式大多只适用于业务经营管理规范、会计信息完整且质量可靠、信用记录良好的大公司，或有足够价值抵押物或质押物作充分担保并经营良好的中小公司，信息审批上主观认识占优势，在客观依据上则比较缺乏。二是双方得到的信息不对称，参考标准也不一致，涉及的业务流程往往比较复杂，处理效率低下。三是风险管理者判断的基础主要是用户过去的历史数据，而不是实时的数据，这样造成数据在时效性和相关性上并不能满足风险监测的需要。

尽管信用风险计量已经有许多不同的模型，例如以违约概率为核心变量设计的客户信用评级模型，对客户进行综合评价和信用评级；以及以违约损失率为核心变量设计的债务风险评级风险模型，反映客户违约时银行的损失大小。在模型设计中，各银行所面对的共同问题是缺乏相关支持数据：一是数据来源有限，尤其是客户的行为特征相关信息，大多数银行能够获得的数据只是客户主动或被动提供的基本信息数据及财务信息数据。二是数据真实性不高，有的数据获得途径是非直接的，中间间隔长，且没有反馈修正手段。三是数据包含范围较窄，特别是对于企业客户，比如企业客户的市场交易行为、与第三方之间往来等有价值的信息数据，有可能不容易被收集，或在大量数据中没有及时处理而失去参考价值，发生这样的情形并不能支撑和修正风险管理模型。

银行可以通过大数据技术解决上述问题。第一，大数据技术可以通过多个渠道快速收集数据，并且能够迅速处理，这样能够获得客户更全面、更真实、更准确、更实时的信息，降低信息不对称的风险。第二，大数据技术在处理数据时可以对不同变量进行相关性分析，找到不同变量之间的内在关系，可以补充到原有风险管理模型中，使风险管理更量化、更全面、更准确。银行通过架构大数据平台，还可获得功能广泛的风险分析和管理工具。

此外，银行可以利用大数据技术提高欺诈检测，建立新的信用风险管理模式。商业银行利用大数据技术能够进行全面信息分析，每天评估客户的等级并进行动态调整，精细化管理客户授信情况，大大增强风险鉴别和应对能力。例如，中信银行信用卡中心借助大数据分析技术，每天确定客户运营状态变化规律，建立运营状态变化路径，对不同的变化路径设定相应的风险值，逐步加权计算客户的风险变化，在原客户评价的基础上评估信用风险，这是一种新的、动态的客户信用风险管理体系。

（2）大数据与操作风险管理

《巴塞尔协议Ⅲ》对金融监管准则提出了调整和重组要求，新协议提出了衡量操作风险的各种方法和原则。目前各国金融业采用了不同的风险衡量方法，一些风险管理能力强的金融机构采用了新协议中提出的基本指标法或标准法等，而国内银行的操作风险衡量方法比较落后，究其原因，主要是由于银行缺乏操作风险计量模型以及计量所需要的损失数据。参考数据的不足，银行开发新的管理模型没有基础，开发和校准工作周期长，造成模型参数有很大的主观随意性，也比较难以验证，使用效果也会不理想。因此，对银行业而言，应系统全面地收集和管理历史数据，为模型和工具的正确使用提供数据支持，从而为操作风险度量和控制提供更有意义的指引。

大数据平台为银行建立完善的风险量化体系提供了保障。一是拓展了数据源的广度。大数据的应用可以极大地扩展数据来源，挖掘以前无法获得或无法使用的风险事件数据，并通过与传统数据的快速整合、关联补充，为操作风险的度量提供充分的数据保障。二是增强了数据来源的时效性。利用大数据平台，可以实时地收集操作风险事件数据，随时监控可能发生的事件，并提供实时或准实时的风险计量服务，以配合业务管理对效率的要求。三是促进了风险管理的预测性，改变了以前风险管理只能事后度量的落后性。

（3）大数据与实时风险监测

银行业务的整个风险管理过程一般划分为事前、事中和事后三个阶段，然而国内银行对业务风险的管理主要集中在事后管理上。例如，欺诈交易风险管理最重要的环节是事前的识别和预警，提前防范更有效果，但是由于数据处理不及时，造成反应的时间远远落后于事件，等到欺诈风险暴露后才得到反馈，这说明银行进行的事后监督并不能实质性地进行风险防范，现行风险管理模式并不能发挥主动监督的作用，难以对风险业务发挥实时控制的作用。

此外，银行要求数据进行快速实时的处理需求越来越强烈，这不是传统数据处理技术所能达到的。银行需要不间断地获取情报，从而能够分析大流量的实时事件，并迅速洞察风险事件，及时处理并且能够事先对风险事件进行响应。因此大数据技术在金融业的应用非常重要，有助于金融业能够对持续产生的大流量的实时数据进行分析并做出快速响应。

例如，近年来开发的流式计算技术是一种实时计算技术，是被称为 Hadoop 之后的第二代实时云计算，对数据处理的效率贡献很大①。流式计算的核心思想是实时整合不同结构类型的数据，对大量的数据流进行连续实时的处理，深入挖掘任何可能对用户有用的信息并把形成的结果进行反馈。流式计算系统在运行过程中，大量的数据持续不断地被录入系统，系统并不从硬盘调入数据，而是直接在内存中对实时数据进行处理，这样数据处理时间大大缩短。流式计算对数据的处理思想与 MapReduce 类似，都是先把整体数据划分成几大份，利用并行计算的方式同时处理这些数据，处理后再整合这些数据的相关结果。

---

① 孙大为．大数据流式计算：应用特征和技术挑战［J］．大数据，2015，1（3）：99-105.

10.1.4 大数据技术在产品创新上的应用

互联网金融的发展迅速，导致非传统金融机构的互联网数据公司都在积极介入金融领域，它们大多依托自身拥有的电商平台，依靠积累的大量客户信息进行创新经营，取得了不错的成绩，其中最具代表性的是供应链融资模式。银行积极搭建电子商务平台，重点不是为了获得很大的利润，而是为了把企业纳入供应链管理，了解上下游企业情况，可以介入供应链融资服务模式。供应链融资服务不仅可以带来优质客户，还可以提高银行的核心竞争力。借助供应链金融的融资模式，银行可以及时获取来自企业的运营信息，来自物流企业的商品库存信息，可以有效降低信息不对称的外部风险，同时也提高了资产的收益率，扩大了业务范围和客户覆盖范围，提高了自身的竞争力。

小微企业贷款是供应链融资模式应用的重点，银行业在做好传统信贷的同时，应该开始重视小微企业贷款。通常商业银行进行传统信贷业务是“握着客户的手放款”。随着利率市场化的逐步实施，存款利率上限和贷款利率下限的放开，使得商业银行可以参考基础利率自由操作，存贷利率差缩小，银行的主要利润源缩减，所以开发信贷上的新产品就成了重中之重，小微企业信贷业务将成为商业银行大力开展业务的重心。在实际操作中，企业数量多、运营管理不规范、信息不对称等多方面的原因，是造成小微贷款业务开展不力的主要原因。商业银行需要通过大数据技术，对市场上有发展潜力的中小企业进行全面收集数据、分析数据和运用数据的工作，实现快速、批量化处理，将货款提供给合适的中小微企业。供应链金融服务有很大的发展前景，有多家大型商业银行的信贷业务已经开始进行从“线下手工处理”到“线上多系统集成”的转型。这是对银行传统信贷业务的横向改革，是对商务融资、企业理财、现金管理等一系列金融产品的整合。与传统的商业银行信贷业务模式相比，这种业务模式具备的优势如表 10-1 所示。

表 10-1　　**传统信贷与供应链融资的对比情况**

对比方面	传统信贷	供应链融资
授信主体	单个企业	企业群
抵押物	不动产为主	动产为主
信用担保方	第三方担保人	供应链核心企业
评级方式	主体评级	主体评级/债项评级
评级范围	企业	企业所在的供应链
银行参与	静态	动态
银行的风险	较高，风险集中于一个企业	较低，风险分散于整个供应链
服务品种	单一	多样
服务透明度	低	高
服务效率	繁琐、低下	及时、快捷

例如，中国银行推出的“中银沃金融”是一个运营成功的产品，具体而言，就是利用大数据技术进行小微企业网络融资支持。具体的操作流程是商务平台的注册会员企业通过代理商向中国银行申请贷款；中国银行利用大数据技术整合电商平台共享数据、征信数据以及实地调研数据，按一定操作完成自动审核和批复；接下来通过一系列保密手段，如通过链接在线验证、动态密码验证等方式对客户身份进行验证，实现在线签合同和在线提还款，一切操作都是网上自助式进行；贷后利用风险管理预警模型实现在线风险监测。

10.2　商务智能技术在银行业的应用场景分析

在国际银行业中，商务智能有很多的相关研究与应用。利用先进的数据挖掘工具和数据仓库，一方面使银行把握市场动态，开发出新产品占领市场，另一方面使银行针对不同贡献度的客户采取不同的产品和服务，深度挖掘市场。有研究表明，1980 年至 1990 年的十年间，美国平均每年有 13 家大银行利用商务智能信息技术使银行的平均资产收益率和资本收益率分别从原来的 1%和 14%上升到 1.5%和 20%，而平均的成本收益比从 63%下降到 50%①。

在国内，商务智能方面的应用也有十余年的历史了，但国内的商业银行在初期对商务智能的理解还不十分到位，加上大部分商业银行基础数据质量较差，系统的规划也不够好，专业人才也比较缺乏，使得商务智能技术没有发挥其预期的作用。如果商务智能项目在前期投入过高，且不能在短期内回报给管理者，这会使得商务智能的发展更加艰难。基于商业银行的商务智能平台建设之后，主要应用在以下三个方面的场景：第一，挖掘潜在新客户及存量客户的潜在需求；第二，金融反欺诈；第三，风险事件预警。

10.2.1 商务智能技术在挖掘潜在客户上的应用

对商业银行而言，挖掘潜在客户需求包括以下两个方面：

①挖掘潜在新客户，即通过上下游关系、交易往来信息构建企业关系图谱，通过关系筛选工具找到目标客户进行营销。比如，国家出台某项新政策之后，商业银行通过该商务智能平台寻找符合条件的新客户，进行营销。

②挖掘存量客户潜在需求，即结合行内、行外多种数据，针对关系图谱提供的资金关系、法人关系、上下游投资关系、相似企业业务关系等进行深入分析，不断挖掘企业间潜在需求，从而为他们推荐合适的产品、服务。比如，通过知识图谱的技术设定一些条件，我们能够通过该平台找出一些目标客户，挖掘其需求，从而进行精准营销。

挖掘潜在客户一直是金融行业关注的一项重要应用，通过现有数据和外部数据精准、迅速地找到相关业务的潜在客户，对于银行业务的提升会起到较大帮助。通过大数据的挖掘采集，我们可以基于现有银行客户建立社交网络知识图谱，并根据不同的交往方式和

① Allen P H. *Reengineering the Bank: a Blueprint for Survival and Success* [M]. Irwin Professional Pub, 1994.

频次定义图谱的关系模型。同时，还可以对客户的亲属、朋友、同事、同学等进行相关的社交挖掘，评估关系紧密度①。通过用户的知识图谱关系，可以更加精准地分析客户行为，了解客户潜在需求，进行精准推送。

比如，基于现有 VIP 客户，挖掘相关联系人及其爱好，或可以在现有客户中去发现具有共同爱好的一个组织，从而可以有针对性地对某一部分或某一类人群制定营销策略，大大提升营销的精准性和有效性。例如，通过对营销拜访日志的智能解析，银行能够提高信息汇总效率，实现多维度可量化统计。在贷前贷中，银行通过授信材料解析，能够助力流程加速。通过将 NLP 技术嵌入授信工作流程，能够减少重复劳动，优化与提升效率。传统的放贷行为需要经过客户经理、风险经理等的处理，引入了人工智能 NLP 自动数据处理之后，很多环节的信息处理都是机器能够自动完成的。基于深化 NLP 应用的银行业商务智能逻辑如图 10-2 所示：

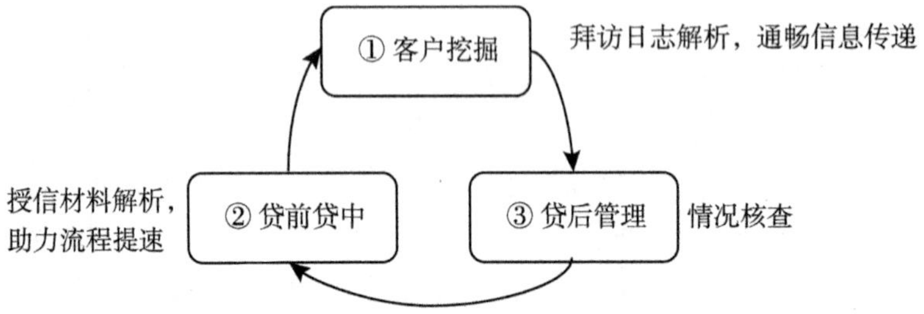

图 10-2　基于深化 NLP 应用的银行业商务智能逻辑

10.2.2　商务智能技术在金融反欺诈上的应用

近年来，金融欺诈的形式呈多样化发展的趋势，提供虚假资料、团伙欺诈、内外勾结等欺诈手段层出不穷，不少欺诈案件涉及复杂的关系网络，这些给银行等金融机构的欺诈审核带来了新的挑

① 鲍捷．智能金融的核心引擎：一览与前瞻［J］．软件和集成电路，2017（4）：25-29.

战。通过商务智能，我们能够在业务申请阶段整合已有数据中借款人的消费记录、行为记录、关系信息以及地域等，然后在业务交易阶段根据以上要素建立关系图谱，依托已有的欺诈模式特征进行匹配，发现潜在风险后马上进行有效防范。这已经在商业银行得到了实际运用，例如，欺诈者通过一个 IP 地址，使用多张信用卡，伪造多个身份，这样的行为通过知识图谱就很容易被识别出来。

在此情况下，传统通过单点突破进行反欺诈的方法已经远远不够。基于大数据的反欺诈，可以通过对用户数据的采集和分析，建立企业级客户在资金链、法人、上下游投资、相似企业业务等关系上的知识图谱，挖掘出欺诈者数据的矛盾点和可疑点，从而识别、预防欺诈事件的发生①。图 10-3 为海致公司知识图谱对“中晋系”的图谱分析，是商务智能在金融反欺诈上的应用实例。

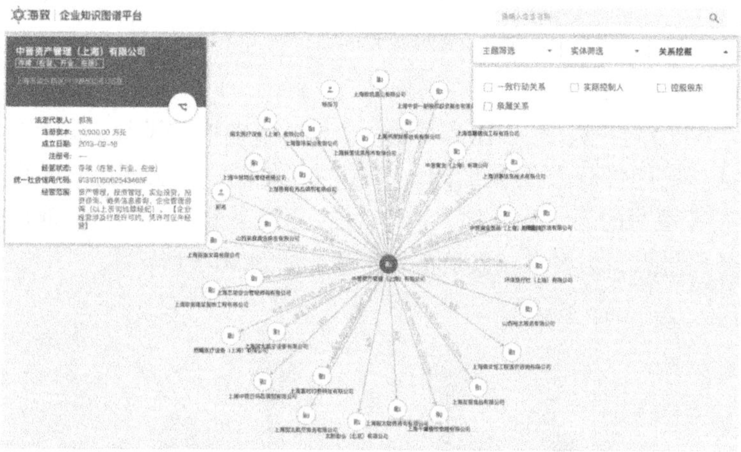

图 10-3　海致公司知识图谱对“中晋系”的图谱分析

在深化反欺诈场景中，在企业知识图谱发挥效用价值的同时，我们还应深入扩展其他业务的图谱数据。例如：在社交关系图谱、转账和账目网络、黑名单网络、关系详情多对多记录、ETL 清洗数

① 鲁统波．大数据反欺诈在银行互联网金融创新业务中的应用［J］．金融电子化，2016（1）：91-92.

据等方面深化应用，让金融反欺诈更加精准。基于反欺诈场景的银行业商务智能逻辑如图 10-4 所示：

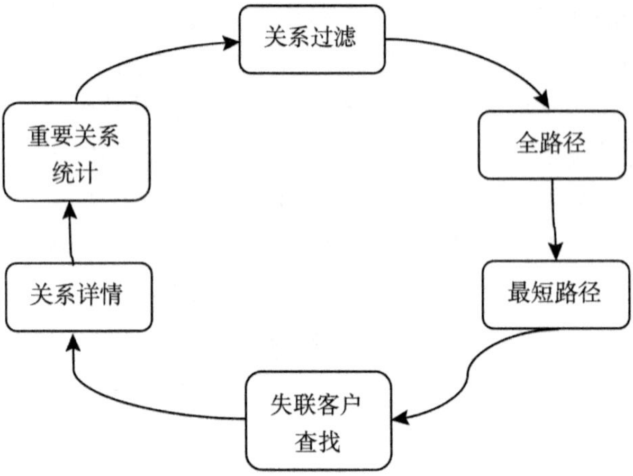

图 10-4　基于反欺诈场景的银行业商务智能逻辑

不一致性验证可以用来判断一个借款人的欺诈风险，类似交叉验证。比如借款人 A 和借款人 B 填写的是同一个公司电话，但借款人 A 填写的公司和借款人 B 填写的公司完全不一样，这就成了一个风险点，需要审核人员格外注意，如图 10-5 所示。

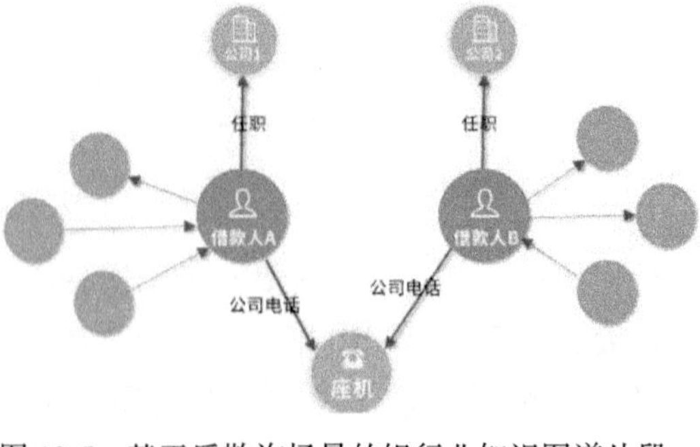

图 10-5　基于反欺诈场景的银行业知识图谱片段一

组团进行欺诈的成员会用虚假的身份去申请贷款，但部分信息是共享的。从图 10-6 可以看出贷款人 A、B 和 C 之间没有直接的关系，但通过知识图谱可以很容易地看出这三者之间都共享着某一部分信息，存在一定的组团骗贷风险。

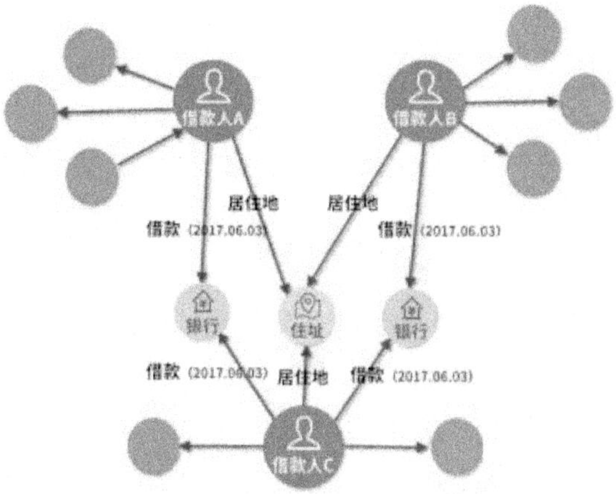

图 10-6　基于反欺诈场景的银行业知识图谱片段二

10.2.3　商务智能技术在风险事件预警上的应用

所谓风险事件预警，对商业银行而言，即指当现有贷后检查发生信息变更时，客户经理可查看风险预警事件提醒。举例而言，客户经理可以在贷后检查、客户基本信息检查、客户工商信息检查、资金流动情况检查、担保信息检查、失信信息、黑名单信息等各个环节，得到相关的风险预警信息。

基于金融领域的海量用户数据，我们通过知识图谱可以将客户、企业、行业间的有效数据进行关联，从行业关联的维度预测风险，提前进行风险控制①。当某一行业发生了行业风险或高风险事

① 张旭．知识图谱技术落地金融行业的关键四步［J］. 金融电子化，2017（11）：92-92.

件，金融机构可以通过知识图谱及时预测未来有潜在风险的关联行业，从而对相关行业的风险做出预判，尽早发现并规避风险。金融行业知识图谱中的关联关系示意图如图 10-7 所示：

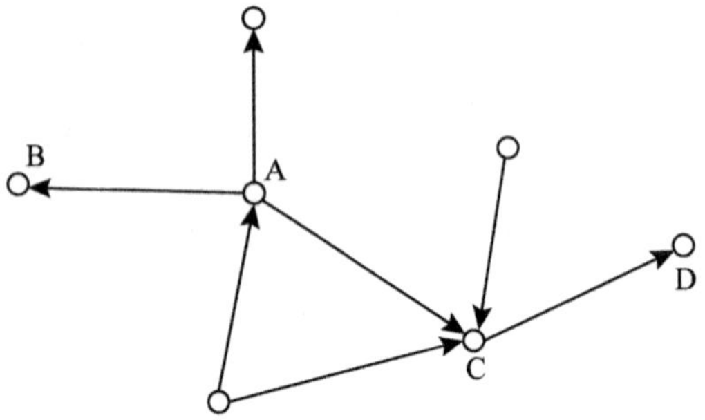

图 10-7　金融行业知识图谱中的关联关系示意图

上图中，A 为违约客户，结合银行担保关系数据、资金流向数据等内部数据，以及企业基本属性、涉诉信息、舆情等外部特征，通过机器学习方法计算可得到 A 违约后 B、C、D 违约的概率，从而及时切断传播路径。通过对行业和客户的知识图谱进行分析，可及时发现位于关联行业或者上下游行业的其他潜在风险客户。

具体而言，基于企业的基础信息、投资关系、诉讼、失信等多维度关联数据，可以构建科学、严谨的企业风险评估体系，有效规避潜在的经营风险与资金风险。其中，用户群体包括银行、担保、投行、政府等，应用环节则涵盖客户资源分类管理、信贷前期风险评估、采购企业风险审核以及招投标企业资质评级等，如图 10-8 所示。

基于投资、任职、专利、招投标、涉诉关系，以目标企业为核心向外层层扩散，形成一个网络关系图，可直观立体展现企业关联性。比如，在基于股权、任职、专利、招投标、涉诉等关系形成的网络关系中，可查询企业之间的最短关系路径，衡量企业之间的联系密切度，如图 10-9 所示。

银行业知识图谱还可以应用于辅助信贷审核，基于知识图谱数

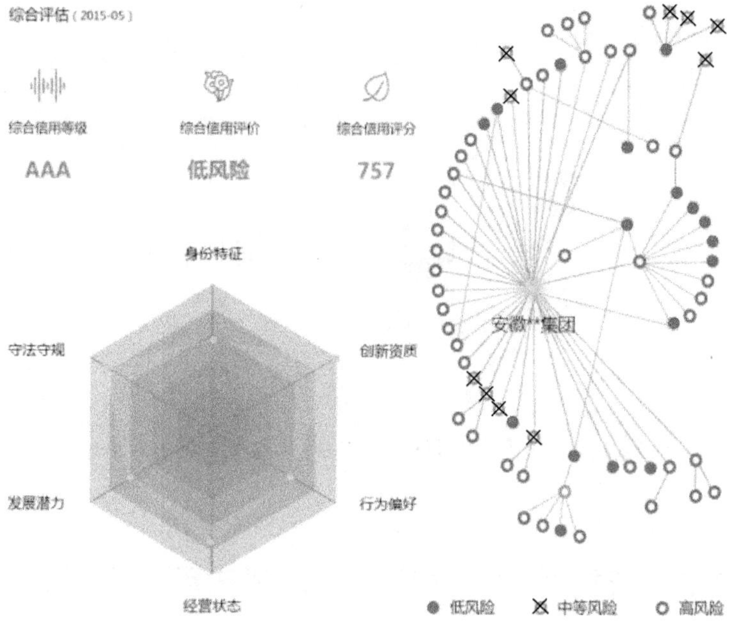

图 10-8　基于风险事件预警的银行业知识图谱示意图一

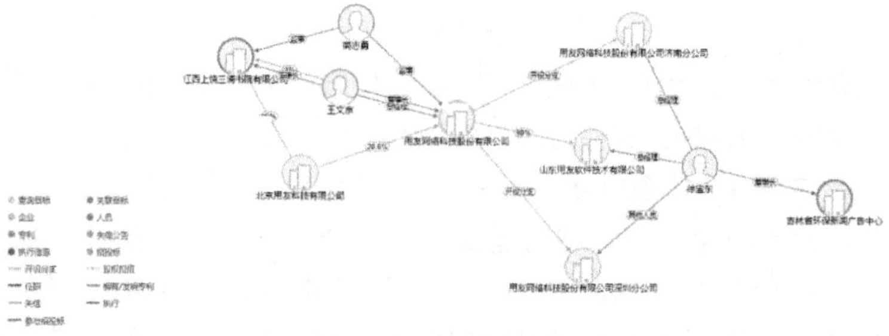

图 10-9　基于风险事件预警的银行业知识图谱示意图二

据的统一查询，全面掌握客户信息；避免由于系统、数据等孤立造成的信息不一致，带来信息重复使用、信息不完整等问题，如图 10-10 所示。

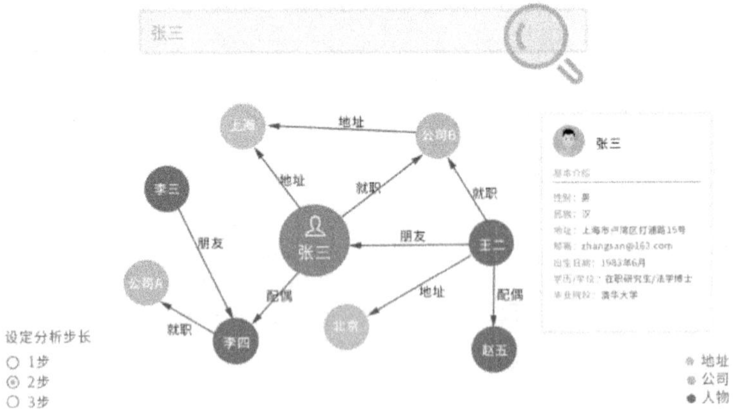

图 10-10　基于风险事件预警的银行业知识图谱示意图三

10.3　智能时代的银行知识管理应用的实例分析

10.3.1　招商银行利用大数据技术的实例

下面是招商银行与数据运营公司 TalkingData 公司合作实现数字化移动运营，成功利用大数据技术把数据转化为实际价值的例子，反映了大数据在产品创新和客户关系管理上的应用。

10.3.1.1　背景概述

招商银行是一家大型商业银行，在全国范围内设有超过 1200 家网点，拥有员工超过 7 万人，一级资本规模 493.51 亿美元。根据英国《银行家》发布的 2015 年全球 1000 家大银行榜单显示，招商银行排名继续攀升，排名第 28 位，较去年提高 8 个位次。凭借持续的金融创新、优质的客户服务、稳健的经营风格和良好的经营业绩，招行现已发展成为中国境内最具品牌影响力的商业银行之一。

TalkingData 公司即北京腾云天下科技有限公司，成立于 2010 年 9 月，其管理团队来自 Oracle、IBM、Microsoft、腾讯、百度、

360 等企业，拥有丰富的研发管理以及产品商业化经验，伴随着近 4 年的移动互联网的高速发展，逐步打造了由开发者服务平台、数据服务平台、数据商业化平台为中心形成的数据生态体系，截至 2016 年 10 月 23 日覆盖超过 20 亿独立智能设备（包括：智能手机、平板电脑、智能电视、可穿戴设备……），服务超过 10 万款移动应用，以及 8 万多应用开发者。是中国最大的独立第三方移动数据服务平台，每天处理超过 10T 移动海量数据、数十亿次会话请求，拥有近千台服务器。

在移动互联网时代，80 后、90 后年轻人的衣、食、住、行、玩，如网络购物、社交聊天、移动支付、安排旅程等消费场景都围绕着移动 App 进行，图 10-11 显示了移动金融应用的年龄分布，可以看到青年占据很大比例。移动应用领域的快速扩展已经影响到人们生活的方方面面。目前，中国移动网民已经占到网民总量的 88.9%。单就手机这一种移动设备而言，人们的生活已经离不开手机了，通信、娱乐、工作等都和手机联系，有调查显示国人每天平均使用手机时长约有 4 个小时。

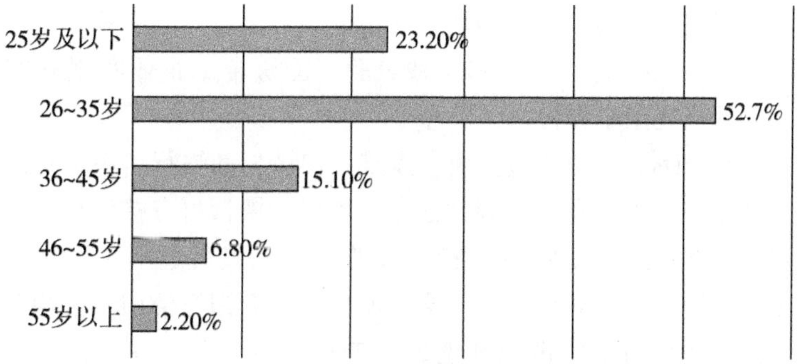

图 10-11　2015 年 3 月招商银行移动金融应用户年龄分布

数据来源：TalkingData 移动数据研究中心

正是认识到了移动应用对人们生活的重大影响，招商银行开始进行移动应用投资，在 2013 年推出了“掌上生活”手机应用软件，目的是为了融入用户生活，为用户提供方便便捷的移动支付服务，随时随地满足支付需求。“掌上生活”推出不久，遇到了很多软件推广方面的问题，如装机量增速变缓、使用不活跃、无法跟踪数据等。这些问题阻碍了“掌上生活”的流行和应用发展，与银行初衷不符，银行迫切需要寻求新方案以活跃用户。

10.3.1.2　方案提出

招商银行的最终目标是希望通过手机银行应用的数字化运营方式，为客户提供高质量的服务，在留住老客户的基础上，达到吸引新客户、提供良好的使用体验、实现活跃客户的目的。能够实现这一最终目标的基础就是了解客户的需求，而招商银行虽然收集了大量的交易数据，但缺乏相应的数据处理技术，并不能对手机移动应用提供支持服务。寻求的方案需要能够提供数据支撑，通过分析数据了解用户偏好，能够提供个性化的金融服务，提高整体移动运营的水平。通过各方面的考虑，招商银行选定了 TalkingData 公司进行全面战略合作。

TalkingData 公司有以下三个优势：第一，专业进行移动互联网数据分析和挖掘，并且具有数据运营经验；第二，能够提供可行性很高的数据产品服务和咨询服务，可以提供从分析到运行一站式的企业咨询服务；第三，在移动互联、金融、游戏、电商等多个领域都拥有敏锐的行业洞察力和实践经验，能够帮助企业实现精准营销，且具有完全中立性。

TalkingData 公司通过分析，发现在申请招商银行信用卡时，需要提交身份、工作和工资等其他各种资料，银行再审核信息的真实性和合规性，通常需要 10~20 个工作日，到最后还不一定能够保证通过审核。这样客户通常不会再次申领招商银行信用卡，耗费的大量人力和物力不能得到补偿。而 TalkingData 公司利用自身的移动设备高覆盖率设计了手机客户端申请方案，具体是在“掌上生活”移动应用中申请信用卡，除了关键个人信息处，需要填写的只有真实家庭住址和工作地点信息，比柜台申请简化了许多资料。“掌上生活”可以提取用户移动手机的设备号，申请信息会同步传递给 TalkingData 服务器。TalkingData 公司会对这个设备进行匹配，综合以往移动应用合法收集的信息，动态地统计用户的住址和工作等情况，反馈给银行系统，提高信用卡审批的速度。给出的解决方案包括移动统计分析平台和移动应用优化咨询服务。移动统计分析平台的主要目的是为了用来收集移动应用数据，包括支付数据、购买产品和服务以及反馈意见等，然后经过综合处理，为进一步优化服务和提供新的模块等提供数据支撑。

TalkingData公司从数据中发现移动应用运营服务的不足，然后提出一套可以改进服务的模型和产品，从而形成更为完善的移动服务形式；对实时用户特征行为的监测，能够及时帮助银行提高产品和服务的转化率，从移动应用中得到更大的利益。而移动应用优化咨询服务，是利用银行本身收集的数据，并结合其他数据，实现综合数据管理，这些全面的数据可以帮助银行找出在运营过程中问题的源头，提高移动应用的运营效率，特别是在精准营销上，参考招商银行的业务运营特征，为银行提供更有效率的营销方法，吸引更多的客户，提供具有针对性的服务和产品，刺激用户通过移动应用消费，使“掌上生活”移动应用融入生活，实现数据转化为实际价值的目的。

10.3.1.3 方案实施

随着TalkingData公司大数据解决方案的运行，招商银行能够收集到移动应用的关键运营数据，如用户每天移动应用使用次数、时长、停留功能模块等，这些可以帮助银行进行移动应用设计升级等；能够实现实时数据监测，了解客户使用情况，提高运营水平。

这个方案实现成果的一大亮点就是形成了信用卡和手机游戏的跨界精准营销。TalkingData公司通过对收集到的移动数据分析，描述出招商银行信用卡用户的兴趣图谱（见图10-12）。在一部分80后、90后用户群里的用户画像中都发现了“游戏”标签，特别是流行的联网卡牌类游戏“我叫MT”和“刀塔传奇”，这些网络游戏都有内购项目，而这些购买道具的花费是很可观的。

从招商银行信用卡用户游戏属性中可以看出，社交、游戏和购物类应用占据手机前三位，其中接近90%的用户手机上至少安装了一款游戏。近年来手机游戏发展迅速，是移动互联网最大的虚拟商品资源平台，同时手机游戏具备极强的营销推广能力，因此解决

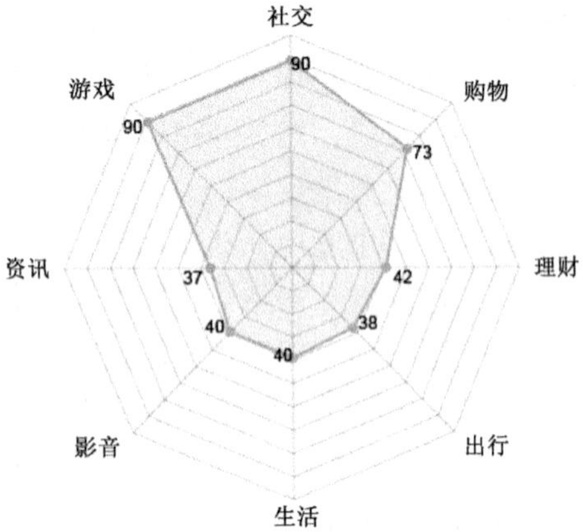

图 10-12　招商银行信用卡用户兴趣图谱
数据来源：TalkingData 移动数据研究中心

方案选择了手机游戏作为招商银行信用卡跨界营销的合作资源。以下是招商银行信用卡用户关注游戏的相关属性，从中可以找出卡牌类游戏在信用卡用户中具备最广泛的用户基础和合作价值（见图 10-13、图 10-14、图 10-15、图 10-16、图 10-17）。

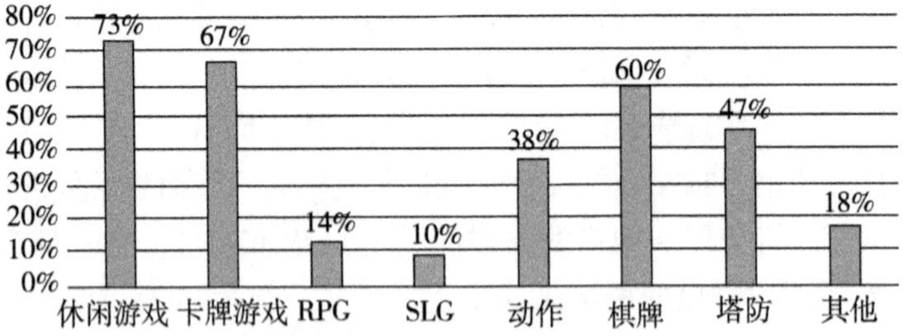

图 10-13　招商银行信用卡用户游戏属性——各类游戏占比
数据来源：TalkingData 移动数据研究中心

Talkingdata 公司为银行设计了跨界营销，利用绑定招行信用卡，通过送消费积分和使用积分可以兑换特定道具等手段，由于推

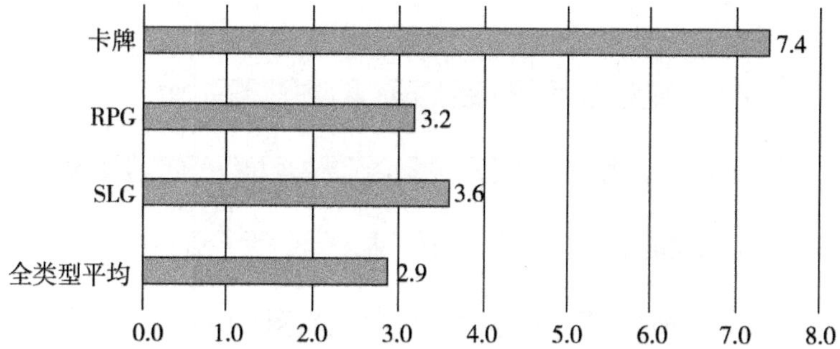

图 10-14 招商银行信用卡用户游戏属性——每次游戏次数

数据来源：TalkingData 移动数据研究中心

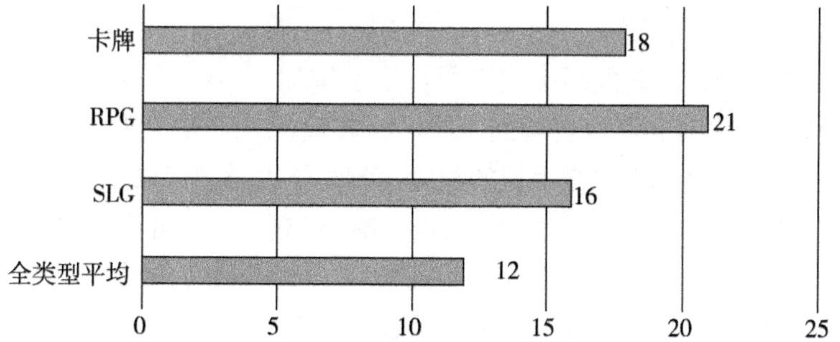

图 10-15 招商银行信用卡用户游戏属性——单次游戏时长（分钟）

数据来源：TalkingData 移动数据研究中心

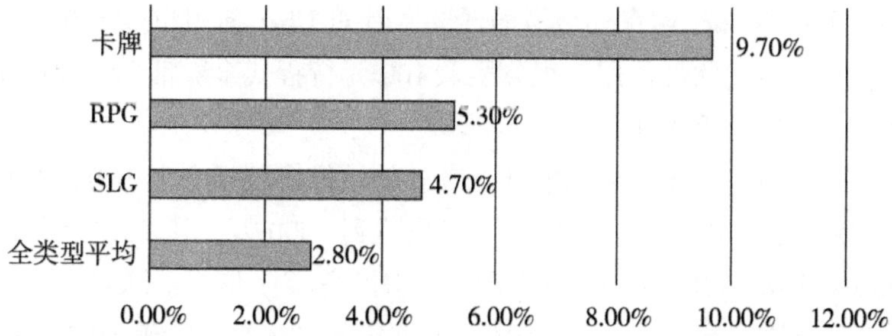

图 10-16 招商银行信用卡用户游戏属性——总体付费率

数据来源：TalkingData 移动数据研究中心

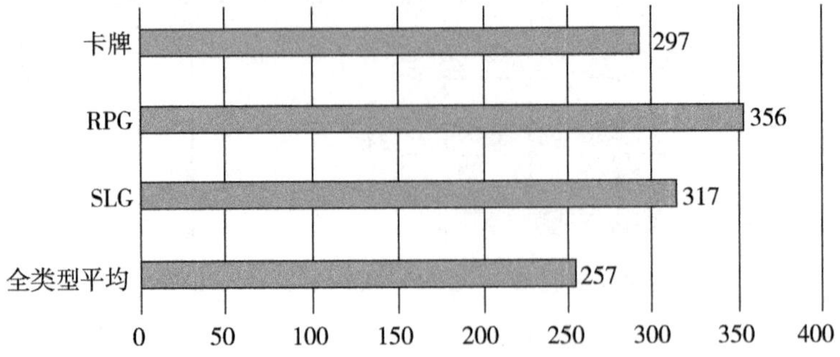

图 10-17　招商银行信用卡用户游戏属性——月平均每用户收入（元）
数据来源：TalkingData 移动数据研究中心

广手法得当，一时间新绑定卡用户迅速增加了 10 万，以前沉默的 2006 年以前的老客户也得到了激活，在此次推广中都变成了活跃用户，而直接成本仅是虚拟的积分，节约了大量推广成本。

另外一个跨界营销的例子是与 Uber 建立合作。现在 O2O 运作模式发展迅速，特别是在外卖和打车上。TalkingData 数据平台综合各方面数据，在用户画像标签中筛选出具有 O2O 性质标签的用户，例如“Uber”，再与招行客户数据库进行对比，要是得到确认，招行就会向客户发送 Uber 的推荐信息和优惠信息等，客户若接受推广信息，在使用过程中会反馈数据给银行。此外招行还开展了信用卡积分兑换 Uber 用车代金券的活动，针对 Uber 新用户推出在“掌上生活”移动软件使用 9 积分换取 100 元行程代金券活动，提高了信用卡用户的活跃度。

自方案提出并实施几个月以来，整体推广效果令人满意。具体表现为：到 2015 年 12 月应用装机量达到 2000 万，比 2014 年增加 100%；移动应用用户的月活跃度平均提高了 3 倍，活跃客户增速是未采取措施前的 10 倍，信用卡的绑定率是未采取措施前的 3 倍，而且大量的沉默客户被重新激活，节省了大量推广成本，再加上精准的营销渠道，使得招行在节约成本的同时提高了推广效果，收入和投入比例估算大于 10 倍。

在大数据时代，银行业作为传统行业，要保持竞争优势，就需要充分重视大数据技术应用的重要性，必须制订大数据应用发展战略计划，不管是独立搭建大数据平台还是和数据公司合作，建立一个完善的大数据分析平台，推动业务模式向虚拟化和数据化运营转变，打造银行业大数据金融生态体系正当其时。招商银行的大数据应用体系建设是业内一个成功的典范。

10.3.2　青岛银行利用商务智能技术的实例

10.3.2.1　背景概述

信息技术已成为当今社会发展的重要驱动力，以互联网、云计算、大数据、人工智能为代表的新兴技术的飞速发展，正为各行各业的创新带来激动人心的可能。商业银行借助互联网技术的蓬勃发展和大数据技术的广泛应用，也在积极推动服务、产品和管理方面的创新。“以客户为中心”是多年来银行业一句响亮的口号，但并没有得到很好的实践和落地。以客户为中心，要求银行对客户有更加精准的了解，客户关系管理（CRM）作为经济新常态下“制胜法宝”式的重要工具，被越来越多的中小银行提升至战略高度。

为什么当前中小银行不能很好地感知客户？青岛银行认为根本原因是四大方面：①在收集数据的能力方面，数据的融合度和准确性不够；②在管理数据的能力方面，数据的组织分布和碎片化程度严重；③在获取洞察力方面，知识的挖掘分析和探索能力不足；④在应用洞察力方面，缺乏适应新环境的科学应用场景。

传统的信息化是将数据信息化，在数据充分利用和客户洞察方面，传统 IT 做得并不太多。青岛银行将建立客户洞察力的路径分为三个阶段，目标是实现中小银行智能 CRM 能力。

第一阶段，数据信息化。通过制定客户数据战略，内部全业务要素数据化，外部数据加强收集力度，多维度强化客户信息全貌。

第二阶段，信息知识化。对客户信息深度下钻，据此建立描述性模型、客户分群模型、预测性模型。

第三阶段，知识智能化。将技术以服务的方式应用到业务场景中，并提供差异化服务、精细化管理，持续不断地输出客户价值。

10.3.2.2　实施步骤

大数据让我们实现了信息向数据的转化；而知识图谱则解决了知识展现的问题，让知识可视化，最终形成智能 CRM 客户关系管理的洞察力，这也是让大数据和知识图谱进行结合的本质原因。以知识图谱构建智能 CRM 的步骤如下：

（1）行内数据标准化处理，为智能 CRM 建设打好数据基础

青岛银行将“以客户为中心”作为准则，整合梳理客户的账户、系统的总账、渠道、相关方、产品、合约、交易 7 大主题，以及全行 28 类对公业务系统数据，从规范化管理出发进行数据指标化、数据专题化、数据模型化梳理，倾力打造全行“一致性、深挖掘”的数据平台，为后续基于知识图谱的智能 CRM 建设打好数据基础。

（2）行外数据多方融合，形成客户信息的多维度视图

在行内数据标准化处理的基础之上，青岛银行融合了全国近 5000 万家外部企业数据，包含工商、投资、上市、知识产权、招投标、舆情等，与行内数据形成有效的互补，将行内外数据通过统一社会信用代码、组织机构代码、工商代码、税务代码、企业全称进行匹配，依次划分优先级进行关联，形成行内外客户一致关系，帮助客户经理从多维度、多视角获取更多客户信息。

（3）建立客户分群及预测性模型，提升客户洞察力

将基础标签通过一定的业务规则生成业务标签，描述对象的某种较高级的特征属性，用于建模；在具体业务场景下，基于模型或经验规则输出分群结果，并利用机器学习技术建立预测性模型。

（4）以知识图谱打造智能 CRM 应用

在系统定位上，从知识分享、智能分析和信息交互三个维度，建立知识的生命周期。从客户信息的归集展示到基于客户标签的客户画像分析，到应用于不同业务的场景，到后期与流程进行嫁接，在这个过程中进行知识的自我完善，对客户信息进行反馈补充。

青岛银行从客户信息的维度，打造出一个客户关系管理的知识平台。另外，从事件驱动的维度，对接现有客户关系流程化管理；以互联网化检索、事件消息驱动、复杂的关系图谱构建、客户和产

品智能匹配、机器学习和 NLP（自然语言处理）五方面的技术，支持智能 CRM 的应用。其中，互联网化知识检索界面如图 10-18 所示：

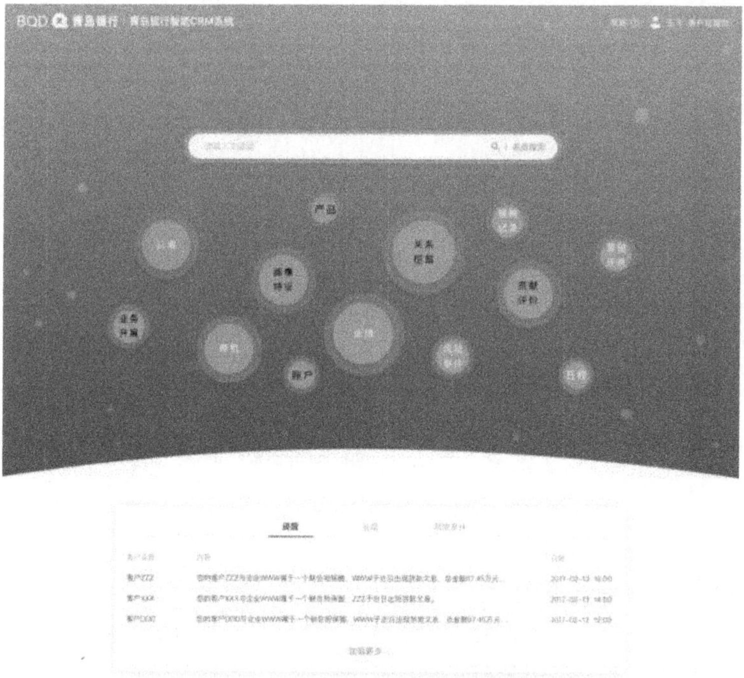

图 10-18　互联网化知识检索界面图

基于智能 CRM 落地过程中的大数据及知识图谱技术沉淀，青岛银行打造了专属的企业知识平台，并在此基础上构建青岛银行未来智能金融应用体系。根据该知识平台，青岛银行所有员工能够查阅相关客户、制度设计、流程等信息，能够显著提升每个人的能力，也能够方便领导和员工更好地检索所需要的报告信息。青岛银行通过与海致公司合作，利用其金融知识图谱的产品和技术，构建了全维度的客户视图，对客户更加深入了解，并且进行了对客户关系的挖掘以及实体之间关系的分析，能够据此针对客户进行精准营销，以及实现客户风险识别和管理。其中，客户与产品智能匹配界面如图 10-19 所示：

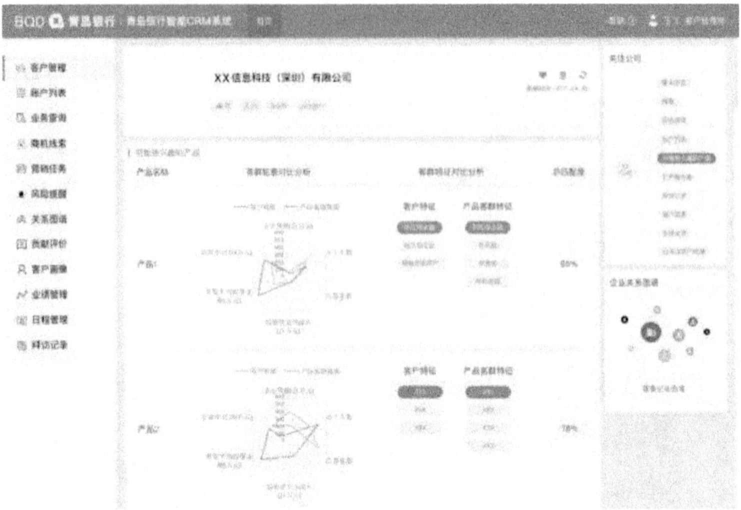

图 10-19　客户与产品智能匹配界面图

在智能 CRM 建设的基础上，青岛银行希望建设一个企业级的知识平台，智能 CRM 只是其中的一个插件和应用，在未来，青岛银行希望通过知识图谱建立全行分析问题、挖掘知识的能力。

10.3.2.3　效益分析

商务智能的过程主要包括数据获取、数据集成、数据分析等，其目的是通过信息整理和挖掘获得知识和洞察力，从而帮助企业做出更加合理的决策。正是商务智能的这个特点，决定了其能够帮助商业银行去提升管理水平、提高风险防范能力并促进产品的创新，同时它还可以帮助商业银行更好地觉察市场变化，及时做出调整。对于商业银行而言，商务智能的应用全方位地提高了其服务水平和管理水平，其作用主要体现在：

其一，通过商务智能系统在商业银行的应用，全行的决策和经营管理实现了从“宏观管理”到“微观分析”的转变，管理层可以对全行活动进行跟踪和管理，方便他们做出更合理的决策。商业银行的客户关系管理信息系统，通过商务智能技术的运用，对全行所有客户的信息进行了整合并对客户进行了细分，统一反映出客户信息的全貌，使客户的各种关键指标可以从地区、行业、产品、时间等不同的维度进行全面分析，经营管理层可以一直提取到具体客户的各种明细信息，这为商业银行各级管理人员提供了从宏观到微观的分析方式和能力，再加上管理者具有的业务经验，使企业的各项管理或营销的方式更具洞察力和针对性①。

其二，商务智能应用使商业银行走上了精细化管理的道路，使其成本管理和绩效考评的方式更加合理和准确。银行的商务智能系统通过数据仓库系统整合了财务会计系统、业务生产系统两大数据源的数据，对各类存贷款的利息收支、中间业务手续费收支等进行加工处理，并核算和分摊银行内部各类活动的营运成本。在这些数据基础上，商业银行能够在估算各产品、客户、机构、业务线的利润贡献度方面进行量化，从而为实现全行的精细化管理打下基础②。

其三，商务智能应用使商业银行的风险管控能力有了显著提高。进入21世纪后，中国的银行业务取得了长足的进步，各项业务蓬勃发展，新生业务也遍地开花，与之而来的是风险的类型也越来越多。银行的风险管理方式也必须由原来单纯地防范风险，向面向市场的全产品、全过程风险控制转变。在这种情况下，商务智能的应用为全面提升风险管理水平提供了最有力的手段。通过数据集成，商业银行的各级管理层掌握了更加全面的数据，使得全行可以基于历史数据对当前业务进行风险等级的评定并及时预警，可以通过数据挖掘技术去预测今后的业务走势和风险的出现。

其四，商务智能应用使商业银行提升了自己的客户服务水平。商业银行通过不断的数据分析不断开拓和设计新产品，在提升客户服务水平的同时实现了利润的最大化。通过商务智能的数据挖掘技

---

① 陆文婷．多源信息融合视阈下商务智能体系研究［J］．求索，2016（10）：105-111.

② 张文武．金融产品核算：商业银行精细化管理的主线［J］．中国金融，2005（3）：41-42.

术，对单个或者群体客户进行了评分和评级，实现了更加准确的市场划分，从而设计出更有竞争力的金融服务产品。

在当前的环境下，企业有两个重大问题需要面对：其一，信息量更加庞大和信息更加复杂。从全球范围看，每天的在线数据超过了 1EB。虽然信息的规模和复杂性在不断升级，但人们对信息的需求却越来越多。其二，环境具有不确定性。中国经济虽然还保持着较高的增长率，但是其中依然存在很多的不确定性。这两个方面都从根本上对企业和企业的决策提出了严峻的挑战。

就协同效应理论而言，企业信息化建设的目标不仅是管理企业内部的资源，还需要建立一个统一的平台，将客户或合作伙伴等其他信息也纳入到信息化平台中，实行高效的信息共享和快速的业务链接。协同的本质就是实现企业间的资源共享和知识的传播，其主要强调的是整体组合效果大于个体功能，具有 1+1>2 的意义。

10.4　本章小结

本章认为，智能时代的银行知识管理发展趋势主要体现在大数据技术和商务智能技术的应用上。其中，大数据技术在我国商业银行的应用主要体现在客户管理、精准营销、风险管理和产品创新等方面，这些应用场景同样可以在其他银行业领域得到发展。基于商业银行的商务智能平台建设之后，商务智能技术主要应用在以下三个方面：第一，挖掘潜在新客户及存量客户的潜在需求；第二，金融反欺诈；第三，风险事件预警。最后，本章以招商银行利用大数据技术的实例以及青岛银行利用商务智能技术的实例进行了实证分析。

参 考 文 献

1. 李杰，倪军，王安正，等. 从大数据到智能制造［M］. 上海交通大学出版社，2016.
2. 克里斯·马滕. 银行资本管理：资本配置与绩效测评［M］. 机械工业出版社，2004.
3. 沈贻炜. 影视剧创作［M］. 浙江大学出版社，2012.
4. 汤姆·奈特，特雷弗·豪斯. 知识管理：有效实施的蓝图［M］. 清华大学出版社，2005.
5. 桑尼尔·索雷斯 . 大数据治理［M］. 清华大学出版社，2014.
6. *Abraham Silberschatz*，*Henry F. Korth*，*S. Sudarshan*，等. 数据库系统概念［M］. 机械工业出版社，2008.
7. 迈克尔·哈默，詹姆斯·钱皮. 企业再造：企业革命的宣言书［M］. 上海译文出版社，2007.
8. 迈克尔·波特. 迈克尔·波特竞争圣经（竞争战略+竞争优势）［M］. 华夏出版社，2005.
9. 陈燕，李桃迎. 信息系统集成技术与方法教程［M］. 大连海事大学出版社，2015.
10. 佩帕德·罗兰. 业务流程再造精要［M］. 高俊山，译 . 中信出版社，2003.
11. 屈延文，南相浩，林鹏. 银行行为控制——银行信息化与安全［M］. 电子工业出版社，2004.
12. 马克·卡灵顿，菲利普·兰古斯. 银行革命［M］. 经济管理出版社，2003.
13. 苏新宁. 面向知识服务的知识组织理论与方法［M］. 科学出版社，2014.

14. 贾拉塔诺. 专家系统原理与编程［M］. 机械工业出版社，2000.
15. 李雄飞，董元方，李军. 数据挖掘与知识发现［M］. 高等教育出版社，2010.
16. 朱福喜，杜友福，夏定纯. 人工智能引论［M］. 武汉大学出版社，2006.
17. 张玲玲，石勇，朱正祥. 智能知识管理：基本理论及其拓展［M］. 科学出版社，2015.
18. FAYYAD U，STOLORZ P. Data Mining and KDD：Promise and Challenges［M］. Elsevier Science Publishers B. V，1997.
19. HOLMES D E，TWEEDALE J，JAIN L C. Data Mining Techniques in Clustering，Association and Classification［M］. Data Mining：Foundations and Intelligent Paradigms. Springer Berlin Heidelberg，2012：1-6.
20. DODGE M，KITCHIN R. Atlas of Cyberspace［M］. England：Addison-wesley，2001.
21. ALLEN P H. Reengineering the Bank：a Blueprint for Survival and Success［M］. Irwin Professional Pub，1994.
22. GROTH R. Data Mining-building Competitive Advances［M］. New Jersy：Prentice Hall，2000.
23. CARROLL J M. Five Reasons for Scenario-based Design［J］. Interacting with Computers，2000（13）：43-60.
24. TARGOWSKI A. The Cognitive Informatics Approach towards Wisdom［J］. Cognitive Informatics & Wisdom Development Interdisciplinary Approaches，2010，20（9）：51-82.
25. HOLSAPPLE C W，JOSHI K D. Organizational Knowledge Resources［J］. Decision Support Systems，2001，31（1）：39-54.
26. CHEN C J. Strategic Muman Resource Practices and Innovation Performance：the Mediating Role of Knowledge Management Capacity［J］. Journal of Business Research，2009，62（1）：104-114.

27. VON KROGH G, NONAKA I, ABEN M. Making the Most of your Company's Knowledge: A Strategic Framework [J]. Long Range Planning, 2001, 34 (4): 421-439.
28. DING Z, LIU W, SCHOOL B, et al. Customer Knowledge Management in the Process of New Product Development Based on User Innovation Community [J]. Science & Technology Progress & Policy, 2016.
29. SADIQ S, SADIQ W, ORLOWSKA M. Pockets of Flexibility in Workflow Specification [C] // International Conference on Conceptual Modeling: Conceptual Modeling. Springer-Verlag, 2001: 513-526.
30. ALAVI M, LEIDNER D E. Review: Knowledge Management and Knowledge Management Systems: Conceptual Foundations and Research Issues [J]. Mis Quarterly, 2001, 25 (1): 107-136.
31. LEONARD-BARTON D. Wellspring of Knwledge: Building and Sustaining the Sources of Innovation [M]. Boston, MA: Harvard Business School Press, 1995.
32. HOLSAPPLE C W, WHINSTON A B. Decision Support Systems: A Knowledge-based Approach [J]. West Pub. Co, 1996, 54 (3): 1-8.
33. BLOODGOOD J M, SALISBURY W D. Understanding the Influence of Organizational Change Strategies on Information Technology and Knowledge Management Strategies [J]. Decision Support Systems, 2001, 31 (1): 55-69.
34. KEBEDE G. Knowledge Management: An Information Science Perspective [J]. International Journal of Information Management, 2010, 30 (5): 416-424.
35. RODPYSH K V. Applying Data Mining in Customer Relationship Management [J]. International Journal of Information Technology Control & Autom, 2012, 2 (3): 15-25.
36. MACQUEEN J. Some Methods for Classification and Analysis of

Multivariate Observations [C]. Proc of the 5th Symposium on Mathematical Statistics and Probability, Berkeley, 1967: 281-297.

37. ADIBI M A, SHAHRABI J. A Clustering Approach Based on Support Vectors and Self-Organizing Map [C] // Iran Data Mining Conference, 2013.

38. ORDENES F V, THEODOULIDIS B, BURTON J, et al. Analyzing Customer Experience Feedback Using Text Mining: A Linguistics-Based Approach [J]. Journal of Service Research, 2014, 17 (3): 278-295.

39. YOO K, SUH E, KIM K. Knowledge Flow-based Business Process Redesign: Applying a Knowledge Map to Redesign a Business Process [J]. Journal of Knowledge Management, 2007, 11 (3): 104-125.

40. KANG I, PARK Y, KIM Y. A Framework for Designing a Workflow-based Knowledge Map [J]. Business Process Management Journal, 2003, 9 (3): 281-294.

41. SHIH C H, WAKABAYASHI N, YAMAMURA S, et al. A Context Model with a Time-dependent Multi-layer Exception Handling Policy [J]. International Journal of Innovative Computing Information & Control Ijicic, 2011, 7 (5): 2225-2234.

42. FRANTZI K, ANANIADOU S, MIMA H. Automatic Recognition of Multi-word Terms: the C-value/NC-value, Method [J]. International Journal on Digital Libraries, 2000, 3 (2): 115-130.

43. CCHUNG W, CHEN H. Business Intelligence Explorer: A Knowledge Map Framework for Discovering Business Intelligence on the Web [C] // Hawaii International Conference on System Sciences. IEEE Computer Society, 2003: 10. 2.

44. TOLLE K M, CHEN H. Comparing Noun Phrasing Techniques for Use with Medical Digital Library Tools. [J]. Journal of the Association for Information Science & Technology, 2000, 51 (4): 342-355.

352-370.

45. WU Y, DUNAWAY D J. Creating a Large Topic Map by Integrating Wandora and Ontopia [J]. Library Hi Tech, 2013, 31 (1): 64-75.
46. CODDE F. Relational Database: a Practical Foundation for Productivity [J]. Readings in Artificial Intelligence & Databases, 1989, 25 (2): 60-68.
47. FORGY C L, SHEPARD S J. Rete: a Fast Match Algorithm [J]. Ai Expert, 1987 (2).
48. P. E. FROW, A. F. PAYNE. Customer Relationship Management: A Strategic Perspective [J]. Journal of Business Market Management, 2009, 3 (1): 7-27.
49. GARRIDO-MORENO A, PADILLA-MELÉNDEZ A. Analyzing the Impact of Knowledge Management on CRM Success: The Mediating Effects of Organizational Factors [J]. International Journal of Information Management, 2011, 31 (5): 437-444.
50. HOSSEINI S, MALEKI A, GHOLAMIAN M R. Cluster Analysis Using Data Mining Approach to Develop CRM Methodology to Assess the Customer Loyalty [J]. Expert Systems with Applications, 2010, 37 (7): 5259-5264.
51. CHANG W L. iValue: A knowledge-based System for Estimating Customer Prospect Value [J]. Knowledge-based Systems, 2011, 24 (8): 1181-1186.
52. CHEN Y, LI L. Deriving Information from CRM for Knowledge Management—A Note on a Commercial Bank [J]. Systems Research & Behavioral Science, 2010, 23 (2): 141-146.
53. KESAR S. Knowledge Management within Information Security: the Case of Barings Bank. [J]. International Journal of Business Information Systems, 2008, 3 (6): 652-667.
54. BOOM D. The Asian Development Bank's Knowledge Management Framework [J]. Knowledge Management for Development Journal,

2005, 1 (2): 69-75.

55. BAKAR A, HASHIM R. Knowledge Management Innovation: Perspectives from the Islamic Development Bank [J]. Journal of Organizational Knowledge Management, 2011, 2011: b1-8.
56. RANI D S, RAO K R M, KUMAR P V. Knowledge Management and Decennial Growth of a Private Sector Bank—A Case Study of ICICI Bank [J]. Iosrjournals Org, 2014, 16 (1): 25-37.
57. MARJANI A B, ARABI P. The Role of Organizational Intelligence in Ofrganizational Knowledge Management (the Case of the Central Bank of the Islamic Republic of Iran) [J]. European Journal of Social Sciences, 2011.
58. RAO G K, KUMAR R. Framework to Integrate Business Intelligence and Knowledge Management in Banking Industry [J]. Computer Science, 2011.
59. BIRZNIECE I. Artificial Intelligence in Knowledge Management: Overview and Trends [J]. Applied Computer Systems, 2011, 43 (1): 5-11.
60. ALIEI M, BAHROLOLOUM H. Analysis of Knowledge Management and Organizational Intelligence Relationships in Science and Technology parks [J]. Interdisciplinary Journal of Contemporary Research in Business, 2011.
61. NAWINNA D. Fostering Business Intelligence in Banks through Knowledge Management: A Case of Sri Lanka [C] // International Conference on Business Management & Information Systems, 2013.
62. ZHANG L, QIAO X, ZHU L. The Analytic Network Processes Method & Fuzzy Cognitive Map Method in Decision Making: a Comparative Study [C]. Wuhan International Conference on E-Business (WHICEB), 2014: 244-251.
63. REBHOLZ-SCHUHMANN D, OELLRICH A, HOEHNDORF R. Text-mining Solutions for Biomedical Research: Enabling Integrative biology [J]. Nature Reviews Genetics, 2012, 13 (12): 829.

64. SZEKELY P，LUO P，NECHES R. Beyond Interface Builders：Model-based Interface Tools［M］// Readings in Intelligent User Interfaces. Morgan Kaufmann Publishers Inc，1993：383-390.
65. ERNST P，MENG C，SIU A，et al. KnowLife：A knowledge Graph for Health and Life Sciences［C］// IEEE，International Conference on Data Engineering. IEEE，2014：1254-1257.
66. HUANG S，WAN X. AKMiner：Domain-Specific Knowledge Graph Mining from Academic Literatures［M］// Web Information Systems Engineering - WISE 2013. Springer Berlin Heidelberg，2013：241-255.
67. 陆文婷. 多源信息融合视阈下商务智能体系研究［J］. 求索，2016（10）：105-111.
68. 时晨. 概念属性多视角聚类方法研究［D］. 中国科学技术信息研究所，2014.
69. 时晨，朱礼军. 基于概念属性聚类的多视角知识组织系统研究初探［J］. 数字图书馆论坛，2014（9）：23-28.
70. 赵一鸣，马费成. 大数据环境对信息组织的影响［J］. 图书情报知识，2017（1）：4-10.
71. 马费成. 在数字环境下实现知识的组织和提供［J］. 郑州大学学报，2005，38（4）.
72. 马费成，郝金星. 概念地图在知识表示和知识评价中的应用（Ⅰ）——概念地图的基本内涵［J］. 中国图书馆学报，2006，32（3）：5-9.
73. 马费成，郝金星. 概念地图在知识表示与知识评价中的应用（Ⅱ）——概念地图作为知识评价的工具及其研究框架［J］. 中国图书馆学报，2006，32（4）：22-27.
74. 马费成，刘向. 科学知识网络的演化模型［J］. 系统工程理论与实践，2013，33（2）：437-443.
75. 马费成，张凌. 认知地图及其在隐性知识管理中的应用［J］. 图书馆论坛，2009，29（6）：184-188.
76. 王成，马费成. 生产要素的实质作用及其知识本质研究［J］. 科技进步与对策，2006，23（2）：92-95.
77. 姜彩红，乔晓东，朱礼军. 基于本体的专利摘要知识抽取［J］. 现代图书情报技术，2009，3（2）：23-28.
78. 张凌，乔晓东，朱礼军. 基于认知地图的隐性知识表达流程研究［J］. 情报理论与实践，2014，37（3）：79-83.
79. 史新，乔晓东，等. 汉语科技词系统的 Web 服务研究与实现［J］. 现代图书情报技术，2008（12）：37-42.
80. 许德山，乔晓东，朱礼军，等. 本体推理在知识检索中的应用［J］. 现代图书情报技术，2009，3（1）：58-63.
81. 朱礼军，陶兰，黄赤. 语义万维网的概念、方法及应用［J］. 计算机工程与应用，2004，40（3）：79-83.
82. 朱礼军，陈虔，刘慧，等. 基于知识本体的资源管理平台框架设计与实现［J］. 北京航空航天大学学报，2005，31（11）：1245-1249.
83. 乔晓东，朱礼军，李颖，等. 大数据时代的技术情报工程［J］. 情报学报，2014（12）：1255-1263.
84. 黄林，李长银. 智能化对银行业的影响及应对策略［J］. 经济纵横，2017（10）：108-113.
85. 唐晓波，李新星. 基于人工智能的知识服务研究［J］. 图书馆学研究，2017（13）：26-31.
86. 陈晓芳，黄文才，夏文蕾，等. 内部知识转化视角下商业银行服务创新研究［J］. 管理世界，2017（8）：182-183.
87. 邓逸钰，王垚. 智能化语境下的数字出版领域知识服务生态构建［J］. 出版发行研究，2017（6）：34-36.
88. 姜永常. 国内外知识构建智能化研究的对比分析与方法选择［J］. 情报理论与实践，2015，38（6）：49-56.
89. 王正兴. 信息—知识—智能转换知识生态系统中图书馆职业能力研究［J］. 图书馆学研究，2017（21）：15-22.
90. 谢清河. 大数据时代小微企业智能审贷问题研究［J］. 现代经济探讨，2016（12）：39-43.
91. 叶望春. 金融科技与银行智能化转型［J］. 中国金融，2017

(21): 67-68.
92. 叶许婷，朱晓峰，陆敬筠. 智能银行服务中银行与用户行为的演化博弈研究［J］. 财会月刊，2017（6）：107-110.
93. 黄林，李长银. 智能化对银行业的影响及应对策略［J］. 经济纵横，2017（10）：108-113.
94. 李炅宇. 挖掘数据价值，打造智能银行［J］. 银行家，2016（1）：110-113.
95. 中国农业银行商业规则智能服务云课题组. 商业规则智能服务云平台［J］. 中国金融，2016（22）：66-67.
96. 陈伟钢，李关政. 银行4.0时代即将到来［J］. 银行家，2015（10）：82-86.
97. 李璠. 商业银行数字化转型［J］. 中国金融，2017（17）：31-32.
98. 洪崎. 大数据与银行转型［J］. 中国金融，2016（23）：55-56.
99. 陈晓芳，黄文才. 商业银行内部知识转化与个体服务创新行为关系实证研究［J］. 吉林大学社会科学学报，2017（1）：64-73.
100. 孙轻宇. 银行产品和信息技术开放式创新对绩效的影响机制研究［J］. 研究与发展管理，2015，27（1）：132-144.
101. 徐宝祥，叶培华. 面向业务流程的知识管理研究［J］. 情报杂志，2007，26（6）：38-40.
102. 钟义信. 知识论：核心问题——信息—知识—智能的统一理论［J］. 电子学报，2001，29（4）：526-530.
103. 唐杰，王万峰. 银行产品的需求偏好分析［J］. 经济论坛，2005（8）：87-88.
104. 陈国权，马萌. 组织学习的过程模型研究［J］. 管理科学学报，2000，3（3）：15-23.
105. 谭伟，范玉顺. 业务过程管理框架与关键技术研究［J］. 计算机集成制造系统，2004，10（7）：737-743.
106. 成红，郑家祥. 业务流程再造与IT技术的关系［J］. 电子科技大学学报：社科版，2000（1）：69-72.

107. 杨文祥，贝弗莉·P. 林奇. 知识管理的层次与层次结构系统［J］. 中国图书馆学报，2007，33（2）：96-98.
108. 黄艾舟，梅绍祖. 超越 BPR——流程管理的管理思想研究［J］. 科学学与科学技术管理，2002，23（12）：105-107.
109. 李玲鞠，郭焘，蔡年贵. 基于业务流程的工业设计知识管理系统模型构建［J］. 科技管理研究，2013，33（14）：156-159.
110. 廖良才，张建勋. 基于业务流的知识管理策略研究［J］. 现代管理科学，2007（9）：98-100.
111. 谭伟，范玉顺. 业务过程管理框架与关键技术研究［J］. 计算机集成制造系统，2004，10（7）：737-743.
112. 戴伟辉，陈鸣麒，周瑛. 高层管理团队优化配置的知识管理系统［J］. 科技进步与对策，2008，25（2）：154-157.
113. 杜跃平，路璇. 个人知识组织化的约束因素及动态模型［J］. 西安电子科技大学学报（社会科学版），2008，18（2）：36-39.
114. 李世国，费钎. 和谐视野中的产品交互设计［J］. 包装工程，2009（01）：137-140.
115. 张宁，袁勤俭. 数据治理研究述评［J］. 情报杂志，2017，36（5）：129-134.
116. 张迎. 浅谈大数据时代下商业银行的数据治理体系建设［J］. 通讯世界，2016（8）：69-70.
117. 高亮. 数据治理：让数据质量更好［J］. 中国教育网络，2014（12）：64-66.
118. 刘桂锋，钱锦琳，卢章平. 国内外数据治理研究进展：内涵、要素、模型与框架［J］. 图书情报工作，2017，61（21）：137-144.
119. 王亚沙，赵俊峰. 大数据技术标准建设需求与规划探讨［J］. 信息技术与标准化，2015（9）：24-26.
120. 刘锦森，刘巍. 银行数据管理实践之核心对象［J］. 金融电子化，2015（2）：56-58.
121. 谷斌. 信息系统建设中的数据质量管理体系研究［J］. 情报杂

志，2007，26（5）：65-67.
122. 谢福成，王备战，史亮，等. 基于银行数据仓库的元数据管理系统［J］. 计算机工程，2009，35（9）：79-81.
123. 司莉，贾欢. 科学数据的标准规范体系框架研究［J］. 图书馆，2016（5）：5-9.
124. 王绍平，郑巧英，孙华，等. 信息资源基础管理性元数据框架的数据模型［J］. 情报杂志，2008，27（3）：93-95.
125. 邢立强. 数据标准化框架研究［J］. 标准科学，2007（12）：37-39.
126. 徐涛. 浅谈银行业数据标准管理框架体系［J］. 金融经济，2017（9）：129-130.
127. 朱磊. 数据标准化的强音符与快应对——对2017《银行业金融机构监管数据标准化规范》的解读［J］. 银行家，2017（6）：112-113.
128. 刘进，郭立鹏，雷建坤，等. 业务流程即服务中的数据映射问题研究［J］. 计算机集成制造系统，2017，23（5）：1000-1006.
129. 许文，徐明圣. 风险映射与商业银行操作风险控制［J］. 银行家，2008（7）：54-56.
130. 杨兵兵. 商业银行数据治理与应用——以光大银行为例［J］. 银行家，2012（1）：114-115.
131. 徐红梅，张同建. 基于Basel协议的国有商业银行知识资本体系研究［J］. 财会通讯，2010（32）：56-57.
132. 陈洪澜. 论知识分类的十大方式［J］. 科学学研究，2007，25（1）：26-31.
133. 王铮. 面向创新的开放知识资源管理若干理论问题研究［J］. 图书情报工作，2015（5）：31-39.
134. 郑文晖. Web2. 0环境下的个人知识管理研究［J］. 现代情报，2008，28（8）：213-215.
135. 胡冉华. 基于本体的商业银行知识管理系统的研究与开发［D］. 湖南大学，2013.

136. 田志刚. 知识库建设五步走 [J]. 中国经济和信息化，2009 (Z1)：29-30.
137. 崔树银，任浩. 流程导向知识管理的策略研究 [J]. 科学管理研究，2006，24 (5)：76-79.
138. 冯楠，解晶. 面向流程知识管理体系架构研究 [J]. 计算机工程与设计，2008，29 (9)：2246-2249.
139. 马爱萍，刘玉照. 从制造业看基于业务流程的知识流分析方法 [J]. 情报杂志，2005，24 (1)：93-95.
140. 徐雷，刘文才. 基于 Web 服务和工作流的 MIS 框架模型的研究 [J]. 计算机工程与设计，2004，25 (12)：2234-2236.
141. 王敬敬，胡冰. 基于知识管理的知识型企业团队管理优化研究 [J]. 信息系统工程，2011 (7)：40-41.
142. 杨炳儒，陈泓婕，谢永红. 基于知识库的知识发现结构研究 [J]. 计算机工程与应用，2002，38 (17)：14-15.
143. 黄兆斌. 商业银行数据仓库建设 [J]. 软件导刊，2012，11 (2)：149-151.
144. 杨彬. 一种基于 RFM 模型数据挖掘处理双阶段客户关联分类方法 [J]. 统计与决策，2015 (7)：77-79.
145. 张启徽. 关联规则挖掘中查找频繁项集的改进算法 [J]. 统计与决策，2015 (4)：32-35.
146. 周涛，陆惠玲. 数据挖掘中聚类算法研究进展 [J]. 计算机工程与应用，2012，48 (12)：100-111.
147. 李斌，谭立湘，章劲松，等. 面向数据挖掘的时间序列聚类方法研究 [J]. 计算机科学，2000，27 (12) ：76-80.
148. 武魏巍，王如燕，丁日佳. 基于数据挖掘的银行客户管理信息系统的应用 [J]. 金融理论与实践，2006 (10)：35-37.
149. 孟飞翔，帅立国，姜昌金. 决策树在客户价值分析中的应用 [J]. 计算机技术与发展，2007，17 (4)：60-63.
150. 曹倩，赵一鸣. 知识图谱的技术实现流程及相关应用 [J]. 情报理论与实践，2015，38 (12)：127-132.
151. 姜渊，黄桦，赵奕. 知识图谱在金融行业的应用展望 [J]. 金融电子化，2016（9）：87.

152. 正月. 知识图谱加持智能金融［J］. IT经理世界，2017（23）：48-50.

153. 宫芳. 如何构建银行的知识地图［J］. 产经评论，2005（4）：44-46.

154. 褚芳芳，高文俊，项钦之，等. 制造企业知识地图及其本体实现［J］. 情报科学，2008（10）：1507-1512.

155. 张晓林. Semantic Web与基于语义的网络信息检索［J］. 情报学报，2002，21（4）：413-420.

156. 丁君军，郑彦宁，化柏林. 基于规则的学术概念属性抽取［J］. 情报理论与实践，2011（12）：10-14.

157. 李聪，王晓光. "知识库"概念的扩散与内涵演化［J］. 图书情报知识，2012（4）：81-87.

158. 徐曼，沈江，甘丹，等. 基于案例-规则检索的特征阈值选择模型［J］. 情报学报，2017，36（3）：260-266.

159. 曲毅，仲秋雁，马骁霏. 基于信度规则库的突发事件链式演变推理方法［J］. 管理工程学报，2017，31（1）：142-148.

160. 蔡利，何雨，王瑜. 连续审计在政府审计维护金融安全中的运用研究——基于系统性风险监控的视角［J］. 审计研究，2013（6）：45-51.

161. 周如鹏. 基于规则引擎的农行会计数据处理系统构建［D］. 复旦大学，2012.

162. 熊智，徐江燕，王高举，等. 基于角色和规则引擎的UCON应用模型［J］. 计算机工程与设计，2013，34（3）：831-836.

163. 王世春. 面向银行信贷的规则引擎系统设计与实现［D］. 中国科学院大学，2016.

164. 王李军，陶明亮，张曙，等. 面向业务规则引擎研究［J］. 计算机工程，2007，33（24）：52-56.

165. 耿庆宦，吕良双. 产生式系统规则匹配算法研究［J］. 计算机与现代化，2009（11）：26-29.

166. 李春芳，谭庆平. 面向业务的Drools规则引擎改进［J］. 计算机应用与软件，2015，32（5）：20-23.
167. 邹正武，谭庆平，徐建军. 基于规则引擎的柔性工作流管理系统［J］. 微电子学与计算机，2006，23（Z1）：127-129.
168. 许锋波，牛丹梅，刘勇. 规则引擎和工作流技术封装研究［J］. 郑州大学学报，2009，41（3）：39-42.
169. 王璐玮. 基于 JSR-94 和 Jess 的专家系统研究与应用［D］. 武汉理工大学，2006.
170. 靳留乾，徐扬，方新. 基于证据推理的确定因子规则库推理方法［J］. 计算机应用研究，2016，33（2）：347-351.
171. 印鉴，李志超. 专家系统工具中的推理技术［J］. 逻辑学研究，1996（6）：184-186.
172. 林建伟，郭彩虹，许臻. 基于数据挖掘的 IDS 系统数据规则库改进设计［J］. 科技通报，2013，29（1）：124-127.
173. 谷瑞军，陈圣磊. 数据流挖掘及其在持续审计中的可用性研究［J］. 南京审计学院学报，2011，8（1）：36-40.
174. 张国胜，王海生. 基于智能化持续审计技术的审计模式选择——以电网企业为例［J］. 财会通讯，2013（31）：98-100.
175. 安丽娜，张士杰. 商业智能平台中的规则引擎组件的研究与设计［J］. 计算机应用研究，2008，25（S）：627-633.
176. 王琦峰，胡玲玲. 基于 AO 的审计数据采集方法［J］. 计算机系统应用，2009，18（3）：99-102.
177. 陈伟. 面向大型数据库的审计数据采集方法［J］. 计算机应用，2008，28（8）：2144-2146.
178. 陈伟，王昊，陈丹萍. 一种基于交互式数据迁移技术的数据采集方法［J］. 计算机工程，2006，32（9）：62-63.
179. 刘国城，王会金. 大数据审计平台构建研究［J］. 审计研究，2017（6）：36-41.
180. 赵鸣凤. 银行金融风险会计研究［D］. 西南财经大学，2006.
181. 王广兵. 关于金融审计目标体系的思考［J］. 审计研究，2008（6）：11-13.
182. 崔澜. 商业银行经济效益审计评价指标体系的研究［J］. 商业

研究，2007（8）：104-105.

183. 刘蓓琳，张琪. 基于购买决策过程的电子商务用户画像应用研究［J］. 商业时代，2017（24）：49-51.

184. 陆岷峰，沈黎怡. 大数据背景下银行业发展新隐患与新对策［J］. 银行家，2017（8）：57-59.

185. 杨海芙. SAS联合汇丰控股变革欺诈检测市场［J］. 中国信息化，2005（18）：88.

186. 孙大为. 大数据流式计算：应用特征和技术挑战［J］. 大数据，2015，1（3）：99-105.

187. 鲁统波. 大数据反欺诈在银行互联网金融创新业务中的应用［J］. 金融电子化，2016（1）：91-92.

188. 姜明辉，于宁，曹兴中. 基于客户生命周期的ACSI模型修正及实证分析［J］. 预测，2009，28（5）：77-80.

199. 安实，赵泽斌，何琳. 我国银行信用卡客户价值的定量测度模型［J］. 数量经济技术经济研究，2002，19（6）：115-118.

190. 宋亮华. 我国商业银行全链金融服务管理与定制路径研究［J］. 南方金融，2014（12）.

191. 林彦，蔡启明，牛玉奇. 生命周期意义下的客户资源价值挖掘研究［J］. 统计与信息论坛，2004，19（6）：30-33.

192. 张旭. 知识图谱技术落地金融行业的关键四步［J］. 金融电子化，2017（11）：92-92.

193. 王波，刘勇奎，郝艳友. 基于粗集和SVM的客户抵押贷款违约评估［J］. 计算机工程与应用，2008，44（9）：229-231.

194. 鲍捷. 智能金融的核心引擎：一览与前瞻［J］. 软件和集成电路，2017（4）：25-29.

195. 张文武. 金融产品核算：商业银行精细化管理的主线［J］. 中国金融，2005（3）：41-42.

196. 李景，孟宪学，苏晓路，等. 领域本体中的概念及其领域属性研究［J］. 现代图书情报技术，2007，2（4）：5-7.

197. 李军锋，吕学强，李卓，等. 专利领域本体概念语义层次获取［J］. 情报学报，2014（9）：986-993.

198. 何超，张玉峰. 融合领域本体的中文文本语义特征提取算法研究［J］. 情报理论与实践，2013，36（9）：96-99.

199. 李光达，常春. 构建本体时获取概念方法研究［J］. 情报科学，2009（5）：713-716.

200. 颜端武，成晓，甘利人. 基于领域本体和概念向量的中文文本相似性测度研究［J］. 中国图书馆学报，2007，33（6）：51-57.

201. 杨武，唐瑞，卢玲. 基于内容的推荐与协同过滤融合的新闻推荐方法［J］. 计算机应用，2016，36（2）：414-418.

202. 李龙一，杨祺. 基于云创新的 IT 企业知识共享［J］. 科技管理研究，2016，36（23）：173-179.

203. 陈荣贵. “智能时代”银行服务业面临的机遇和挑战——以我国商业银行为例［J］. 财经问题研究，2014（s1）：53-55.

204. 王建仁，高海燕，董琳. 数据挖掘在银行 CRM 中的应用［J］. 统计与决策，2007（9）：144-145.

205. 张凌. 虚拟团队中设计协作信息系统的新方法：意识图模型——以国美电器客户服务部为例［J］. 图书情报工作，2011，55（22）：105-109.

206. 张凌，朱礼军. 国外知识地图研究现状分析［J］. 情报理论与实践，2015，38（11）：76-81.

207. 张凌，乔晓东，朱礼军，等. 面向企业决策问题的软运筹学方法比较研究——网络分析法与模糊认知地图法［J］. 武汉科技大学学报，2015，17（3）：322-327.

208. 张凌，乔晓东. 基于知识地图的企业知识组织设计研究［J］. 图书情报工作，2014，58（18）：110-116.

209. 张凌，乔晓东，朱礼军，等. 认知地图分析方法研究［J］. 情报理论与实践，2014，37（6）：34-39.

210. 张凌，乔晓东. 基于组织认知地图的隐性知识共享的实现［J］. 情报理论与实践，2013，36（7）：81-84.

211. 张凌. 广义认知地图实例——解析科学共同体的科学知识图谱［J］. 信息资源管理学报，2012（4）：47-51.

212. 张凌，杨中华，张文萍. 我国企业信息生命周期管理策略研究［J］. 情报理论与实践，2012，35（6）：35-39.
213. 张凌. 基于认知地图的隐性知识表达与共享——广义认知地图与狭义认知地图［J］. 情报理论与实践，2012，35（2）：72-76.
214. 张凌. 模糊认知地图在武钢低碳经济下可持续发展决策中的应用研究［J］. 情报杂志，2012，31（2）：28-31.